BEAR GRYLLS

Schlamm, Schweiß und Tränen

BEAR GRYLLS

Schlamm, Schweiß und Tränen

Aus dem Englischen von Yvonne Rolli

Mit 16 Seiten Farbbildteil

MALIK NATIONAL GEOGRAPHIC

Mehr Bäume. Weniger CO_2.
www.cpibooks.de/klimaneutral

Mehr über unsere Autoren und Bücher:
www.malik.de

Bibliografische Information der Deutschen Nationalbibliothek
Die Deutsche Nationalbibliothek verzeichnet diese Publikation in der Deutschen Nationalbibliografie; detaillierte bibliografische Daten sind im Internet über http://dnb.d-nb.de abrufbar.

MALIK NATIONAL GEOGRAPHIC

Aktualisierte Taschenbuchausgabe
Piper Verlag GmbH, München
März 2014

Titel der englischen Originalausgabe: »Mud, Sweat & Tears«,
Transworld Publishers, London 2011.

Umschlaggestaltung: Dorkenwald Grafik-Design, München
Innenteil- und Autorenfotos: Bear Grylls
Satz: Fotosatz Amann, Aichstetten
Papier: Naturoffset ECF
Druck und Bindung: CPI books GmbH, Leck
Printed in Germany ISBN 978-3-492-40534-8

Das Papier wurde aus chlorfrei gebleichtem Zellstoff hergestellt.

Für meine Mutter. Ich danke dir.

VORWORT

Die Lufttemperatur beträgt minus 20 Grad Celsius. Ich reibe meine eiskalten Finger kräftig aneinander, aber sie werden einfach nicht richtig warm. Sie machen einem eben ständig zu schaffen, diese alten Verletzungen, die man sich infolge von Erfrierungen eingehandelt hat. Die gehen auf das Konto des Mount Everest.

»Bist du startklar, Kumpel?«, fragt Kameramann Simon mit einem Lächeln. Seine Kameraausrüstung ist montiert und einsatzbereit.

Ich lächle zurück. Ich bin ungewöhnlich nervös.

Irgendetwas stimmt nicht.

Aber ich höre nicht auf meine innere Stimme.

Die Arbeit ruft.

Mein Kamerateam schwärmt mir vor, wie atemberaubend schön die schneebedeckten Gipfel der kanadischen Rocky Mountains heute Morgen aussehen. Aber ich nehme das nicht wirklich wahr.

Denn es ist jetzt Zeit, dass ich mich gedanklich an meinen geheimen Ort zurückziehe. In jenen verborgenen Winkel tief in meinem Innersten, der sich durch absolute Konzentration, Unerschrockenheit, Klarheit und Präzision auszeichnet. Auch wenn ich mit diesem Teil meines Innersten am besten vertraut bin, ziehe ich mich nur äußerst selten an diesen Ort zurück.

Das mache ich ausschließlich in besonderen Situationen. So wie jetzt.

Unter mir befindet sich eine etwa 90 Meter lange, steil abfallende Felswand, die mit einer dicken Schnee- und Eisschicht bedeckt ist. Steil, aber durchaus machbar.

Eine derart rasante Schussfahrt wie diese habe ich schon oft, sehr oft gemacht. Meine innere Stimme ermahnt mich: *Sei bloß niemals zu selbstsicher*. Diese Stimme hat immer recht.

Ein letzter tiefer Atemzug. Ein Blick hinüber zu Simon. Dieser erwidert meinen Blick stillschweigend.

Doch wir haben eine entscheidende Kurve nicht korrekt genommen. Ich weiß es. Aber ich reagiere nicht.

Ich springe.

Ich werde augenblicklich von der Geschwindigkeit überrascht. Normalerweise mag ich das. Doch dieses Mal bin ich beunruhigt.

Ich spüre, dass irgendetwas nicht stimmt.

Im Nu rase ich mit über 65 Stundenkilometern talwärts. Füße voran den Berghang hinunter. Mit meinem Kopf sause ich nur wenige Zentimeter am Eis vorbei. Das ist meine Welt.

Ich werde immer schneller. Der Rand des Berghangs kommt immer näher. Höchste Zeit, die Schussfahrt abzubremsen.

Schnell drehe ich mich auf den Bauch und schlage meinen Eispickel tief in den Schnee.

Eine weiße Wolke aus feinem Schneestaub und Eis wirbelt durch die Luft. Nachdem ich den Eispickel mit meiner ganzen Kraft tief in das Schneefeld gerammt habe, merke ich sofort, dass ich extrem an Geschwindigkeit verliere.

Es läuft alles ganz genauso wie immer. Wie am Schnürchen. Grenzenloses Selbstvertrauen. Es ist einer jener seltenen Augenblicke, die von absolut klaren Gedanken geprägt sind.

Ein flüchtiger Augenblick. Dann ist er vorbei.

Ich bin jetzt zum Stillstand gekommen.

Die Welt um mich herum steht still. Dann – rums.

Simon und sein schwerer Holzschlitten samt dem robusten Kameragehäuse aus Metall krachen direkt in meinen linken Oberschenkel. Und das mit gut und gerne über 70 Stundenkilometern. Der laute Aufprall entlädt sich augenblicklich in einer unglaublichen Explosion aus Schnee und Schmerz.

Es ist, als hätte mich ein Güterzug erfasst. Ich werde den Berg hinuntergeschleudert wie eine Stoffpuppe.

Das Leben steht still. Ich fühle und sehe alles wie in Zeitlupe.

Im Bruchteil einer Sekunde wird mir jedoch eines klar: Wäre der Schlitten nur um ein Grad von seiner Bahn abgewichen, hätte er mich am Kopf erwischt. Zweifellos wäre dies dann wohl der letzte Gedanke in meinem Leben gewesen.

Stattdessen krümme ich mich vor Schmerzen.

Ich weine. Es sind Tränen der Erleichterung.

Ich bin zwar verletzt, aber am Leben.

Ich sehe einen Hubschrauber, kann ihn aber nicht hören. Dann bin ich im Krankenhaus. Ich war schon in einigen Krankenhäusern, seit wir die Reihe *Abenteuer Survival – Ausgesetzt in der Wildnis: Bear Grylls* drehen. Ich hasse Krankenhäuser.

Ich kann sie allesamt mit verbundenen Augen erkennen:

Die dreckige und blutverschmierte Notaufnahme in Vietnam, in die ich gebracht wurde, nachdem ich mir im Dschungel meinen Finger zur Hälfte abgesäbelt hatte. Nachttische gab es dort nicht.

Dann der Steinschlag im Yukon. Ganz zu schweigen von dem weitaus schlimmeren Felssturz in Costa Rica. Der Einsturz des Grubenschachts in Montana oder das Salzwasserkrokodil in Australien. Oder der fast fünf Meter lange Tigerhai, mit dem ich im Pazifik Bekanntschaft gemacht habe, oder gar der Schlangenbiss, den ich mir in Borneo zugezogen habe.

Es gab unzählige Situationen, in denen ich dem Tod gerade noch einmal von der Schippe gesprungen bin.

Sie alle verschwimmen irgendwie in meiner Erinnerung. Alle waren übel.

Doch alle sind sie gut ausgegangen. Ich bin am Leben.

Es gibt viel zu viele solcher Situationen, um mich darüber aufzuregen. Denn das Einzige, worauf es im Leben ankommt, ist zu leben.

Ich lächle nur.

Am nächsten Tag ist der Zusammenstoß vergessen. Für mich gehört er der Vergangenheit an. Unfälle passieren eben; niemand hat Schuld daran.

Ich habe meine Lektion gelernt.

Hör auf deine innere Stimme.

Und weiter geht's.

»Hey, Si, ich nehm's locker. Du gibst mir einfach eine Piña Colada aus, wenn wir hier rauskommen. Ach, und außerdem werde ich die Rechnungen für Bergrettung, Krankenhaus und Physiotherapie an dich weiterleiten.«

Er greift nach meiner Hand und drückt sie. Ich mag diesen Kerl einfach.

Wir haben immerhin schon so manches Abenteuer gemeinsam gemeistert.

Ich schaue an mir herunter – auf meine zerrissenen Ski-Latzhosen, auf meine mit Blut verschmierte Jacke, die zertrümmerte Minikamera und die zerbrochene Skibrille.

Doch insgeheim frage ich mich: »Wann wurde dieses ganze verrückte Treiben eigentlich zu meiner Welt?«

1

Die jungen Leute wissen noch zu wenig, um vernünftig zu handeln. Darum versuchen sie das Unmögliche – und bringen es, Generation für Generation, aufs Neue zuwege.

– Pearl S. Buck, US-amerikanische Schriftstellerin und Literaturnobelpreisträgerin

1

Mein Urgroßvater Walter Smiles hatte eine ganz klare Vorstellung von seinem Lebenstraum. Denn während er an der nordirischen Küste, die er so sehr liebte, die frische salzige Meeresluft einatmete, ließ er seinen Blick zu den weit draußen liegenden Copeland Islands von County Down schweifen. Er gelobte, dass er eines Tages nach Portavo Point – an diese ursprüngliche und windumtoste Bucht – zurückkehren würde, um genau hier zu leben.

Er träumte davon, sein Glück zu machen, seine große Liebe zu heiraten und ein Haus für sich und seine Braut zu bauen – hier, in dieser kleinen Bucht, von der aus man die zerklüftete irische Küstenlinie überblicken kann. Es war ein Traum, der nicht nur sein Leben, sondern letztlich auch sein Lebensende prägen sollte.

Walter stammte aus einer starken, hoch motivierten und zielstrebigen Familie. Sie war zwar nicht einflussreich und gehörte auch nicht zur High Society, dafür zeichneten sich ihre Mitglieder aber als vernünftige und tatkräftige Menschen mit großem Familiensinn aus. Walters Großvater war Samuel Smiles, der Autor des 1859 erschienenen bahnbrechenden »Motivations«-Ratgebers mit dem Titel *Self-Help*. Das Werk galt als Meilenstein und wurde sofort zu einem Bestseller, dessen Erstausgabe sogar noch höhere Verkaufszahlen erzielte als *On the Origin of Species** von Charles Darwin.

---

* *Über die Entstehung der Arten.* [Anm. d. Übers.]

Samuels Buch *Self-Help* betonte insbesondere auch den Leitsatz, dass harte Arbeit und Durchhaltevermögen eine Schlüsselrolle bei der persönlichen Weiterentwicklung spielen. In der viktorianischen Gesellschaft traf sein Buch *Self-Help* haargenau ins Schwarze, denn zur damaligen Zeit lag einem Engländer die Welt regelrecht zu Füßen, sofern er über den nötigen Elan und Unternehmungsgeist verfügte, um sich tatkräftig für die Verwirklichung seiner Ziele einzusetzen. Das Buch wurde zum ultimativen Leitfaden, der dem gewöhnlichen Mann auf der Straße das Rüstzeug an die Hand gab, nach den Sternen zu greifen. Die Kernaussage des Buches machte deutlich, dass der Adelsstand kein Geburtsrecht ist, sondern dass er durch unser Handeln definiert wird. Es enthüllte die einfachen, bislang jedoch unausgesprochenen Grundsätze für ein sinnvolles und erfülltes Leben und definierte einen Gentleman einzig auf der Grundlage seines Charakters und nicht etwa seiner Abstammung.

Reichtum und gesellschaftliche Stellung gehen nicht zwingend Hand in Hand mit echten ritterlich-edelmütigen Charaktereigenschaften.
Denn ein armer Mann, welcher reich ist an Mut und Tatkraft, ist in jeglicher Hinsicht einem reichen Mann, welcher arm ist an Mut und Tatkraft, weit überlegen.
Um es mit den Worten des heiligen Paulus zu sagen, der Erstgenannte »hat nichts und besitzt doch alles«, während der Letztgenannte zwar alles besitzt und dennoch nichts hat.
Nur diejenigen, welche arm sind an Mut und Tatkraft, sind wahrhaftig arm. Derjenige, der alles Hab und Gut verloren hat, aber dennoch seinen Mut, seinen Frohsinn, seine Hoffnung, seine Tugend und seine Selbstachtung nicht sinken lässt, ist noch immer ein reicher Mann.

Im viktorianischen Zeitalter, das heißt in einem aristokratischen England mit extrem ausgeprägtem Klassenbewusstsein, waren dies revolutionäre Worte. Um seinen Leitsatz unmissverständlich deutlich zu machen (und um zweifellos ein paar hochwohlgeborenen aristokratischen Egos auf den Schlips zu treten), betonte Samuel noch einmal mit Nachdruck, dass der Titel »Gentleman« verdient werden müsse: »Es gibt keinen Freifahrtschein für wahre Größe.«

Samuel Smiles schließt sein Buch mit der nachfolgenden sehr bewegenden Geschichte eines Generals mit Gentleman-Qualitäten:

> *Ein Gentleman zeichnet sich durch seine Aufopferungsbereitschaft aus, indem er das Wohl der anderen bei den kleinen alltäglichen Angelegenheiten des Lebens vor sein eigenes stellt. […] In diesem Zusammenhang wollen wir auf die Anekdote des edelmütigen Sir Ralph Abercromby verweisen, von dem berichtet wird, dass man ihm, als er in der Schlacht von Abukir tödlich verwundet wurde, eine Wolldecke, die einem Soldaten gehörte, unter den Kopf geschoben hatte, um seine Schmerzen erträglicher zu machen, wodurch seine Qualen in der Tat erheblich gelindert wurden.*
> *Er fragte, was man ihm da unter den Kopf geschoben hatte.*
> *»Das ist bloß die Wolldecke von einem Soldaten«, lautete die Antwort.*
> *»Wem gehört diese Decke?«, fragte er.*
> *»Einem der Männer.«*
> *»Ich wünsche zu erfahren, wie dieser Mann heißt, dem die Decke gehört.«*

»Sie gehört Duncan Roy vom 42. Regiment, Sir Ralph.«
»Dann sorgen Sie dafür, dass Duncan Roy noch heute Nacht seine Decke zurückerhält.«

Der General hätte noch nicht einmal für eine einzige Nacht einen einfachen Soldaten seiner Decke beraubt, selbst wenn er dadurch seine Todesqualen hätte lindern können.

Es ist genauso, wie Samuel geschrieben hat: »Wahrer Mut und echte Großherzigkeit gehen Hand in Hand.«

Und genau in dieser Familie, die nach eben diesem altüberlieferten Wertesystem lebte, ist mein Urgroßvater Walter aufgewachsen und hat seinen ganz persönlichen Lebenstraum gefunden.

2

Im Ersten Weltkrieg stürzte sich Urgroßvater Walter ins Kampfgeschehen, und zwar wo und wann auch immer sich ihm die Möglichkeit dazu bot. Er galt als einer jener »seltenen Offiziere, die ganz und gar im Kampfgeschehen aufgehen«.

Er hatte den Pilotenschein gemacht, doch als er merkte, dass sein Einsatz im Luftkampf aufgrund des Mangels an Flugzeugen eher unwahrscheinlich war, ließ er sich als Sub-Lieutenant [Unterleutnant zur See] zur Royal Naval Armoured Car Division – einer Panzerwagen-Schwadron der britischen Marine – versetzen, die von Winston Churchill ins Leben gerufen worden war und eine Art Vorläuferorganisation der späteren Spezialeinheiten darstellte.

Anders als die britischen Offiziere an der Westfront, die monatelang in ihren Schützengräben festsaßen, pendelte er zwischen zahlreichen wichtigen Kriegsschauplätzen hin und her – und dabei war er ganz in seinem Element. Selbst Walters CO – sein befehlshabender Offizier – hielt in einem offiziellen Bericht fest: »Besonders hervorzuheben ist Lieutenant Smiles uneingeschränkte Bereitschaft zur Übernahme gefährlicher Einsätze unter schwierigsten Bedingungen.«

Dann wurde er zur Kaiserlich Russischen Armee des Zaren abgestellt, um die Türken an der Kaukasusfront zu bekämpfen. Und während dieses Einsatzes wurde Walter sehr schnell befördert – 1915 zum Lieutenant [Kapitänleutnant], 1917 zum Lieutenant Commander [Korvettenkapitän] und 1918 zum Commander [Fregattenkapitän]. In diesen Jahren wurde Walter mit zahlreichen Orden für seine Verdienste ausgezeichnet: Für seine Tapferkeit im Kampfgeschehen erhielt er 1916 einen DSO – *Distinguished Service Order* – und 1917 erneut einen DSO, der mit einem Bar – einer besonderen Spange auf dem Medaillenband – gekennzeichnet war, 1919 eine »Mention in Despatches« – eine namentliche Erwähnung im Kriegsbericht, die als besondere militärische Auszeichnung für Tapferkeit und vorbildliche Pflichterfüllung gilt – sowie eine Reihe weiterer russischer und rumänischer militärischer Auszeichnungen.

In der lobenden Erwähnung anlässlich der Verleihung seiner ersten DSO-Auszeichnung hieß es: »Er wurde am 28. November 1916 in der Dobrudscha verwundet. Sobald er aus dem Krankenhaus entlassen wurde, meldete er sich freiwillig, um eine Fliegerstaffel anzuführen, die bei einem Sondereinsatz die Stadt Braila erkunden sollte; dabei ist es in erster Linie seiner Tapferkeit zu verdanken, dass dieser Einsatz so erfolgreich durchgeführt werden konnte.«

Ein anderes Mal, als er sich mit einem Panzerfahrzeug im Kampfeinsatz befand, musste er zweimal aussteigen, um es unter heftigem Artilleriefeuer wieder in Gang zu bringen. Nachdem er von einer Kugel getroffen wurde, ließ er sich in einen

Graben rollen und hielt verbissen den ganzen Tag seinen Angreifern stand. Ungeachtet der Tatsache, dass Walter verletzt war, stieß er binnen 24 Stunden wieder zu seiner Einheit und konnte es gar nicht abwarten, seinen Dienst erneut aufzunehmen. Sobald er wieder auf den Beinen war, führte er seine Fahrzeuge auch schon wieder ins Kampfgeschehen. Walter bewies nicht nur ein unerschütterliches Pflichtbewusstsein, sondern auch einen unbändigen Wagemut.

In einem Auszug aus dem *Russian Journal* von 1917 hieß es, dass Walter »ein außerordentlich mutiger Offizier und ein großartiger Kamerad« war. Und der Kommandant der russischen Armee schrieb an Walters befehlshabenden Offizier: »Die außergewöhnliche Tapferkeit und grenzenlose Unerschrockenheit von Lieutenant Commander Smiles haben einen ruhmvollen Beitrag zur britischen Militärgeschichte geleistet und geben mir die Gelegenheit, ihn für die Auszeichnung mit dem höchsten militärischen Verdienstorden, nämlich dem russischen Orden des Heiligen Georg 4. Klasse, vorzuschlagen.« Zur damaligen Zeit galt dieser Orden als höchste militärische Auszeichnung in Russland, die einem Offizier für außergewöhnliche Tapferkeit vor dem Feind verliehen werden konnte.

Um ehrlich zu sein, ich bin mit der Vorstellung aufgewachsen, dass ein Urgroßvater, der den Namen Walter trug, wohl eher ein langweiliger oder ernster Mensch gewesen sein muss. Aber nachdem ich ein wenig in der Vergangenheit gegraben hatte, habe ich schließlich entdeckt, dass er in Wirklichkeit ein ausgelassener, charismatischer und über die Maßen mutiger Mann war. Außerdem finde ich es klasse, dass Walter auf den Familienporträts, die ich gesehen habe, genauso aussieht wie mein ältester Sohn Jesse. Das zaubert immer ein Lächeln auf meine Lippen. Walter war schon ein großartiger Mann, an dem man sich ein Beispiel nehmen kann. Seine Verdienstorden und Medaillen hängen zwar noch heute bei uns zu Hause an der Wand, aber eigentlich habe ich nie so richtig begriffen, was für ein außergewöhnlich tapferer und heldenmütiger Mann mein Urgroßvater doch war.

Nach dem Krieg ging Walter nach Indien zurück, wo er schon vor Kriegsbeginn gearbeitet hatte. Dort war er als Arbeitgeber bekannt, der sich »gern unter seine indischen Arbeiter auf seinen Teeplantagen mischte und großes Engagement für die Probleme der ›niederen‹ Kasten zeigte«. Im Jahr 1930 wurde ihm die Ritterwürde verliehen – Sir Walter Smiles.

Auf einem Segelschiff, das ihn von Indien nach England zurückbrachte, lernte Walter dann seine zukünftige Ehefrau Margaret kennen. Margaret war eine sehr eigenständige Frau im mittleren Alter. Sie begeisterte sich sehr für Bridge und Polo, sah gut aus, hatte ein resolutes Auftreten und konnte Dummköpfe partout nicht ausstehen. Als sie es sich an Deck des Frachtschiffs mit ihrem Gin Tonic und einem Kartenspiel gemütlich machte, hätte sie nie im Leben damit gerechnet, dass sie sich verlieben würde. Denn auf dieser Schiffsreise lernte sie Walter kennen, aber so ist das nun mal mit der Liebe: Sie kommt meist völlig unerwartet und kann das ganze Leben verändern.

Schon kurze Zeit nach seiner Ankunft in England heiratete Walter seine Margaret, und obwohl sie schon im »fortgeschrittenen« Alter war, wurde sie ziemlich schnell schwanger – sehr zu ihrem Entsetzen. Für eine Lady in den Vierzigern war es damals – zumindest nach ihrer Auffassung – einfach nicht »schicklich«, noch ein Kind auf die Welt zu bringen, und deshalb unternahm sie alles erdenklich Mögliche, um ihre Schwangerschaft zu gefährden.

Meine Großmutter Patsie (sie war zu jenem Zeitpunkt das ungeborene Kind, das Margaret unter ihrem Herzen trug) hat mir einmal erzählt, was ihre Mutter zu diesem Zweck alles unternommen hat: »Sie ist sofort hinausgestürmt und hat die drei schlimmsten Dinge getan, die man in der Schwangerschaft überhaupt tun kann. Sie schwang sich auf ihr Pferd und jagte im gestreckten Galopp durch die Gegend, trank eine halbe Flasche Gin und genehmigte sich zum Schluss dann stundenlang noch ein richtig heißes Vollbad.«

Ihr Vorhaben scheiterte (Gott sei Dank), und im April 1921 erblickte Walters und Margarets einziges Kind Patricia (oder Patsie) – meine Großmutter – das Licht der Welt.

Als Walter Indien verließ und nach Nordirland zurückkehrte, erfüllte er sich schließlich seinen Lebenstraum. Er errichtete für Margaret ein Haus, und zwar an exakt demselben Ort in County Down, an dem er vor so vielen Jahren gestanden und aufs Meer hinausgeschaut hatte.

Mit seinem diplomatischen Geschick und messerscharfen Verstand ging er dann in die Politik und gewann am Ende den Parlamentssitz für Nordirland im Wahlbezirk North Down in Ulster, wo er dem Volk treu diente.

Am 30. Januar 1953 jedoch, einem Samstag, sollte sich all das ändern. Walter hatte gehofft, dass er vom Parlamentssitz in London nach Ulster zurückfliegen könnte. Doch in jener Nacht braute sich ein Sturm zusammen, der ein so fürchterliches Unwetter mit sich brachte, wie es Großbritannien in über zehn Jahren nicht mehr erlebt hatte. Da sein Flug, wie zu erwarten, gecancelt wurde, reservierte er stattdessen einen Sitzplatz im Nachtzug nach Stranraer in Schottland.

Am nächsten Tag dann – der Sturm nahm derweil immer bedrohlichere Ausmaße an – bestieg Walter die *Princess Victoria*, die Autofähre nach Larne in Nordirland. Den Passagieren wurde versichert, dass das Schiff seetüchtig sei. Zeit war immerhin Geld, und so verließ die Fähre den Hafen wie geplant.

Was jedoch in jener Nacht geschah, hat die Städte Larne und

Stranraer bis zum heutigen Tag stark geprägt. Vermeidbare Unfälle traumatisieren die Menschen, denn sie ereignen sich immer dann, wenn der Mensch aus purer Dummheit die Naturgewalten zum Duell herausfordert – und verliert.

Nicht vergessen: Warnungen soll man beherzigen.

3

Bei den Leuten hieß das Haus von Walter und Margaret an der Küste von Donaghadee einfach nur »Portavo Point«.

Von diesem mit viel Liebe gebauten Haus aus hatte man einen atemberaubenden Ausblick über die gesamte Küstenlinie, und an einem klaren Tag konnte man nicht nur die in der Ferne schimmernden kleinen Inseln sehen, sondern sogar weit aufs Meer hinausschauen.

Das Haus war ein magischer Ort und ist es noch immer.

Allerdings war dies in jener Nacht nicht so.

Walter stand auf dem Deck der Autofähre und beobachtete, wie sich die schottische Küstenlinie immer weiter entfernte, während die stählerne Fähre – sie hatte ein durchgehendes und zum Heck hin offenes Fahrzeugdeck – hinausglitt auf See und mitten hineinfuhr in die sich immer höher auftürmenden Wellenberge dieses schweren Sturms. Die Wetterlage verschlimmerte sich immer weiter, die Überfahrt wurde immer stürmischer, und die Wellen wurden immer höher. Bis sich die *Princess Victoria* auf einmal – zu diesem Zeitpunkt war sie nur noch wenige Meilen von ihrem Zielhafen in Nordirland entfernt – inmitten des schwersten Orkans befand, der jemals über der Irischen See getobt hatte.

Anfangs konnte die Fähre den hohen Wellen zwar noch trotzen, aber achtern auf dem offenen Fahrzeugdeck gab es aufgrund eines Konstruktionsfehlers ein Leck in den Hecktoren, was katastrophale Folgen haben sollte.

Denn nach und nach drang über die nicht vollständig geschlossenen Falltore am Heck der Fähre immer mehr Wasser auf das Fahrzeugdeck. Und als dann noch schwere Brecher über das Deck schlugen, konnten die eindringenden Wassermassen nicht mehr über die Speigatten abfließen, wodurch sie sich ungehindert im gesamten Laderaum verteilen konnten, sodass das Schiff unter dem zunehmenden Gewicht dieser Wassermassen letztlich immer weniger Fahrt machen konnte, weil es immer mehr an Stabilität verlor, sich zur Seite neigte und folglich manövrierunfähig wurde.

Auch die Kielräume füllten sich schließlich mit Wasser. Undichte Hecktore und eindringendes Wasser, das nicht vollständig wieder abfließen kann, sind eine tödliche Kombination – bei jedem Sturm.

Es war lediglich eine Frage der Zeit, bis die See das Schiff verschlingen würde.

Schon bald drehte der Sturm die *Princess Victoria* längsseits in die Wellen, wodurch das Schiff unter dem Gewicht der hereinbrechenden Wassermassen ins Schlingern geriet und Schlagseite bekam. Der Kapitän gab den Befehl, die Rettungsboote auszusetzen.

Ein Überlebender des Unglücks sagte damals vor dem Ulster High Court – dem Obersten Gericht – aus, dass er gehört hätte, wie Walter der Mannschaft genaue Instruktionen erteilt hatte: »Los, los, macht weiter, versorgt zuerst die Frauen und Kinder mit Rettungswesten.«

In sturmgepeitschter, tosender See sorgten der Kapitän und seine Besatzung dann dafür, dass die von panischer Angst getriebenen Passagiere die Rettungsboote bestiegen.

Zu diesem Zeitpunkt konnten sie allerdings nicht ahnen, dass sie die Rettungsboote mit den Frauen und Kindern in den sicheren Tod schicken würden.

Denn als die Rettungsboote heruntergelassen wurden, saßen die Passagiere zwischen dem Stahlrumpf der Fähre und der weiß schäumenden Gischt der hereinbrechenden Wellenberge sozusagen in der »Todesfalle«.

In dieser Situation waren sie den starken Sturmböen und dem peitschenden Regen erbarmungslos ausgeliefert – es gab kein Entrinnen.

Durch die Gewalt der seitlich aufschlagenden Wellen gerieten die Rettungsboote in eine unkontrollierte Rotationsbewegung um ihre Längsachse, wobei die von vorn auftreffenden Wellen die Boote zusätzlich noch um ihre Querachse drehten – das heißt, sie schaukelten und schlingerten hilflos vor sich hin und schafften es nicht, sich vom Rumpf der Fähre zu entfernen. Angesichts der heftigen Orkanböen und des hohen Seegangs war die Mannschaft nicht in der Lage, die Evakuierung des Schiffes voranzutreiben, und musste ohnmächtig mit ansehen, wie schließlich fast alle Rettungsboote – eins nach dem anderen – kenterten.

Doch jetzt im Januar würde die Überlebenszeit der Passagiere in dem eiskalten Wasser der Irischen See nur wenige Minuten betragen.

In immer kürzeren Abständen schlugen die Wellen nun mit voller Wucht gegen das Schiff, und es zeichnete sich ab, dass die Fähre diesem Sturm nicht standhalten konnte. Der Kampf des Schiffes gegen die Naturgewalten war aussichtslos – der Kapitän wusste es, und Walter wusste es auch.

Die *Sir Samuel Kelly*, das Seenotrettungsboot aus Donaghadee, lief an diesem Samstag etwa gegen 13:40 Uhr aus und schaffte es bei schwerer See, die havarierte Fähre zu erreichen.

Die Besatzung musste sich durch heftige Böen und schwere

Brecher kämpfen, aber es gelang ihr, von den 165 Passagieren zumindest 33 lebend zu bergen.

Als ehemaliger Pilot im Ersten Weltkrieg reiste Walter stets lieber mit dem Flugzeug als mit dem Schiff. Jedes Mal, wenn er mit der »Dakota« von London zurück nach Nordirland flog, bat er darum, dass er auf dem Vordersitz sitzen darf, damit er – so witzelte er immer – im Fall eines Absturzes als Erster tot ist.

Es war schon Ironie des Schicksals, dass er nicht durch einen Flugzeugabsturz ums Leben kam, sondern durch eine Schiffsreise.

Er hatte alles Erdenkliche getan, um den Passagieren zu helfen; alle Möglichkeiten waren ausgeschöpft. Es war kein Rettungsboot mehr übrig. Walter zog sich still in seine Kabine zurück und wartete – er wartete darauf, dass die tosende See dem Schiff endlich den Todesstoß gab.

Er musste nicht lange warten, aber diese Zeit muss ihm wie eine Ewigkeit vorgekommen sein. Das Glas im Bullauge von Walters Kabine muss in tausend Stücke zerborsten sein, als es dem unaufhörlichen Druck der Wassermassen nachgab.

Mein Urgroßvater Walter, der Kapitän der *Princess Victoria* sowie 129 weitere Personen – Besatzungsmitglieder und Passagiere –, sie alle sind von der brüllenden See verschlungen und in die Tiefe gerissen worden.

Tot.

Dabei waren sie nur wenige Meilen von der nordirischen Küste entfernt; Portavo Point – Walters und Margarets Zuhause – war schon fast in Sichtweite.

Margaret und ihre Familie standen am Fenster im Gesellschaftszimmer und schauten hinaus auf die Bucht – sie konnten beobachten, wie die Leuchtsignale der Küstenwache, mit denen die Besatzungsmitglieder des Seenotrettungsboots in Donaghadee zu ihren Einsatzorten geleitet wurden, den Himmel hell erleuchteten –, aber sie konnten nichts weiter tun, als voll banger Sorge zu warten und zu beten.

Ihre Gebete wurden jedoch nicht erhört.

4

Das Seenotrettungsboot von Donaghadee fuhr am nächsten Morgen – einem Sonntag – früh um sieben Uhr noch einmal hinaus auf See; der Sturm war vorüber, und das Meer war gespenstisch ruhig und spiegelglatt. Im Umkreis der Unglücksstelle fand die Rettungsmannschaft zwar zahlreiche kleinere Wrackteile, konnte aber letztlich nur die Leichen von elf Männern, einer Frau und einem Kind bergen.

Die Retter fanden keinen einzigen Überlebenden; die übrigen Todesopfer hatte die See verschlungen und gab sie nicht mehr her.

Noch am selben Tag musste sich Margaret unter Schock der traurigen Pflicht stellen, die Leichen zu identifizieren, die an der Kaimauer im Hafen von Donaghadee aufgebahrt waren.

Der Leichnam ihres geliebten Mannes wurde nie gefunden.

Margaret hat sich von diesem Schock nie erholt, und ein Jahr später starb sie an gebrochenem Herzen.

Anlässlich eines Gedenkgottesdienstes, zu dem mehr als tausend Menschen in die Dorfkirche nach Bangor strömten, sagte der Bischoff von Down in seiner Ansprache, dass Walter Smiles gestorben war, wie er gelebt hatte: »Als guter, tapferer, selbstloser Mann, der nach dem Gebot lebte: ›und ein jeder sehe nicht auf das Seine, sondern auch auf das, was dem andern dient‹«.

Fast auf den Tag genau hundert Jahre zuvor hatte Samuel Smiles die letzten Seiten seines Buches *Self-Help* geschrieben. Es schloss mit einer bewegenden Geschichte über Heldenmut, an dem sich der viktorianische Engländer ein Beispiel nehmen sollte. Was das Schicksal meines Urgroßvaters Walter angeht, so traf diese Geschichte in höchstem Maße auf sein Leben zu.

Das Dampfschiff fuhr mit 472 Männern und 166 Frauen und Kindern an Bord an der afrikanischen Küste entlang.
Bei den Männern handelte es sich größtenteils um Rekruten, die sich erst seit kurzer Zeit im Militärdienst befanden.
Um zwei Uhr morgens, während alle unter Deck schliefen, rammte das Schiff mit voller Wucht einen Felsen, der von der Wasseroberfläche aus nicht zu sehen war. Er durchbohrte den Rumpf, und es war augenblicklich jedermann klar, dass das Schiff untergehen würde.
Mit einem Trommelwirbel wurden die Soldaten auf dem Oberdeck zu den Waffen gerufen, und die Männer marschierten auf, als wären sie auf dem Exerzierplatz.
Sie bekamen den Befehl »Rettet die Frauen und Kinder.« Dann wurden die hilflosen Geschöpfe, die meisten von ihnen notdürftig bekleidet, an Deck gebracht und wortlos in die Boote gesetzt.
Nachdem alle Boote sich vom Schiffsrumpf entfernt hatten, rief der Kapitän leichtfertig: »All diejenigen, die schwimmen können, springen über Bord und schwimmen zu den Booten hinüber.«
Doch Hauptmann Wright vom 91. Regiment der Highlanders widersprach: »Nein! Wenn ihr das macht, werden die Boote mit den Frauen voll Wasser laufen und untergehen, weil sie über-

laden sind.« Also verharrten die tapferen Männer regungslos. Kein Einziger zitterte vor Angst; kein Einziger drückte sich vor seiner Pflicht.

»Bis zu jenem Augenblick, als das Schiff unterging, gab es bei den Männern weder ein Raunen noch einen Aufschrei«, sagte Hauptmann Wright, der das Unglück überlebt hatte.
Das Schiff ging unter und mit ihm die heldenmütige Truppe, die eine Salve der Freude abfeuerte, während die Wellen sie nach und nach verschlangen.
Ruhm und Ehre gebührt den Großmütigen und Tapferen!
Männer, die so beherzt und vorbildlich handeln, sterben nie, denn in unserer Erinnerung sind sie einfach unsterblich.

Zweifellos musste Walter als junger Mann diese Zeilen im Buch seines Großvaters gelesen und verinnerlicht haben.

In höchstem Maße ergreifend.

In der Tat: Männer, die so beherzt und vorbildlich handeln, sterben nie, denn in unserer Erinnerung sind sie einfach unsterblich.

5

Als die *Princess Victoria* sank, war Margarets Tochter Patsie – meine Großmutter – eine junge, attraktive Frau. Die Medien stürzten sich regelrecht auf dieses tragische Unglück, indem sie in ihren Reportagen den großherzigen Heldenmut und die unendliche Opferbereitschaft von Walter in den Mittelpunkt stellten.

Irgendwie schienen diese Schlagzeilen Patsies tiefen Schmerz zu lindern. Zumindest kurzfristig.

Patsies Trauer hatte im Handumdrehen einen Medienrummel ausgelöst, und ehe sie sich versah, hatte sie eine Nachwahl gewonnen, um den Parlamentssitz ihres Vaters in Nordirland zu übernehmen.

Die strahlend schöne Tochter übernimmt das politische Amt ihres heldenhaften Vaters. Diese Geschichte war filmreif.

Doch das Leben ist nun mal kein Film, und die magische Faszination, die vom Parlamentsgebäude, dem monumentalen Palace of Westminster, ausgeht, sollte sich für Nordirlands jüngste Parlamentsabgeordnete aller Zeiten noch als eine sehr schwere Bürde erweisen.

Patsie hatte Neville Ford – meinen Großvater – geheiratet: Ein sanftmütiger Riese von einem Mann, der noch sechs Geschwister hatte.

Nevilles Vater Lionel war »Dean of York« – Dekan der Kathedrale von York Minster, der größten mittelalterlichen Kirche Englands – und Rektor der Harrow School, einer der bekanntesten Public Schools* für Jungen. Sein Bruder Richard – er war ein großes sportliches Ausnahmetalent und besuchte das Eton College – war ganz plötzlich und unerwartet einen Tag vor seinem 17. Geburtstag verstorben. Christopher, ein anderer Bruder von Neville, fiel auf tragische Weise während des Zweiten Weltkriegs in Anzio.

Doch Neville überlebte, und er war sehr erfolgreich.

Er besuchte das Oriel College in Oxford, wo er zum attraktivsten Studenten gekürt wurde. Aber Neville sah nicht nur sehr gut

---

* Als Public Schools (auch Independent Schools genannt) werden nach dem Public Schools Act von 1868 in Großbritannien Schulen für Jungen bezeichnet, die nicht durch staatliche Mittel, sondern mithilfe von Schulgebühren, Spenden und Stiftungen finanziert werden. Sie fördern zum gewissen Teil begabte Schüler aus finanziell schwachen Familien, nehmen aber vor allem Schüler aus zahlungskräftigen Familien auf. [Anm. d. Übers.]

aus, sondern er war auch ein fantastischer Sportler. Er spielte Cricket in der Profiliga der Grafschaft, und die Presse feierte ihn als großartigen »Sechserschläger«, da er aufgrund seiner Größe von 1,90 Meter und seiner kräftigen Statur Spieldurchgänge mit den höchsten Punktzahlen erzielte.

Dann heiratete er Patsie, die Liebe seines Lebens, denn ihr allein gehörte sein ganzes Herz.

Mit seiner frischgebackenen Ehefrau bezog er in der Grafschaft Cheshire ein Häuschen auf dem Land und war der glücklichste Mann der Welt. Er nahm eine Stelle in der Papierfabrik Wiggins Teape an und gründete mit Patsie in dieser ländlichen Idylle eine kleine Familie.

Was Neville jedoch beunruhigte, war, dass Patsie sich in aller Öffentlichkeit dazu bekannt hatte, in die Fußstapfen ihres Vaters zu treten. Er wusste, dass sich durch diese Entscheidung das Leben der ganzen Familie dramatisch verändern würde. Aber dennoch gab er seine Zustimmung.

Doch der Glamourfaktor von Westminster war nicht nur für eine junge Ehefrau sehr berauschend, sondern auch in den Korridoren des Parlamentsgebäudes war man(n) in gleicher Weise berauscht von Patsies Intelligenz und Schönheit.

Neville saß im gemeinsamen Zuhause in Cheshire und wartete geduldig. Doch vergebens.

Es dauerte nicht lange, bis Patsie eine Liebschaft mit einem Parlamentsabgeordneten anfing. Der Abgeordnete versprach ihr, dass er seine Frau verlassen würde, wenn sie sich von Neville trennte. Das war eine typische Floskel, nichts weiter als ein leeres Versprechen. Doch zu diesem Zeitpunkt war die junge Patsie schon tief in den gefährlichen Strudel der Macht geraten. Sie beschloss, Neville zu verlassen.

Es war eine Entscheidung, die sie bis zu ihrem Lebensende tief bereut hat.

Natürlich hat dieser Parlamentsabgeordnete seine Frau nie verlassen. Doch nun, da Patsie alle Brücken hinter sich abgebrochen hatte, musste ihr Leben ja schließlich weitergehen.

Doch unsere Familie litt sehr unter der Trennung; für Nevilles und Patsies zwei junge Töchter (für Sally, meine Mutter, und ihre Schwester Mary-Rose) war es eine Katastrophe, die ihre Welt ins Wanken brachte.

Für Neville war es eine entsetzliche Tragödie.

Es dauerte nicht lange, da machte Nigel Fisher, ein anderer Politiker, Patsie den Hof, und dieses Mal heiratete sie ihren Verehrer. Doch schon zu Beginn ihrer Ehe ging Patsies Ehemann Nigel fremd.

Sie blieb jedoch bei ihm und ertrug den Kummer in der vagen Überzeugung, dass dies wohl Gottes Strafe dafür war, dass sie Neville – den einzigen Mann, der sie stets aufrichtig geliebt hat – verlassen hatte.

Patsie zog Sally und Mary-Rose groß und hat in ihrem weiteren Leben sehr viel geleistet und erreicht, darunter unter anderem die Gründung einer der erfolgreichsten karitativen Einrichtungen in Nordirland – den Women Caring Trust, der auch heute noch [unter dem Namen Hope for Youth Northern Ireland, Anm. d. Übers.] mithilfe spendenfinanzierter Projekte, zum Beispiel mit Musik- und Kunstworkshops oder Berg- und Wandertouren, ein friedliches und kreatives Miteinander zwischen Katholiken und Protestanten in der konfliktgebeutelten nordirischen Gesellschaft unterstützt. (Wandern und Bergsteigen lag unserer Familie ja schon immer im Blut!)

Oma Patsie wurde von vielen geliebt, und sie verfügte über jene Charakterstärken, die schon ihr Vater und ihr Großvater besaßen. Allerdings hat sie die Scheidung von Neville in jungen Jahren zeitlebens bereut und hat diesen Schmerz nie überwunden.

Als meine Schwester Lara zur Welt kam, hat sie ihr einen sehr bewegenden, gleichzeitig aber auch sehr schönen Brief über das Leben geschrieben, der mit folgenden Worten endete:

Genieße und schätze die Augenblicke purer Glückseligkeit wie einen wertvollen Edelstein – sie kommen völlig unerwartet und mit einem berauschenden Gefühl wahrer Wonne.
Aber es wird natürlich auch Augenblicke geben, in denen Dir alles düster und grau erscheint – vielleicht wird ein Mensch, den Du von ganzem Herzen liebst, Dich verletzen oder enttäuschen, sodass Dir vielleicht alles extrem kompliziert oder absolut sinnlos erscheint. Doch denke immer daran, dass alles vorübergeht und nichts so bleibt, wie es ist … und dass jeder Tag ein neuer Anfang ist und dass keine Situation, ganz gleich, wie schrecklich sie auch sein mag, völlig hoffnungslos ist.
Warmherzigkeit gehört zu den wichtigsten Dingen im Leben und kann so viel bedeuten. Sei bestrebt, niemals die Menschen zu verletzen, die Du liebst. Wir alle machen Fehler, und manchmal sind es schreckliche Fehler, aber sei bestrebt, niemanden aus purem Egoismus heraus zu verletzen.
Sei stets bestrebt, Dein Denken in die Zukunft zu richten und nicht in die Vergangenheit, doch versuche bloß nicht, die Vergangenheit zu verdrängen, denn sie ist ein Teil von Dir, denn sie hat aus Dir den Menschen gemacht, der Du bist. Aber bemühe Dich, bitte, bitte bemühe Dich, ein wenig aus der Vergangenheit zu lernen.

Erst sehr spät, in Patsies letzten Lebensjahren, sind Neville und sie so gut wie »wiedervereint« gewesen.

Neville wohnte damals nur ein paar Hundert Meter von dem Haus auf der Isle of Wight entfernt, in dem ich als Teenager aufgewachsen bin und in dem Patsie regelmäßig während der Sommermonate bei uns zu Besuch war, als sie älter wurde.

Die beiden haben dann immer gemeinsame Spaziergänge unternommen und saßen zusammen auf einer Bank und schauten hinaus aufs Meer. Aber obwohl Patsie ihm mit Zärtlichkeit und Wärme begegnete, kämpfte Neville immer dagegen an, ihr noch einmal sein Herz zu öffnen.

Nachdem Patsie Neville verlassen hatte, quälten ihn 50 Jahre lang Kummer und Schmerz – so viel Leid kann man nicht einfach vergessen. Als junger Bursche konnte ich oft beobachten, wie sie ihre Finger sanft in seine große Hand gleiten ließ; das war ein schöner Anblick.

Von den beiden habe ich zwei wichtige Lektionen für mein Leben gelernt: Die Kirschen in Nachbars Garten schmecken nicht immer süßer, und für wahre Liebe lohnt es sich zu kämpfen.

6

In meinen ersten Schuljahren habe ich meine gesamten Ferien an der nordirischen Küste in Portavo Point in Donaghadee verbracht, und zwar in exakt demselben Haus, in dem mein Urgroßvater Walter gelebt hatte und in dessen unmittelbarer Nähe er schließlich ums Leben kam.

Ich liebte diesen Ort.

Der kräftige Wind, der vom Meer herüberwehte, und der Geruch von Salzwasser drang in jeden Winkel des Hauses. Die Wasserhähne quietschten beim Aufdrehen, und die Betten waren so alt und so hoch, dass ich immer am Bettgestell hochklettern musste, um überhaupt in mein Bett hineinzukommen.

Ich kann mich noch gut an den Gestank des alten Yamaha-Außenbordmotors erinnern, mit dem unser fast schon museumsreifes Holzboot ausgestattet war, das mein Vater bei ruhiger See immer hinunter zum Strand schaffte, um eine Spritztour mit uns zu machen. Ich erinnere mich auch daran, dass ich durch die Wiesen und Wälder gestreift bin, wenn überall die Glockenblümchen blühten. Ganz besonders gern bin ich draußen herumgetollt und habe mit meinem Vater Verstecken gespielt; dabei habe ich mich hinter den Bäumen versteckt, und mein Vater musste mich immer suchen.

Ich weiß noch, wie meine ältere Schwester Lara mir mal einen ordentlichen Schubs gegeben hat, sodass ich auf meinem Skateboard die Einfahrt hinuntergesaust und in den Zaun gekracht bin; oder wie Oma Patsie und ich gemeinsam das Bett hüten mussten, weil wir beide mit Masern darniederlagen und aus Quarantänegründen ins Gartenhäuschen verbannt wurden, damit wir die anderen nicht auch noch ansteckten.

Ich kann mich auch erinnern, dass ich in dem kalten Wasser der Bucht geschwommen bin und jeden Tag zum Frühstück ein hart gekochtes Ei gefuttert habe.

Im Grunde war dies der Ort, wo meine Liebe zum Meer und zur wilden unberührten Natur erwacht ist.

Doch zum damaligen Zeitpunkt war mir das noch nicht bewusst.

Die Schulzeit dagegen verbrachte ich Trimester für Trimester in London, wo mein Vater seiner Arbeit als Politiker nachging. (Die Tatsache, dass meine Mutter ausgerechnet einen künftigen Parlamentsabgeordneten geheiratet hat, wo sie doch durch ihre Mutter Patsie am eigenen Leib erfahren hatte, welch gefährliche

Macht von der Politik ausgeht, hatte schon irgendwie etwas eigenartig – vielleicht auch nicht ganz so eigenartig – Ironisches.)

Als mein Vater das Royal Marines Commando – die Marineinfanterie des britischen Naval Service – nach drei Dienstjahren als Offizier verließ, heiratete er meine Mutter und arbeitete zunächst als Weinimporteur. Danach führte er ein kleines Weinlokal in London, bevor er sich schließlich als Kandidat für die Wahl zum Gemeinderat aufstellen ließ und im Anschluss daran für die Wahl zum Abgeordneten für den Wahlbezirk Chertsey, südlich von London.

Was allerdings viel wichtiger ist, mein Vater war in erster Linie ein guter Mensch: ein freundlicher, großherziger, lustiger und loyaler Mann, der von vielen geschätzt und gemocht wurde. Doch wenn ich an meine Schulzeit in London zurückdenke, so fühlte ich mich damals als Heranwachsender ziemlich einsam.

Mein Vater arbeitete sehr hart und oftmals bis spät in die Nacht, und da meine Mutter seine Assistentin war, arbeitete sie genauso lange. Diese Zeit war für mich sehr schwer, denn ich vermisste einfach das Familienleben – Zeit, in der wir gemeinsam etwas unternehmen konnten, ganz ohne Stress und Termindruck.

Wenn ich so zurückschaue, dann habe ich mich schon sehr nach einem ausgeglichenen Familienleben gesehnt. Und das ist wohl auch der Grund dafür, warum ich mich in der Schule so schlecht betragen habe.

Ich kann mich noch erinnern, dass ich einmal einen Schulkameraden so fest gebissen habe, dass er blutete, woraufhin meine Lehrer meinen Vater anriefen und sich beklagten, dass sie nicht mehr wüssten, wie sie mir beikommen sollten. Mein Vater versicherte ihnen, dass er schon wüsste, wie er mir beikommen könne, und kam sofort zur Schule gefahren.

Er setzte sich auf einen Stuhl in die Mitte der Turnhalle, versammelte alle Schüler im Schneidersitz um sich herum und versohlte mir dann so kräftig den Hintern, bis er grün und blau war.

Am nächsten Tag riss ich mich auf einer viel befahrenen Londoner Straße von der Hand meiner Mutter los und lief davon, bis die Polizei mich dann einige Stunden später am Schlafittchen packte. Ich denke mal, ich wollte Aufmerksamkeit.

Da ich ununterbrochen Schwierigkeiten machte, sah meine Mutter sich gezwungen, mir Hausarrest zu geben, und sperrte mich in mein Zimmer ein; allerdings plagte sie derweil immer die Sorge, dass mir womöglich der Sauerstoff ausgeht, weshalb sie einen Schreiner beauftragte, ein paar Luftlöcher in die Tür zu machen.

Doch wie heißt es so schön? Not macht erfinderisch: Ich hatte recht schnell den Bogen raus, wie ich mit einem entsprechend zurechtgebogenen Kleiderbügel durch die Luftlöcher hindurch den Riegel öffnen und mich aus dem Staub machen konnte. Das waren meine ersten Ausflüge in die Welt des Tüftelns und Improvisierens, und diese Fähigkeiten haben mir über all die Jahre hinweg sehr gute Dienste geleistet.

Gleichzeitig habe ich aber auch eine Leidenschaft für körperliche Betätigung entwickelt. Meine Mutter hat mich jede Woche in einer kleinen Sporthalle abgeliefert, wo der unvergessliche Mr. Sturgess Turnkurse für Kinder abhielt.

Diese Kurse fanden in einer alten, staubigen Doppelgarage statt, die sich auf der Rückseite eines Wohnblocks im Stadtteil Westminster befand.

Mr. Sturgess leitete den Unterricht mit der eisernen Disziplin eines ehemaligen Militärangehörigen. Jeder von uns hatte seine klar markierte »Stelle« auf dem Boden, wo wir regungslos strammstehen und auf unsere nächste Turnübung warten mussten. Und er hat uns hart rangenommen. Man konnte den Eindruck gewinnen, Mr. Sturgess hätte vergessen, dass wir erst sechs Jahre alt waren – doch wir Kinder liebten das.

Durch das Training fühlten wir uns als etwas Besonderes.

Unter einer Metallstange, die gut und gerne zwei Meter hoch war, haben wir uns immer nebeneinander in einer Reihe aufgestellt, und dann hat jeder gesagt: »Bitte hochheben, Mr. Sturgess.« Daraufhin hat er einen nach dem anderen von uns hochgehoben und hängen lassen, bis er am Ende der Reihe angekommen war.

Die Regeln waren ganz einfach: Solange nicht die gesamte Reihe an der Stange baumelte wie ein toter Fasan am Haken in der Kühlkammer beim Metzger, durfte man nicht um Erlaubnis bitten, loszulassen. Und selbst dann musste man darum bitten: »Bitte runterlassen, Mr. Sturgess.« Wenn man sich nicht mehr halten konnte und vorzeitig den Abgang machte, wurde man zu seinem Platz zurückgeschickt und musste sich schämen.

Wie sich herausstellte, genoss ich diese Trainingsstunden sehr, denn ich legte großen Wert darauf, immer der Letzte zu sein, der noch an der Stange baumelte. Meine Mutter sagte immer, dass sie diesen Anblick nicht ertragen konnte, wie mein kleiner, hagerer Körper dort oben hing und mein schmerzverzerrtes Gesicht in wilder Entschlossenheit, bis zum bitteren Ende durchzuhalten, purpurrot anlief.

Die übrigen Jungs ließen sich – einer nach dem anderen – von der Stange holen, während ich noch immer da oben hing und verbissen darum kämpfte, unbedingt so lange auszuharren, bis sogar Mr. Sturgess zu dem Schluss käme, dass jetzt endlich genug wäre.

Danach bin ich immer zu meinem Platz zurückgeflitzt, mit einem breiten Grinsen von einem Ohr zum anderen.

Der Satz »Bitte runterlassen, Mr. Sturgess« wurde in unserer Familie zum geflügelten Wort, denn er verkörperte für uns den Inbegriff von harter physischer Anstrengung, strenger Disziplin und tollkühner Entschlossenheit. Eigenschaften, die mir während meiner späteren Militärlaufbahn gute Dienste geleistet haben.

Meine sportlichen Trainingseinheiten waren also ziemlich ausgewogen: Klettern, Hängen und Ausbüxen.

Ich liebte jede einzelne.

Noch heute sagt meine Mutter über mich, dass es ihr immer so vorkam, als wäre ich als Heranwachsender fest entschlossen gewesen, eine Mischung aus Robin Hood, Harry Houdini, Johannes dem Täufer und einem Attentäter zu werden.

Ich habe diese Äußerung als großes Kompliment betrachtet.

7

Wenn ich an meine ersten Schuljahre zurückdenke, dann habe ich mich immer ganz besonders auf die Dienstagnachmittage gefreut, denn sobald die Schule aus war, bin ich zu Oma Patsies Apartment gegangen – wir haben dann gemeinsam zu Abend gegessen, und ich durfte bei ihr schlafen.

Ich kann mich noch gut an den typischen Geruch in Omas Wohnung erinnern – es war eine Mischung aus Zigarettenrauch der Marke Silk Cut und gebackenen Bohnen mit Fischstäbchen, die sie mir extra zum Abendessen gemacht hatte. Aber ich mochte das. Denn nur bei ihr hatte ich nie Heimweh, wenn ich von zu Hause weg war.

Wenn meine Eltern nicht da waren, wurde ich oft über Nacht zu einer älteren Dame gebracht, die ich nicht kannte und die – wie es den Anschein hatte – mich genauso wenig kannte. (Ich vermute, dass es eine freundliche Nachbarin oder Bekannte meiner Eltern war, zumindest jedoch hoffe ich das.)

Ich hasste es.

Ich kann mich noch heute an den Geruch des alten Leder-Bilderrahmens erinnern, in dem ein Foto von meinen Eltern steckte, und den ich in diesem fremden Haus in diesem fremden Bett fest umklammert hielt. Damals war ich noch zu klein, um zu verstehen, dass meine Eltern ja bald zurückkommen würden.

Doch durch diese Nächte habe ich eine weitere wichtige Lektion gelernt: Lass deine Kinder nicht allein, wenn sie Angst davor haben, allein zu sein.

Denn das Leben – und ebenso die Kindheit – ist doch so kurz und so zerbrechlich.

In diesen jungen Jahren, die mich immerhin sehr geprägt haben, war meine Schwester Lara stets mein Fels in der Brandung. In den acht Jahren nach Laras Geburt hatte meine Mutter drei Fehlgeburten erlitten und war fest davon überzeugt, dass sie keine weiteren Kinder mehr bekommen kann. Aber dann wurde Mama wieder schwanger, und sie hat mir erzählt, dass sie neun Monate lang das Bett gehütet hat, um sicherzugehen, dass sie nicht wieder eine Fehlgeburt hat.

Es hat funktioniert. Mama hat mir das Leben gerettet.

Unterm Strich war sie jedoch vermutlich heilfroh, als sie mich endlich zur Welt bringen konnte und dass Lara nun ihr lang ersehntes Brüderchen bekam oder genau genommen ihr eigenes Baby. Schließlich hat Lara alles für mich getan, und dafür habe ich sie regelrecht vergöttert.

Denn da meine Mama eine viel beschäftigte, »berufstätige« Mutter war – sie half meinem Vater nicht nur dabei, den Pflichten in seinem Wahlkreis nachzukommen, sondern auch andere Aufgaben zu erledigen –, wurde Lara quasi zu meiner Ersatzmama. Sie machte für mich so gut wie jedes Abendessen, das ich jemals zu mir genommen habe – und zwar von dem Zeitpunkt an, als ich noch ein Baby war, bis ich etwa fünf Jahre alt wurde. Sie wechselte meine Windeln, sie brachte mir das Sprechen bei und danach das Laufen (was ich natürlich aufgrund der immensen Aufmerksamkeit, die ich von ihr bekam, wahnsinnig früh lernte). Sie brachte mir bei, wie man sich anzieht und wie man Zähne putzt.

Im Grunde genommen hat sie mich dazu gebracht, all jene Dinge zu tun, die sie sich entweder selbst nicht zutraute, weil sie zu ängstlich war, oder die sie einfach faszinierend fand, wie zum Beispiel ungebratenen Frühstücksspeck zu essen oder mit einem Dreirad ohne Bremsen einen steilen Abhang hinunterzufahren.

Ich war einfach die beste Spielzeugpuppe, die sich meine Schwester überhaupt nur wünschen konnte.

Das ist auch der Grund, warum wir beide von jeher ein sehr inniges Verhältnis zueinander hatten. Für meine Schwester bin ich nach wie vor ihr kleiner Bruder. Und dafür liebe ich sie. Doch das große Problem daran, mit Lara aufzuwachsen, war einfach die Tatsache, dass ich nie auch nur einen einzigen Augenblick meine Ruhe vor ihr hatte. Bereits vom ersten Tag an – als neugeborenes Baby auf der Entbindungsstation – wurde ich überall herumgezeigt und vor allen möglichen Leuten ganz stolz zur Schau gestellt: Ich war eben das neue »Spielzeug« meiner Schwester. Und das hörte einfach nie auf.

Heute kann ich darüber lachen, aber ich bin mir ziemlich sicher, dass dies der Grund dafür war, dass ich mich so unendlich nach der Ruhe und Einsamkeit der Berge und des Meeres gesehnt habe, als ich älter wurde. Ich wollte nicht vorgeführt werden, um irgendjemandem zu imponieren; ich wollte einfach nur etwas Raum für mich, um mich bei all dem Tohuwabohu selbst zu finden.

Es dauerte eine Weile, bis ich herausfand, woher meine große Liebe zur Natur kam; doch um ganz ehrlich zu sein, ich glaube, sie ist vermutlich einerseits aus der engen Vertrautheit erwachsen, die sich zwischen mir und meinem Vater entwickelte, wenn wir gemeinsam die Küsten Nordirlands erkundeten, und andererseits aus dem starken Wunsch, meiner geliebten, aber dominanten älteren Schwester zu entfliehen. (Gott schütze sie!)

Heute kann ich Lara damit aufziehen, denn trotz allem ist sie bis heute meine engste Verbündete und beste Freundin geblieben. Lara war schon immer sehr extrovertiert; sie würde wahnsinnig gern im Rampenlicht stehen oder allzu gern auf der Couch in einer Talkshow Platz nehmen; ich dagegen sehne mich eher nach ein paar ruhigen, gemütlichen Stunden mit meinen Freunden und meiner Familie.

Kurz gesagt, Lara würde sich sehr viel leichter damit tun, prominent zu sein, als ich.

Sie bringt das sehr treffend auf einen Nenner, wie ich finde:

Bevor Bear auf die Welt kam, fand ich es einfach schrecklich, ein Einzelkind zu sein – ich habe mich bei Mama und Papa immer darüber beklagt, dass ich so alleine bin. Es fühlte sich schon merkwürdig an, dass ich weder einen Bruder noch eine Schwester hatte, zumal doch alle meine Freunde Geschwister hatten. Bears Geburt war wirklich ein aufregendes Ereignis (nachdem ich die erste Enttäuschung verwunden hatte, dass mein Geschwisterchen ein Junge war, denn ich hatte mir immer eine Schwester gewünscht!).

Doch in dem Augenblick, als ich ihn zum ersten Mal sah, wie er in seiner Wiege lag und weinte und schrie, dachte ich bei mir: »Das ist mein Baby. Ich werde für meinen kleinen Bruder sorgen.« Ich hob ihn hoch, und er hörte sofort auf zu schreien, und von da ab – bis er irgendwann zu groß wurde – habe ich ihn überall mit mir herumgeschleppt.

Zu den absolut positiven Erlebnissen in meiner frühen Kindheit im Londoner Smog gehört die Tatsache, dass ich im Alter von sechs Jahren Mitglied bei den Pfadfindern wurde – ich war total begeistert.

Ich kann mich noch gut an meinen ersten Tag bei den Pfadfindern erinnern, wie ich hereinkam und all die großen Jungs in ihren ordentlich gebügelten Hemden sah, die mit zahlreichen Auszeichnungen und Abzeichen geschmückt waren. Ich dagegen war ein kleiner, schmächtiger Pimpf und fühlte mich sogar noch kleiner, als ich aussah. Doch als ich hörte, wie der Gruppenleiter uns aufforderte, draußen auf dem Gehsteig eine Wurst mit nur einem einzigen Streichholz zu grillen, war ich hellauf begeistert.

Ein Streichholz, eine Wurst … hmm. Aber das wird doch niemals lange genug brennen, dachte ich bei mir.

Dann lernte ich, wie man mit dem Streichholz zuerst ein Feuer entfacht, um danach die Wurst zu grillen. Das war ein echtes Aha-Erlebnis für mich.

Wenn man damals den Jungs, die bei diesen Pfadfinder-Abenden anwesend waren, gesagt hätte, dass ich eines schönen Tages zum Chief Scout – also, zum obersten Pfadfinderführer des britischen Pfadfinderverbandes – ernannt und dadurch zur Galionsfigur für 28 Millionen Pfadfinder weltweit werden würde, hätten die sich vermutlich totgelacht. Doch was mir an Größe und Selbstvertrauen fehlte, habe ich stets durch Mumm und Entschlossenheit wettgemacht – denn das sind die Eigenschaften, auf die es wirklich ankommt, und zwar sowohl im richtigen Leben als auch im Pfadfinderleben.

Auf diese Weise bescherte mir das Pfadfinderleben nicht nur

ein großes Freiheitsgefühl, sondern auch das Gefühl großartiger Kameradschaft. Die Pfadfindergemeinschaft war wie eine Familie, und es spielte überhaupt keine Rolle, aus welchen Verhältnissen man kam.

Wenn man Pfadfinder war, war man ein Pfadfinder, und nur darauf kam es an.

Das gefiel mir, und ich entwickelte immer mehr Selbstvertrauen.

8

Schon bald kauften sich meine Eltern ein kleines Ferienhäuschen auf der Isle of Wight und von meinem fünften bis zu meinem achten Lebensjahr verbrachte ich dann jeweils die Schultrimester in London, wovor mir stets graute, und meine Schulferien auf der Insel.

Durch den Job meines Vaters war das möglich, denn als Parlamentsabgeordneter hatte er fast genauso lange Urlaub, wie die Ferien dauerten, und da sein Wahlbezirk auf dem Weg zwischen London und der Isle of Wight lag, konnte er seine »Sprechstunde« quasi im Drive-Through-Verfahren absolvieren, bevor er in Richtung Südküste fuhr und zur Insel übersetzte. (Das war vielleicht nicht gerade eine mustergültige Arbeitseinstellung, um seinen Pflichten wirklich gerecht zu werden, doch was meine Bedürfnisse betraf, war das einfach fantastisch.)

Denn das Einzige, was ich wollte, war immer so schnell wie möglich zur Insel zu kommen. Für mich war sie das Paradies. Meine Mutter und mein Vater waren unablässig damit beschäftigt, unser kleines Wochenendhäuschen weiter auszubauen, damit wir ein bisschen mehr Platz hatten, und es dauerte nicht lange, bis es zu unserem Hauptwohnsitz wurde.

Das Leben auf der Insel war im Winter meist stürmisch, windig und nass, im Sommer dagegen glich es eher einem Ferienlager mit einer Menge junger Leute in meinem Alter, von denen noch heute viele zu meinen engsten Freunden gehören.

Zum ersten Mal in meinem Leben fühlte ich mich frei und unabhängig, denn ich konnte mich ausprobieren und ganz ich selbst sein.

Außerdem hatte die Insel noch einen weiteren großen Vorteil zu bieten, nämlich dass mein Opa Neville nur knapp 400 Meter von unserem Haus entfernt wohnte.

Er war für mich nicht nur ein Musterbeispiel an Tugendhaftigkeit, sondern auch einer der wunderbarsten Menschen, die ich je kennengelernt habe; ich habe ihn sehr geliebt. Er war sanftmütig, liebenswürdig, stark, voller Zuversicht und lebenslustig; und er hatte eine Vorliebe für Riesentafeln Schokolade (auch wenn er sie immer grimmig ablehnte, wenn man ihm eine als kleine Aufmerksamkeit mitbrachte). Doch unter Garantie hatte er sie innerhalb weniger Minuten verputzt, sobald man gegangen war.

Er wurde 93 Jahre alt und hat sehr gewissenhaft und konsequent sein tägliches Sportprogramm absolviert. Man konnte dann immer hören, wenn er in seinem Schlafzimmer vor sich hin murmelte: »Die Knie beuuugen, die Zehen berüüühren, Arme ganz nach oben strecken und einatmen …« Er sagte immer, dies wäre das Geheimrezept, um sich stets bester Gesundheit zu erfreuen. (Ich bin mir zwar nicht sicher, wo genau die Schokolade oder das dick mit Butter bestrichene Toastbrot in diesem Gesundheitsprogramm einzuordnen sind, doch was soll's – man muss das Leben ja auch genießen.)

Als Opa Neville starb, saß er auf einer Bank am Ende unserer Straße, ganz in der Nähe des Meeres. Noch heute fehlt er mir – seine langen, buschigen Augenbrauen, seine großen Hände und festen Umarmungen, seine Wärme, seine Gebete und seine Geschichten, doch vor allen Dingen sein leuchtendes Vorbild, wie man leben und wie man sterben sollte.

Mein Onkel Andrew hat sehr schön beschrieben, was für ein Mensch Neville war:

Neville ist in seinem Herzen ein Schuljunge geblieben; deshalb hat er auch so ein wunderbar harmonisches Verhältnis zu den jungen Leuten gepflegt. Begeisterung, Ermunterung und Liebe waren immer sein Leitspruch.
Er fungierte als Saalordner bei Winston Churchills Trauerfeier und bewegte sich nicht nur problemlos in der adligen Gesellschaft, sondern gleichermaßen in jeder Gesellschaft. Er lebte nach Rudyard Kiplings Grundsatz: ›Wenn dich die Menge liebt und du noch du bleibst, wenn du den König und den Bettler ehrst.‹
Er war nicht nur ein vorbildlicher Sportler, sondern auch ein vorbildlicher Gentleman. Ich habe nie gehört, dass er schlecht von jemandem gesprochen hätte; ich habe nie erlebt, dass er unfreundlich gewesen wäre. Er war in jeder Hinsicht ein wunderbarer Mensch.

Oma Patsie – eine bemerkenswerte Lady, die auf ein außergewöhnliches Leben zurückblicken konnte – war ebenso zu einem großen Teil an meiner Erziehung auf der Insel beteiligt. Sie war liebenswürdig und herzlich, aber gleichzeitig auch zerbrechlich. Für uns war sie allerdings einfach nur Oma. Als sie jedoch älter wurde, reagierte sie zunehmend sensibel und verletzlich und hatte mit Depressionen zu kämpfen. Vielleicht war dies zum Teil auf ihre Schuldgefühle zurückzuführen, weil sie sich nicht verzeihen konnte, dass sie Neville in jungen Jahren betrogen hatte.

Doch sie hatte ihr ganz eigenes Antidepressivum entwickelt, nämlich eine Vorliebe für den Erwerb teurer, zumeist allerdings völlig nutzloser Objekte, und zwar in der festen Überzeugung, dass sie eine großartige Geldanlage darstellten.

Unter anderem kaufte Oma einen komplett ausstaffierten, altertümlichen Zigeunerwagen sowie ein Ladenlokal, das direkt neben der Fish-and-Chips-Bude unseres Dorfes lag und nur knapp 200 Meter die Straße entlang von unserem Haus entfernt war. Das Problem an dem Ganzen war nur, dass der Zigeunerwagen ohne sachgerechte Pflege vor sich hin gammelte und dass das Ladenlokal zu ihrem persönlichen Antiquitäten- und Ramschladen verkam.

Natürlich war das eine echte Katastrophe.

Wenn man außerdem noch berücksichtigt, dass für das Ladengeschäft auch Personal nötig war (eine Aufgabe, die meist von verschiedenen Familienmitgliedern übernommen wurde, einschließlich von Nigel, der die meiste Zeit draußen vor dem Laden in einem Liegestuhl hockte und sich mit einer Zeitung überm Kopf im tiefen Schlummer befand), dann gewinnt man leicht den Eindruck, dass das Leben auf der Insel nicht nur unrentabel war, sondern gleichzeitig große Charakterstärke erforderte. Aber in erster Linie war es immer ein Riesenspaß.

(Nigel war Omas zweiter Ehemann, ein liebenswerter Schlawiner, der damals in der Tat ein sehr erfolgreicher Politiker war. Ihm wurde während des Zweiten Weltkriegs ein MC [Military Cross] verliehen – eine militärische Auszeichnung für den verdienstvollen Kampfeinsatz; später bekam er dann einen Posten als Nachwuchsminister in der Regierung. Für mich allerdings verkörperte er die Figur eines liebenswürdigen, freundlichen Großvaters, der von uns allen geliebt wurde.)

Bei uns zu Hause war immer etwas los, deshalb war meine Ferienzeit einerseits auch sehr erlebnisreich, andererseits aber auch ausgesprochen turbulent und chaotisch. Aber das war typisch für meine Eltern, insbesondere für meine Mutter, die – selbst nach ihren eigenen verrückten Maßstäben – immer ziemlich unkonventionell war und auch heute noch ist, und das im besten Sinne des Wortes.

Im Grunde genommen lässt sich meine Familie ganz einfach charakterisieren: Sie ist wunderbar, mitunter auch wunderlich sonderbar. Die meisten von uns sind zwar relativ normal, aber dennoch gibt es – wie in jeder anderen Familie auch – den einen oder anderen, der gehörig einen an der Waffel hat.

Das Wunderbare daran war, dass wir als Familie ununterbrochen herumgereist sind und eine wahre Flut an interessanten Leuten aus aller Welt kennengelernt haben, die allesamt von meiner Mutter regelrecht angezogen wurden – das gehörte einfach zu unserem Leben dazu. Dabei spielte es keine Rolle, ob wir in einem alten Campingbus unterwegs waren, um irgendeinem amerikanischen Motivationstrainer zu lauschen, oder ob wir meine Mutter bei der Umsetzung ihrer neuen Geschäftsidee unterstützten – dem Verkauf von Mixern und Wasserfiltern.

Unsere Mahlzeiten haben wir zu ganz unterschiedlichen Tages- und Nachtzeiten eingenommen; dazu wurden dann in der Regel Schweinekoteletts mit dem denkwürdigen Satz »Die sind doch absolut noch in Ordnung« aus einem Behälter herausgefischt. (Selbst wenn mein Vater sie bereits am Vortag entsorgt hatte, weil sie schon dunkel angelaufen und schmierig waren.)

Es hatte irgendwie den Anschein, als wäre es das vorrangige Ziel meiner Mutter gewesen, ihre Familie nach Möglichkeit so richtig zu mästen. Im Grunde hat dies den Ausschlag gegeben, dass ich mich in meinem späteren Leben in genau die andere Richtung orientiert habe, wodurch ich vermutlich eine schon nahezu »krankhafte« Marotte entwickelt habe, mich gesund zu ernähren. (Obwohl ich es wahrscheinlich insbesondere den Kochkünsten meiner Mutter zu verdanken habe, dass ich mit einem so extrem robusten Magen gesegnet bin, denn das kam mir bei meinen vielen Survival-Filmen im Laufe der Jahre sehr zugute. Dem Himmel sei Dank für all die gammeligen Schweinekoteletts.)

Alle Leute um uns herum haben im Grunde nur die amüsante Seite von Mutters durchgeknalltem Verhalten gesehen, doch die Kehrseite der Medaille war, dass es für uns als Familie bisweilen ziemlich anstrengend war. Auch wenn einige ihrer Ideen oder Ansichten definitiv geradezu verrückt und skurril anmuteten, so meinte sie dennoch immer, sie hätte recht.

Mit schöner Regelmäßigkeit haben wir sie dabei ertappt, wie sie im Garten mit einer Kupferrute in der Hand umhermarschierte und uns weismachen wollte, dass sie sich unbedingt gegen die zu starke Elektrizität im Haus »erden« müsste. (In Anbetracht der Tatsache, dass wir die Heizung nie eingeschaltet hatten und dass wir, anstatt das Licht anzuknipsen, viel lieber Kerzen anzündeten, drängte sich uns dann doch der leise Verdacht auf, dass wohl irgendetwas an unserer Mutter nicht ganz normal war.)

Aber so war meine Mutter nun mal. Von einigen wenigen Ausnahmen abgesehen, habe ich in meiner Kindheit sehr viel Liebe erfahren und jede Menge Spaß gehabt – deshalb spielt beides für mich im Zusammenleben mit meiner eigenen Familie eine sehr wichtige Rolle.

9

Als meine Eltern sich kennenlernten, war meine Mutter 21 und mein Vater 29. Sie führten eine ziemlich turbulente Liebesbeziehung, denn sie trennten sich und kamen danach wieder zusammen – und das am laufenden Band, bis sie irgendwann nach Barbados durchbrannten und dort heimlich heirateten.

Sie pflegten stets eine sehr liebevolle Partnerschaft, auch wenn meine Mutter als Scheidungskind in vielerlei Hinsicht durch die Trennung ihrer Eltern geprägt worden war. Die Angst, verlassen zu werden, war tief in ihr verwurzelt, und deshalb verhielt sie sich meinem Vater gegenüber bisweilen über die Maßen fürsorglich.

Wenn mein Vater und ich also losziehen wollten, um gemeinsam klettern oder segeln zu gehen, mussten wir uns regelrecht davonstehlen. (Was uns beiden natürlich sehr viel Spaß machte.) Ich glaube, durch diesen Umstand wurde jeder Ausflug zu einer Art Mission. Und wir hatten eine ganze Menge derartiger Missionen, als ich noch ein Junge war.

Doch als ich älter wurde und damit anfing, meine eigenen Streifzüge zu planen, ganz gleich, wie unbedeutend diese auch ausfielen, war ich schon traurig darüber, dass ich nicht öfter Gelegenheit hatte, etwas zusammen mit meinem Vater zu unternehmen – einfach nur wir zwei. Ich weiß ja, wie sehr er unsere Abenteuer liebte, aber er war in seiner Loyalität eben hin- und hergerissen zwischen meiner Mutter und mir.

In seiner Kindheit hatte mein Vater nie wirklich das Gefühl liebevoller Vertrautheit und Geborgenheit in seinem Elternhaus erlebt.

Sein Vater war ein arbeitsamer und engagierter, allerdings

auch ziemlich strenger Offizier der British Army, der den Dienstgrad eines Brigadegenerals erreicht hatte. Dieser Dienstgrad konnte vermutlich nur auf Kosten eines innigen und harmonischen Familienlebens errungen werden; ich weiß mit Bestimmtheit, dass mein Vater sehr unter der Gefühlskälte seines Vaters gelitten hat.

Als ich klein war, hatte ich vor Opa Ted immer ziemlich Manschetten. (Allerdings völlig unbegründet, wie sich herausstellen sollte. Klar, er war zwar streng, aber im Nachhinein betrachtet, war er ein freundlicher und loyaler Mann, der von vielen gemocht wurde.)

Was mir bei Opa Ted am meisten Angst einjagte, waren seine großen Hunde.

Als ich sechs Jahre alt war, passierte es: Einer seiner Hunde hat mich übel zugerichtet, als ich auf dem Boden saß und mit ihm spielen wollte. Der Hund biss mich mitten ins Gesicht, sodass zwischen meiner Nase und meinen Lippen eine tiefe Wunde klaffte.

Ich wurde sofort ins nächste Krankenhaus in die Notaufnahme gebracht, damit die Wunde genäht werden konnte, als meine Mutter auf einmal befand, dass die diensthabende OP-Schwester viel zu lange bräuchte, und daraufhin kurz entschlossen die Angelegenheit selbst in die Hand nahm und mein Gesicht wieder zusammenflickte.

Sie hat das übrigens prima hingekriegt, denn wenn man nicht wirklich ganz genau hinschaut, erkennt man die Narben fast nicht – auch wenn meine Nase im Grunde genommen schon ziemlich schief aussieht. Denn als Nahaufnahmen von mir für das Cover des US-Magazins *Men's Journal* gemacht wurden, hat mich doch tatsächlich der Herausgeber mit einem Lachen gefragt, ob ich denn in meiner Jugend sehr viele Boxkämpfe verloren hätte. Doch genau genommen ist es so, dass meine Nase seit damals, als dieser Hund mich gebissen hat, eben immer ein klein wenig schief hing.

Auch wenn mein Opa Ted meinen Vater mit großer Strenge erzogen hat, so führte meine Oma – seine Mutter – allerdings ein noch viel strengeres Regiment. Sie war für ihre energische Art bekannt, und zwar nicht nur aufgrund ihrer starken Persönlichkeit, sondern auch weil sie eine Frau war, die Tollkühnheit keineswegs duldete – doch Tollkühnheit war der zweite Vorname meines Vaters. Deshalb reagierte mein Vater gleichermaßen energisch auf diese ernste und strenge Erziehung, indem er sich vom ersten Tag an zu einem richtigen Lausbub und Spaßvogel entwickelte.

Ich kann mich noch gut an zahllose Geschichten erinnern, die er erzählt hat. So zum Beispiel, wie er oben von seinem Schlafzimmerfenster aus seine ältere Schwester und deren neuen Freund heimlich beobachtete, als die beiden unten auf der Straße standen, und ihnen dann prompt einen Eimer voll Wasser über den Kopf gekippt hat.

Mein Vater ist in vielerlei Hinsicht nie wirklich erwachsen geworden. Das ist auch der Grund dafür, warum er ein so wunderbarer Vater, Gentleman und Freund war. Und was mich angeht, so habe auch ich nie den Ehrgeiz entwickelt, möglichst schnell erwachsen zu werden.

Ich kann mich noch an eine Begebenheit erinnern, als unsere Familie Skiurlaub in den Alpen gemacht hat. Die Dummejungenstreiche meines Vaters brachten uns alle in eine recht peinliche Situation.

Damals war ich ungefähr zehn Jahre alt und platzte schier vor Aufregung, denn mein Vater hatte sich für die total ernst dreinblickende und schweizerdeutsch sprechende Familie im Nachbarzimmer einen Streich ausgedacht, der so genial war, dass man ihn sich unmöglich verkneifen konnte.

Jeden Morgen kam die gesamte Schweizer Familie die Treppe heruntergestolziert: Zuerst die Mutter, sie war von Kopf bis Fuß in Pelz gehüllt; dann der Vater, er hatte sich in einen knallengen Ski-Overall gezwängt und einen weißen Schal um den Hals geschlungen, und zuletzt ihr leicht übergewichtiger und ziemlich hochnäsig wirkender dreizehnjähriger Sohnemann, der meistens Grimassen schnitt, wenn er mich erblickte.

In dem Hotel gab es einen speziellen Frühstücks-Service, ein Bestellformular, das man abends ausfüllen und draußen an die Zimmertür hängen konnte, wenn man am nächsten Tag das Frühstück lieber auf dem Zimmer einnehmen wollte. Mein Vater war der Meinung, es wäre bestimmt lustig, unser Formular auszufüllen und 35 gekochte Eier, 65 Frankfurter Würstchen und 17 geräucherte Heringe fürs Frühstück zu bestellen und es dann an die Tür der Schweizer Familie zu hängen.

Das war doch eine Mordsgaudi, die man sich keineswegs entgehen lassen konnte.

Meiner Mutter haben wir nichts gesagt, weil sie sonst ausgeflippt wäre; stattdessen haben wir voller Übermut dieses Formular ausgefüllt, sind kurz vor dem Zubettgehen hinausgeschlichen und haben es den Schweizer Nachbarn an die Türklinke gehängt.

Um sieben Uhr morgens hörten wir dann, wie der Schweizer Vater wütend die Bestellung zurückgehen ließ. Deshalb haben wir das Spielchen am nächsten Tag gleich noch mal wiederholt.

Und am Tag darauf noch einmal.

Jeden Morgen reagierte der Schweizer Vater zunehmend wütender, bis meine Mutter schließlich Wind davon bekam, was wir da angestellt hatten, und dafür sorgte, dass ich hinüberging, um mich zu entschuldigen. (Ich weiß nicht, warum gerade ich mich entschuldigen gehen musste, wo doch die ganze Geschichte auf Papas Mist gewachsen war, allerdings glaube ich, dass Mama wohl dachte, dass ich wahrscheinlich nicht allzu große Schwierigkeiten bekommen würde, da ich ja noch ein Kind war.)

Jedenfalls ahnte ich, dass es keine so gute Idee war, hinüberzugehen und die Schuld auf mich zu nehmen – und tatsächlich war es auch so.

Denn von diesem Augenblick an stand ich – trotzdem ich mich entschuldigt hatte –, zumindest für deren Sohn ganz oben auf der Abschussliste.

Als ich am letzten Abend nach einem langen Skitag, nur mit meinen langen Thermounterhosen und einem T-Shirt bekleidet, den Hotelflur entlanglief, spitzte sich die Situation schließlich zu. Der übergewichtige Teenager mit Pickelgesicht kam aus seinem Zimmer heraus und sah, wie ich in meinen Leggings, bei denen es sich ja im Grunde um Damenstrumpfhosen handelte, an ihm vorbeimarschierte.

Er zeigte mit dem Finger auf mich, nannte mich eine Memme, brach in lautes sarkastisches Gelächter aus und stemmte dabei die Hände gekünstelt in die Hüften. Trotz des Alters- und Größenunterschieds zwischen uns beiden habe ich mich auf ihn gestürzt, ihn zu Boden geschleudert und so heftig verprügelt, wie ich nur konnte.

Sein Vater hörte den Tumult, kam aus seinem Zimmer gerauscht und sah, wie sein Sohn mit blutender Nase dalag und wahnsinnig laut (und überaus dramatisch) schluchzte.

Das war dann in der Tat der Tropfen, der das Fass zum Überlaufen brachte. Der Vater des Jungen schleppte mich zum Zimmer meiner Eltern und nötigte mich dazu, meinem Vater und meiner Mutter zu erklären, warum ich das getan hatte.

Mein Vater versuchte sein ironisches Grinsen zu unterdrücken, doch meine Mutter war ehrlich schockiert, und folglich war mir der Hausarrest sicher.

Damit war also wieder einmal ein echt supergenialer Familienurlaub zu Ende!

10

Als ich noch ein Kind war, haben meine Tante Mary-Rose und mein Onkel Andrew (er war ebenfalls Brigadegeneral) die Weihnachtsfeiertage sehr oft bei uns zu Hause verbracht.

Ich erinnere mich noch an ein ganz besonderes Weihnachtsfest, als mein Vater (mit mir im Schlepptau und quasi in der Ausbildung), über die Klobrille im Gäste-WC Frischhaltefolie gespannt hat (das ist immer ein Wahnsinnsspaß). Doch das kam überhaupt nicht gut an.

Also hat mein Vater sich einfach einen anderen Dummejungenstreich ausgedacht.

Nachdem auch eine Reihe anderer Streiche von meiner Tante und meinem Onkel nicht ganz so gut aufgenommen wurden, beschlossen sie, dass es schließlich – wenn auch verfrüht – an der Zeit wäre, sich auf die Heimreise zu machen.

Womit sie jedoch nicht gerechnet hatten, war, dass mein Vater genau diese Reaktion vorausgesehen hatte und schon eine Weile vor ihrer Abreise die Zündkerzen aus ihrem Auto herausgeschraubt hatte. Also saßen die beiden wutschnaubend mitsamt ihrem ganzen Gepäck abreisefertig in ihrem Wagen, und der Motor orgelte und orgelte, aber er sprang nicht an.

Dennoch pflegten meine Tante und mein Onkel ein ganz besonders enges und freundschaftliches Verhältnis zu unserer Familie, und wenn ich zurückdenke, dann waren die beiden für mich stets eine liebenswerte und wunderbare Konstante in meinem Leben. Ich schätze ihre Freundschaft wirklich sehr.

Mein Vater hat stets ganz genauso empfunden, trotz der vielen Streiche, die er den beiden gespielt hat. Das ist eben der Beweis dafür, dass das Sprichwort »Was sich liebt, das neckt sich« stimmt.

Mein Vater hatte sehr unter seiner strengen und lieblosen Erziehung gelitten, deshalb nahm er sich fest vor, es selbst anders zu machen. Und obwohl er von seinen Eltern weder Bestätigung noch liebevolle Umarmungen bekam, schenkte er Lara und mir beides im Überfluss.

Denn in erster Linie wollte mein Vater uns ein liebevoller Papa sein, und das war er auch – der beste. Dafür bin ich ihm sehr dankbar, und obwohl ich ihn viel zu früh – da war ich erst 26 – verloren habe, muss ich ehrlich sagen, dass ich mir keine bessere Vorbereitung auf das Leben hätte wünschen können, als er sie mir durch sein beispielhaftes Vorbild vermittelt hat.

Er war ein Vollblutpolitiker und stand über 20 Jahre lang auf der politischen Bühne; obwohl er ein loyaler und hart arbeitender einfacher Parlamentsabgeordneter war, schaffte er aber nie den Sprung in die höheren politischen Ämter. Wie es schien, hat er das auch nicht wirklich angestrebt.

Denn was er sich am meisten im Leben wünschte, war ein inniges und harmonisches Familienleben – das war sein Streben.

Zweifellos liebte mein Vater seine Arbeit, denn durch seine Arbeit wollte er Dinge bewegen und verändern, damit die Menschen ein besseres Leben haben. Allerdings verfolgte er seine ambitionierten Ziele nicht mit dem unerschütterlichen und verbissenen Ehrgeiz, wie er für Politiker typisch ist – ein Umstand, der unser aller Leben sehr bereicherte.

Seine wirkliche Berufung bestand meiner Meinung darin, ein guter Vater zu sein.

Ich kann mich zum Beispiel noch an meine Zeit in der Preparatory School* erinnern, als ich ausgewählt wurde, um im Rugby-Team der unter Neunjährigen mitzuspielen. Na ja, genauer gesagt, sollte ich den Linienrichter machen, weil ich nicht gut genug war, um in der Mannschaft mitzuspielen.

Jedenfalls war es ein kalter, grässlicher Wintertag, und es gab keine Zuschauer auf dem Sportplatz, was ungewöhnlich war. (Normalerweise kamen zumindest immer ein paar Jungs oder Lehrer, die sich die Spiele der Schulmannschaft anschauten.) Doch an jenem kalten, stürmischen Tag war entlang der Seitenlinien nur ein einziger Zuschauer zu sehen, sonst niemand.

Und dieser Zuschauer war mein Vater, der im strömenden Regen stand und zuschaute, wie sein Sohn seine Pflichten als Linienrichter erfüllte.

Ich war richtig froh, dass er da war, aber irgendwie hatte ich auch ein schlechtes Gewissen. Denn immerhin hatte ich es noch nicht einmal ins Team geschafft, und er war trotzdem gekommen, um mir dabei zuzusehen, wie ich am Spielfeldrand rauf und runter lief und mit meiner blöden Linienrichterfahne herumwedelte.

Doch das hat mir wahnsinnig viel bedeutet.

Als dann der Halbzeitpfiff ertönte, kam mein großer Augenblick.

Mit einer Schüssel Orangen in den Händen – als Halbzeit-Snack für die Mannschaft –, rannte ich auf das Spielfeld und erhielt dafür von meinem Vater von der Seitenlinie aus stürmischen Beifall.

An solche Momente erinnert man sich ein Leben lang.

---

* Die Preparatory School, auch Prep School genannt, ist eine Privatschule, an der die Schüler auf den Besuch einer privaten weiterführenden Eliteschule – das heißt, einer Public School wie zum Beispiel das Eton College – vorbereitet werden. [Anm. d. Übers.]

Ich erinnere mich auch noch an eine ähnliche Begebenheit, als mein Vater und ich an dem Vater-und-Sohn-Cricketspiel teilgenommen haben. Während all die anderen Väter die Sache tierisch ernst nahmen, hatte mein Vater sich einen alten Safari-Hut aus Afrika aufgesetzt, und als er schließlich am Schlag war, stolperte er doch glatt über das hinter ihm befindliche Wicket, und das war's dann. Denn da er durch dieses Missgeschick als Schlagmann keinen einzigen Punkt erzielen konnte, hatte er sich »eine Ente eingefangen« – »out for a duck« – und schied aus.

Ich mochte die lustige Art meines Vaters sehr und, so wie es schien, mochten die anderen Leute sie auch.

Jedes Mal, wenn mein Vater bei unseren gemeinsamen Aktivitäten seine Scherze machte, hatte ich immer einen Heidenspaß.

11

Ich kann mich noch sehr gut daran erinnern, wie ich als Teenager einmal ein altes Foto von meinem Vater in die Finger bekommen habe, das ihn als blutjungen Soldaten der Royal Marines – der britischen Marineinfanterie – im Alter von 17 Jahren zeigte. Er sah darauf fast genauso aus wie ich, allerdings mit dem kleinen Unterschied, dass er einen Scheitel trug und in seiner Uniform viel schmucker wirkte als ich.

Unmittelbar neben diesem Foto klebte ein weiterer Schnappschuss von ihm im Album. Darauf war er zu sehen, wie er gemeinsam mit seinen Marinekameraden beim Eisklettern an der Nordwand des Ben Nevis in Westschottland war, und das im Winter – eine extrem gefährliche Wand, denn falls irgendetwas schiefläuft, sitzt man gewaltig in der Klemme.

Ich wollte von ihm wissen, wie diese Klettertour gelaufen ist, und er erzählte mir, dass ein Steinschlag ihn an diesem Tag um Haaresbreite das Leben gekostet hätte, weil sich etwa 60 Meter über ihm ein Gesteinsbrocken in der Größe eines Basketballs gelöst hatte.

Dieser war weniger als 30 Zentimeter an seinem Kopf vorbeigesaust und auf einem Felsvorsprung unter ihm in Tausende winzig kleine Stücke zerborsten.

Für ihn war es ein Gefühl, als hätte er an jenem Tag seine »Du kommst aus dem Gefängnis frei«-Karte bekommen, denn in jenem Moment hatte er nicht nur extrem großes Glück, sondern auch einen sehr wachsamen Schutzengel. Er hat immer zu mir gesagt: »Verlass dich bloß niemals blind auf das Glück, denn solche Glücksfälle sind ein Geschenk; stattdessen solltest du stets dafür sorgen, dass du für den Notfall einen Plan B parat hast.«

Diese Einstellung kommt mir in meinem heutigen Job sehr zugute. Danke für diesen Rat, Paps, für den Fall, dass du dies vom Jenseits aus lesen kannst.

Als ich noch ein kleiner Junge war, habe ich die gemeinsamen Ausflüge mit meinem Vater sehr genossen.

Wenn ich heute zurückblicke, dann begreife ich, wie sehr mein Vater durch unsere gemeinsamen Abenteuer auch ein Stück weit seine eigene Freiheit gefunden hat – ganz gleich, ob er mich auf der Isle of Wight bei einem Ausritt am Strand im gestreckten Galopp abgehängt hat oder ob wir an den steilen Abhängen und Klippen entlang der zerklüfteten Küste herumgeklettert sind.

Während dieser gemeinsamen Unternehmungen habe ich eine sehr innige Vertrautheit zwischen uns gespürt.

Außerdem habe ich bei unseren Streifzügen auch jenes Gefühl »innerer Anspannung« kennengelernt, das sich ganz tief in der Magengrube bemerkbar macht – es ist ein Warnsignal, auf das man im Leben unbedingt hören sollte. Manche nennen es Angst.

Ich weiß noch gut, wie viel Spaß wir hatten, wenn wir im Winter gemeinsam auf Klettertour gingen. Das war immer sehr aufregend, denn ziemlich oft entpuppten sich unsere Kletterausflüge als regelrechtes Abenteuer. Zum Beispiel erklärte mein Vater mir dann, dass wir nicht nur eine gut 45 Meter hohe steile Kreideklippe erklimmen müssten, sondern dass deutsche Fallschirmjäger bereits das Plateau über uns eingenommen hätten. Deshalb müssten wir beim Hochklettern ganz leise sein, um nicht entdeckt zu werden, damit wir die deutsche Stellung mit Handgranaten zerstören könnten, sobald wir oben angekommen wären.

In der Realität bedeutete dies jedoch, dass wir – oben auf dem Plateau angekommen – eine verlassene Bank am Rand der Klippe in hohem Bogen mit jeder Menge Kuhfladen bewarfen. Genial!

Das ist doch eine echt prima Idee, wie man sich als Achtjähriger (und übrigens auch 28-Jähriger) an einem nassen und windigen Wintertag die Zeit vertreiben kann.

Ich genoss es regelrecht, wenn ich völlig außer Atem und von oben bis unten mit Schlamm eingesaut von unseren, zum Teil mit ziemlich schlotternden Knien, bestandenen Kletterabenteuern an den Klippen wieder nach Hause kam. Ich mochte dieses Gefühl, wenn Wind und Regen mir ins Gesicht peitschten. Dann fühlte ich mich wie ein richtiger Mann, auch wenn ich in Wirklichkeit noch ein kleiner Junge war.

Damals haben wir auch oft vom Mount Everest gesprochen, wenn wir quer über die Felder zu den Klippen gewandert sind.

Ich habe mir dann gern vorgestellt, dass der eine oder andere unserer Kletterausflüge uns hinauf zur Gipfelpyramide des Mount Everest führt.

Wir haben uns dann immer ganz vorsichtig über die weißen Kreidefelsen bewegt und uns vorgestellt, dass sie tatsächlich aus Eis wären. Ich habe damals dieses unerschütterliche Vertrauen gespürt, dass ich mit meinem Vater an meiner Seite sogar den Everest besteigen könnte.

Damals hatte ich ja noch keine Vorstellung davon, was wirklich erforderlich ist, um den Mount Everest zu besteigen, aber es gefiel mir einfach, zusammen mit meinem Vater davon zu träumen.

Die gemeinsamen Stunden, in denen wir von diesem Abenteuer geträumt haben, hatten für mich etwas Faszinierendes, ja Magisches: Dieser Traum hat uns nicht nur zusammengeschweißt, er hat auch eine innige Vertrautheit entstehen lassen und uns großen Spaß gemacht. Und deshalb vermisse ich diese gemeinsamen Stunden sehr – auch heute noch. Wie schön wäre es, wenn ich nur ein einziges Mal noch die Gelegenheit hätte, mit meinem Vater von gemeinsamen Abenteuern zu träumen.

Ich glaube, das ist auch der Grund dafür, warum es mich emotional so berührt, wenn ich heute mit meinen eigenen Jungs Wandertouren oder Kletterausflüge unternehme. Die Berge sind ein Ort, an dem sehr enge zwischenmenschliche Bindungen entstehen. Deshalb üben sie auch eine so große Anziehungskraft auf mich aus.

Aber wir sind nicht nur geklettert. Mein Vater und ich sind auch oft zum Pferdehof im Ort marschiert, wo wir uns für einen Zehner ein Pferd gemietet haben und dann am Strand entlanggaloppiert und über die Wellenbrecher gesprungen sind.

Jedes Mal, wenn ich vom Pferd gefallen und im nassen Sand gelandet bin und kurz davor war, in Tränen auszubrechen, hat mein Vater mir immer applaudiert und gesagt, dass ich mich langsam, aber sicher zu einem respektablen Reiter entwickeln würde. In anderen Worten: Ein guter Reiter wird man nur dann, wenn man etliche Male vom Pferd gefallen ist und sich sofort wieder in den Sattel schwingt.

Kurz gesagt, ein Patentrezept fürs Leben: Man muss immer wieder aufstehen und weitermachen.

12

Einmal waren wir in Dartmoor, einer sehr urwüchsigen Hügellandschaft im Südwesten Englands, die zu jeder Jahreszeit eine Reise wert ist. Wir wohnten in einem kleinen Gasthof und sind jeden Tag gewandert und ausgeritten.

Es war mitten im Winter, die Landschaft war schneebedeckt, und ich kann mich noch gut daran erinnern, wie eisig kalt es jeden Tag war.

Die Haut in meinem Gesicht (ich hatte ja noch ein zartes Milchgesicht) fühlte sich an, als würde sie regelrecht festfrieren. Ich konnte meine Nasenspitze überhaupt nicht mehr spüren. Das war für jemanden mit einer großen Nase, wie ich sie (selbst im Alter von elf) hatte, schon ein ziemlich beängstigendes und bis dahin unbekanntes physikalisches Phänomen.

Ich fing an zu heulen, denn das funktionierte im Allgemeinen immer, um meinem Vater zu signalisieren, dass die Situation ernst war und seine Aufmerksamkeit erforderte. Doch er sagte einfach nur: »Mummel dich eben besser ein und beiß die Zähne zusammen. Wir sind auf einer richtigen Expedition, und das ist jetzt der falsche Zeitpunkt zum Jammern. Der Schmerz geht schon vorüber.«

Also hörte ich auf zu quengeln, und er hatte recht; danach war ich richtig stolz darauf, dass ich mich auf meine eigene kindliche Art durchgebissen hatte.

Augenblicke wie diese haben mich in dem Glauben bestärkt, dass ich durchhalten kann – insbesondere (und das war noch weitaus wichtiger), wenn ich fror und mich hundeelend fühlte.

Mein Vater hat mich zwar nie zu irgendetwas gezwungen, aber er hat schon eine ganze Menge von mir erwartet, wenn ich an diesen Abenteuern teilhaben wollte. In dem Maße, wie mein Selbstvertrauen wuchs, wuchs auch mein Wunsch, meine Grenzen auszuloten und jedes Mal ein kleines bisschen mehr zu wagen.

Wir haben auch sehr viele Tage miteinander verbracht, an denen wir mit dem Boot unterwegs waren. Mein Vater hat meiner Mutter schon ganz am Anfang ihrer Ehe mit seinen – wie sie es nannte – »waghalsigen Fahrmanövern« den Spaß am Boot fahren gründlich verdorben. Ich dagegen liebte diese »waghalsigen Manöver« und sehnte mich förmlich danach, dass das Wetter stürmisch und die Wellen hoch waren.

Ich hatte mir in den Kopf gesetzt, eines Tages mein eigenes Rennboot zu besitzen, damit herumzurasen und am Motor herumzuschrauben. Ein echtes Rennboot stand jedoch ganz offenkundig nicht zur Debatte, stattdessen durfte ich mit meinem Vater zusammen eins bauen. Es war ein richtig cooles kleines, etwa 2,50 Meter langes Ruderboot aus Holz, das einen 1,5 PS starken Außenbordmotor hatte.

Das Boot war zwar kaum schnell genug, um den bei Flut anrollenden Wellen davonzufahren, aber für mich war es einfach perfekt. Wir haben ein behelfsmäßiges Steuersystem zusammengebastelt, indem wir ein Steuertau mit einem Steuerrad verbunden und in die Sitzbank geschraubt haben – und schon war ich unterwegs.

Ich bin dann immer losgefahren, um mich in einer kleinen

Bucht, nur wenige Meilen an der Küste entlang, mit Mama und Papa zu treffen – ich kam mit dem Boot, sie kamen zu Fuß. Ich liebte das Gefühl von Freiheit und Unabhängigkeit, wenn ich Kapitän war auf dem Boot, das ich übers Meer steuerte.

Außerdem lag ich meinem Vater ständig in den Ohren, mir doch zu erlauben, mal allein mit Laras Laser-Segelboot hinauszufahren, das wir gebraucht gekauft hatten. (Es war eine einfache Einhand-Jolle, ein schnelles Ding, das superleicht kentern konnte und das von jemandem gesegelt werden sollte, der beträchtlich mehr an Gewicht auf die Waage bringt, als ein schwächlicher Elfjähriger zu bieten hat.)

Denn allein der Gedanke daran, diese Herausforderung zu meistern, ließ mich nicht mehr los – die Einsamkeit, die großen Wellen, die Gischt.

Ich genoss die Einsamkeit da draußen, nur die Natur und ich – allerdings auch nur unter der Voraussetzung, dass mein Rettungsanker, mein Vater, stets an meiner Seite war, um mir im Notfall zu helfen. (Was ziemlich oft der Fall war.)

Und ich war jedes Mal überglücklich und wahnsinnig stolz, wenn ich mit dem Boot wieder in den Hafen zurückgesegelt bin: Ich war dann immer klitschnass und sah aus wie eine gebadete Ratte, hatte ein breites Grinsen im Gesicht von einem Ohr zum anderen, und meine Hände und Muskeln brannten, weil ich bei dem starken auflandigen Wind die Schot mit all meiner Kraft mal dichtholen und dann wieder fieren musste, um am Wind zu segeln, während all die anderen Boote diesen Wind genutzt hatten, um mit weit aufgefierten Schoten ganz bequem in den Hafen zurückzusegeln.

Das gab mir das Gefühl, dass ich schon ein klein wenig anders wäre als all die anderen Jungs in meinem Alter, und dass ich, wenn ich mich nur anstrengte und traute, die Naturgewalten herausfordern und besiegen könnte. Abenteuer waren für mich die selbstverständlichste Sache der Welt, denn sie gaben mir das Gefühl, dass ich lebe. Sie gaben mir zum ersten Mal das Gefühl, ganz und gar ich selbst zu sein.

Als ich älter wurde und der Rest meiner Welt immer komplexer und unnatürlicher, suchte ich immer stärker nach jener Identität und Ganzheit, die ich in meinen Abenteuern erlebte.

Kurz gesagt: Wenn ich total durchnässt, verdreckt und durchgefroren war, fühlte ich mich pudelwohl, wenn ich aber mit den Jungs zusammen war, von denen jeder verzweifelt versuchte, »cool« zu sein, fühlte ich mich extrem unbehaglich und unsicher. Im schlammigen Gelände fand ich mich prima zurecht, doch beim Versuch, »cool« zu sein, scheiterte ich immer kläglich.

Aus diesem Grund konzentrierte ich mich lieber auf Ersteres und überließ Letzteres den anderen.

(Auch wenn ich als Teenager mal kurzzeitig den Versuch unternommen habe, »cool« zu sein, indem ich mir solche spitzen »Spinatstecher«-Stiefel gekauft und einen ganzen Winter lang Heavy-Metal-Platten gehört habe, so habe ich jedoch beides als äußerst unbefriedigend empfunden und folglich unter dem Punkt »langweilig« abgehakt.)

Stattdessen habe ich es meistens vorgezogen, in meinen »schlimmsten« (das heißt, meinen besten) und dreckigsten Klamotten herumzulaufen, mich – im Dezember – unter den Gartenschlauch zu stellen, bis ich klatschnass war, um mich dann ganz allein zu einem Waldlauf in die Berge aufzumachen.

Die einheimischen Inselbewohner dachten immer, ich wäre nicht mehr ganz dicht, doch meinem Hund gefiel es und mir auch. Ich fühlte mich frei und eins mit der Natur, und dieses Gefühl zog mich immer mehr in seinen Bann.

Einmal, als ich von einem solchen Waldlauf – von oben bis unten mit Schlamm eingesaut – zurückkam, lief ich an einem

Mädchen vorbei, das mir ziemlich gut gefiel. Ich fragte mich, ob sie womöglich auf diesen Schlamm-Lock steht. Er war zumindest originell, dachte ich. Doch stattdessen überquerte sie sehr zügig die Straße und schaute mich an, als wäre ich einfach komplett bescheuert.

Ich brauchte eine ganze Weile, bis ich begriff, dass Mädels in aller Regel nicht auf Typen stehen, die total gammelig daherkommen und aussehen, als hätten sie sich im Schlamm gesuhlt. Und dass das, was in meinen Augen natürlich, unverfälscht und ursprünglich war, eben nicht zwangsläufig gleichbedeutend war mit sexy.

Übrigens: Lernprozess in dieser Angelegenheit noch immer nicht abgeschlossen.

13

Ich kann mich noch gut an eine andere Begebenheit erinnern, als mich ein befreundeter Junge, der auf der Isle of Wight zu Hause war, dazu aufforderte, wir könnten doch einmal versuchen, den Hafen bei Ebbe zu Fuß zu durchqueren.

Da ich schließlich wusste, dass der Hafen nicht so ganz ohne war, spürte ich instinktiv, dass der Versuch, durch den tiefen Schlamm und Schlick zu waten, doch eine ziemlich bescheuerte Idee war.

Aber andererseits machte das bestimmt auch eine Menge Spaß.

Also, den Hafen bei Ebbe zu Fuß zu durchqueren, wäre schon eine beachtliche Leistung, zumal der Schlamm dort zu der absolut zähesten, tiefsten und glitschigsten Matschpampe gehört, die es gibt, denn sobald man einen Fuß hineinsetzt, steckt man knöcheltief in diesem Modder fest. Kurz gesagt: Dies war ein ausgesprochen dämlicher Plan, der von Anfang an zum Scheitern verurteilt war.

Wir waren gerade einmal neun Meter vom Ufer entfernt, als mir schwante, dass dies eine echt bescheuerte Idee war, doch dummerweise bin ich einfach weitermarschiert. Und als wir ungefähr ein Drittel der Wegstrecke zurückgelegt hatten, steckten wir fest – im Ernst, wir steckten wirklich komplett im Schlick fest.

Ich steckte bis zur Brust in dieser schwarzen, stinkenden, glitschigen, lehmigen und schlammigen Pampe.

Bereits auf dieser kurzen Wegstrecke hatten wir uns kräftemäßig so extrem verausgabt, dass wir relativ schnell nicht nur völlig erledigt und komplett bewegungsunfähig waren, sondern uns auch in allergrößter Gefahr befanden.

Jedes Mal, wenn wir versuchten, uns zu bewegen, sanken wir noch tiefer in den Schlick ein, und ich spürte, wie eine panische Angst in mir aufstieg – jenes fürchterliche Gefühl, das einen befällt, wenn man merkt, dass man einer Situation hilflos ausgeliefert ist.

Doch Gott sei Dank passierten zwei Dinge: Zum einen habe ich durch Ausprobieren herausgefunden, dass ich ganz, ganz langsam vorankommen konnte, wenn ich nicht gegen den Schlick ankämpfte, sondern stattdessen versuchte, mich auf dieser schlammigen Oberfläche quasi »schwimmend« fortzubewegen. Na ja, zumindest war das annähernd so etwas wie Fortbewegung. Also haben wir beide uns dann ganz langsam umgedreht und sind im wahrsten Sinne des Wortes Zentimeter für Zentimeter in Richtung Ufer gerobbt.

Zum anderen hatte uns jemand vom Ufer aus gesehen und das Rettungsboot angefordert. In diesem Augenblick wusste ich, dass wir gehörig in der Klemme saßen – ganz gleich, ob wir nun das Ufer erreichten oder nicht.

Bis das Rettungsboot schließlich am Ort des Geschehens eintraf, hatten wir schon das Ufer erreicht – wir sahen aus wie Monster aus der Tiefe und haben uns schleunigst verdünnisiert.

Meine Mutter bekam unweigerlich mit, was passiert war, auch was die Sache mit dem Rettungsboot anging, das ausgelaufen war, um uns zu retten. Ich wurde – mit Recht – dazu verdonnert, hinunterzugehen zur Rettungsstation und mich dort beim Bootsführer persönlich zu entschuldigen und mich außerdem als Wiedergutmachung dazu bereit zu erklären, für die Crew die Reinigungsarbeiten zu übernehmen.

Das war ein sehr lehrreiches Abenteuer, und ich habe meine Lektion gelernt: Kenne deine Grenzen, lass dich nicht auf Abenteuer ein, ohne einen vernünftigen Notfallplan zu haben, und lass dich nicht von anderen zu etwas anstiften, wenn dein Instinkt dir sagt, dass es eine bescheuerte Idee ist.

Auch wenn ich hin und wieder für so manche Katastrophe verantwortlich war, habe ich jedoch von Kindesbeinen an gespürt, dass es mich immer sehr stark hinauszog in die freie Natur. Meine Mutter war nie wirklich davon angetan, wenn mein Vater und ich zu unseren gemeinsamen Streifzügen aufbrachen. Das war auch der Grund, warum wir bedauerlicherweise immer seltener zu gemeinsamen Vater-Sohn-Abenteuern aufbrachen, je älter ich wurde.

Nebenbei bemerkt: Als junger Mann gelang es mir nur noch ein einziges Mal, zusammen mit meinem Vater eine etwas anspruchsvollere Bergwanderung zu machen; das war ungefähr ein Jahr oder so, nachdem ich die SAS Selection – das harte Auswahlverfahren für die Aufnahme in den Special Air Service (SAS), eine Spezialeinheit der britischen Armee – bestanden hatte. Ich schlug vor, dass wir eine Wanderung im Brecon Beacons Nationalpark im Südosten von Wales machen und dort den einen oder anderen Gipfel dieser Bergkette besteigen. Denn in den Brecon Beacons – sie sind das bevorzugte Übungsgelände für die SAS Selection – hatte ich sehr viele meiner Ausdauermärsche mit Marschgepäck und Orientierungsprüfungen absolviert.

Ich arrangierte, dass mein Vater von Feldwebel Taff – er war mein Zugführer – am Bahnhof in Merthyr Tydfil abgeholt wurde.

»Wie werde ich denn Taff erkennen?«, fragte mein Vater.

»Du wirst ihn erkennen«, antwortete ich. Denn Taff hatte ein durch und durch militärisches Aussehen: Er war klein und stämmig, hatte streng zurückgekämmtes Haar und einen klassischen Schnauzbart, wie viele Soldaten ihn tragen.

Taff holte meinen Vater ab, und wir trafen uns alle am Fuß der Brecon Beacons. Um die Gipfel der Bergkette heulte ein kräftiger Wind. Wir hatten bereits die Hälfte des Weges hinauf zum ersten Gipfel hinter uns gebracht, doch nachdem wir einen reißenden Sturzbach überquert hatten, was für einige Aufregung sorgte, da der Bach normalerweise eher einem Rinnsal gleicht, merkte ich auf einmal, dass mein Vater sehr starkes Nasenbluten hatte.

Da er ziemlich bleich und erschöpft aussah, haben wir uns auf den Rückweg gemacht.

Mein Vater und ich haben ein paar tolle Tage miteinander verbracht, wie zum Beispiel bei dieser Bergwanderung. Doch als er nach Hause zurückkam, beschuldigte mich meine Mutter, dass ich ihn fast umgebracht hätte, und ließ uns wissen, dass für uns beide ab sofort »jegliche Art von ›Todesexpeditionen‹ strengstens verboten sind«.

Mir war zwar durchaus bewusst, dass die Angst, ihrem Mann könnte etwas zustoßen, in ihrer Vergangenheit begründet lag, doch irgendwie hat sie ziemlich überreagiert und das Kind gleich mit dem Bade ausgeschüttet. Denn dieses generelle Verbot, das sie über unsere gemeinsamen Ausflüge verhängt hatte, bedeutete doch im Prinzip nur, dass mein Vater und ich auf eine ganze Menge lustige Abenteuer verzichten mussten, die er – das weiß ich – wahnsinnig gern mit mir unternommen hätte.

Und jetzt, wo mein Vater nicht mehr da ist, bin ich traurig darüber, dass wir diese wertvolle gemeinsame Zeit nicht viel intensiver ausgekostet haben. Aber so ist das eben manchmal im Leben.

Das letzte echte Abenteuer, das ich als Heranwachsender zusammen mit meinem Vater erlebt habe, brachte mich zum ersten Mal in eine lebensbedrohliche Situation, eine, in der es wirklich um Leben und Tod ging. Aber – Gefahr hin oder her – es machte mir einfach Spaß.

Diese letzte gemeinsame Mission hatte vermutlich auch etwas damit zu tun, dass meine Mutter meinem Vater und mir jegliche Art riskanter Unternehmungen in der freien Natur strengstens untersagt hatte. Aber wie bei allen großen Abenteuern begann auch dieses zunächst ganz harmlos ...

14

Wir hatten mit der ganzen Familie Urlaub auf Zypern gemacht, um meine Tante und meinen Onkel zu besuchen. Mein Onkel Andrew war damals Brigadegeneral der gesamten britischen Streitkräfte, die auf der Insel stationiert waren. Und da er schließlich der ranghöchste Stabsoffizier war, muss ihm sicherlich vor unserer Ankunft gegraut haben.

Nachdem wir uns einige Tage in der Kaserne verkrochen hatten, schlug mein Onkel ganz unbedarft vor, dass uns ja vielleicht ein Ausflug in die Berge ganz gut gefallen würde. Dabei wusste er schon im Voraus, welche Antwort er von mir und meinem Vater bekommen würde. Das ließen wir uns nicht zweimal sagen.

Das Troodos-Gebirge ist ein Bergmassiv, das sich mit seinen schneebedeckten Gipfeln südwestlich im Landesinneren der Insel erhebt. Die in Zypern stationierten Soldaten nutzen die Berge nicht nur zum Skifahren, sondern auch als Trainingsgebiet. Es gibt zwar einige Skipisten, aber die meisten der Berghänge sind in der Winterzeit völlig unberührt und ursprünglich.

In anderen Worten: Sie sind ein Abenteuer wert.

Mein Vater und ich haben uns dann in der Kaserne oben in den Bergen eine Armee-Skiausrüstung samt Stiefeln ausgeliehen und gemeinsam einen tollen Nachmittag verbracht, indem wir die ausgeschilderten Pisten hinuntergefahren sind. Doch ausgeschilderte Pisten können auch ganz schön langweilig sein. Wir haben einander angeschaut und waren uns einig, dass wir einen kurzen Schlenker in unberührtes Terrain jenseits der Piste machen wollten.

Ich war absolut unerschrocken ... und das mit elf Jahren.

Wir waren bei unserem Abstecher in den tiefen Pulverschnee »mitten durch die Bäume« noch nicht sehr weit gekommen, als sich ganz plötzlich das Wetter extrem verschlechterte.

Vom Berg her rollte eine dicke Nebelwand auf uns zu, wodurch unsere Sichtweite fast auf null sank. Wir stoppten und versuchten, wieder zur Piste zurückzufinden beziehungsweise Mutmaßungen darüber anzustellen, in welcher Richtung die Piste lag, doch als sich unsere Vermutungen als falsch erwiesen, wurde uns schnell klar, dass wir uns verfahren hatten. (Oder dass wir kurzfristig ein Orientierungsproblem hatten, wie ich es heute gern nenne.)

Mein Vater und ich machten denselben Fehler, den viele in so einer Situation machen: Im Blindflug weiterfahren, und zwar in der vergeblichen Hoffnung, dass ein Wunder geschehen wird. Wir hatten weder Karte noch Kompass, weder etwas zu essen noch etwas zu trinken, kein Mobiltelefon (die waren damals noch nicht mal erfunden) und – um ehrlich zu sein – erst recht keinen blassen Schimmer, wie wir da wieder herauskommen sollten.

Wir hatten perfekte Voraussetzungen geschaffen, um geradewegs in die Katastrophe zu schlittern.

Einem kleinen Jungen, der erschöpft, durchgefroren und durchnässt ist, fällt es schwer, sich durch tiefen Schnee zu kämpfen. Die Minuten fühlten sich an wie Stunden, und diese Stunden summierten sich und kamen mir vor wie eine Ewigkeit.

Schon bald wurde es dunkel.

Wir stapften weiter, mein Vater war sehr besorgt, das konnte ich spüren. Er kannte sich in den Bergen zwar gut aus, aber er war ja auch nicht davon ausgegangen, dass wir etwas anderes machen würden, als ein paarmal ganz gemütlich die Pisten hinunterzufahren. Diese Situation hatte er nicht vorausgesehen. Das war ein Fehler, und er gestand ihn ein. Wir schleppten uns weiter bergab; es dauerte nicht lange und um uns herum war dichter Wald und noch tieferer Schnee.

Dann gabelte sich auf einmal der Weg in Richtung Tal. Sollten wir den linken Weg nehmen oder den rechten? Mein Vater entschied sich für den linken. Doch mein Bauchgefühl sagte mir ganz deutlich, dass wir den rechten Weg nehmen mussten. Paps bestand auf links. Ich bestand auf rechts.

Die Chancen standen fifty-fifty, und er gab nach.

Nach nur knapp 200 Metern stießen wir auf eine Reifenspur im Schnee, die durch den Wald führte, und der wir dann aufgeregt folgten. Nach gut eineinhalb Kilometern kamen wir an eine

Bergstraße, und nach nur zehn Minuten konnten wir ein Auto anhalten, das in der Dunkelheit bergauf fuhr und uns mitnahm.

Wir waren gerettet, und ich war völlig erledigt.

Der Fahrer setzte uns eine halbe Stunde später vor dem Kasernentor ab. Mittlerweile war es mitten in der Nacht, doch ich war mit einem Schlag hellwach, voller Tatendrang und total aufgekratzt.

Die Müdigkeit war verflogen. Mein Vater wusste, dass ich dort oben die richtige Entscheidung getroffen hatte – denn wenn wir nach links gegangen wären, würden wir wohl noch immer im Nirgendwo herumstapfen.

Ich war wahnsinnig stolz.

In Wirklichkeit war es vermutlich nur reine Glückssache, doch in dieser Nacht habe ich eine weitere sehr wichtige Lektion gelernt: Hör auf deine innere Stimme aus dem Unterbewusstsein. Dieses Bauchgefühl sagt dir instinktiv, was du tun musst.

Als wir dann schweren Schrittes durch das Kasernengelände gestapft sind, fiel uns auf, dass angesichts der recht frühen Morgenstunde für einen Wochentag doch eine außergewöhnlich betriebsame Hektik herrschte. Es stellte sich sehr schnell heraus, warum das so war.

Zuerst erschien ein Feldwebel, dicht gefolgt von einem Soldaten, die beide gekommen waren, um uns in den Wohnblock der Stabsoffiziere zu geleiten.

Dort stand mein Onkel in seiner Uniform und sah nicht nur sehr müde, sondern auch sehr besorgt aus. Ich verzog meine Mundwinkel zu einem breiten Lächeln. Mein Vater auch. Nun ja, ich war doch so aufgekratzt. Immerhin hatten wir uns in den Bergen verirrt und waren einem langsamen, aber sicheren Tod durch Erfrieren entkommen. Wir waren am Leben.

Allerdings wurde unsere Begeisterung darüber durch die unvergesslichen Worten meines Onkels, des Brigadegenerals, jäh gedämpft: »Ich an eurer Stelle würde mir das Lachen verkneifen ... Das komplette Bergrettungsteam der Armee ist nämlich im Augenblick dabei, die Berge nach euch abzusuchen, und zwar zu Fuß und in der Luft mit dem Such- und Rettungshubschrauber. Ich hoffe, ihr habt eine gute Erklärung dafür«, fuhr er fort.

Die hatten wir natürlich nicht, mit Ausnahme der Tatsache, dass wir leichtsinnig waren und großes Glück hatten – aber so ist das eben manchmal im Leben. Und der Satz: »Ich an eurer Stelle würde mir das Lachen verkneifen« ist in der Familie Grylls seither zum geflügelten Wort geworden.

15

Das waren ein paar wenige Beispiele von den vielen schönen Erlebnissen aus meiner Kindheit. Doch das Leben besteht nicht nur aus Vergnügen – und damit habe ich eine wunderbare Überleitung zum Thema Schule.

Ich war als Junge zwar sehr aufgeschlossen, kontaktfreudig und abenteuerlustig, aber dennoch hatte ich ein sehr großes Bedürfnis nach liebevoller Zuwendung und der Geborgenheit und Nestwärme des Elternhauses. Das allein sorgte schon dafür, dass ich erschreckend schlecht darauf vorbereitet war, was als Nächstes auf mich zukommen sollte.

Meine Eltern waren der Meinung, dass es für einen kleinen englischen Jungen richtig und angemessen wäre, ihn in ein Internat zu schicken. In meinen Augen – ich war acht – war das eine blöde Idee. Also bitte, ich war ja kaum alt genug, mir die Schuhe richtig zuzubinden.

Doch meine Eltern hatten beide das Gefühl, dass dies das Beste für mich wäre, und deshalb haben sie mich – natürlich mit den allerbesten Absichten – weggeschickt, sodass ich weit entfernt von zu Hause in einer Internatsschule leben und schlafen musste, was ich hasste.

Als wir mit dem Auto vor den großen Schultoren vorfuhren, sah ich, wie meinem Vater die Tränen übers Gesicht liefen. Ich war irgendwie irritiert, denn ich verstand nicht, wie Eltern aus Wohlwollen oder Liebe heraus bloß meinen konnten, dass dies eine gute Idee wäre. Denn mein Bauchgefühl war da ganz anderer Meinung; aber was wusste ich eigentlich schon. Ich war ja erst acht.

Also habe ich mich auf diese Mission namens Internat eingelassen. Und wie bereitet man sich nun auf eine solche Mission vor?

Um ehrlich zu ein, für mich war das verdammt schwer. Es gab zwar hin und wieder einige tolle Augenblicke, so zum Beispiel, wenn ich im Winter Schneehöhlen gebaut habe oder in die Tennismannschaft gewählt wurde oder mir ein Marineabzeichen für meine Schuluniform – einen Naval Button – erworben hatte. Doch alles in allem war es vielmehr ein Überlebenstraining, bei dem es darum ging, zu lernen, wie ich diese Situation bewältigen kann.

Mit der Angst umzugehen, war die größte Herausforderung: Die Angst, allein zu sein, und die Angst, von den anderen gemobbt zu werden – beide Ängste waren durchaus real.

Doch wie sich herausstellte, war ich allein nicht wirklich in der Lage, meine Ängste einigermaßen in den Griff zu bekommen – weder die eine Angst noch die andere.

Das hatte zwar überhaupt nichts mit der Schule an sich zu tun – genau genommen waren der Schulleiter und die Lehrer fast ausnahmslos nette, wohlwollende und gute Menschen –, aber leider machte mir dies das Überleben nicht gerade sehr viel leichter.

Ich habe also sehr früh begriffen, dass ich unbedingt eine Methode zur Angstbewältigung finden musste, wenn ich dieses Internat überleben wollte.

Meine Art, damit umzugehen, bestand darin, mich schlecht zu benehmen und zu lernen, wie ich mich meiner Haut wehren konnte, denn auf diese Weise versuchte ich zu vermeiden, dass ich zur Zielscheibe für die Rabauken wurde. Aber es war auch eine gute Methode, um nicht an zu Hause denken zu müssen. Doch nicht an zu Hause zu denken ist sehr schwer, wenn man am liebsten zu Hause wäre.

Ich habe meine Mutter und meinen Vater fürchterlich vermisst, und so manche Nacht, wenn ich ganz großes Heimweh hatte, habe ich leise vor mich hin ins Kopfkissen geheult, während alle anderen im Schlafsaal tief und fest schliefen.

Genau genommen war ich aber nicht der Einzige, der geheult hat. Fast alle haben geheult, doch jeder hat gelernt, seine Tränen vor den anderen zu verstecken; nur diejenigen, die das nicht schafften, wurden schikaniert.

Auch ein Kind kann nicht ununterbrochen weinen, denn irgendwann gehen ihm die Tränen aus, und dann muss es lernen sich durchzubeißen.

Ich lerne heute eine Menge Leute kennen, die der Meinung sind, dass das Internat sich hervorragend dazu eignet, um seine Kinder abzuhärten und selbstbewusster zu machen. Meiner Meinung nach ist aber eher das Gegenteil der Fall. Denn ich war viel selbstbewusster und härter im Nehmen, bevor ich in die Schule kam. Ich hatte nicht nur meine Liebe für Unternehmungen in der freien Natur entdeckt und gelernt, die Gefahren zu erkennen, denen ich draußen in der unberührten Natur begegne, sondern ich wusste auch genau, was ich mir zutrauen konnte und was nicht.

Als ich dann in die Schule kam, hatte ich auf einmal nur noch

Angst. Doch Angst zwingt einen, nach außen hin den Starken zu markieren, während sie tief im Innersten das Gefühl von Schwäche hinterlässt. Das war jedenfalls das absolute Gegenteil von dem, was ich bis dahin in meiner Kindheit kennengelernt hatte.

Denn mein Vater hatte mir vermittelt, wie schön das Leben ist, wenn man zusammen Spaß hat und sich zu Hause geliebt und geborgen fühlt – dass man jedoch beinhart und zäh sein muss, falls es die Situation erfordert. Im Internat in der Prep School, musste ich das alles vergessen und mich komplett umstellen, um neue Wege zu finden, mit dem Schulleben klarzukommen.

Doch im Alter von acht Jahren stellte ich mich dabei nicht immer sehr geschickt an.

16

Ich erinnere mich noch, wie wir alle (wie Gefängnisinsassen!) im Schlafsaal die Tage zählten, bis zu unserem nächsten »Exeat«, unserer offiziellen Beurlaubung, wenn wir übers Wochenende nach Hause fahren durften.

Menschenskinder, das hat immer eine halbe Ewigkeit gedauert, bis es endlich so weit war; und dann, ratzfatz, sind diese fantastischen Wochenenden nahezu wie im Flug vergangen.

An dem Tag, an dem wir alle nach Hause durften, herrschte eine unbändige Freude; vor allem wenn ich sah, dass meine Mutter und mein Vater die allerersten Eltern waren, die auf der Matte standen, und wenn Paps dann noch seine große Nase an die Fensterscheibe in unserem Klassenzimmer drückte und Grimassen schnitt. Es war peinlich, aber einfach himmlisch.

Umgekehrt empfand ich jene Sonntagabende, wenn ich wieder zur Schule zurückgebracht wurde, als regelrechte Folter. Etwa so, wie sich jeder einzelne Tag der SAS Selection anfühlte ... und die waren richtig übel, ganz im Ernst.

Aber für meinen Vater war es offensichtlich noch weitaus schlimmer als für mich, wenn er mich wieder an der Schule absetzen musste, was mich zumindest ein klein wenig tröstete. Allerdings verwirrte mich das noch viel mehr, weil ich dadurch umso weniger verstand, warum man mich überhaupt von zu Hause wegschickte.

Doch was mir am meisten Angst einjagte, war nicht so sehr, dass ich weit weg war von zu Hause, sondern vielmehr, dass die anderen mich schikanierten.

Immerhin hatte es ganz den Anschein, als würde sich der eine oder andere Schulhofrabauke bevorzugt ein paar wehrlose und völlig unschuldige Jungs als Zielscheibe herauspicken. Diese Typen machten ihren unglückseligen Opfern das Leben wahrhaft zur Hölle. Und das nicht nur körperlich, sondern auch seelisch, indem sie ihre Opfer systematisch fertigmachten und sie unaufhörlich und erbarmungslos ärgerten und piesackten.

Das hat dazu geführt, dass ich als Erwachsener eine tiefe Abneigung gegen derartige Mobbing-Spielchen entwickelt habe. Wenn ich ein solches Verhalten irgendwo sehe, flippe ich aus.

Ich hatte zwar großes Glück, dass ich als relativ junger Schüler nicht zur Zielscheibe dieser Rabauken wurde, aber das bedeutete andererseits auch, dass ich lernen musste, mich zu ducken und möglichst keine Aufmerksamkeit auf mich zu ziehen. Doch es ist für Kinder kein schönes Gefühl, wenn sie sich klein machen und verstecken müssen.

Dabei ist es so, wie mit den meisten unserer Ängste, die wir alle in unserem späteren Leben mit uns herumtragen: Sie basieren in aller Regel auf der bloßen Vorstellung, was »passieren konnte oder möglicherweise hätte passieren können«, anstatt darauf, was tatsächlich passiert ist.

Doch von den Mobbing-Attacken und der Abwesenheit der Eltern einmal abgesehen, war das Internatsleben nicht gänzlich schlecht; um ehrlich zu sein, ich hatte wirklich Glück, eine so fantastische Schulbildung zu genießen, und zwar in einer der besten Schulen des Landes.

Der Schulleiter und seine Frau waren wirklich klasse, und sie haben sich aufrichtig um jeden Jungen gekümmert und ihn bestmöglich betreut. Aber eine Schule ist eben eine Schule, und der Knackpunkt an der Schule ist, was passiert, sobald die Lehrer den Schülern den Rücken kehren.

Der große Vorteil am Internat war, dass ich dort weitaus mehr gelernt habe, als mich vor Mobbing-Angriffen zu schützen, denn wir wurden als Kinder ernsthaft dazu ermuntert, echte kleine Persönlichkeiten zu sein, die ihren eigenen Interessen nachgehen konnten.

So durften wir uns zum Beispiel mit unseren Kumpels zusammen im angrenzenden Wald einen Unterschlupf bauen, und es wurde auch großzügig ein Auge zugedrückt, wenn wir heimlich ausgebüxt sind, um jenseits des Internatsgeländes einen noch viel besseren geheimen Unterschlupf zu bauen. Wir haben Wettkämpfe veranstaltet, wer die härteste Rosskastanie hat – dafür haben wir unsere Kastanien dann wochenlang in Essig eingelegt, damit sie so richtig hart wurden –, und bei der in jedem Trimester stattfindenden Tischtennismeisterschaft haben wir so verbissen gekämpft, als ginge es dabei um einen Sieg in Wimbledon.

An jedem Samstagabend versammelte sich die ganze Schülerschar regelmäßig in der Aula: Alle quetschten sich dicht an dicht auf die Bänke, um sich einen alten klassischen Kriegsfilm aus dem Zweiten Weltkrieg anzuschauen, der dann auf einem klapprigen Vorführgerät über die Leinwand flimmerte. Danach bekam jeder von uns eine Tafel Schokolade – das war unsere wöchentliche Ration an Süßigkeiten.

Ich habe mir meine Tafel immer in kleine Stücke geteilt, damit ich nach Möglichkeit die ganze Woche etwas zu naschen hatte.

Das alles hat wahnsinnig viel Spaß gemacht. Es fühlte sich an, als würde man in einem ganz anderen Jahrhundert leben, und ich bin mir ziemlich sicher, dass die Schule genau das damit bezwecken wollte.

Das war eben »alte Schule«, und zwar im besten Sinne des Wortes.

Im Winter liefen wir auf dem zugefrorenen See Schlittschuh, allerdings musste zuvor die Eisdecke auf ihre Tragfähigkeit geprüft werden – sehr zum Leidwesen des Lateinlehrers, der dies mithilfe einer auf das Eis geschobenen Leiter testen musste. Ich durfte bei jedem Wetter Wald- und Geländeläufe machen, was mir immer großen Spaß machte. Und so wurde dem Aspekt »Gesundheit und Sicherheit« auf gesunde Weise Rechnung getragen.

Doch vor allem wurde uns beigebracht, dass wir aufeinander aufpassen und uns große Ziele stecken sollten – das sind ziemlich wichtige Lebenskompetenzen, für die ich noch heute sehr dankbar bin.

Gegen Ende meiner fünfjährigen Internatszeit wurde ich allerdings auch zunehmend frecher, und – gemeinsam mit ein paar Freunden – habe ich mein Glück dann deutlich überstrapaziert. Ich wurde auf frischer Tat ertappt, wie ich ein paar Dosen Bier in meinen Rugby-Stiefeln bunkern und Zigaretten unter meinem Kopfkissen verstecken wollte; außerdem wurde ich bei dem Versuch erwischt, wie ich in das Haus des stellvertretenden Schulleiters »einbrechen und mir Zugang verschaffen« wollte, um seine Zigarren zu stehlen.

Der Schulleiter erklärte uns daraufhin sehr unmissverständlich: »Das Maß ist jetzt voll. Noch ein Ausrutscher, und ihr fliegt alle raus.«

Doch als ich schließlich dabei erwischt wurde, wie ich mit der Tochter eines anderen Schulleiters – in dessen Schule wir auf dem Rückweg von einer Exkursion übernachteten – leidenschaftliche Zungenküsse austauschte, war das der Tropfen, der das Fass zum Überlaufen brachte. Die Ironie daran war nur, dass dies nicht ganz allein meine Schuld war.

Fünfzehn von uns Jungs schliefen auf dem Boden der Turnhalle dieser Schule, in der wir übernachteten. Im Laufe des Abends war mir die Tochter des Schulleiters aufgefallen – ein flotter Teenager –, weil sie uns Jungs allesamt von oben bis unten musterte. Als es dunkel war, kam sie nachts in unseren Schlafsaal geschlichen. (Ein taffes Mädel, das sich in einen Raum traut, in dem eine Horde dreizehnjähriger pubertierender Jungs schläft.) Und dann erklärte sie sich auch noch freiwillig bereit, mit einem von uns zu knutschen.

Meine Hand schoss sofort wie eine Rakete in die Höhe, und dann kam sie direkt auf mich zu und klatschte mir ihre Lippen auf den Mund. Da ich als Dreizehnjähriger schließlich noch nicht wusste, dass es durchaus möglich ist, gleichzeitig zu atmen und zu küssen, musste ich mich eine halbe Minute später notgedrungen von ihren Lippen losreißen, und rang hektisch nach Luft. Sie schaute mich völlig entgeistert an, als wäre ich total bekloppt, und rannte hinaus.

Doch als sie hinausrauschte, lief sie schnurstracks ihrem Vater in die Arme, der sich auf seinem nächtlichen Schulleiter-Kontrollgang befand. Deshalb dachte sie sich wohl die Geschichte aus, dass wir Jungs sie in unseren Schlafsaal gelockt und ich schließlich versucht hätte, sie zu küssen!

Und das war's dann.

Ich wurde höflich »gebeten«, die Schule zu verlassen, zusammen mit einer Reihe anderer Unruhestifter, die meist mit mir zusammen diese ärgerlichen Zwischenfälle verursacht hatten.

Doch da die Sommerferien unmittelbar bevorstanden, dauerte es nach unserem »Schulverweis« nicht lange, bis wir allesamt wieder zurückbeordert wurden. Unsere Eltern hatten sich zusammengetan und gemeinsam beschlossen, dass die beste Strafe für uns darin bestünde, dass man uns in die Schule *zurückschickt*, sobald das Trimester beendet war, und uns dazu verdonnert, eine Woche unserer Sommerferien damit zuzubringen, Seite für Seite aus unseren Lateinlehrbüchern abzuschreiben.

Es hat funktioniert.

Das gab mir dann endgültig den Rest. Ich verließ die Prep School mit dem festen Entschluss, dass ich keines meiner Kinder jemals zwingen würde, gegen seinen Willen von zu Hause wegzugehen, und dass ich alles Erdenkliche tun würde, damit meine Kinder ohne das Gefühl von Angst aufwachsen könnten.

Sehr viel schlimmer könnte es auf der Public School sicher auch nicht sein, oder?, dachte ich.

Zumindest jedoch würde es dort bestimmt keine liebestollen Töchter des Schulleiters geben, die mich verpetzten.

17

Das Eton College genießt die zweifelhafte Ehre, die berühmteste Public School auf diesem Planeten zu sein, aber genau das macht Eton nicht nur zu einer privilegierten, sondern auch zu einer ziemlich beängstigenden Bildungseinrichtung.

Aber auch hier kommt es hauptsächlich darauf an – wie übrigens bei den meisten Dingen im Leben –, was man daraus macht.

Für mich war Eton natürlich Furcht einflößend, doch in vielerlei Hinsicht hat es mich auch entscheidend geprägt.

Verglichen mit vielen anderen Public Schools hat Eton mehr mit einer Universität gemeinsam als mit einem College. Außerdem räumt es seinen Schülern sehr viele Freiheiten ein, unter der Voraussetzung, dass sie sich als vertrauenswürdig und zuverlässig erweisen. Das gefiel mir. Ich hatte das Gefühl, dass ich eigenverantwortlich und frei entscheiden konnte, all jene Dinge auszuprobieren, die mir lagen, oder jene Aktivitäten zu betreiben, in denen ich gut war.

Doch ganz am Anfang sah das noch etwas anders aus.

Eton ist zweifellos einer der beängstigendsten Orte, an den man einen schüchternen dreizehnjährigen Jungen überhaupt schicken kann.

Ich war total begeistert, hatte gleichzeitig aber auch entsetzliche Angst.

(Durch meine zahlreichen Expeditionen und Missionen kenne ich mich inzwischen mit solchen Gefühlen bestens aus, doch damals war das für mich absolutes Neuland.)

Zu meiner großen Erleichterung war ich aber nicht der einzige arme Tropf, der bei seiner Ankunft ein solches Gefühlschaos durchmachte. Ich hatte echt großes Glück, dass ich in einem beliebten »House« untergebracht war, wo ich jede Menge lustige Leute um mich hatte, denn das war der ausschlaggebende Faktor für meine Zeit im Eton College.

Ich habe sehr schnell ein paar tolle Freunde gefunden, die seit jener Zeit zu meinen engsten Kumpels gehören. Diese Freundschaften wurden sozusagen in den Schützengräben geschlossen, denn es gibt einfach nichts, wodurch man schneller

Freunde gewinnt, als wenn man sich entweder gemeinsam gegen Raufbolde behaupten oder vor ihnen fliehen muss.

Es ist schon recht eigenartig, wie klein und unbedeutend man sich fühlen kann, wenn man als Neuzugang in Eton ankommt. Die anderen Schüler dagegen sehen aus wie Götter und Giganten.

Testosteron-gesteuerte, masturbierende Riesen, die sich schon rasieren müssen.

In jedem »House« wohnen 50 Jungs in allen Altersgruppen von 13 bis 18, und alle leben zusammen in diesem Haus.

Gleich am Anfang wird jeder Neuling einzeln in den Gemeinschaftsraum der ältesten Jungs beordert (auch Bibliothek genannt) und muss sich dort einer absonderlichen Reihe von Ritualen unterziehen, die von den älteren Jungs und deren Launen und perversen Fantasien vorgegeben werden.

Wir wurden nacheinander hereingerufen.

Ich war einer der ersten. Das war gar nicht mal so schlecht, denn das bedeutete immerhin, dass die älteren Schüler noch nicht so richtig in Fahrt gekommen waren. Ich kam relativ glimpflich davon, denn ich musste lediglich vorführen, wie man einer Milchflasche einen Zungenkuss verpasst.

Da ich bisher erst eine einzige Person so geküsst hatte (nämlich die Tochter des Schulleiters in der Prep School vor einigen Monaten, was genau genommen in einer kompletten Katastrophe endete), konnte ich bei dieser Milchflasche nicht gerade mit einer Glanzleistung an virtuoser Zungenakrobatik aufwarten. Die älteren Jungs waren von meiner Vorführung schnell gelangweilt und entließen mich; ich hatte die Prüfung bestanden und wurde in die Hausgemeinschaft aufgenommen.

Ich lebte mich recht schnell ein und hatte deutlich weniger Heimweh als noch in der Prep School. Gott sei Dank. Wir hatten jede Menge Freizeit zur Verfügung und wurden dazu ermuntert, in dieser Zeit unseren »Interessen« nachzugehen – folglich konnte ich mir ein paar tolle Abenteuer ausdenken.

Zusammen mit einigen meiner besten Freunde machte ich mich daran, die alten Eichenbäume auf dem Schulgelände hochzuklettern und ein paar weit ausladende Äste zu finden, an denen wir uns wie Affen – ganz hoch oben – zwischen den Bäumen von Ast zu Ast hin- und herschwingen konnten.

Es war einfach genial.

Schon bald hatten wir uns hoch oben in den Baumkronen ein echtes Robin-Hood-Baumhaus gebaut, das komplett mit Astschaukeln, Flaschenzügen und Balancierbalken ausgestattet war.

Wir haben die Themse überquert, indem wir über die Stahlträger einer Eisenbahnbrücke geklettert sind, und wir haben uns Flöße aus altem Styropor gebaut und aus einer ausgedienten Badewanne sogar ein Boot, um damit den Fluss hinunterzufahren. (Doch leider sank das Boot, weil durch die Überlauföffnung Wasser eindrang, was auf einen gravierenden Konstruktionsfehler zurückzuführen war. Nicht vergessen: Boote und Flöße unbedingt vorher testen, ob sie fahrtauglich und wasserdicht sind, bevor man sie in größeren Gewässern einsetzt.)

Wir haben heimlich die hübschen französischen Mädchen beobachtet, die in der Küche gearbeitet haben, und sogar auf den Dächern unser Lager aufgeschlagen, von wo aus wir sehr gut den Fußgängerweg einsehen konnten, den sie auf dem Nachhauseweg von der Arbeit benutzten. Wir haben dann immer vergeblich versucht, sie beim Vorbeigehen anzuquatschen.

Neben diesen vielen Kindereien mussten wir zwischendurch auch hart arbeiten und viel lernen und natürlich eine lächerliche Schuluniform anziehen, die aus einer langen Frackjacke und Weste bestand. Deshalb habe ich es regelrecht zur Kunstform perfektioniert, schicke Klamotten wie Schlabberlook aussehen zu lassen, denn seit damals habe ich eine besondere Vorliebe für hochwertige Kleidungsstücke entwickelt, die ich für mein Leben gern auf betont legere, fast schlampige Art trage. Diese Marotte hat mir sogar vom stellvertretenden Schulleiter den Spitznamen »Scug« eingebracht, was im Eton-Slang so viel heißt wie: *Ein Nichtsnutz und Tunichtgut mit einem ungepflegten Äußeren.*

18

Die Schulleitung lehnte es strikt ab, die Zügel in Sachen Kleidung zu lockern, und selbst wenn wir in das benachbarte Städtchen Windsor laufen wollten, war es Vorschrift, dass wir Jackett und Krawatte zu tragen hatten.

Diese Kleidervorschrift machte uns zur hervorragenden Zielscheibe für viele einheimische Jungs, denen es offensichtlich einen Riesenspaß machte, wenn sie nachmittags nur so zum Zeitvertreib die »feinen Pinkel« aus Eton »aufmischen« konnten.

Einmal kam es vor, dass ich dringend mal musste und daher beim McDonald's in Windsor die Örtlichkeiten aufsuchte, die ziemlich versteckt im hintersten Winkel des Fast-Food-Restaurants im Untergeschoss lagen. Ich wollte gerade die Herrentoilette wieder verlassen, als plötzlich die Tür in hohem Bogen aufflog und drei streitsüchtig wirkende Burschen hereinpolterten.

Als sie mich erblickten – diesen schmächtigen Eton-Fatzke in seinem lächerlichen Jackett –, hätte man aufgrund ihres Gesichtsausdrucks fast meinen können, sie wären gerade auf eine Goldader gestoßen. Und tief in meinem Innersten wusste ich, dass ich in der Klemme saß und ganz allein war. (Währenddessen warteten meine Freunde oben im Erdgeschoss auf mich. Manch einer würde auch sagen, sie wurden dort oben in Schach gehalten.)

Ich versuchte, mich an diesen Typen in Kapuzenpullis vorbeizuquetschen, doch sie hielten mich zurück, schleuderten mich gegen die Wand und lachten. Anschließend diskutierten sie, was sie noch alles mit mir anstellen könnten.

Einer der ersten Vorschläge lautete: »Ihn mit dem Kopf in die Toilette stecken und abdrücken«. (*Na schön, diese Prozedur hatte ich ja schon ein paarmal in Eton über mich ergehen lassen müssen*, dachte ich so bei mir.)

Das war okay, damit konnte ich leben.

Dann schlugen sie vor, dass sie vorher noch einen großen Haufen in die Schüssel setzen könnten.

Jetzt wurde es mir langsam mulmig.

Danach kam der absolute Horror: »Lasst uns doch einfach seine Schamhaare abrasieren!«

Also, für einen Teenager gibt es wohl keine peinlichere Situation, als wenn herauskommt, dass er überhaupt noch *keine* Schambehaarung hat. Und ich hatte noch keine.

Das war zu viel.

Ich ging auf die Typen los, schleuderte einen von ihnen gegen die Wand, stieß den anderen zur Seite, quetschte mich durch die Tür und stürzte davon. Sie jagten mir zwar hinterher, aber ich wusste, dass ich in Sicherheit bin, sobald ich die Eingangstür des McDonald's erreicht hatte.

Ich habe mit meinen Freunden so lange im Restaurant ausgeharrt, bis wir sicher sein konnten, dass die Schlägertypen alle verschwunden waren. Erst dann sind wir vorsichtig über die Brücke zur Schule zurückgeschlichen. (Ich glaube, wir haben doch tatsächlich über zwei Stunden gewartet, um ganz sicher zu sein. Durch Angst lernt man, sich in Geduld zu üben.)

Es gab noch ein paar weitere Zwischenfälle, die mich letzten Endes dazu ermutigt haben, Karate und Aikido – die beiden Kampfsportarten, die in Eton angeboten werden – zu lernen.

An einem dieser Zwischenfälle war ein Junge aus der Oberstufe beteiligt, der in unserem Haus wohnte. Ich werde ihn, obwohl er ein richtiger Raufbold war, nicht namentlich nennen, weil er heute wahrscheinlich ein achtbarer Ehe- und Geschäftsmann ist. Doch damals war er gemein, aggressiv und hatte eine Statur wie ein Bodybuilder.

Er hatte so einen stechenden Blick, und jedes Mal, wenn er sich bei einer seiner Schnüffelaktionen mächtig mit Klebstoffdämpfen zugedröhnt hatte, rastete er immer total aus.

Dann quollen die Adern auf seinen muskelbepackten Armen, seinem Nacken und seiner Stirn immer hervor und sahen aus, als ob sie jeden Augenblick platzen wollten. Außerdem hatte er die üble Angewohnheit, mit voller Kraft in ein Nebelhorn zu stoßen, das er irgendwo erstanden hatte, um lautstark zu verkünden, dass er sich auf dem Kriegspfad befand.

Eine ganze Weile gehörten ich und mein Zimmernachbar Ed zu seinen bevorzugten Prügelopfern, und jedes Mal, wenn das Nebelhorn ertönte, wussten wir, dass es höchste Zeit war zu verduften.

Ich erinnere mich noch, wie ich einmal das Nebelhorn hörte und wie Ed und ich schnell in mein Zimmer gelaufen sind und verzweifelt nach einem möglichen Versteck gesucht haben. Wir haben den Kleiderschrank aufgemacht und uns eng zusammengekauert ... und inständig gehofft, dass er uns nicht findet.

Der Klang des Nebelhorns wurde immer lauter, bis schließlich die Tür von meinem Arbeitszimmer mit einem lauten Knall aufgestoßen wurde ... danach war es ganz still.

Uns stockte der Atem, denn dieser wild gewordene Kerl stellte keuchend das ganze Zimmer auf den Kopf, während er uns mit heiserer Stimme verfluchte.

Endlich eine Pause, der Krach im Zimmer hatte aufgehört. Auf einmal hörten wir, wie seine Schritte immer näher in Richtung Schrank kamen. Dann wieder eine Pause.

Dann wurde die Schranktür gewaltsam aufgerissen, und plötzlich starrten wir beide in die stechenden, vor Wut funkelnden Augen unseres Erzfeindes.

Wir brüllten wie am Spieß.

Er packte unsere beiden Köpfe und schlug sie aneinander; danach sahen wir alles ziemlich verschwommen. Dann wirbelte er uns eine Zeit lang durch das Zimmer, und zum Schluss hielt er uns beide mit einem Halbnelson-Nackenhebel so fest, dass ich mir sicher war, dass er mir noch die Schulter ausrenken würde.

Irgendwann hatte er dann genug und versetzte uns einen heftigen Tritt; er sagte, dass er uns mal zeigen wollte, was ein echter »Ninja Jack-Kick« ist, dann verschwand er.

Jetzt reicht's, dachte ich bei mir. *Ich muss unbedingt lernen, wie ich mich besser verteidigen kann.*

Abgesehen von diesem absurden Erlebnis und der einen oder anderen Klo-Spülung, die ich verabreicht bekam; ach ja und nicht zu vergessen, dass ich mit schöner Regelmäßigkeit an meinen Boxershorts hochgezogen und am Kleiderhaken hinter der Zimmertür aufgehängt wurde, waren die Tage recht arbeitsreich.

Verglichen mit dem, was ich in der Prep School erlebt hatte, bestand der Unterschied zwischen der Angst und den Mobbing-Aktionen in Eton darin, dass ich zumindest im Kampf gegen diese Dämonen nicht allein dastand. Es gab im Allgemeinen immer jemanden, mit dem man seine negativen Erlebnisse teilen konnte.

Denn dieses Mal war ich mit meinen Kumpels zusammen,

und wenn's hart auf hart kam, konnten wir uns mit vereinten Kräften gegen die Angriffe von außen wehren.

Und ich habe festgestellt, dass ich irgendwie an diesen peinlichen Zwischenfällen auch gewachsen bin.

19

Ich wurde so schnell wie möglich Mitglied im Karate- und Aikido-Club und merkte schon bald, dass mir die Wertvorstellungen und strengen Regeln im Kampfsport sehr gefielen – die Konzentration auf den eigenen Körper, die Kameradschaft und vor allem, dass ich eine Kampfkunst erlernen konnte, bei der es nicht so sehr auf Kraft, sondern in erster Linie auf Strategie und Taktik ankommt, nicht so sehr auf körperliche Stärke, sondern hauptsächlich auf Technik.

Und ich war mit großem Eifer bei der Sache. Zeit und Motivation: das sind die entscheidenden Voraussetzungen, um im Kampfsport erfolgreich zu sein – und dank des Nebelhorns hatte ich von Letzterem ja reichlich.

Auch ein paar meiner Freunde sind mit mir gemeinsam in den Club eingetreten und haben mich zu den ersten Unterrichtsstunden begleitet. Als wir mit dem Training anfingen, waren sie eigentlich ausnahmslos viel besser als ich – meist viel stärker, durchtrainierter und viel beweglicher, doch nach ein paar wenigen Wochen warfen sie alle nacheinander das Handtuch.

Sonntags, wenn alle anderen sich beim Tischtennis spielen amüsierten oder Fernsehen schauten, war es mitunter schon ziemlich hart, sich an einem dunklen Winterabend aufzuraffen und zum Training zu gehen, um sich in der Turnhalle von einem wahnsinnigen Kampfsportlehrer zwei Stunden lang mit Schlägen traktieren zu lassen.

Doch ich habe mich immer wieder zusammengerissen und weitergemacht. Ich glaube, es erging mir dabei ein bisschen so wie Forrest Gump: Ich bin einfach am Ball geblieben – und ich bin sehr froh darüber.

Dann bekam ich die Chance, als Mannschaftsmitglied der KUGB (Karate Union of Great Britain) im Sommer an einem Trainingslager in Japan teilzunehmen. Davon hatte ich immer geträumt.

Ich weiß noch, wie meine Mutter mich in London am Busbahnhof absetzte und ich ihr zum Abschied aufgeregt zuwinkte. Ich kam ordentlich gekleidet in Jackett und Krawatte, mein Teamabzeichen war sorgfältig und gut sichtbar auf meinem Revers festgenäht.

Im Bus saß der Rest des Karate-Teams, das aus ganz Großbritannien zusammengekommen war – doch es war niemand dabei, den ich kannte.

Ich konnte sofort erkennen, dass all die anderen größer, stärker und lauter waren als ich – und mir war ziemlich mulmig zumute. Immerhin war es eine verdammt weite Reise nach Japan.

Ich holte tief Luft, suchte mir einen Platz im Bus und kam mir ziemlich klein und unscheinbar vor.

Das Team bestand aus einer bunten Mischung von Karate-Experten – angefangen bei Taxifahrern aus London bis hin zu professionellen Karatesportlern. (Der einzige andere Eton-Schüler, der als Mannschaftsmitglied ausgewählt worden war, hieß Rory Stewart – jener Parlamentsabgeordnete, der nicht nur durch seinen beachtlichen Fußmarsch quer durch Afghanistan berühmt wurde, sondern auch durch seine Tätigkeit im diplomatischen Dienst, als er mit nur knapp 30 Jahren von der britischen Regierung zum Vizegouverneur einer Provinz im besetzten Irak ernannt wurde.) *Das würde sicherlich eine interessante Reise werden*, dachte ich.

Außerdem brauchte ich nicht die geringste Angst zu haben.

Da ich das jüngste Mannschaftsmitglied war, nahm mich das Team schützend unter seine Fittiche, und unsere Ankunft in Tokio war für mich – als blutjunger Teenager, weit weg von zu Hause – ein sehr lehrreiches Erlebnis.

Wir verließen Tokio, fuhren hinauf in die Berge und richteten uns im Trainingslager ein.

Dort begannen wir unter den strengen Augen von Sensei Yahara – ein weltweit hochverehrter Großmeister des Karate – mit unserem Training. Nachts schliefen wir in kleinen japanischen Holzhütten auf dem Boden, und tagsüber lernten wir, hart und unerbittlich zu kämpfen.

Dieses Training war wesentlich anspruchsvoller und anstrengender als alles, was ich bis dahin erlebt hatte. Wenn wir unsere Stellungs- und Schlagtechniken nicht äußerst präzise ausführten, bekamen wir immer einen festen Hieb mit dem »Jo«-Stab aus Bambus.

Daher lernten wir recht schnell, nicht nachlässig bei unseren Schlagtechniken zu sein, auch dann nicht, wenn wir müde waren.

Wenn unser Training in den frühen Abendstunden zu Ende war, bin ich immer die gut drei Kilometer den Berg hinuntergelaufen zu einer kleinen Hütte unten am Straßenrand, wo ich mir Milchbrot – so eine Art Rosinenbrot – gekauft habe, das ich dann auf dem Rückweg ganz genüsslich verspeist habe.

Danach habe ich mir ein Bad in den heißen vulkanischen Quellen gegönnt, um meine müden Muskeln zu entspannen. Und ich fand das alles großartig.

Bei unserer Rückkehr nach Tokio – da befanden wir uns schon auf dem Heimweg nach England – bekamen wir die Gelegenheit, den 20 weltbesten Karate-Experten bei einer nicht öffentlichen Trainingssitzung zuzuschauen.

Es war sehr beeindruckend, das Training zu beobachten. Schnelle Bewegungen und mitunter brutale Schläge, doch Poesie in jeder Bewegung.

In mir brannte das Feuer der Begeisterung lichterloh, stärker als je zuvor.

Eines Tages würde ich genauso gut sein – das gelobte ich.

Ich werde niemals den Tag vergessen, an dem ich endlich meinen schwarzen Gürtel (meinen 1. Dan) verliehen bekam und wie stolz ich darauf war.

Es dauerte drei Jahre, bis ich diesen Leistungsgrad erreicht hatte, und während dieser drei Jahre hatte ich absolut alles gegeben: Ich hatte sehr gewissenhaft mindestens vier- bis fünfmal pro Woche trainiert.

Dann war der Tag der Schwarzgurt-Prüfung zum Karate-Meister da, und meine Mutter war angereist, um mir dabei zuzuschauen. Sie hasste es, mich kämpfen zu sehen. (Ganz anders als meine Schulfreunde, denen das Zuschauen irre viel Spaß machte – und je besser ich wurde, desto mehr Spaß hatten sie.)

Doch meine Mutter hatte eine schlechte Angewohnheit.

Die Prüfungen der Leistungsgrade und die Kämpfe fanden in der Sporthalle statt. Doch anstatt sich einen Stehplatz auf der Tribüne zu suchen, von wo aus sie die ganze Sporthalle hätte überblicken können, legte sie sich lieber gestreckter Länge auf den Boden – zwischen all die anderen Zuschauer, die miteinander um die beste Sicht wetteiferten.

Wenn Sie mich fragen, ich habe keine Ahnung, warum sie das gemacht hat. Sie gab als Begründung immer an, dass sie nicht hätte mit ansehen können, wenn ich verletzt worden wäre. Allerdings habe ich bis heute noch nicht kapiert, warum sie dann nicht einfach draußen gewartet hat, wenn das ihre Begründung war.

Ich habe schließlich gelernt, dass meine wunderbare Mutter nie mit einer wirklich einleuchtenden Erklärung für ihr Handeln aufwarten konnte, dass aber im Grunde die Motivation ihres Handelns stets von inniger Liebe und Fürsorge geprägt war; das konnte ich immer ganz deutlich spüren.

Wie dem auch sei, es war mein großer Tag. Ich hatte schon den Teil *Kihon* (die Basistechniken) und den Teil *Kata* (eine exakt festgelegte Abfolge von Techniken zur Abwehr imaginärer Gegner) hinter mich gebracht und kam jetzt zum Teil *Kumite*, jenem Teil der Dan-Prüfung, in dem man Angriffs- und Verteidigungstechniken im Kampf mit einem Gegner anwendet.

Großmeister Sensei Enoeda – der Vorsitzende der Europäischen Karate-Union und Cheftrainer des KUGB – war angereist, um als Kampfrichter zu fungieren. Ich war – wieder einmal – total begeistert, hatte gleichzeitig aber auch entsetzliche Angst.

Der Kampf begann.

Mein Gegner (ein super Rugby-Spieler von einem benachbarten College) und ich tauschten Schläge, Blocks und Tritte aus, doch keiner von uns konnte einen echten Durchbruch erzielen.

Plötzlich merkte ich, dass ich an den Rand der Kampffläche gedrängt wurde, und aus einem Instinkt heraus (oder aus purer Verzweiflung) duckte ich mich nach unten ab, machte eine schnelle Drehung und traf meinen Gegner mit einem gedrehten Faustrückenschlag direkt am Kopf.

Er ging zu Boden.

Doch das war für mich kein Grund zur Freude.

Denn es war nicht nur ein Regelverstoß, sondern auch ein Zeichen mangelnder Selbstbeherrschung.

Außerdem war es einfach nicht erlaubt, dass man seinen Trainingspartner niederschlug. Denn die Zielsetzung bestand darin, den Kampf zu gewinnen, indem man Schläge im Leichtkontakt sehr schnell und mithilfe von Techniken ausführt, die den Gegner zwar treffen, ihn aber keineswegs verletzen.

Ich wich also zurück, entschuldigte mich und half dem Jungen auf.

Dann sah ich zu Sensei Enoeda hinüber in der Erwartung, dass er mir einen missbilligenden Blick zuwerfen würde, doch stattdessen konnte ich in seinem Blick einen Anflug von Freude erkennen. Er schaute mich so ähnlich an wie ein Kind, wenn es ganz unerwartet ein Geschenk bekommt.

Ich nehme mal an, dem Kämpfer in ihm hatte das gefallen, und in diesem Sinne bestand ich dann auch die Prüfung und bekam meinen schwarzen Gürtel überreicht.

Ich habe mich nie so stolz gefühlt wie in jenem Augenblick, als ich endlich diesen Meister-Gürtel tragen durfte, nachdem ich mich als Karateschüler so mühsam die einzelnen Gürtel-Grade nach oben gearbeitet hatte: Von Gelb über Orange, Grün und Blau bis Braun – was auch immer –, eben Gürtel in allen Farben.

Das war ganz allein mein Verdienst, und dafür hatte ich auch verdammt viel einstecken müssen, denn schließlich kann man sich einen schwarzen Gürtel nicht einfach so kaufen.

Ich weiß noch gut, wie mein Karatelehrer einmal zu mir gesagt hat, dass es im Kampfsport nicht um Gürtel geht, sondern um die Geisteshaltung, die innere Einstellung, und da stimme ich ihm zu … allerdings konnte ich es mir in dieser Nacht nicht verkneifen, mit meinem schwarzen Gürtel ins Bett zu gehen.

Ach ja, die Mobbing-Aktionen hörten übrigens auf.

20

Gegen Ende meiner Schulzeit in Eton war ich einer der jüngsten in ganz England, die im Besitz des 2. Dans waren – das ist der nächsthöhere Dan-Grad von insgesamt zehn Meistergraden, die man erreichen kann.

Daneben hatte ich auch mit dem Aikido-Training begonnen, das mir großen Spaß machte, weil es im Vergleich zu den mit großem Körpereinsatz ausgeführten Schlag- und Tritttechniken im Karate eine Kampfsportart ist, die nicht auf offensiven Angriffstechniken basiert, sondern vielmehr auf defensiven Wurf- und Haltetechniken zur Abwehr eines Angriffs. Doch als junger Teenager kam mir dieser intensive Körpereinsatz beim Karatetraining sehr zugute.

Nach meiner Schulzeit und während meiner Zeit bei der Armee drückte ich mich jede Woche immer wieder vor dem Karatetraining, meistens mit der Begründung, dass ich schlichtweg zu müde sei, bis ich von den verschiedenen militärischen Trainingseinheiten wieder zurück war. Denn die Vorstellung, zusätzlich noch eine weitere »brutale« Trainingseinheit absolvieren zu müssen, fühlte sich für mich in etwa so an, als müsste ich an zwei Fronten gleichzeitig kämpfen – ich würde mich komplett aufreiben.

Allerdings habe ich dem Kampfsport seither immer die Treue gehalten, indem ich, sooft es mir möglich war, entweder Ninjutsu oder Aikido und Yoga gemacht habe. Denn all diese Übungen sind körperlich bei Weitem nicht so anstrengend wie Karate; sie fühlen sich viel eher wie eine Lebensreise an, auf der man durch kontinuierliches Üben bis zur höchsten Vollendung gelangen kann. Und auf dieser Reise befinde ich mich noch immer ganz am Anfang.

Aber sie begann mit einem Nebelhorn und den schier endlosen und extrem anstrengenden Trainingssitzungen, die jeden Sonntagabend stattfanden.

Es gibt noch eine weitere Karate-Geschichte aus meiner Schulzeit, die es wirklich wert ist, erzählt zu werden, denn ich kann mich immerhin mit dem zweifelhaften Ruhm brüsten, dass ich einem Massenmörder einen kräftigen Fußtritt verpasst habe, und das an einer Stelle, wo es verdammt wehtut.

Der Kronprinz Dipendra von Nepal besuchte zur selben Zeit das Eton College wie ich, und auch er war ein begeisterter Karateschüler. Wir haben oft miteinander trainiert, und auch wenn er mitunter ziemlich ungewöhnliche Charaktereigenschaften an den Tag legte, so wurde er doch in vielerlei Hinsicht für mich zu einem guten Freund.

Doch wenn man mit ihm kämpfte, erforderte das ein gehöriges Maß an Respekt, denn schließlich war er in seiner Heimat fast so etwas wie eine Gottheit.

Abgesehen davon war er ziemlich ungestüm und nicht nur älter und stärker als ich, sondern mit seinem schwarzen Oberlippenbart und seinem Pferdeschwanz auch ein furchterregender Kämpfer. Deshalb zögerte ich auch nicht, mein Letztes zu geben.

Einmal kam es vor, dass ein harter Front-Kick von mir, der auf seine Magengegend zielte, irgendwie verrutschte und sich tief in seine Leistengegend bohrte.

Autsch.

Doch auch meine unzähligen Entschuldigungen änderten nichts an der Tatsache, dass er eine ganze Woche lang nicht richtig laufen konnte.

Gute zehn Jahre später, als er wieder zu Hause in Nepal war, ist er dann komplett ausgetickt: Anlass war ein Familienstreit, der ihn so in Rage brachte, dass er im Alkohol- und Drogenrausch ein Blutbad anrichtete, indem er fast die gesamte Königsfamilie erschoss, die gerade beim Abendessen saß.

Das war der schwärzeste Tag in der Geschichte des Königreichs von Nepal.

21

Das Karatetraining war für mich die ideale Möglichkeit, mich kräftemäßig total zu verausgaben und so richtig auszupowern – ich brauchte diese körperliche Herausforderung einfach.

Ich wollte mehr davon.

Also fing ich an zu laufen, aber nicht wie sonst üblich. Nachts habe ich mir immer einen Rucksack mit Gewichten aufgesetzt, und damit bin ich dann große Strecken gelaufen – und auch der Schweiß ist in Strömen gelaufen. Ich habe immer das Letzte aus mir herausgeholt – manchmal musste ich mich sogar vor Erschöpfung übergeben. Ich habe stets meine Grenzen ausgetestet und fühlte mich erst dann lebendig, wenn ich alles gegeben hatte. Egal, worum es ging, ich war nie der Schnellste, der Stärkste oder der Beste, aber gerade das stachelte mich ungeheuer an.

Ich war regelrecht süchtig danach, immer besser zu werden, und stellte irgendwann fest, dass ich einiges an Reserven mobilisieren konnte, wenn es nötig war. Eigentlich weiß ich gar nicht genau, wo diese Sucht herrührte oder wie sie entstanden ist – aber sie war nun mal da. Das ist eben das »Feuer«, das in mir brennt.

Vielleicht hatte es damit zu tun, dass ich in dieser großen neuen Welt nach meiner eigenen Identität suchte. Vielleicht hatte es mit den negativen Erfahrungen aus meiner Kindheit zu tun. Das kann ich nicht genau sagen; was ich jedoch sagen kann, ist, dass ich mehr und mehr in der Lage war, Dinge zu tun, die sonst niemand in der Schule tun konnte – und das fühlte sich echt gut an.

Klettern war eines dieser Dinge. Aber nicht etwa stinknormales Klettern. Ich entwickelte eine Vorliebe dafür, nachts Kirchtürme und die Dächer der höchsten Schulgebäude zu erklimmen.

Denn das machte mir so richtig Spaß.

Ich habe alle verbotenen Bereiche der Schule und des Schulgeländes erkundet, denn ich wusste ja, dass ich schneller und gelenkiger war als alle Sicherheitskräfte, die im und um das College patrouillierten.

Ich erinnere mich noch, wie ich eines Nachts versuchte, bis zur Kuppel der Schulbibliothek hochzuklettern, die ganz oben auf einem klassischen Bibliotheksgebäude in über 35 Metern Höhe thronte.

Die Spitze der Kuppel hatte eine Bleiverkleidung und war so glatt wie Marmor, allerdings hatte sie auch eine klassische Schwachstelle – den Blitzableiter, der seitlich am Gebäude entlanglief bis hinauf zum Kuppeldach.

Sir Ranulph Fiennes, ein ehemaliger Schüler des Eton College, hatte damals auch schon so seine Schwierigkeiten, diese Kuppel zu erklimmen; doch schließlich hatte er es geschafft, indem er sich eine improvisierte Trittleiter gebaut hatte, und das mithilfe vieler kleiner Tischlerklemmen, die er sich quasi aus dem Schreinerschuppen der Schule »geborgt« hatte.

Ich wusste, dass es möglich wäre, die Kuppel auch ohne den Einsatz derartiger »Hilfsmittel« zu erklimmen, vorausgesetzt, der Blitzableiterdraht würde mein Gewicht aushalten.

Die Nacht war hell und sternenklar, als ich meinen ersten Aufstiegsversuch wagte: Ich bewegte mich geschickt von Garten zu Garten, kletterte über Mauern, Durchgänge und Äste, um zur

Rückseite des Gebäudes zu gelangen. Ich hatte einen Komplizen mitgenommen, meinen guten Freund Al.

Nachdem wir zunächst eine Reihe von Dächern überquert und Regenrohre hochgeklettert waren, standen wir nur knapp fünf Meter vom Dach der Bibliothek entfernt, wo das Kuppeldach anfing. Doch um auf das Kuppeldach zu gelangen, das gut und gerne 20 Meter hoch ist, musste man zuerst ein vorstehendes, im klassischen Stil gehaltenes, schmales Dachgesims überwinden.

Auf Zehenspitzen standen wir, vorsichtig balancierend, oben auf dem schmalen Ende eines Regenrohrs und mussten mit einem kräftigen Satz in die Höhe springen, um das schmale Gesims zu fassen zu kriegen, damit wir unseren ganzen Körper auf das Gesims schwingen und dann darüberklettern konnten.

Dazu brauchte man nicht nur eine gehörige Portion Mumm, man musste auch absolut schwindelfrei sein.

Ein falscher Tritt, und der Sturz in die Tiefe war lang, die Landung hart – auf dem Beton.

Die Sicherheitskräfte der Schule hatten versucht, uns das Klettern zu erschweren, indem sie rund um den unteren Rand des Kuppeldaches Stacheldraht angebracht hatten; auf diese Weise wollten sie sicherzustellen, dass derartige Kletteraktionen »unmöglich« würden. (Wahrscheinlich wurde der Stacheldraht schon vor etlichen Jahren, im Nachgang zu Ran Fiennes Kuppel-Eskapaden angebracht.) Doch genau genommen hat mir der Stacheldraht beim Klettern viel eher einen guten Dienst erwiesen, denn dadurch hatte ich wenigstens etwas, woran ich mich festhalten konnte.

Sobald man aber zum Kuppeldach vorgedrungen war, kam der eigentliche Knackpunkt dieser Klettertour.

Die Halterung der Blitzschutzleitung zu finden, mit der sie im Kuppeldach verankert war, war der leichte Teil der Aufgabe, der ungleich schwierige Teil bestand jedoch darin, den Mut aufzubringen, sich mit seinem ganzen Körpergewicht daran festzuklammern.

Aber sie hielt meinem Gewicht stand, und es war ein irrsinniges Erfolgserlebnis, wie ich mich an der Blitzschutzleitung entlanggehangelt habe und den mit Blei gedeckten kleinen Glockenturm hochgeklettert bin, dessen Silhouette hell im Mondlicht glänzte, und dann meine Initialen BG neben das RF von Ran Fiennes ritzen konnte.

Es waren kleine Glücksmomente wie diese, die mir das Gefühl einer eigenen Identität gaben.

Ich war nicht mehr nur irgendein Schüler, denn sobald ich meine Fähigkeiten voll ausschöpfte, fühlte ich mich ganz und gar lebendig, ganz und gar ich selbst.

Und in genau solchen Augenblicken wurde mir klar, dass ich einfach einen Hang zum Abenteurer hatte.

Ich habe vermutlich damals schon erkannt, dass die Dinge, die ich gut konnte, durchaus ein wenig unkonventionell waren, aber gleichzeitig hatte ich auch so ein eigenartiges Gefühl im Magen, das mir sagte: *Toll gemacht, Bear, weiter so.*

Mein Kumpel hat es nie über den Stacheldraht hinaus geschafft, aber er hat unten am Kuppeldach geduldig ausgeharrt, bis ich zurück war. Er sagte später zu mir, dass es für ihn furchtbar beängstigend war, mich dort hinaufklettern zu sehen, weshalb mir das Ganze gleich noch viel mehr Spaß gemacht hat.

Auf dem Rückweg hatten wir den Garten des einen College-Hauses schon sicher hinter uns gelassen und den des angrenzenden Hauses bereits zur Hälfte durchquert.

Wir hockten zusammengekauert hinter einem Strauch mitten im Garten des Housemasters – das ist der Lehrer, der für die Leitung (und Einhaltung der Hausordnung) in einem College-Haus verantwortlich ist – und warteten darauf, dass wir unentdeckt das letzte Stück unseres Weges zurücklegen konnten. In der Wohnung des Lehrers brannte noch Licht. Vermutlich hatte er eine Nachtschicht eingelegt, um einen Riesenstapel Arbeiten zu korrigieren, als er plötzlich beschloss, dass es an der Zeit wäre, den Hund rauszulassen, damit der sein Geschäft verrichten konnte. Augenblicklich hatte der Hund uns aufgespürt und kläffte wie verrückt, bis der Lehrer, durch diesen Radau aufgeschreckt, herbeigerannt kam.

Höchste Zeit, die Biege zu machen.

»Lauf«, flüsterte ich, und wir brachen aus der Deckung hervor und rannten, so schnell wir konnten, zum anderen Ende des Gartens.

Unglücklicherweise jedoch war der betreffende Lehrer rein zufällig auch der Sportlehrer der Schule, der uns im Querfeldeinlauf trainierte; er war also ziemlich schnell.

Er nahm sofort die Verfolgung auf und legte einen 50-Meter-Sprint hin. Das letzte Hindernis, das wir überwinden mussten, war eine drei Meter hohe Mauer. Wir schossen beide – vom Adrenalin getrieben – mit einem Satz in die Höhe und schwangen uns drüber. Der Lehrer war zwar ein guter Läufer, aber kein guter Kletterer, und daher konnten wir unserer Festnahme mit knapper Not entkommen und verschwanden blitzschnell in der Dunkelheit.

Ich musste nur noch ein letztes Regenrohr hinaufklettern, und schon hatte ich das offene Fenster in meinem Schlafzimmer erreicht – Mission erfolgreich ausgeführt.

Den ganzen nächsten Tag über hatte ich ein Lächeln im Gesicht, das einfach nicht verschwinden wollte.

22

In der Schule hatte ich mir einen neuen Spitznamen erworben (abgesehen von »Bear«, den ich – dank meiner Schwester Lara – schon als kleines Baby hatte), und der lautete »Monkey«.

Stan brachte diesen Spitznamen auf, und ich glaube, er war darauf zurückzuführen, dass ich wie ein Affe mit großer Begeisterung Fassaden und Bäume hochkletterte. Ob man mich nun Bear oder Monkey nannte, war mir ziemlich egal, denn meinen richtigen Namen »Edward« mochte ich sowieso nicht – er war so bieder und langweilig. Monkey oder Bear war für mich in Ordnung – und beide Namen sind mir bis heute erhalten geblieben.

Während meiner Zeit in Eton habe ich regelmäßig nächtliche Exkursionen veranstaltet, und das hat sich herumgesprochen. Ich spielte sogar mit dem Gedanken, Geld dafür zu verlangen, dass ich die Jungs auf meine Streifzüge mitnahm.

Ich kann mich noch an eine Begebenheit erinnern, als wir versucht haben, über das alte Kanalsystem von einem zum anderen Ende in Eton zu gelangen. Unter einer Brücke hatte ich einen alten Gitterrost entdeckt, von dem aus man in diese alten, nur 1,20 Meter hohen geklinkerten Abwasserkanäle gelangte, die unter der Straße verliefen.

Man brauchte schon ein wenig Mumm, um sich in diese pechschwarzen Tunnel hineinzuwagen, da man ja keine Ahnung hatte, wo zum Teufel sie überhaupt hinführten; außerdem stanken sie.

Ich nahm ein Paket Spielkarten und eine Taschenlampe mit und klemmte alle zehn Schritte eine Karte zwischen die Klinkersteine, um so den Weg zu markieren. Irgendwann erspähte ich einen Kanaldeckel, der sich hochheben ließ, und wir sahen, dass wir in der kleinen Gasse vor dem Privathaus des Schulleiters gelandet waren.

Das war meine Welt. Ich weiß noch, wie wir uns darüber lustig gemacht haben: »Von hier also kommt die ganze Scheiße.«

Aber ich bemühte mich auch, ein paar legalere Kletteraktionen anzustreben, und so trug ich gemeinsam mit Mick Crosthwaite – er war mein Kletterpartner, mit dem ich einige Jahre später den Mount Everest bestiegen habe – dazu bei, den Bergsteiger-Club der Schule wieder zum Leben zu erwecken.

Der große Vorteil am Eton College ist, dass die Schüler dazu ermuntert werden, ihren Interessen und Neigungen nachzugehen – ganz egal, wie exzentrisch die auch sein mögen. Für alle möglichen Faibles gibt es einen Club: Angefangen beim Briefmarkensammler-Club über den Käse- und Wein-Club bis hin zum Bergsteiger- und Jongleur-Club. Wenn also jemand sich für etwas begeistern konnte, wurde er von der Schule auch darin unterstützt.

Es gab lediglich zwei Dinge in Eton, die nicht geduldet wurden: Faulheit und mangelnde Begeisterungsfähigkeit. Solange man sich »für irgendetwas begeisterte«, waren die meisten anderen Fehlverhalten in aller Regel entschuldbar. Das gefiel mir gut. Denn die Schule förderte nicht nur die kühlen Köpfe und Sportbegeisterten, sondern ermutige auch den Einzelnen, seinen Neigungen nachzugehen, was ja für das spätere Leben noch weitaus wichtiger ist.

Folglich unterstützte man mich in Eton auch dabei, als ich mit gerade mal 16 Jahren am Potential Royal Marines Officer Selection Course teilnehmen wollte. Das ist ein Auswahlverfahren, das die Marineinfanterie des britischen Naval Service veranstaltet, um potenzielle Nachwuchskandidaten zu rekrutieren. Es erstreckt sich über drei Tage, in denen ein echt mörderisches Programm absolviert werden muss: unzählige Langstreckendauerläufe und -märsche, Märsche in voller Ausrüstung durch tiefen Morast, Sprints durch den Hindernisparcours, Sit-Ups, Liegestütze, Bewältigen eines Hochseilparcours in schwindelerregender Höhe (das war kein Problem für mich!) und Übernehmen von Führungsaufgaben im Team.

Am Ende hatten von insgesamt 25 Teilnehmern nur drei die Prüfung bestanden – ich war einer davon, auch wenn ich es gerade so geschafft hatte. In meiner Beurteilung hieß es: »Zur Officer Selection zugelassen: Grylls ist durchtrainiert und begeisterungsfähig, doch er muss unbedingt darauf achten, dass er nicht allzu unbekümmert an Aufgaben herangeht.« (Zum Glück habe ich den letzten Teil dieses Ratschlags in den Wind geschlagen, was mir in meinem späteren Leben zugutekam.)

Denn die Tatsache, dass ich diese Prüfung bestanden hatte, gab mir die große Zuversicht, dass ich nach meinem Schulabschluss immerhin – sofern ich das wollte – in die Fußstapfen meines Vaters treten könnte.

Außerdem hatte ich während meiner Zeit in Eton richtig großes Glück, dass ich einen so fantastischen Housemaster hatte, denn viele der Erfahrungen, die die Jungs während ihrer Schulzeit in Eton machen, begleiten sie ein Leben lang – ob sie eben einen Housemaster hatten, der echt klasse war, oder aber einen, der echt ätzend war.

Ich jedenfalls hatte Glück.

Die Beziehung, die wir in Eton zu unserem Housemaster haben, lässt sich ganz gut mit der Beziehung vergleichen, die Schüler einer kleineren Schule zu ihrem Rektor haben. Denn er ist derjenige, der ein waches Auge auf alles hat, was man tut – angefangen bei den Sportkursen, die man belegt, bis hin zu den

Fächern, die man für die Abschlussprüfung wählt – und zweifellos ist er derjenige Lehrer, der einen am allerbesten kennt, und zwar die guten Seiten genauso wie die schlechten.

Kurz, der Housemaster ist die Person, die den Laden schmeißt und alles im Griff hat.

Herr Quibell war noch ein Lehrer der alten Schule und ein echtes Unikum – doch er hatte zwei Charaktereigenschaften, die ihn einzigartig machten: Er war fair und hatte immer ein offenes Ohr für seine Schützlinge. Denn wenn man ein Teenager ist, tragen diese beiden Eigenschaften entscheidend zur Entwicklung des eigenen Selbstwertgefühls bei.

Aber, ach du meine Güte, was haben wir ihm manchmal übel mitgespielt.

Es gab zwei Dinge, die Herr Quibell auf den Tod nicht ausstehen konnte: Pizza und die Nachbarstadt Slough.

Oft haben wir als Lausbubenstreich beim Pizza-Service in Slough einen ganzen Haufen von Sloughs leckersten Pizzas bestellt und diese in seine Privatwohnung liefern lassen; dabei ging es aber nicht nur um eine oder zwei Pizzas – 30 davon, das kommt schon eher hin.

Als der Pizzabote dann auftauchte, hockten wir allesamt gespannt in unserem Versteck, luchsten aus den Fenstern und konnten beobachten, wie sich der Gesichtsausdruck von Herrn Quibell blitzschnell von blankem Entsetzen in unbändigen Zorn verwandelte, wenn er den armen Pizzamenschen jedes Mal zum Teufel jagte unter der strikten Anweisung, bloß nie wieder bei ihm aufzukreuzen.

Doch dieses Spielchen war nach wenigen Malen schon ausgereizt, denn der Pizza-Service hatte schnell begriffen, was da gespielt wurde.

Eines der Wahlfächer, die wir in Eton belegen konnten, war Automobiltechnik. Grob übersetzt bedeutete das: »Such dir eine alte Klapperkiste, motz sie auf, entferne das Auspuffrohr und heize damit durch die Felder, bis sie auseinanderfällt.«

Perfekt.

Ich hatte einen ziemlich vergammelt aussehenden alten braunen Ford Cortina Estate aufgetan, den ich für 30 Pfund erstanden und mit ein paar Freunden zusammen dann spitzenmäßig aufgemotzt habe.

Da wir erst 16 waren, durften wir damit natürlich nicht auf öffentlichen Straßen fahren, aber da mein 17. Geburtstag immer näher rückte, ging ich fest davon aus, dass diese Schüssel – mein erstes eigenes Auto – hervorragend geeignet wäre, um darin ganz legal die Straßen entlangzudüsen. Das einzige Problem an der Sache war, dass ich die Karre zum TÜV bringen musste, damit sie auf ihre Sicherheit im Straßenverkehr überprüft wurde, doch um das tun zu können, musste ich damit zuerst einmal in die Werkstatt. Das wiederum bedeutete, dass ein »Erwachsener« mich auf der Fahrt dorthin begleiten musste.

Ich überredete Herrn Quibell, dass es für ihn an einem Samstagnachmittag unmöglich einen schöneren Zeitvertreib geben konnte, als mit mir zusammen zu einer Reparaturwerkstatt (in sein heißgeliebtes Slough) zu fahren. Denn da ich es einen Tag zuvor geschafft hatte, mit einem genialen Hechtsprung einen Punkt für das Cricket-Team unseres Hauses zu erzielen, hatte ich bei Herrn Quibell einen Stein im Brett – und deshalb hatte er sich breitschlagen lassen.

Doch als wir uns dem Stadtrand von Slough näherten, fing der Motor plötzlich an zu qualmen – und wie er qualmte. Es dauerte nicht lange, da musste Herr Quibell die Scheibenwischer auf höchste Stufe stellen, damit sich durch das schnelle Hin- und Herbewegen, quasi wie bei einem Ventilator, die dicken Rauchschwaden etwas verteilten, die unablässig unter der Motorhaube hervorquollen.

Als wir endlich an der Werkstatt ankamen, war der Motor glühend heiß, und es wunderte mich nicht, dass mein Auto seine TÜV-Plakette nicht bekam, und zwar – so sagte man mir – aufgrund so zahlreicher und gravierender Mängel, wie sie die Werkstatt schon seit Ewigkeiten bei keinem Auto mehr gesehen hatte.

Jetzt hieß es für mich, noch einmal ganz von vorne anzufangen. Doch diese Situation zeigte auch sehr schön, dass Herr Quibell für alle Jungs, die er in seiner Obhut hatte, wie ein fürsorglicher Vater war – insbesondere für jene, die sich anstrengten und ernsthaft Mühe gaben, ganz gleich auf welchem Gebiet. Und ich habe mich sehr ins Zeug gelegt, denn ich war vor allen Dingen schon immer eine Kämpfernatur.

Ich bin zwar nicht immer erfolgreich gewesen, und ich habe auch nicht immer das größte Talent bewiesen, doch ich habe immer mit großer Begeisterung alles gegeben – und das zählt schon eine ganze Menge. Denn schließlich hat mein Vater immer zu mir gesagt, dass ich meine Sache erst dann gut mache, wenn ich selbst der begeisterungsfähigste Mensch bin, den ich kenne.

Das habe ich nie vergessen. Denn er hatte recht damit.

Also bitte, wer arbeitet nicht gern mit Leuten zusammen, die vor Begeisterung und Leidenschaft nur so sprühen?

23

Zum Schluss noch zwei Geschichten aus meiner Schulzeit ...

Die erste Geschichte handelt von meiner allerersten Bergsteiger-Expedition im Winter zum Mount Snowdon, dem höchsten Berg in Wales; die zweite Geschichte handelt davon, wie ich meine erste Freundin erobert habe. (Na ja, wenn ich Freundin sage, dann meine ich damit, dass ich dieses Mädchen mehr als einmal geküsst habe und dass wir fast eine ganze Woche lang zusammen waren.)

Doch zuerst zur Snowdon-Mission.

Da die Expedition im Winter stattfand, hatten Watty – einer meiner besten Kumpels aus der Schule – und ich zwei Monate Zeit, die Vorfreude zu genießen und zu überlegen, was wir an Gepäck auf diese Bergtour mitnehmen. Als es dann endlich losging, waren unsere Rucksäcke so schwer, dass wir sie kaum hochheben konnten.

Lektion 1: Man sollte nur das Nötigste mitnehmen, es sei denn, man hat vor, das schwere Gepäck Tag und Nacht durch die Berge zu schleppen.

Als wir an jenem Freitagabend in Begleitung eines jungen Sportlehrers im Snowdonia National Park ankamen, war es bereits dunkel, und wir alle mussten uns im dichten Nebel den Berg hinaufquälen. Und wie es für Wales eben typisch ist, fing es kurz darauf auch noch an zu regnen.

Als wir am Rand eines kleinen Bergsees ankamen, wo wir geplant hatten, unser Lager aufzuschlagen – etwa auf halber Strecke zum Gipfel –, war es schon nach Mitternacht, und es regnete in Strömen. Wir waren alle erschöpft (weil wir uns mit unseren extrem schweren Rucksäcken so fürchterlich abgeschleppt hatten) und schlugen daher so schnell wie möglich unsere Zelte auf. Es waren solche einfachen altmodischen Firstzelte, die mithilfe von Heringen und Abspannschnüren aufgestellt werden und nicht gerade für ihre ausgesprochene Windstabilität bei einem walisischen Wintersturm bekannt sind – und tatsächlich passierte gegen drei Uhr morgens das Unausweichliche.

Plopp.

Einer der Heringe, mit denen die Abspannschnüre der beiden Giebelstangen meines Zeltes im Boden verankert waren, war gebrochen, und dadurch sackte die eine Hälfte des Zeltes über uns zusammen.

Hmm, dachte ich.

Aber Watty und ich waren beide einfach viel zu müde, um herauszukrabbeln, den Hering auszutauschen und die Schnur neu zu spannen; stattdessen verließen wir uns blindlings darauf, dass sich das Problem schon irgendwie von allein lösen würde.

Lektion 2: Zelte reparieren sich nicht von allein, ganz egal, wie müde man ist, und ganz egal, wie sehr man sich wünscht, dass es so wäre.

Und dann kam, was kommen musste: Der nächste Hering brach, und ehe wir uns versahen, lagen wir zitternd und frierend in einem nassen Haufen aus Zeltplane – wir waren klitschnass bis auf die Haut und fühlten uns so richtig elend.

Die letzte und wichtigste Lektion beim Campen, die wir in jener Nacht lernten, hieß: Ein beherzter Griff zur rechten Zeit, erspart unnötig Müh und Leid. Und außerdem ist die Zeit, die man darauf verwendet, einen Lagerplatz gut vorzubereiten, niemals verlorene Zeit.

Am nächsten Tag kamen wir ziemlich nass und durchgefroren, aber überglücklich auf dem Gipfel des Snowdon an. Das Schönste, woran ich mich noch erinnern kann, war, dass ich mir dort oben eine Pfeife angezündet habe, die ich mir von meinem Großvater geborgt hatte. Die habe ich dann zusammen mit Watty und dem Sportlehrer, der sich auch noch zu uns gesellte, in luftiger Höhe hinter dem Gipfel-Steinhaufen geraucht.

Das ist einer der Gründe, warum ich schon als kleiner Junge die Berge so geliebt habe: Dort oben sind alle Menschen gleich.

Die simple Tatsache, dass ich dort oben gemeinsam mit einem Lehrer Pfeife rauchen konnte, war für mich absolut einzigartig und in meinen Augen ein klares Zeichen dafür, dass die Berge und die Beziehungen, die man dort oben und in freier Natur zu seinen Mitmenschen aufbaut, wunderschöne Erinnerungen sind, die einen das ganze Leben begleiten.

(Aber das Beste an der Sache war, dass der Tabak hausgemacht war, denn Watty hatte ihn in Apfelsaft eingeweicht, damit er einen besseren Geschmack bekommt. Und aus genau diesem Apfelsaft haben wir dann später einen Apfelwein gebraut, und der hat dafür gesorgt, dass Chipper – einer der Jungs aus unserem College-Haus – unmittelbar nach dem Genuss 24 Stunden lang nichts mehr gesehen hat. Hoppla.)

Wenn mich die Leute heute fragen, was mir so sehr daran gefällt, auf Berge zu klettern, kann ich nur sagen, dass es mir nicht um den Adrenalinkick oder das Erfolgserlebnis geht. Denn beim Bergsteigen geht es in erster Linie darum, dass die Menschen dabei eine so intensive Bindung zueinander aufbauen und so eng zusammengeschweißt werden, wie dies im normalen Alltag kaum möglich ist. Es gefällt mir, dass alle, die in den Bergen unterwegs sind, gleich aussehen – die Klamotten dreckig, die Frisur zerzaust. Und es gefällt mir, dass die Berge einem sehr viel abverlangen; dass sie einen zwingen, zu kämpfen und durchzuhalten. Aber sie bringen die Menschen auch dazu, lockerer zu werden, sich über die verrücktesten Dinge kaputtzulachen, sich einfach in Ruhe hinzusetzen und sich rundum zufrieden zu fühlen, während sie den Sonnenuntergang oder das knisternde Lagerfeuer betrachten.

Durch diese Art von Kameradschaft kann zwischen den Menschen ein wunderbares Band entstehen, und wo ein solches Band die Menschen verbindet, existiert nach meiner Erfahrung auch fast immer eine starke Bindung.

Und weiter geht's mit der zweiten Geschichte beziehungsweise dem Thema Mädchen.

Auch wenn dieses Thema schnell erschöpft ist …

24

Ungeachtet aller Vorteile, die Eton zu bieten hatte, herrschte aber auch ein gravierender Mangel an Mädels. (Na ja, abgesehen von den Mädels, die in der Küche arbeiteten und wegen denen wir Abend für Abend in unserem Versteck auf dem gegenüberliegenden Dach ausharrten, um einen Blick von ihnen zu erhaschen.)

Darüber hinaus jedoch – und wenn man die sexy Tochter von so manchem Lehrer einmal außer Acht lässt – war Eton eine absolut mädchenfreie Zone. (Wo wir gerade von sexy Töchtern reden: Ich hatte mich hoffnungslos in die hübsche Lela, die Tochter des Klarinettenlehrers, verknallt. Allerdings hat sie am Ende einen meiner besten Freunde in Eton geheiratet – Tom Amies –, und jeder der Jungs war neidisch auf ihn. Ein tolles Paar, die beiden. Wie auch immer, wir kommen vom Thema ab.)

Von diesen Ausnahmen einmal abgesehen, war Eton in puncto Mädels, wie ich schon sagte ... absolutes Niemandsland.

Jeder von uns Jungs pflegte Brieffreundschaft mit Mädchen, die wir eher flüchtig kannten oder die wir vielleicht ein einziges Mal gesehen hatten; doch um ehrlich zu sein, wir konnten nur davon träumen, mehr war einfach nicht drin.

Doch ich lernte einmal ein ganz nettes Mädchen kennen, das ganz in der Nähe des Eton College zur Schule ging, wie ich herausfand. (Also, mit »ganz in der Nähe« meine ich so ungefähr 50 Kilometer entfernt.)

Von einem Freund lieh ich mir ein ziemlich altes und verrostetes Fahrrad aus, das nur einen Gang hatte, und machte mich damit an einem Sonntagnachmittag auf den Weg, um dieses Mädchen zu treffen. Ich brauchte nicht nur Stunden, um ihre Schule zu finden, sondern es entwickelte sich auch zunehmend zu einem regelrechten Kraftakt, mit diesem Fahrrad voranzukommen, und zwar nicht nur, weil es sich sehr schwer lenken ließ, sondern weil ich dank der rostigen Pedale, die quietschten und auf dem Boden schleiften, auch mordsmäßig strampeln musste.

Aber irgendwann traf ich schließlich vor den Toren der Schule ein und war schweißgebadet.

Wie sich herausstellte, war es eine Klosterschule, die ausschließlich von Nonnen geleitet wurde.

Na ja, zumindest sollten sie relativ sanftmütig sein, und es sollte mir wohl auch nicht allzu schwerfallen, sie abzuhängen, dachte ich.

Das war mein erster Fehler.

Ich traf also das Mädchen wie vereinbart, und wir spazierten gemeinsam einen idyllischen Feldweg entlang, der durch den nahe gelegenen Wald führte. Ich hatte gerade meinen ganzen Mut zusammengenommen und wollte Anstalten machen, sie zu küssen, als ich plötzlich hinter uns ein schrilles Pfeifen und dann einen gellenden Schrei hörte.

Als ich mich umdrehte, erblickte ich eine Nonne mit einem Deutschen Schäferhund, die auf uns zu gerannt kam und laut schrie.

Das Mädchen warf mir einen angsterfüllten Blick zu und flehte mich an, um mein Leben zu laufen – was ich mir natürlich nicht zweimal sagen ließ. Ich bin meinen Verfolgern entkommen und musste wieder eine grauenvolle Fahrradtour auf mich nehmen, um zu meiner Schule zurückzukommen. Ich dachte noch: *Verflixt noch mal, Nora, dieser ganze Mädels-Kram ist doch ein viel härteres Stück Arbeit, als ich mir das anfangs so vorgestellt hatte.*

Aber ich bin am Ball geblieben.

Eine gute Gelegenheit, Mädchen kennenzulernen, war, dem Eton Strawberry Cricket Club beizutreten; dieses Cricket-Team bestand aus Schülern, die zwar halbwegs vernünftig Cricket spielen konnten, das Ganze aber nur so zum Spaß machten.

Anstatt gegen andere Schulen anzutreten, hat die Strawberry-Mannschaft nur gegen die Clubs aus der Gegend gespielt. Dabei handelte es sich in aller Regel um Teams aus den Pubs, die ihre weibliche Fangemeinde gleich mitbrachten. Diese Spiele machten immer einen Heidenspaß, doch das Beste daran war, dass wir pinkfarbene Sweatshirts trugen und dass das Ganze ziemlich locker und eher als Gaudi gesehen wurde.

Das Strawberry-Team war ganz nach meinem Geschmack, und ich habe mich sofort angemeldet.

Bei uns war es Brauch, dass derjenige Spieler im Team, der als Erster den Schläger schwingen durfte, sich eine bestimmte Menge von dem Alkohol einverleiben musste, den sich das Team zuvor auf dem Weg zum Spielort entweder irgendwo erbettelt, geborgt oder gemopst hatte.

Bei besagtem Spiel war ich der erste Schlagmann. Und von ganz, ganz unten aus der Cricket-Tasche eines Spielers wurde eine Riesendose Apfelwein hervorgekramt. Ich trank sie in einem Zug aus, nahm meinen Schläger und ging aufs Spielfeld, stellte mich an der Linie auf und brachte mich in Position.

Der erste Ball des Tages kam herangedonnert, und mit einem kräftigen Schlag schlug ich ihn hoch über die Spielfeldgrenze und konnte so sage und schreibe sechs Runs erzielen. *Genial*, dachte ich. *Dann machen wir das doch gleich noch mal.*

Der zweite Ball kam angeflogen, und bei dem Versuch, wieder einen solchen Wahnsinnstreffer zu landen, verfehlte ich den Ball komplett, drehte mich um die eigene Achse, verlor das Gleichgewicht und fiel auf die Stäbe meines Wickets. Ausgeschieden!

Als ich zum Clubhaus zurückging und mich an den Spielfeldrand setzte, bemerkte ich ein hübsches Mädchen in einem luftigen Sommerkleid, das an einer Dose Cola nippte und mir zulächelte. Wenn ich nicht schon vom Apfelwein weiche Knie gehabt hätte, dann hätte ich spätestens jetzt ganz sicher weiche Knie bekommen.

Wir kamen miteinander ins Gespräch, und ich erfuhr, dass sie Tatiana hieß und dass ihr Bruder in der gegnerischen Mannschaft mitspielte. Außerdem fand sie meine Geschichte recht amüsant, wie ich mich mit Schwung ins Aus gehauen hatte.

Zu allem Überfluss war sie schon 20 – also zwei Jahre älter als ich – und ging nicht auf eine Klosterschule, sondern studierte an einer deutschen Universität.

Am nächsten Tag stand ein schulfreies Wochenende vor der Tür, und ich hatte mir vorgenommen, zusammen mit zehn meiner Schulfreunde zu mir nach Hause zu fahren auf die Isle of Wight. Ich fragte Tatiana keck, ob sie nicht Lust hätte, uns zu begleiten. (In meinem Kopf schwirrte es vor lauter Adrenalin und Alkohol, und ich konnte nicht fassen, dass ich mich doch tatsächlich getraut hatte, sie zu uns einzuladen.)

Sie nahm die Einladung an, und noch bevor ich wusste, wie mir geschah, waren wir auch schon bei mir zu Hause auf der Isle of Wight. Meine Eltern waren nicht da, und so hatte ich mit meinen Freunden und diesem hübschen Mädchen – das aus unerfindlichen Gründen gar nicht genug von mir bekommen konnte – quasi sturmfreie Bude.

Da bewegte ich mich in der Tat auf ganz neuem Terrain.

Wir hatten ein fantastisches Wochenende, denn ich durfte Tatiana 36 Stunden lang ununterbrochen küssen, und außerdem schlief sie neben mir in meinem Bett, und das zwei ganze Nächte lang.

Wahnsinn.

Danach musste sie leider wieder zurück nach Deutschland zur Universität, und damit war diese Geschichte auch schon zu Ende. Ich denke mal, es war nur eine kurze Liebelei.

Tatsache ist jedoch, dass sich ein solcher Glücksfall nicht allzu oft an einem reinen Jungengymnasium ereignete. Und wenn, dann musste man das Glück natürlich beim Schopf packen.

25

Abgesehen von meinem gerade erwachten Interesse für das weibliche Geschlecht ist in meinen letzten Schuljahren in Eton aber noch etwas ganz anderes in mir erwacht: Ganz allmählich wuchs in mir ein starker christlicher Glaube, und das hat mich nicht nur sehr tief bewegt, sondern dieser Glaube oder diese enge Beziehung zu Gott hat mich seit jenen Tagen stets begleitet.

Dafür bin ich sehr dankbar. Der Glaube hat mir den nötigen Halt in meinem Leben gegeben, denn er ist quasi die geheime Quelle, aus der ich bisher immer die Kraft für meine vielen fantastischen Abenteuer geschöpft habe.

Den Weg zum Glauben fand ich, da war ich gerade erst 16 – an einem ganz normalen Schultag.

Als kleiner Junge habe ich immer gedacht, dass der Glaube an Gott die natürlichste Sache der Welt ist. Für mich war der Glaube – absolut bedingungslos und sehr persönlich – einfach ein großer Trost.

Doch sobald ich in die Schule kam und gezwungen wurde, gefühlte 900 staubtrockene und todlangweilige Gottesdienste und Liturgien in lateinischer Sprache über mich ergehen zu lassen und dem nicht enden wollenden monotonen Geleier von all den eifrigen und frommen Kirchgängern zu lauschen, da kam mir glatt der Gedanke, dass ich die Sache mit dem Glauben wohl irgendwie falsch verstanden haben musste.

Vielleicht war die Beziehung zum lieben Gott ja in Wirklichkeit gar nicht so eng und vertraut, sondern vielmehr wie der Gottesdienst … ermüdend, voreingenommen, langweilig und unwichtig.

Die Ironie an dem Ganzen war jedoch: Wenn der Gottesdienst all dies verkörperte, dann musste der wahre Glaube das Gegenteil sein. Doch irgendwie hatte ich, ohne groß darüber nachzudenken, das Gute und Schöne mitsamt dem Langweiligen über Bord geworfen. Denn wenn schon die Kirche fragwürdig war, so mutmaßte ich, dann musste es der Glaube wohl auch sein.

Dieser kostbare, naturgegebene, instinktive Glaube, den ich noch als kleines Kind hatte, fiel jenem neu gewonnenen Irrglauben zum Opfer, dass es nun, wo ich doch langsam erwachsen werde, auch an der Zeit wäre, wie ein Erwachsener zu »glauben«.

Du meine Güte, was weiß denn ein Kind schon vom Glauben?

In der Schule spielte die ganze Glaubensfrage für mich eine eher untergeordnete Rolle, und zwar bis zu jenem Zeitpunkt, als mein Patenonkel Stephen starb; sein Tod war für mich letztlich der Auslöser, noch einmal etwas tiefer zu graben und diesen Glauben wiederzufinden, den ich damals als Kind hatte.

Aber so ist das im Leben. Manchmal muss zuerst etwas Schlimmes passieren, damit wir uns die Zeit nehmen, darüber nachzudenken, wer wir wirklich sind und worauf es im Leben ankommt.

Stephen war der allerallerbeste Freund meines Vaters. Für mich war er wie ein zweiter Vater. Bei jeder Familienfeier war er bei uns zu Gast, und er verbrachte im Sommer auch fast jedes

Wochenende bei uns auf der Isle of Wight, wo er dann mit Paps und mir zum Segeln ging. Er verstarb ganz plötzlich und völlig ohne Vorwarnung in Johannesburg an einem Herzinfarkt.

Ich war am Boden zerstört.

Ich weiß noch, wie ich damals in der Schule eines Nachts auf einen Baum geklettert bin und ganz allein dort oben saß und das kürzeste und aus allertiefstem Herzen kommende Gebet in meinem Leben sprach.

»Bitte, lieber Gott, *hilf* mir. Ich drehe sonst durch«

... Und er hat mir geholfen.

Seit jener Zeit habe ich immer darauf geachtet, dass weder das Leben noch die Pastoren oder die Kirche die Chance hatten, mir diesen reinen Glauben, den ich wiedergefunden hatte, über die Maßen zu erschweren. Und je mehr ich über den christlichen Glauben lerne, desto sicherer bin ich mir, dass er im Grunde ganz einfach zu leben ist. (In meinem späteren Leben habe ich dann mit großer Erleichterung festgestellt, dass es da draußen durchaus ein paar tolle Kirchengemeinden gibt, wo ich aufrichtige und treue Freunde gefunden habe, die mir in allen Glaubensfragen weitergeholfen haben.)

Für mich geht es im christlichen Glauben in erster Linie darum, dass man sich im Glauben aufgehoben, getröstet, gestärkt und geliebt fühlt und dass man Vergebung erfährt – doch leider ist diese Botschaft bei den meisten von uns in Vergessenheit geraten, denn in aller Regel können wir uns nur noch an die frommen Spinner erinnern oder an die Lobpreisungen des Herrn in den schier endlosen Schulgottesdiensten in der Aula.

Da kann niemand etwas dafür, so ist das Leben nun mal. Das Einzige, worauf wir achten sollten, ist offen und empfindsam zu bleiben, damit wir im entscheidenden Augenblick dieses Klopfen an der Tür unserer Herzen auch hören können.

Die Ironie an der Sache ist jedoch, dass ich noch nie jemanden getroffen habe, der sich nicht gern geliebt oder aufgehoben fühlen oder gar Vergebung erwarten würde. Stattdessen habe ich jede Menge Leute getroffen, die eine tiefe Abneigung gegen die Religion haben. Und das kann ich sehr gut verstehen. Aber auch Jesus konnte das verstehen. Genau genommen konnte er das nicht nur verstehen, sondern er ging sogar noch einen Schritt weiter. Es scheint vielmehr so gewesen zu sein, dass Jesus mit der Absicht zu uns gekommen ist, die Religion zu zerstören und uns das Leben zu schenken.

Das trifft genau den Kern dessen, was ich als Teenager erlebt habe: Jesus Christus kommt, um uns zu befreien, um uns das Leben in seiner ganzen Fülle zu schenken. Er ist gekommen, um uns unsere Fehltritte (denn wer von uns hat sich nichts vorzuwerfen) zu vergeben und in unserem Leben der unerschütterliche Fels in der Brandung zu sein.

Der Glaube an Jesus Christus hat mir in meinem Leben immer sehr viel Kraft gegeben und mir dabei geholfen, stark zu sein, auch wenn ich mich oft ziemlich schwach gefühlt habe. Daher ist es auch nicht verwunderlich, dass ich in jener Nacht auf dem Baum das Gefühl hatte, als wäre mir etwas ganz Außergewöhnliches widerfahren.

Dort oben hatte ich meine Berufung, meine Lebensaufgabe, gefunden.

Meinen starken Glauben habe ich zum Teil ein paar meiner besten Schulfreunde zu verdanken, die diesem Glauben insbesondere in der Anfangszeit Nahrung gegeben haben. Denn seit jenen Tagen haben meine großartigen Kumpels – Stan, Ed und Tom – mir stets geholfen, mich geführt und mich unterstützt.

Meine anderen prima Kumpels aus der Schule, wie zum Beispiel Mick, Al, Watty, Hugo und Sam, waren einfach der Meinung, dass mein neu gewonnener christlicher Glaube nur eine wahnsinnige Zeitverschwendung wäre, wenn es darum ging, Mädels klarzumachen!

Apropos Mädels klarmachen: Für den Fall, dass Sie sich vielleicht gefragt haben, wie das mit dem wunderschönen deutschen Mädchen war, mit dem ich verabredet war – ich habe sie aufgrund meines Glaubens nur geküsst, aber nicht mir ihr geschlafen. (Obwohl ich zugeben muss, dass ich damals meine ganze Willensstärke aufbieten musste, um dieser Versuchung zu widerstehen!)

Auch wenn all meine Kumpels dachten, ich wäre völlig bescheuert, so war ich dennoch tief in meinem Innersten fest entschlossen, nach Möglichkeit meine Jungfräulichkeit für die Frau aufzusparen, die ich später einmal heiraten würde.

Aber das ist eine ganz andere Geschichte ...

26

Das war also meine Zeit in Eton, und heute schaue ich mit einem großen Gefühl der Dankbarkeit zurück: Dankbarkeit dafür, dass ich die Chance hatte, eine so großartige Schulbildung zu erhalten, und Dankbarkeit dafür, dass mein Vater so verdammt hart gearbeitet hat, damit er es sich leisten konnte, mich dorthin zu schicken.

Ich habe mich bei ihm nie so richtig dafür bedankt, wie ich es eigentlich hätte tun müssen – aber irgendwie hoffe ich einfach, dass er weiß, wie dankbar ich ihm für alles bin, was er mir gegeben hat.

In Eton habe ich jedoch ein paar wichtige Lektionen fürs Leben gelernt. Ich habe gelernt, wie wertvoll einige wenige, aber enge Freunde sind und wie immens wichtig diese Freundschaften für unser ganzes Leben sind. Ich habe auch verstehen gelernt, dass das Leben das ist, was wir daraus machen. Und aufgrund dieser Erkenntnis tragen wir für unser Leben auch selbst die Verantwortung.

Niemand wird uns diese Verantwortung abnehmen. Denn das ist die Aufgabe von jedem Einzelnen: Jeder muss hinausgehen, sein Leben in die Hand nehmen und nach seiner Vorstellung leben.

Durch meine Schulzeit in Eton habe ich eine Charaktereigenschaft entwickelt, die – so glaube ich – ganz und gar typisch englisch ist: Die Einstellung, dass es am besten ist, wenn man ein Typ Mensch ist, der gern Blödsinn macht und den Clown spielt, der aber, wenn es wirklich hart auf hart kommt, absolut nicht unterzukriegen ist.

Ich glaube, diese Einstellung lässt sich auf die Mentalität des tollkühnen Helden in dem englischen Theaterstück »The Scarlet Pimpernel« – »Das scharlachrote Siegel« – zurückführen: auf jenes großmütige Streben, der Held zu sein, der im Verborgenen agiert. (Eigentlich bin ich mir ziemlich sicher, dass es kein Zufall ist, dass über die Jahre hinweg so viele hochrangige SAS-Offiziere auch ehemalige Eton-Absolventen sind. Wie also lässt sich das erklären, falls der Special Air Service tatsächlich die höchste Vollendung der Leistungsgesellschaft verkörpern sollte? Denn durch Beziehungen zu alten Schulkameraden schafft man es nicht, beim SAS aufgenommen zu werden. Das schafft man nur mit viel Schweiß und harter Arbeit. Allerdings übt der SAS eine starke Anziehungskraft auf bestimmte Persönlichkeiten und Charaktere aus. Diese Spezialeinheit bevorzugt besonders die Eigenwilligen, die Einzelgänger und die stillen Talente. Die gab es ebenfalls in Eton.)

Im Grunde genommen ist das ein typisch englisches Ethos: »Sei fleißig, spiele ausgiebig, sei bescheiden, erledige deine Arbeit mit allergrößtem Engagement, lach über dich selbst und manchmal – wenn es erforderlich ist – kämpfe entschlossen.«

Dies waren nicht nur Eigenschaften, die ich an anderen sehr geschätzt habe, sondern gleichfalls Eigenschaften, die ich vermutlich im Unterbewusstsein auch für mich selbst angestrebt habe – allerdings ohne dies zu ahnen.

Außerdem gab es eine Sache, die sich selbst in Eton nie geändert hat: Ganz gleich, wie intensiv ich mich dort in alle möglichen Aktivitäten gestürzt habe, die nüchterne Wahrheit sah so aus, dass ich es noch immer nicht erwarten konnte, bis endlich Ferien waren – bis ich zu Hause bei meiner Mutter, meinem Vater und Lara sein konnte auf der Isle of Wight.

Denn das war stets der Ort, an dem ich mich wirklich zu Hause gefühlt habe.

Als ich älter wurde, vergrößerte sich natürlich auch mein Aktionsradius.

Meine Mutter half mir dabei, ein Moped aus zweiter Hand zu erstehen (wenn ich so darüber nachdenke, sah das Ding eigentlich eher aus, als wäre es bestenfalls aus achter Hand) – so ein richtiges »Seniorenmodell« und dann auch noch in lila. Aber immerhin war es ein fahrbarer Untersatz, auch wenn es nur 50 Kubik hatte.

Ich bin überall damit herumgekurvt – durch unseren kleinen Ort, um Freunde zu besuchen und zur Sporthalle in die Stadt. (Ich hatte eine urige Kraftsporthalle entdeckt, wo ich wahnsinnig gern hingegangen bin, so oft es mir möglich war.) Nachts bin ich mit dem Moped am Strand entlanggedüst und dann die kleinen holprigen Schotterwege hochgeheizt (so gut es sich eben mit einer lilafarbenen »Senioren«-Mühle heizen lässt).

Das gab mir das Gefühl von Freiheit.

Mama war immer sehr großzügig zu Lara und mir, als wir noch Kinder waren, und das hat dazu beigetragen, dass ich eine sehr gesunde Einstellung zum Geld entwickelt habe. Man konnte meiner Mutter nie vorwerfen, dass sie geizig war: Sie war freigiebig, lustig, verrückt und verschenkte irgendwelche Dinge – ständig. Manchmal war diese letztgenannte Eigenschaft schon ein wenig ärgerlich für uns (so zum Beispiel, wenn es sich ausgerechnet um einige unserer Sachen handelte, von denen Mama schließlich meinte, dass sie jemand anderem weitaus mehr nutzen könnten), doch in der Mehrzahl der Fälle waren wir diejenigen, die von ihrer Großzügigkeit profitierten, und es war wunderbar, mit einer solchen Einstellung aufzuwachsen.

Durch diese Großzügigkeit sorgte meine Mutter schließlich dafür, dass wir später als Erwachsene niemals zu sehr auf Geld fixiert waren beziehungsweise uns vom Geld angezogen fühlten.

Ich habe von ihr gelernt, dass man zuerst etwas geben muss, bevor man etwas bekommen kann, und dass sich das Geld mit einem Fluss vergleichen lässt. Denn wenn man versucht, einen Fluss aufzustauen und am Weiterfließen zu hindern (das heißt also, das Geld festzuhalten), dann wird auch das Geld im Leben keine Freude bringen – genauso wie das Wasser in einem aufgestauten Fluss absteht und mit der Zeit schal wird. Doch wenn man diesen (Geld-)Fluss in Bewegung hält, indem man Dinge und Geld verschenkt, wo immer sich einem die Gelegenheit bietet, fließt der (Geld-)Fluss beständig weiter und versiegt auch nicht.

Mir gefällt sehr gut, was sie einmal zu mir gesagt hat: »Wenn deine Vorräte scheinbar aufgebraucht sind, dann schau dich schnell um, ob es etwas gibt, was du verschenken kannst.« Es ist ein einfaches Gesetz des Universums: Wer etwas Gutes bekommen will, muss zuerst etwas Gutes geben. (Und dasselbe trifft selbstverständlich auch auf Liebe und Freundschaft zu.)

Außerdem war meine Mutter sehr tolerant, was meine ziemlich außergewöhnlichen Ambitionen anging. Als ich durch eine Zeitschrift auf eine Ninjutsu-Schule aufmerksam wurde, war ich fest entschlossen, dorthin zu gehen und mit dem Training zu beginnen. Das Problem an der Sache war jedoch, dass sich diese Schule am anderen Ende der Insel befand, und zwar in einer nicht gerade sehr ansprechenden Sporthalle, die zu einer Siedlung mit Sozialwohnungen gehörte. Zu diesem Zeitpunkt hatte ich noch kein Moped, und deshalb fuhr meine arme Mutter mich jede Woche dorthin ... und wartete immer, bis ich mit dem Training fertig war. Ich habe mich bei ihr wohl niemals angemessen dafür bedankt.

Also, Mama, vielen Dank ... für all diese Fahrten und für noch so vieles andere mehr.

Übrigens, das Ninjutsu-Training hat sich so manches Mal als äußerst nützlich erwiesen.

27

Auf der Isle of Wight aufzuwachsen hatte für mich sehr viele Vorteile, aber besonders toll fand ich immer die Winterzeit, wenn auf der Insel Ruhe einkehrte: Das Wetter war stürmisch und das Meer aufgewühlt.

Das gefiel mir – denn dann konnte ich nach Herzenslust klettern und trainieren und all meinen Aktivitäten draußen in der freien Natur nachgehen, auf die ich inzwischen nicht mehr verzichten konnte.

Im Sommer war dann der Teufel los, denn pünktlich zur Urlaubszeit strömten die Familien mit ihren Kindern von London oder von noch weiter nördlich auf die Insel und mieteten sich dort Ferienhäuser. Und mit einem Schlag wimmelte es auf der Insel nur so von Kindern in meinem Alter, mit denen ich herumalbern, durch die Gegend ziehen und segeln gehen konnte. Das gefiel mir dann noch viel, viel besser.

Ich habe mit meinen Freunden dann immer ausgemacht, dass wir uns davonstehlen, sobald es dunkel ist und uns am Strand treffen, um gemeinsam zu grillen, am Lagerfeuer zu sitzen und so viel Alkohol – diesen hatten wir uns verbotenerweise angeeignet – in uns hineinzuschütten, wie wir kriegen konnten. (Da wir erst 15 waren, handelte es sich meistens um eine große Flasche Apfelwein, die einer von uns zu Hause »stibitzt« hatte, in der Hoffnung, dass seine Eltern nicht bemerkten, dass eine Flasche fehlte.)

Wir saßen dann immer alle am Strand, nahmen einen kräftigen Schluck aus der Flasche, warfen Steine ins Meer und hatten ein mächtiges Lagerfeuer angefacht. Ich genoss diese Zeit sehr.

Mick Crosthwaite war einer meiner engsten Freunde auf der Insel, aber nicht nur während der Sommerferien, denn wir waren auch gemeinsam in Eton. Letztlich sind wir auch gemeinsam zum Militär gegangen, haben gemeinsam den Everest bestiegen und das Nordpolarmeer in einem RIB-Schlauchboot durchquert. Doch unsere Freundschaft begann bereits damals am Strand.

Mich von zu Hause wegzuschleichen war relativ einfach. Denn von meinem Schlafzimmerfester aus führte ein Schrägdach zu einem Regenrohr, und von da aus waren es nur etwa 3,50 Meter, die ich runterrutschen musste, bis ich unten auf dem Rasen ankam.

Ein Spaziergang, verglichen mit meinen Klettertouren in der Schule.

Mama und Papa kamen immer in mein Zimmer, um mir gute Nacht zu sagen, dann machten sie beim Hinausgehen das Licht aus und die Tür zu und, schwups, war ich auch schon weg.

Die Zeit nachts am Strand war einfach genial. Immerhin bekam ich als junger Teenager meinen ersten richtigen Kuss von einem Mädchen, das ich wirklich mochte, als wir oben auf den Klippen über dem Strand auf einer Bank saßen – da war die Welt für mich in allerbester Ordnung.

Wenn wir mal nicht am Strand waren, dann hingen wir bei irgendeinem Freund zu Hause ab. (Das musste allerdings jemand sein, dessen Eltern liberaler eingestellt waren als meine und denen es nichts ausmachte, wenn sich eine Horde Jugendlicher im Obergeschoss bis morgens früh um vier Filme anschaute. Meine Eltern hätten das – irgendwie ja auch zu Recht – niemals erlaubt.)

Ich kann mich noch an eine Woche erinnern, in der wir auf die Idee kamen, Strip-Poker zu spielen.

Das ist schon eher nach meinem Geschmack, dachte ich.

Genau genommen spielten wir noch nicht einmal Poker, sondern das Spiel lief eher folgendermaßen ab: Wer ein As zieht, muss ein Kleidungsstück abgeben. An einem Abend habe ich versucht, die Karten zu manipulieren, damit ich am Ende zusammen mit Stephie – das war das Mädchen, in das ich total verschossen war – nackt dastehe.

Ich habe die Karten und Asse sorgfältig abgezählt und dann nicht besonders unauffällig dafür gesorgt, dass ich neben ihr sitzen konnte, als wir mit dem Spiel anfingen. Doch sehr zu meinem Leidwesen tauschte sie die Plätze, als sich noch ein weiterer Mitspieler zu uns gesellte, und so kam es, dass ich am Ende – zwar peinlich berührt, aber durchaus selbstbewusst – nackt neben Mick saß. (Das lehrte mich, wenn man schon mogelt, dann wenigstens richtig.)

Meistens gingen meine Versuche, ein Mädchen für mich zu gewinnen, ziemlich in die Hose.

Wenn ich ein Mädchen wirklich gern hatte, war es jedes Mal so, dass am Ende ein anderer sie eroberte, und zwar meist deshalb, weil es für mich unheimlich schwer war, meine Gefühle zu zeigen und mir ein Herz zu fassen, mich mit ihr zu verabreden.

Ich kann mich noch gut daran erinnern, wie ein Freund einmal gegen Ende der Sommerferien auf die Insel kam, um mich zu besuchen, und nur 24 Stunden später mit dem Mädchen im Bett verschwand, hinter dem ich während meiner gesamten Ferien her war!

Ich konnte es nicht fassen. Was zum Henker hatte er, was ich nicht hatte?

Dann fiel mir auf, dass er solche braunen wildledernen Cowboy-Stiefel trug. Also marschierte ich in den Secondhand-Laden und kaufte mir auch so ein Paar, allerdings sah ich einfach nur bescheuert darin aus. Um die Katastrophe dann komplett zu machen, meinte dieser »Freund« auch noch, er müsste mir in allen Einzelheiten schildern, was die beiden im Bett so alles miteinander angestellt hatten.

Igitt.

Damit hatte ich einmal mehr mein mangelndes Talent als Schürzenjäger unter Beweis gestellt.

28

Es gibt da ein paar Begebenheiten aus meiner Jugendzeit auf der Insel, an die ich mich noch sehr lebhaft erinnern kann – so zum Beispiel, wenn ich mir meine Schulzeugnisse angesehen und die Umschläge mit meinen Prüfungsergebnissen geöffnet habe.

Ich habe mir immer sofort den offiziellen Schulbrief geschnappt, bevor ihn irgendjemand anderes »aus Versehen« hätte öffnen können, und bin damit zum anderen Ende unseres Gartens gespurtet, wo dieser große prächtige Bergahorn stand.

Er hatte ganz tolle Äste, die perfekt angeordnet waren, um sich wie ein Affe von einem Ast zum anderen zu schwingen. Im Laufe der Jahre hatte ich diese Art des Kletterns zu einer regelrechten Kunstform perfektioniert, denn ich war in der Lage, in nur wenigen Sekunden die höchsten Äste dieses Baumes zu erklimmen, und von dort oben hatte ich dann eine atemberaubende Aussicht über den ganzen Ort.

Keiner meiner Freunde hat sich jemals getraut, mit mir auf diesem Baum bis ganz nach oben in die Krone zu klettern, weil er immer gefährlich zu schwanken anfing, sobald man sich den letzten Zweigen ganz oben in der Spitze näherte.

Aber gerade das machte mir großen Spaß.

Hier oben zu sitzen und die Zeugnisse oder Prüfungsergebnisse zu begutachten, bedeutete, dass ich – unabhängig vom jeweiligen Ergebnis – genügend Zeit und Raum hatte, um die Dinge nüchtern und mit dem nötigen Abstand zu betrachten.

Okay, da bin ich also wieder durch eine Matheprüfung gerasselt, und der Lateinlehrer meint, ich müsste unbedingt damit aufhören, »während des Unterrichts zu kichern oder herumzujaulen wie ein kleiner Hund«, aber von hier oben sieht die Welt doch ganz in Ordnung aus.

Wenn ich dann wieder heruntergeklettert kam, war ich bereit, die Standpauke über mich ergehen zu lassen.

Doch wenn es um Zeugnisse ging, hatte ich weder von meiner Mutter noch von meinem Vater irgendetwas zu befürchten. Meine Noten waren zwar nicht immer alle schlecht, allerdings waren sie definitiv nicht immer alle gut. Aber meine Mutter und mein Vater liebten mich einfach so, wie ich war – bedingungslos –, und das hat mir in meinem Leben sehr geholfen. Denn das gab mir das Vertrauen, dass ich einfach ich selbst sein und mich ausprobieren kann.

Ich habe nie Angst davor gehabt, ein anvisiertes Ziel nicht zu erreichen, denn ich wurde nie dafür bestraft, wenn ich es nicht geschafft habe.

Für mich ging es im Leben schließlich um die Reise – der Weg ist das Ziel – und um den Spaß und die Abenteuer, die man unterwegs erlebt. Es ging nie nur um das Ziel an sich, wie zum Beispiel ein erstklassiges Prüfungsergebnis hinzulegen oder in einem Spitzenteam mitzuspielen. (Paps war selbst immer ein ziemlich hoffnungsloser Fall, wenn es um sportliche oder akademische Leistungen ging, aber er hatte dennoch seine Sache gut gemacht und war außerordentlich beliebt – für mich war das immerhin gut genug.)

Mein Vater hat immer gesagt, das Einzige, worauf es im Leben wirklich ankommt, ist, dass »man seine Träume verwirklicht und sich auch um seine Freunde und seine Familie kümmert«. Darin bestand für ihn kurz und bündig der Sinn des Lebens, und ich hoffe sehr, dass ich diese Botschaft auch an meine Jungs weitergeben kann, wenn sie aufwachsen.

In diesem Sinne habe ich dann die Zeugnisse in die Tonne getreten und eine herzliche Umarmung bekommen.

Zum Schluss will ich noch eine weitere Begebenheit aus meiner Jugendzeit auf der Insel erzählen: Eines Tages bin ich zu einem echten Monsterlauf aufgebrochen und habe mir dabei auf den letzten eineinhalb Kilometern – ich war schon fast zu Hause – eine ziemlich üble Scheuerwunde in der Leistengegend zugezogen.

Auf den dreizehn Kilometern davor hatte ich zwar gespürt, dass meine Haut an dieser Stelle wundgescheuert war und schmerzte, aber jetzt wurden die Schmerzen unerträglich. Kein Mensch war weit und breit, das Dorf war wie leergefegt; und da es ein lauer Sommerabend war, zog ich kurzerhand meine Shorts aus und lief die letzten paar Hundert Meter eben nackt.

Doch kaum hatte ich hundert Meter zurückgelegt, als auch schon eine Polizeisirene hinter mir ertönte.

Ich konnte es nicht fassen.

Das gab's doch wohl nicht, schließlich hatte ich während meiner ganzen Kindheit, die ich hier auf der Insel verbracht hatte, nie auch nur ein einziges Polizeiauto zu Gesicht bekommen. Es gab zwar eine Polizeistation im Ort, aber die war nie besetzt, denn sie diente lediglich als Stützpunkt, sollte dies jemals erforderlich sein – und ganz gewiss hatte diese Station kein eigenes Einsatzfahrzeug. Die nächstgelegene dauerhaft besetzte Polizeistation lag 30 Minuten entfernt.

Das war Pech im Quadrat.

Das Auto hielt mich an, und der Polizeibeamte befahl mir, hinten einzusteigen: »Aber fix!«

Ich sprang schnell ins Auto und versuchte die Situation zu erklären, doch man sagte mir, ich soll ruhig sein. Ich wäre festgenommen.

Schließlich konnte ich dann doch nach Hause gehen, nachdem ich mehrfach glaubhaft versichert hatte, dass ich weder ein Flitzer noch ein Perverser war. Ich zeigte ihnen auch meine blutunterlaufene Wunde in der Leistengegend als Beweis.

Zum Schluss ließen sie es dann bei einer Verwarnung bewenden, und ich durfte gehen.

Das war's dann also: Ich war als vermeintlicher Exhibitionist festgenommen worden, hatte meine Prüfungen verhauen und es nicht geschafft, mir eine Freundin anzulachen – doch ich hatte ein großes Faible für Abenteuer und spürte die Liebe einer großartigen Familie in meinem Herzen.

Ich war so bereit, wie ich es nur sein konnte, um endlich hinauszuziehen in die große, weite und gefährliche Welt.

29

In meinem ersten Sommer, nachdem ich Eton verlassen hatte, wurde mir klar, dass ich mich vorrangig ums Geldverdienen kümmern musste, wenn ich tatsächlich vorhatte, auf Abenteuerreise zu gehen, und etwas von der Welt sehen wollte.

Schon als kleiner Junge wurde ich immer darin bestärkt, Unternehmergeist zu zeigen, entweder indem ich mir auf der Isle of Wight mit Zeitungaustragen mein Taschengeld verdiente, oder indem ich in der Schule unseren aus reinem Apfelsaft selbst gemachten Apfelwein verkaufte. (Tolles Rezept, danke, Watty.)

Also machte ich mich ans Geldverdienen – indem ich von Tür zu Tür gegangen bin, um die Wasserfilter meiner Mutter zu verkaufen. Das war eine mühsame und undankbare Aufgabe, doch ich stellte fest, dass eine hinreichende Anzahl von Freunden meiner Eltern durchaus genügend Interesse zeigten, um mir eine halbe Stunde ihrer Zeit zu opfern, damit ich ihnen die Vorteile von chlorfreiem Wasser demonstrieren konnte.

Allerdings haben die schlecht sitzenden Aufsätze für die Wasserhähne, durch die ich so manche tadellose Küche unter Wasser setzte, dazu beigetragen, dass mein Gewinn beträchtlich geschmälert wurde, doch ich hielt durch, und im Laufe eines Sommers habe ich es geschafft, genügend Geld zu verdienen, dass ich mir ein InterRail-Ticket kaufen konnte, mit dem ich durch ganz Europa reisen konnte.

Ich schlief in den Zügen und erkundete so manche europäische Stadt. Doch schon bald war ich ziemlich genervt von dem ganzen Verkehrslärm in den Städten.

Während ich in Berlin auf Entdeckungstour ging, hatte ich derweil meine Habseligkeiten hinter einer ganzen Reihe von Müllcontainern versteckt, weil ich schließlich nicht mit meinem schweren Rucksack bepackt nach Einbruch der Dunkelheit ins Stadtzentrum marschieren wollte. Als ich zurückkam, sah ich, wie ein Tippelbruder im Dunkeln vornübergebeugt über meinen Sachen kniete und mein Gepäck durchwühlte.

Ich schrie ihn an und rannte auf ihn und mein Gepäck zu.

In diesem Augenblick zog er das Tauchermesser heraus, das ich in meinem Rucksack hatte, und fing an, wild vor meiner Nase damit herumzufuchteln. Zum Glück war er viel zu betrunken, als dass er mit dem Messer hätte umgehen können, und so gelang es mir, ihm das Messer mit einem einzigen beherzten Griff abzunehmen und ihn so zu entwaffnen. Erst danach spürte ich die Angst und den Adrenalinstoß, den diese Situation ausgelöst hatte; ich schnappte meinen Rucksack und suchte schleunigst das Weite.

Das war der Tropfen, der für mich das Fass zum Überlaufen brachte. Ich hatte die Nase gestrichen voll von den trostlosen Städten in Nordeuropa und davon, auf Bahnsteigen zu schlafen.

Ich dachte mir, es wäre an der Zeit, zum Strand zu fahren.

Also erkundigte ich mich, wo sich der schönste Badeort in Europa befindet, der mit dem Zug erreichbar ist, und bekam daraufhin immer wieder den Namen St. Tropez zu hören.

Hervorragend.

St. Tropez ist ein kleines Hafenstädtchen in Südfrankreich und dafür berühmt, dass es das bevorzugte Urlaubsziel für die Reichen und Prominenten ist. Zum damaligen Zeitpunkt war ich ganz sicher nicht reich (genau genommen wurde ich von nun an tagtäglich immer ärmer) und ganz sicher auch nicht prominent, doch das schreckte mich wenig. Also machte ich mich auf den Weg gen Süden und fühlte mich gleich viel besser.

Als ich dann in St. Tropez aus dem Bus stieg, hatte ich das Gefühl, dass das öde Grau von Berlin sehr, sehr weit weg war. Meine Finanzen waren zu diesem Zeitpunkt allerdings schon ganz schön knapp, und wie ich schnell feststellen sollte, war St. Tropez kein Ort, in dem man eine günstige Unterkunft bekommen konnte. Doch ich war fest entschlossen, dass ich genau hier meine letzte Woche in vollen Zügen genießen wollte, bevor ich mich wieder in Richtung Heimat aufmachte.

Ich fand in der Stadt ein ruhiges kleines Seitengässchen, das zur Rückseite des Kirchturms führte.

Ich schaute hinauf.

Ein recht stabil wirkendes Regenrohr führte hinauf zum ersten Dachabschnitt, und von dort aus verlief ein Blitzableiter schnurgerade auf der senkrechten Außenwand des Glockenturms entlang bis ganz nach oben.

O Mann, wie ich Blitzableiter liebe.

Ich vergewisserte mich zuerst, dass ich keine Zuschauer hatte, und hangelte mich dann Stück für Stück am Regenrohr und am Blitzableiter nach oben, bis ich zum Schluss nur noch einen Vorsprung überwinden musste, bevor ich mich in den Glockenturm zwängen konnte, der gut und gerne über 30 Meter hoch war und hoch oben über der Stadt thronte.

Das war der perfekte Lagerplatz. Ich hatte nicht nur eine atemberaubende Aussicht über die ganze Bucht, sondern ich konnte von hier oben auch das geschäftige Treiben vor den Hafenrestaurants und -cafés sehen und hören. Im Turm war gerade einmal genug Platz, dass man sich hinlegen konnte; also habe ich vorsichtig ausgepackt und die knapp sechs Quadratmeter Betonboden zu meinem neuen Zuhause gemacht.

Mein Plan hatte jedoch zwei gravierende Fehler: Erstens gab es jede Menge Tauben, die ebenfalls im Glockenturm ihr Quartier bezogen hatten, und zweitens läuteten die Glocken jede Stunde, und das nur einen halben Meter von meinem Kopf entfernt. Mit dem ersten Fehler konnte ich mich gut arrangieren (eigentlich dachte ich sogar, dass ich so zumindest ganz leicht an ein Abendessen – in Form einer gebratenen Taube – komme, falls mir das Geld ganz ausgeht), doch was den zweiten Fehler anging, dieses Glockengeläut wurde einfach unerträglich.

Um drei Uhr morgens in der ersten Nacht fand ich, dank meiner Taschenlampe, den Sicherungskasten für die Glockenautomatik und habe dann dem Glockenläuten in der Stadt vorübergehend ein Ende gesetzt. Ab da habe ich geschlafen wie ein Murmeltier.

Tagsüber bin ich stundenlang durch die wunderschönen Buchten geschwommen, bin am Strand entlangspaziert und danach ziellos durch die engen Gassen gewandert, habe mich in ein Straßencafé gesetzt und Tee getrunken.

Das war einfach himmlisch.

Doch ziemlich bald ging mir das Geld aus, und da war mir klar, dass es Zeit war, nach Hause nach England zurückzufahren.

Ich hatte jedoch versprochen, dass ich vor meiner Heimreise noch meinen guten alten Freund Stan begleiten würde, der auf einer Geschäftsreise nach Rumänien war, um einer kleinen Kirchengemeinde dabei zu helfen, ein Waisenhaus zu errichten. Damals war Rumänien ein typisch osteuropäisches Land, in dem Armut nicht nur weit verbreitet, sondern auch sehr offensichtlich war.

Diese Mission hat mein Leben in vielerlei Hinsicht verändert, denn sie hat mir gleichzeitig vor Augen geführt, wie gut es uns doch in Großbritannien geht.

Die Kirchenmitglieder nahmen uns bei sich zu Hause wie Brüder auf, und wir haben tagsüber nach Kräften beim Aufbau des Waisenhauses geholfen. Wir haben Mauern hochgezogen und Sand geschippt, und abends haben wir im Ort durch Informationsveranstaltungen dazu beigetragen, die kleine Kirchengemeinde zu unterstützen. Diese Veranstaltungen waren in erster Linie darauf ausgerichtet, die Roma vor Ort willkommen zu heißen und ihnen zu helfen, da sie vom Großteil der hier lebenden Bevölkerung wie Aussätzige behandelt wurden.

Während dieser Reise habe ich gelernt, dass mir nicht das geringste Recht zukam, mich über meine eigenen Verhältnisse zu beklagen, und dass ich im Prinzip immer und überall versuchen sollte, dankbar und gastfreundlich zu sein. Vor allem jedoch werde ich mich immer an die Freundlichkeit und Wärme erinnern, die mir gerade von Menschen entgegengebracht wurde, die so wenig hatten.

Seit damals habe ich von Menschen in der ganzen Welt so viel von dieser Großzügigkeit und Freundlichkeit erfahren, dass dies seine Wirkung nie verfehlt, denn es bringt mich dazu, einmal innezuhalten und nachzudenken.

Auf diese Weise werde ich gezwungen, mein eigenes, allzu oft übertrieben großes Ego einmal kritisch unter die Lupe zu nehmen.

Schuldig im Sinne der Anklage.

30

Als ich 16 war, habe ich einen der engsten Freunde in meinem Leben kennengelernt, und seither hat sich unsere Freundschaft irgendwie immer weiterentwickelt.

Charlie Mackesy ist gut ein paar Jahre älter als ich, allerdings hätte man das aufgrund der Mätzchen, die wir so getrieben haben, schwerlich vermuten können.

Im ersten Jahr, nachdem ich Eton verlassen hatte, hingen Charlie und ich sehr oft zusammen in London ab, denn meine Schwester hatte mir in ihrer Wohnung ein Zimmer untervermietet.

Wir haben Blödsinn ohne Ende gemacht: Im Park haben wir uns kopfüber an das Klettergerüst für Kinder gehängt, haben Riesensandwiches gemacht mit jeder Menge Speck, Avocado und Tomaten drauf und kartonweise Fruchtsaft der Marke Ribena in uns hineingeschüttet – bei dem Versuch, das Preisgeld in Höhe von 5000 Pfund zu gewinnen, wenn man es schaffte, den Tetra-Pack zu finden, in dem das »Harry the Lime«-Spielzeug versteckt war.

Aber so verrückt ging es in unserer Freundschaft immer zu.

Er ist der Patenonkel meines erstgeborenen Sohns Jesse und war auch mein Trauzeuge bei meiner Hochzeit mit Shara. (Ich warte noch darauf, dass ich sein Trauzeuge sein kann – also los, Mädels, schnappt ihn euch, mit ihm macht ihr einen echt guten Fang!)

Ich war damals noch ziemlich jung und unerfahren, als Charlie mir klargemacht hat, dass man nichts gewinnt, wenn man sich selbst oder das Leben zu ernst nimmt, sondern dass man das Leben frei und ohne Zwänge genießen sollte. Charlie war der erste Kumpel, der genau auf dieselbe Art und Weise lebte, wie es auch mir Spaß machte. Er trug ebenfalls vergammelte Klamotten, schlief oft draußen unter freiem Himmel, lachte über bescheuerte Dinge und hing kopfüber in den Bäumen.

Im Laufe der Jahre hat sich daran nicht wirklich viel geändert, außer, dass wir beide wohl ein paar graue Haare mehr auf dem Kopf haben und uns beide hoffentlich ansatzweise etwas besser benehmen. Doch unsere Freundschaft ist in all der Zeit, während wir beide vom Fluss des Lebens ganz schön durcheinandergewirbelt und gebeutelt worden sind, immer stärker geworden.

Alte Freunde sind etwas Wunderbares, nicht wahr? Man versteht sich ohne Worte.

Vor Kurzem habe ich Charlie gefragt, ob ihm denn nicht ein paar seiner Lieblingsgeschichten einfallen aus jenem Jahr, das wir gemeinsam verbracht haben, nachdem ich die Schule abgeschlossen hatte. Denn diese Geschichten bewegen sich auf einer Bandbreite von außergewöhnlich genial bis hin zu absolut lächerlich.

Wie zum Beispiel jene Geschichte, als wir im Garten unsere eigene Zirkustrapez-Schaukel gebaut haben und ich kopfüber mit beiden Beinen an der Trapezstange hing, als plötzlich das Seil riss und ich aus ziemlich großer Höhe mit dem Kopf voran nach unten sauste. (Charlie sagte später, dass er das laute Krachen von zerberstenden Wirbeln gehört hatte und sicher war, dass ich tot wäre – aber irgendwie war ich noch einmal davongekommen.)

An einem anderen Tag kamen wir auf die glorreiche Idee, die sündhaft teure »Totes Meer Mineralschlamm-Packung« meiner Schwester Lara zu konfiszieren, die sie sich einige Jahre zuvor gekauft hatte, aber nie die Gelegenheit fand, sie auszuprobieren. Wir schmierten uns also von Kopf bis Fuß mit dieser Pampe ein und schliefen draußen auf dem Rasen ein, als wir plötzlich aus dem Schlaf hochschreckten, weil Lara vor uns stand und vor Wut schäumte.

Charlie und ich sind in den Londoner Parkanlagen gern auf hohe Bäume geklettert, die in der Nähe von hohen dichten Hecken standen, und sind dann immer von dort oben in die Hecken gesprungen, indem wir sie quasi als natürliche Fallschutzmatte genutzt haben.

Wir haben uns Gorillakostüme angezogen und uns in einem Park im Herzen von London auf einen Felsen gesetzt, von wo aus man einen guten Blick auf ein Café hatte, das hauptsächlich von den in der Nähe lebenden älteren Herrschaften besucht wurde. Dieser Gesichtsausdruck, wenn sie uns erblickten – einfach unbezahlbar.

Ich kann mich auch noch daran erinnern, dass ich es in demselben Café am Seeufer fertiggebracht hatte, Charlie mit seinen Knien durch das Zaungitter zu drücken und ihn dann dort schmoren zu lassen – als Retourkutsche für einen anderen Streich, den er mir gespielt hatte. Er versuchte alles Mögliche, um sich aus seiner misslichen Lage zu befreien – angefangen beim Olivenöl bis hin zu Passanten, die Hilfestellung leisteten und an ihm zogen und zerrten –, aber erst als der Café-Besitzer die Feuerwehr rief, hatte ich ein Einsehen und schaffte es schließlich, ihn freizubekommen.

Zusammen haben wir die immerhin recht breite Themse überquert, und zwar indem wir – anstatt obendrüber – lieber unter einer der großen Brücken hindurchgeklettert sind. Das war eine aufregende Kletterpartie, die einen Mordsspaß gemacht hat – bis Charlies Auto- und Hausschlüssel aus seiner Tasche rutschten und im Fluss landeten.

Einmal sind wir sogar zusammen auf einem zugefrorenen See in Irland ins Eis eingebrochen – es war an Neujahr, und wir haben es nur mit knapper Not geschafft, lebend herauszukommen. Die Mädchen, mit denen wir zusammen waren, haben danach stundenlang unsere Schmerzen mit heißen Getränken und warmen Decken gelindert. Und tagelang haben wir ausgiebig ihr Mitleid ausgekostet.

Die Liste unserer Schandtaten lässt sich beliebig fortsetzen, und ich bin stolz darauf, sagen zu können, dass wir auch heute noch genügend Stoff dazu beisteuern. Charlie ist noch immer einer meiner liebsten, loyalsten und lustigsten Freunde, und ich bin unendlich dankbar für diese tolle Freundschaft.

Ach, und übrigens, er ist der absolut begnadetste Künstler auf diesem Planeten, denn mit seinem Wahnsinnstalent schafft er nicht nur Kunstwerke, die das Leben seiner Mitmenschen stark berühren, sondern er kann auch noch fantastisch davon leben. Ich dachte, das sollte mal gesagt werden.

Wie dem auch sei, zum Abschluss meiner zwölfmonatigen Auszeit hatte ich noch eine letzte Reise geplant, und danach, so hatte ich beschlossen, sollte ich mich wohl (wenn auch widerwillig) um einen Studienplatz an der Universität kümmern.

Doch bevor die Reise losgehen konnte, musste ich mir zuerst noch etwas Geld verdienen.

Ich versuchte mich als Barmann, wurde aber wegen meines überaus lässigen Schlabberlooks gefeuert. Schließlich meinte Ed, einer meiner alten Schulfreunde, warum ich eigentlich nicht ein paar Kurse in Selbstverteidigung in London anbieten würde, und zwar ausschließlich für Mädchen?

Das war eine geniale Idee.

Ich ließ also ein paar Handzettel drucken und überredete die Inhaber einiger Fitnessstudios dazu, mir ihre Aerobic-Räume für meine Kurse zur Verfügung zu stellen. Das war von Anfang an mein Ding. (Auch wenn die Studiobesitzer mich leider von meinem Vorhaben abgebracht haben, nur Mädchen an den Kursen teilnehmen zu lassen!)

Mit schöner Regelmäßigkeit tauchte immer wieder einer von diesen Macho-Typen in meinem Kurs auf, die es nur darauf anlegten, allen zu zeigen, was sie doch für knallharte Männer waren. Doch zum Glück machten diese Typen relativ schnell wieder den Abgang, weil ich im Wesentlichen das Prinzip minimaler Kraftanstrengung vermittelte und die Kunst lehrte, die Kraft eines Angreifers so zu nutzen und umzuleiten, dass sie sich gegen den Angreifer selbst richtet, um auf diese Weise den Angriff abzuwehren. Folglich hatten die Machos von diesen defensiven Abwehrtechniken – oder besser gesagt, von dieser Art passivem Kampfstil – schnell die Nase voll.

Im Großen und Ganzen jedoch waren meine Kursteilnehmer engagierte und freundliche Menschen, die einfach nur lernen wollten, wie sie sich verteidigen können, falls sie jemals in eine brenzlige Situation kommen sollten.

Schon bald kamen immer mehr Fitnessstudios hinzu, wo ich meine Selbstverteidigungskurse angeboten habe, und so langsam fing ich an, einigermaßen gut damit zu verdienen. Allerdings habe ich das immer nur als Mittel zum Zweck betrachtet – sprich, um mir meine Reise zu finanzieren.

Irgendwann war dann der Zeitpunkt gekommen, meine Zelte abzubrechen.

Doch da mir das Training mit den treuen Kursteilnehmern immer viel Spaß gemacht hatte, plagte mich schon irgendwie das schlechte Gewissen, dass ich die Kurse nicht mehr weiter unterrichten konnte. Deshalb sorgte ich dafür, dass die Kurse von anderen guten Trainern, die ich kannte, übernommen wurden.

Ich hatte die gute Kameradschaft in dieser Zeit zwar sehr genossen, aber dennoch hing mein Herz an größeren Träumen, die ich unbedingt verwirklichen wollte.

31

Ich hatte recht bald genug Geld zur Seite gelegt, um das Angebot meines alten Schulfreundes Watty anzunehmen und mit ihm gemeinsam durch den Norden Indiens zu reisen – dort auf Klettertour zu gehen und die Gegend zu erkunden.

Seine Familie kannte einen pensionierten Offizier der indischen Armee, der vorhatte, sich mit der Organisation von Trekking-Touren für junge Schulabgänger ein zweites Standbein zu schaffen; und wir sollten seine englischen Versuchskaninchen sein, mit deren Hilfe er ganz verschiedene Routen und Abenteuer vorab testen konnte.

Das war eine traumhafte Chance.

Einen Monat lang haben wir auf der indischen Seite ausgedehnte Wanderungen durch das Hochgebirge des Himalajas unternommen, wobei wir die Regionen rund um Darjeeling erkundet haben. Wir sind auf den Dächern von Zügen mitgefahren, haben in entlegenen Bergdörfern auf einer einfachen Holzunterlage geschlafen und sind im Kanu die rauschenden Gebirgsflüsse hinuntergefahren.

Außerdem konnten wir die atemberaubenden Regionen von Westbengalen und auch den Norden von Sikkim kennenlernen, der zum damaligen Zeitpunkt aufgrund der Grenzkonflikte mit Pakistan für Touristen gesperrt und nur mit einer speziellen Einreisegenehmigung zugänglich war, die der Offizier der indischen Armee jedoch im Vorfeld besorgt hatte.

Wir besuchten das *Himalayan Mountaineering Institute* in Darjeeling, wo im Winter spezielle Bergsteigerkurse von indischen Himalaja-Führern angeboten werden – und ich war total Feuer und Flamme. Dieser Ort glich einem Schrein für berühmte Bergsteiger, und all die Geschichten über diese abenteuerlichen Expeditionen zu den höchsten Berggipfeln der Erde und über diejenigen, die dabei tödlich verunglückt waren, hatten mich magisch in ihren Bann gezogen.

In der Zwischenzeit allerdings hatte sich Matty in ein indisches Mädchen verliebt, was sich – meiner Meinung nach – extrem negativ auf seine Abenteuerlust und seinen Unternehmungsgeist auswirkte. Denn auf einmal verkündete er mir, dass er sich auf die Socken mache, um ihre Familie kennenzulernen; das Einzige, was mich jedoch interessierte, war durch die Berge zu streifen in der vagen Hoffnung, dass ich zumindest einen Blick auf den Mount Everest erhaschen könnte.

An einem bitterkalten Morgen in den Bergen – ich war völlig durchgefroren, weil ich in puncto angemessene Kleidung, Schuhwerk und Schlafsack jämmerlich schlecht ausgestattet war – bin ich einmal sehr früh aufgestanden und konnte so schließlich miterleben, wie in der Ferne die Sonne über dem Mount Everest aufging, dessen Silhouette ganz allmählich wie ein gewaltiger Riese hoch oben am Horizont sichtbar wurde.

Jetzt erging es mir wie Watty – auch ich hatte mich Hals über Kopf verliebt.

Unterwegs auf dem Rückweg, als wir wieder in tiefer gelegene Bergregionen abstiegen, habe ich mir dann ein großes zusammengerolltes laminiertes Poster vom Mount Everest gekauft (es war eine größere Ausführung des Fotos, das mein Vater mir einmal nach einer unserer Klettereskapaden geschenkt hatte, als ich noch ein kleiner Junge war) und mir geschworen, dass ich eines Tages alles auf eine Karte setzen und den Aufstieg zu dem größten und höchsten Berg der Erde wagen würde.

Fakt ist jedoch, dass ich zu diesem Zeitpunkt in meinem Leben nicht die leiseste Ahnung hatte, was es wirklich bedeutete, eine solche Expedition in Angriff zu nehmen. Denn ich hatte nicht nur sehr wenig Erfahrung im Hochgebirge, sondern war auch – wenn man der Fachliteratur glauben konnte – viel zu jung, als dass ich tatsächlich einen ernst zu nehmenden Höhenbergsteiger hätte abgeben können.

Doch ich hatte einen Traum, und das macht Menschen immer gefährlich.

Träumen kann jeder – das kostet nichts –, denn schließlich geht es erst dann wirklich zur Sache, wenn man die notwendigen Schritte in Angriff nimmt, um diese Träume zu verwirklichen. Reine Lippenbekenntnisse waren aber noch nie mein Ding, und deshalb habe ich allen in meiner Familie und in meinem Freundeskreis von meinen Everest-Plänen erzählt.

Ausnahmslos alle dachten, ich wäre komplett verrückt.

Doch bevor ich aus Indien abgereist bin, wollte ich mir unbedingt noch einen lang gehegten Wunsch erfüllen – ich hatte schon immer davon geträumt, einmal Mutter Teresa kennenzulernen.

Ich fand heraus, dass sich die Zentrale ihres Ordens »Missionarinnen der Nächstenliebe« in Kalkutta befand, und so fuhren wir mit dem Zug in das riesige, furchterregend ausufernde Ballungszentrum einer der größten Millionenstädte der Welt. Das allein war schon eine Erfahrung für sich.

Der Bahnhof bestand aus einer einzigen Menschenmasse – ein hektisches Getümmel, Gewimmel, Geschiebe, Gedränge und Gewusel, bei dem alle durcheinanderströmten –, und es war absolut unmöglich, auch nur schrittweise voranzukommen, denn man wurde einfach im Strom der Masse mitgeschoben. Der Lärm und der Geruch von Fäkalien und Schweiß waren unerträglich. Soweit ich es erkennen konnte, waren wir die einzigen Ausländer aus dem Westen.

Das Ausmaß an Elend, das ich in den dreckigen und stinkenden Gassen von Kalkutta, abseits der Hauptverkehrsstraßen und des Stadtzentrums, gesehen habe, war absolut unvorstellbar. Noch nie zuvor hatte ich erlebt, dass Menschen mitten auf der Straße vor meinen Augen im Sterben lagen. Noch nie zuvor hatte ich erlebt, dass blinde oder verkrüppelte Menschen ohne Beine in zerlumpter Kleidung am Straßenrand in der Gosse lagen und flehend ihre Arme ausstreckten, um ein paar Rupien zu erbetteln.

Bei diesem Anblick fühlte ich mich überfordert, unfähig, hilflos und beschämt – und das alles gleichzeitig.

Watty und ich fanden schließlich das Frauenkloster und das kleine Krankenhaus, das der Hauptsitz von Mutter Teresas Missionsstation war. Inmitten einer Stadt voller Elend und Leid hatten wir einen Hort der Liebe, Sauberkeit, Ruhe und Fürsorge gefunden.

Während wir uns in Kalkutta aufgehalten haben, sind wir jeden Tag dorthin zurückgekehrt, und vor unserer Abreise haben wir dann unser restliches Geld, was wir noch an Geldscheinen in den Taschen hatten, in ihre Spendenkasse geworfen, zusammen mit einem gefalteten Notizzettel, den ich eigens geschrieben hatte, um Mutter Teresa zu sagen, wie tief ihre Arbeit mich berührt hat.

Ich wollte mich einfach bei ihr bedanken und sie in ihrem Wirken bestärken.

Dabei habe ich nie mit einer Antwort gerechnet.

Wer hätte das gedacht, dass ich doch tatsächlich nur zwei Monate später ein persönliches Dankesschreiben von ihr erhalten habe. Diesen Brief habe ich noch heute. Sie dürfen mir ruhig glauben, wenn ich sage, dass unsere Spende alles in allem eigentlich nur ein paar Pfund Sterling betragen hatte.

Ihr Wesen und ihr ganzes Wirken (auch wenn ich Mutter Teresa nie begegnet bin) waren der lebende und atmende Beweis dafür, dass es auf dieser Erde einen Gott gibt; und diese Erkenntnis hat dazu beigetragen, dass ich mich selbst und die Welt um mich herum plötzlich mit ganz anderen Augen gesehen habe. Ich erkannte auf einmal, dass ich in den Genuss von Privilegien gekommen war, die gänzlich außerhalb der Vorstellungskraft dieser Menschen lagen und dass wir Privilegierten deshalb im Gegenzug die Pflicht haben, für die Welt und ihre Menschen zu sorgen.

Allerdings war ich mir damals noch nicht sicher, was dies in der Konsequenz für mein Leben zu bedeuten hatte.

Ich weiß nur, dass ich das Leid, den Schmutz und das Elend von Kalkutta mit dem Gefühl verlassen habe, dass wir durch das Leben und Wirken von Mutter Teresa eine kurze Begegnung mit Gott erlebt hatten, die nicht nur schön, sondern auch sehr real war.

In der Bibel gibt es im Matthäus-Evangelium (Mt. 23, 12) einen einfachen Vers, der lautet: »Denn wer sich selbst erhöht, der wird erniedrigt; und wer sich selbst erniedrigt, der wird erhöht.« Dieser Vers bringt sehr schön zum Ausdruck, wie ich über das ganze Thema Berühmtheit denke; außerdem hat er die Art und Weise, wie ich meine Mitmenschen heute wahrnehme, sehr stark beeinflusst.

Je älter ich werde, desto mehr wird mir bewusst, wie großartig doch all die ganz normalen Durchschnittsmenschen sind (und das meine ich in keinster Weise irgendwie heuchlerisch). Denn jedes Mal, wenn wir in die vielen extremen Lebensräume dieser Welt reisen, um Filme zu drehen, erlebe ich, wie unerschrockene Menschen Tag für Tag einen richtig harten Knochenjob machen.

Vielleicht ist es der einsame Arbeiter, der mitten in der Nacht im strömenden Regen auf einem schmalen Dschungelpfad in einem entlegenen Teil Chinas einen Straßengraben aushebt; oder auch jemand, der eine halbwegs »normale« (was immer das bedeuten mag) Beschäftigung ausübt, wie zum Beispiel ein Kaffeelieferant in irgendeinem unbekannten Nest in Mittelamerika, der einfach nur seinem täglichen Alltagstrott nachgeht.

Ganz gleich, welcher mehr oder weniger normalen Arbeit jemand nachgeht, ich empfinde für diese Menschen sehr große Bewunderung und Hochachtung. Denn sie werden weder beachtet noch gefeiert, und dennoch verrichten sie klaglos ihre Arbeit.

Mitunter ist man aber einfach viel zu voreilig oder lehnt sich viel zu weit aus dem Fenster. Denn zum damaligen Zeitpunkt war ich immerhin noch sehr unerfahren und blauäugig, eben ein junger Bursche mit ausgebleichten und zum Pferdeschwanz zusammengebundenen Haaren, der gerade von einer Wandertour durch Indien zurückgekehrt und fest entschlossen war, das Leben maximal auszukosten.

32

Die große Begeisterung und Energie, die ich investierte, um meine Pläne umzusetzen und mein Leben in vollen Zügen auszukosten, stand jedoch in krassem Widerspruch zu meinen recht behäbigen und extrem zögerlichen Bemühungen, die ich an den Tag legte, wenn es darum ging, mich um meine »akademische Ausbildung« zu kümmern.

Ein paar der Abiturfächer hatte ich nur mit Mühe bestanden und daher die Abschlussnoten ACDC bekommen, wobei »A« für die beste Note steht und »D« für ausreichend – also gerade noch bestanden. (Aber nichtsdestotrotz fand ich das klasse, weil sich meine Abiturnote genauso las wie der Name einer Rockband.)

Die Ironie des Ganzen war jedoch, dass ich ausgerechnet in der Prüfung, auf die ich mich praktisch überhaupt nicht vorbereitet hatte und für die es – wie man mir sagte – einzig und allein auf gesunden Menschenverstand ankommt, die Bestnote erzielt hatte.

Sachkunde ist ein Unterrichtsfach, in dem zum Beispiel Aufgaben wie diese gestellt werden: »Beschreiben Sie, wie man mit einem Segelboot rückwärts segeln kann.« »Erläutern Sie, wie man herausfinden kann, ob Bäume miteinander ›kommunizieren‹.« Diese Aufgaben fielen mir leicht, doch bei den Lernfächern und in Wirtschaftswissenschaften tat ich mich schwer.

Jedenfalls hielt sich meine Motivation, mich an einer Universität einzuschreiben, doch sehr in Grenzen, zumal ich ja nach jahrelangem Pauken die Schule gerade eben erst verlassen hatte. Aber gleichzeitig war ich mir auch nicht ganz sicher, ob ich den Gedanken an ein Studium komplett verwerfen sollte. *Ach, du lieber Gott, muss ich denn wirklich studieren?*

Bei dem verzweifelten Versuch, eine Alternative zu finden, die mir mehr Spaß machen würde, verbrachte ich einen Monat vor Studienbeginn geschlagene drei Tage im Foyer des britischen Inlandsgeheimdienstes MI 5 in der Hoffnung, einen Termin für ein Vorstellungsgespräch zu bekommen.

Ich hatte zuvor schon eine schriftliche Bewerbung an den MI 5 geschickt und ein kurzes Antwortschreiben erhalten, worin man mir für meine Anfrage dankte und mitteilte, dass man gegenwärtig keine freien Stellen zu besetzen hätte. Der Brief war von einem Fräulein Deborah Malediven unterzeichnet.

Na ja, kann sein, dass ich manchmal auf dem Schlauch stehe, aber ich bin nicht blöd, denn sogar ich wusste, dass der Name Fräulein Deborah Malediven komplett frei erfunden war.

Also beschloss ich, hinzugehen und mich persönlich vorzustellen.

Im Nachhinein muss ich vor mir selbst den Hut ziehen, dass ich Tag für Tag immer wieder von Neuem den Mumm aufgebracht habe, zu jedem einzelnen dieser zahllosen Eingänge des MI 5-Hauptquartiers im Zentrum von London zu marschieren und um ein persönliches Gespräch mit Fräulein Deborah Malediven zu ersuchen.

Jedes Mal habe ich dem Sicherheitsbeamten erzählt, dass ich einen Gesprächstermin mit ihr vereinbart hätte, und habe gewartet.

Jedes Mal wurde mir höflich mitgeteilt, dass niemand mit diesem Namen hier arbeitet und dass unter meinem Namen ganz bestimmt kein Gesprächstermin eingetragen wäre.

Also bin ich wieder gegangen und habe mein Glück beim nächsten Eingang versucht.

Schließlich, nach dem x-ten Versuch, wurde mir zu meiner großen Überraschung mitgeteilt, dass Fräulein Deborah Malediven nach unten käme, um mit mir zu sprechen.

Während ich also in der großen Marmorhalle des MI 5-Foyers saß und gespannt wartete, war ich mir auf einmal nicht mehr ganz sicher, was ich eigentlich wollte. *Du lieber Gott, Bear. Was hast du da bloß angeleiert, du Idiot?*

Dann endlich erschien ein stämmig wirkender Gentleman – und der hatte ganz gewiss wenig Ähnlichkeit mit einem Fräulein Deborah Malediven – auf der anderen Seite der von Sicherheitskräften streng bewachten gläsernen Drehtür. Er gab mir ein Zeichen, dass ich zur Tür kommen soll, und auf einmal setzte sich diese Drehtür für mich in Bewegung.

Die Stunde der Wahrheit, dachte ich und ging hindurch.

Frau (oder Herr) Deborah Malediven führte mich in ein Besprechungszimmer und erklärte mir sodann, dass es eine Reihe geeigneter Methoden gäbe, sich beim MI 5 zu bewerben, doch dass die Methode, sich jeden Tag nacheinander in das Foyer eines anderen Eingangs zu setzen, sicherlich nicht dazu gehörte.

Dann lächelte er.

Er räumte zwar ein, dass ich durchaus die Art von tatkräftiger Entschlossenheit gezeigt hätte, die für das Arbeiten beim Geheimdienst notwendig wäre, schlug aber vor, dass ich mich noch einmal bewerben sollte, und zwar direkt bei ihm, sobald ich meinen Universitätsabschluss in der Tasche hätte. Ich nahm seine Visitenkarte, schüttelte seine (ihre) behaarte Hand und machte mich aus dem Staub.

Na also, das ist doch immerhin mal ein richtig guter Grund, um zur Universität zu gehen, dachte ich mir.

Und kurz vor Toresschluss habe ich mich dann noch verzweifelt um einen Studienplatz beworben, in der vergeblichen Hoffnung, dass ich irgendwie schon irgendwo unterkommen würde.

33

In meiner PRMOSC-Beurteilung als potenzieller Nachwuchskandidat für die Royal Marines hieß es, dass ich »unbekümmert« an Aufgaben herangehe; das mag bei vielen Dingen von Vorteil sein, doch irgendwie schien sich diese Einstellung bei der Bewerbung um einen Studienplatz nicht auszuzahlen.

Denn aufgrund meines mittelmäßigen Abiturzeugnisses, bekam ich eine gehörige Menge Absagen.

Sehr viele von meinen guten Freunden hatten sich an der University of Bristol eingeschrieben. Jedoch waren meine Chancen, dort mit meinem ACDC-Notendurchschnitt angenommen zu werden, in etwa genauso groß wie die von Deborah Malediven, bei einem Schönheitswettbewerb zu gewinnen. Aber ich wollte doch so gern mit meinen Kumpels zusammen sein.

Schließlich konnte ich die University of the West of England (UWE) – sie ist nicht so stark naturwissenschaftlich orientiert wie die University of Bristol – dazu bewegen, mir einen Studienplatz im Bereich Moderne Fremdsprachen anzubieten. (Nebenbei bemerkt, den hatte ich auch nur an Land ziehen können, weil ich dort persönlich vorgesprochen und die Dame in der Zulassungsstelle Auge in Auge geradezu bekniet habe, mir doch einen Studienplatz zu geben, nachdem ich den ganzen Tag vor ihrem Büro ausgeharrt hatte. Das entwickelte sich so langsam zu einem gängigen Verhaltensmuster. Na ja, zumindest jedenfalls bin ich immer hartnäckig am Ball geblieben.)

Da es nicht möglich war, Spanisch – was mir sehr gefiel – als einzige Fremdsprache zu studieren, entschied ich mich also für Deutsch und Spanisch. Denn durch mein kurzes Intermezzo mit der hübschen Tatiana aus Deutschland lag für mich die Vermutung nahe, dass die deutsche Sprache bestimmt genauso schön sein müsste wie sie.

Mann, da hatte ich mich aber gewaltig geirrt.

Die deutsche Sprache ist ja so was von sauschwer zu erlernen.

Dieser Umstand entwickelte sich recht schnell zu einem sehr gravierenden Problem in meinem Universitätsleben.

Doch das Gute an der Uni war, dass ich und meine allerbesten Freunde – Eddie, Hugo, Trucker, Charlie, Jim und Stan – alle zusammen in einem Haus wohnen konnten.

Also, wenn ich Haus sage, dann meine ich das nicht so ganz wörtlich. Es war genau genommen ein altes Hotel, das nicht mehr genutzt wurde und *The Brunel* hieß. Es lag in der übelsten und billigsten Gegend von Bristol, wo Callgirls und Drogendealer zum Straßenbild gehörten. Doch recht bald entwickelte *The Brunel* schon ein nahezu legendäres Prestige in unserem Freundeskreis, denn es galt quasi als Stützpunkt für total exzentrische ehemalige Eton-Schüler, die dort ein ziemlich unkonventionelles Lotterleben führten.

Ich fand es ziemlich cool, dass unser Haus einen solchen Ruf hatte.

Wir haben immer draußen auf der Straße gefrühstückt, im Morgenmantel Pfeife geraucht und uns gegenseitig die steilen Hügel auf dem Universitätsgelände hochgejagt, wenn wir mit unseren Büchern unterm Arm auf dem Weg in die Vorlesung waren.

Bei uns herrschte ein ständiges Kommen und Gehen, denn es waren immer alle möglichen fremden Leute und ungebetenen Gäste im Haus, darunter auch einige ganz normale Obdachlose von der Straße.

Neil war einer von diesen Obdachlosen; er schaute gern bei uns vorbei und stiftete uns am helllichten Tag dazu an, Raubzüge zu den gewerblichen Müllcontainern im Hinterhof des Sainsbury-Supermarktes ganz in der Nähe zu unternehmen. Wir sind dann immer mit unserem Auto leise vorgefahren (so leise, wie man das eben mit einem alten qualmenden Ford konnte, auf dessen Rückbank sich eine ganze Horde Studenten übereinanderstapelte). Einer von uns ist dann rausgesprungen, kopfüber in den Container gehechtet und hat ganze Seiten Lachs und jede Menge abgelaufene Packungen mit Rosinenbrötchen rausgefischt und der unten wartenden Meute in hohem Bogen zugeworfen, die dann alles begierig aufgefangen hat.

Wir sind auch jede Woche ein paarmal losgezogen, um in der Suppenküche im Obdachlosenheim auszuhelfen, das sich am Ende unserer Straße befand. Auf diese Weise haben wir noch mehr schräge Vögel und eigenartige Gestalten kennengelernt.

Leider ist Neil kurze Zeit später an einer Überdosis gestorben, und ich gehe mal davon aus, dass wohl nicht mehr sehr viele dieser obdachlosen *Brunel*-Gäste von damals heute noch am Leben sind. Doch diese Zeit hat uns Jungs sehr geprägt – einerseits, weil wir als Freunde zusammengelebt haben und andererseits, weil wir unsere ersten vorsichtigen Gehversuche in die raue Wirklichkeit des Lebens unternommen haben, in eine Welt außerhalb der Schule.

Glanzvolle Höhepunkte unserer Zeit im *The Brunel* waren zum Beispiel, wenn Herr Iraci, unser Vermieter, vorbeikam und dann von mir höchstpersönlich begrüßt wurde, während ich splitterfasernackt dastand und Cartoons an die Wand meines Schlafzimmers pinselte, um ein bisschen Farbe und Leben in die Bude zu bringen; oder wenn Eddie mal wieder bei einem hübschen Mädchen Eindruck schinden wollte, indem er ihr stolz sein Spezialverfahren demonstrierte, wie er Wildbret mariniert, und zwar in einer Spülschüssel, die bis zum Rand mit Bordeaux-Wein gefüllt war.

Der Inhalt unserer gemeinsamen Haushaltskasse schien immer dann auf wundersame Weise zu schrumpfen, wenn Hugo seine schier endlosen Dinnerpartys veranstaltete, und zwar allein für sich und die bis zu zehn verschiedenen Mädels, die er die ganze Woche über angebaggert hatte.

Stan hatte eine prima Methode entwickelt, Würstchen zu braten, indem er sie einfach so lange auf dem Grill liegen ließ, bis der Rauchmelder mit hundert Dezibel losschrillte und damit signalisierte, dass sie nun durch waren. (Einmal passierte es sogar, dass Stans spezielle Würstchen-Grillmethode doch tatsächlich die Feuerwehr auf den Plan rief, die in voller Montur mit angeschlossenem Schlauch auf der Bildfläche erschien und nur noch das Kommando »Wasser marsch!« geben musste. Die Feuerwehrleute schauten alle ziemlich verdutzt aus der

Wäsche, als sie uns erblickten, wie wir in unseren Morgenmänteln herumspazierten und wissen wollten, ob die Würstchen denn nun fertig wären, während sie einsatzbereit im Flur standen und der Rauchmelder noch immer laut plärrte. Das war eine tolle Zeit.)

Ich kann mich auch noch an die unschöne Begebenheit erinnern, als Herr Iraci ein anderes Mal bei uns vorbeischaute, und zwar just nachdem ich beschlossen hatte, draußen im Hof einen selbstgebauten Swimmingpool in dem drei Meter mal drei Meter großen »Garten«-Bereich zu installieren.

Ich hatte ein Tarp – eine wasserundurchlässige Zeltplane aus Tarpaulin-Gewebe – behelfsmäßig mit ein paar Küchenstühlen fixiert und diese Konstruktion dann voller Optimismus mit Wasser gefüllt. Das Ganze hielt etwa 20 Minuten ... genau genommen, bis zu jenem Augenblick, als Herr Iraci auftauchte, um die Miete zu kassieren.

Doch plötzlich brachen alle Dämme, und die entfesselten Wassermassen ergossen sich ungehindert ins Erdgeschoss, welches sie nahezu komplett sieben Zentimeter unter Wasser setzten und auch Herrn Iraci nicht verschonten – er war pitschepatschenass.

Wahrlich, dieser Mann war ein Heiliger.

34

Trucker und ich haben Gitarre gespielt und ziemlich oft Straßenmusik gemacht, indem wir gemeinsam durch verschiedene heiße Schuppen in Bristol getingelt sind.

Dazu gehörte unter anderem auch das Seniorenheim, wo ich ohne böse Absicht den Song »American Pie« gesungen habe. Allerdings enthält der Refrain dieses Songs die eklatant unangebrachte Aussage, dass jetzt der Tag gekommen wäre, an dem ich sterbe.

Als wir beide schließlich bemerkten, dass wir uns einen ordentlichen Fauxpas geleistet hatten, folgte eine lange und peinliche Pause.

Danach sind wir nicht mehr sehr oft in diesem Heim aufgetreten.

Wir haben auch zusammen mit einem anderen gemeinsamen Freund gespielt – er hieß Blunty und wurde, nachdem er die Armee verlassen hatte, zu einem international berühmten Sänger, das allerdings unter seinem richtigen Namen, James Blunt. Ich bin mir zwar nicht sicher, ob Blunty diese Stegreif-Konzerte als besonders prägendes Erlebnis empfunden hat, aber sie sind nichtsdestotrotz schöne Erinnerungen an früher.

Das hat er echt gut gemacht. Er hatte ja schon immer eine verdammt coole Singstimme.

In meinem ersten Jahr im *The Brunel* ereigneten sich zwei wichtige Dinge.

Das erste war, dass ich in Trucker so einen klasse Kumpel gefunden habe. Wir haben uns auf Anhieb prima verstanden, haben sehr viel zusammen gelacht und herausgefunden, dass wir außerdem sehr vieles in unserem Leben gemeinsam hatten: unseren Glauben, die Abenteuerlust und eine Vorliebe für witzige und skurrile Dinge und Menschen.

Gemeinsam haben wir uns für das University Officer Training Corps (UOTC) angemeldet – das sind bestimmte, vom Militär angebotene Trainingskurse, in denen ausgewählte Studenten auf militärische Führungsaufgaben vorbereitet werden –, weil dort zumindest eine geringfügig professionellere Truppe vertreten war als bei der Army Cadet Force. Allerdings waren im UOTC sehr viele Studenten, die ein extrem übertrieben militärisches Gehabe an den Tag legten und allesamt hofften, dass sie nach der Universität in den Armeedienst aufgenommen werden.

Zu unserer großen Belustigung haben diese Studenten die Sache mit der militärischen Disziplin furchtbar übertrieben, während wir beide einfach nur mitgemacht haben, weil wir uns amüsieren und nebenbei ein paar scharfe UOTC-Anwärterinnen kennenlernen wollten. Denn es machte uns irre viel Spaß, all diese ambitionierten Lackaffen, in deren Uniform selbst die Bügelfalten strammstanden, mal so richtig auf den Arm zu nehmen, indem wir unsere Barette trugen, als wären es Kochmützen, und indem wir zu spät kamen, und das in pinkfarbenen Socken.

Im Gegenzug behandelten sie uns dafür naserümpfend wie zwei unfähige Witzbolde, Nichtsnutze und Possenreißer von oben herab. Aber das machte uns nichts aus. Dafür hatten wir nämlich einfach viel zu viel Spaß!

Das hatte damit zu tun, dass diese Jungs in unserem Alter vorgaben, etwas zu sein, was sie schlichtweg nicht waren, und genau deshalb konnten wir es uns nicht verkneifen, uns zum Affen zu machen. Ich nehme mal an, dass mein Vater sich wohl genauso verhalten hätte. (Denn wenn sich jemand bei meinem Vater allzu wichtig nahm und sich aufspielte, egal auf welchem Gebiet, konnte das immer ganz schön ins Auge gehen.)

Während dieses UOTC-Jahres haben wir jedoch einen ausgesprochenen Respekt für einen der echten Soldaten entwickelt – dies war ein ranghoher Offizier, der in jungen Jahren beim SAS gedient hatte. Er bewegte sich ruhig und selbstsicher, er lachte viel und nahm sich selbst nie zu ernst.

Dementsprechend hatten wir auch nie das Bedürfnis, Blödsinn zu machen, wenn er anwesend war. Stattdessen hat er uns dazu inspiriert, seinem Vorbild nachzueifern: etwas zu erreichen, was schwierig, aber wahrhaftig von Bedeutung ist. Denn das ist letztlich die Aufgabe einer guten militärischen Führung. Sie inspiriert uns dazu, uns immer höhere Ziele zu setzen.

So kam es, dass Trucker und ich plötzlich heftiges Herzklopfen bekamen bei dem Gedanken: *Ich würde allzu gern wissen, ob wir beide es jemals schaffen, eines Tages an der SAS Selection teilzunehmen?*

Und das war das zweite wichtige Ereignis, wodurch sich mein Leben veränderte – denn ich begab mich auf eine Reise, die mich an die absolute Grenze meiner Leistungsfähigkeit bringen sollte.

Und das im wahrsten Sinne des Wortes.

35

Es gab zwei Gründe, die mich dazu bewogen haben, zu den SAS Reserves – das ist eine Reserveeinheit des SAS – zu gehen.

Zum einen war ich fest entschlossen, in meinem Leben etwas Besonderes zu erreichen, das für mich einen bleibenden Wert hat. Das heißt, ich wollte jenen Stolz empfinden, der ein Leben lang anhält; die Gewissheit haben, dass ich alles gegeben hatte, dass ich auf eine harte Probe gestellt worden war – und mich erfolgreich geschlagen hatte.

Es ist sehr schwer, dieses Gefühl in Worte zu fassen, aber in mir drin habe ich es sehr klar und deutlich gespürt.

Der zweite Beweggrund war allerdings weniger rühmlich.

Ich wollte all diese spießigen UOTC-Möchtegern-Soldaten, die mich so hochnäsig von oben herab angeschaut hatten, in den Schatten stellen. Ein ziemlich bescheuerter Grund, ich weiß! Doch ich wollte denen zeigen, was wirklich in mir steckte. Ich wollte ihnen vor Augen führen, dass es im richtigen Soldatenleben nur auf eins ankommt, und das heißt, schuften,

schuften und nochmals schuften – und nicht etwa, sich in schmucker Uniform voller Stolz geschniegelt und gestriegelt zu präsentieren.

Beide Beweggründe mögen durchaus ein wenig verschroben anmuten, doch wenn ich ehrlich bin, dann sind dies vermutlich haargenau die Gründe, warum ich mich ursprünglich der Herausforderung stellen und an diesem SAS (R)-Auswahlverfahren teilnehmen wollte.

Denn in erster Linie ging es mir darum, etwas absolut Außergewöhnliches zu schaffen, das nur wenige Leute erfolgreich bis zu Ende durchziehen.

Die Kehrseite der Medaille war jedoch, dass ich diese Aufgabe wie eine fast nicht zu bewältigende Herausforderung empfand.

Ich wusste immerhin, dass von den unzähligen durchtrainierten und gestählten Soldaten, die jedes Jahr am Auswahlverfahren für das 21. Regiment der SAS-Reserveeinheit – oder kurz, 21 SAS Selection – teilnahmen, in aller Regel nicht mehr als eine kleine Handvoll diese Prüfung bestanden. Angesichts einer so brutal hohen Durchfallquote ist es keine leichte Entscheidung, sich zu dieser Prüfung anzumelden, insbesondere dann nicht, wenn man das Gefühl hat, körperlich sehr »durchschnittlich« gebaut zu sein.

Andererseits habe ich mir aber die bewegenden Worte des amerikanischen Dichters Robert Frost zu meinem Grundsatz gemacht: »Zwei Waldeswege trennten sich, und ich – ich ging und wählt' den stilleren für mich – und das hat all mein Leben umgedreht.«* Das ist ein guter Ratschlag, den man im Leben beherzigen sollte.

Doch der größte und letztlich ausschlaggebende Beweggrund

* Die zitierten Zeilen stammen aus dem Gedicht *The Road Not Taken*; in der deutschen Übersetzung *Der nicht gegangene Weg* von Walter A. Aue. [Anm. d. Übers.]

war, dass mir mein Studium an der Universität nicht wirklich Spaß machte.

The Brunel und unsere kleine Clique von Kumpels fand ich klasse, doch das Universitätsleben als ordentlicher Student brachte mich schier um. (Allerdings muss ich schnell hinzufügen, dass dies nichts mit dem Arbeitspensum zu tun hatte, denn das war sehr überschaubar, sondern vielmehr damit, dass ich das Gefühl hatte, einfach in der Masse der Studenten unterzugehen.)

Natürlich hat mir der entspannte studentische Lebensstil gefallen (so zum Beispiel, dass ich jeden Tag pudelnackt im Zierteich auf dem Uni-Parkplatz schwimmen ging), aber das war ja längst nicht alles. Denn es machte mir einfach zu schaffen, dass ich so wahnsinnig unmotiviert war.

Das hat mich psychisch ziemlich fertiggemacht.

Denn so hatte ich mir mein Leben nicht vorgestellt.

Ich spürte eine große Unruhe in mir und wollte vorankommen und etwas bewegen.

(Ach ja, und mit der Zeit entwickelte ich eine richtige Abneigung gegen die deutsche Sprache, und zwar in einem Ausmaß, das schon fast krankhafte Züge annahm.)

Also beschloss ich, dass es an der Zeit wäre, eine Entscheidung zu treffen.

Über den UOTC haben Trucker und ich ganz unauffällig ein Treffen mit dem ehemaligen SAS-Offizier arrangiert, weil wir ihn um Rat fragen wollten, was unsere ehrgeizigen Ambitionen anging, uns für die Teilnahme an der SAS Selection anzumelden.

Ich hatte schon ein wenig Muffensausen, als ich ihm davon erzählte.

Er wusste schließlich, dass wir zwei Radaubrüder waren und dass wir keine einzige der militärischen »Standardübungen« im

UOTC jemals auch nur halbwegs ernst genommen hatten. Doch zu meiner großen Verwunderung überraschte es ihn nicht im Entferntesten, was wir ihm erzählten.

Daraufhin setzte er ein recht vielsagendes Lächeln auf und meinte, dass wir wahrscheinlich prima beim SAS aufgehoben wären – natürlich vorausgesetzt, wir würden die Selection-Prüfung bestehen. Er sagte, dass der SAS eine große Anziehungskraft auf Außenseiter und eigenwillige Charaktere hätte – allerdings würde er nur diejenigen aufnehmen, die sich zuvor als würdig erwiesen hätten.

Anschließend hat er uns etwas Geniales erzählt, das mir seither im Gedächtnis geblieben ist.

»Jeder, der an der SAS Selection teilnimmt, besitzt als grundlegendes Ausstattungsmerkmal einen Körper: Zwei Arme, zwei Beine und zwei Lungenflügel. Was jedoch den Unterschied ausmacht, zwischen denjenigen, die die Prüfung bestehen, und denjenigen, die scheitern, ist das, was hier drin ist«, sagte er und zeigte auf seine Brust. »Denn der entscheidende Unterschied ist, ob man mit seinem Herzen dabei ist. Ihr ganz allein wisst, ob ihr das Zeug dazu habt. Viel Glück euch beiden ... ach ja, und wenn ihr die Prüfung besteht, dann lade ich euch zum Mittagessen ein.«

Eine solche Einladung von einem Offizier, das hatte schon etwas zu heißen – wenn er sich in Unkosten stürzen wollte.

So viel dazu.

Trucker und ich schrieben also an das SAS-Hauptquartier – das heißt, an das 21 SAS HQ – und ersuchten mit großem Herzklopfen darum, für die SAS Selection zugelassen zu werden. Zuerst würden sie uns ihrer strengen Sicherheitsüberprüfung unterziehen und uns danach hoffentlich mitteilen, dass sie für uns einen Platz in der vorab stattfindenden Eignungsprüfung – der sogenannten SAS Pre-Selection – reservieren (oder nicht), einschließlich aller Informationen bezüglich Daten, Zeiten und Hinweisen für die Teilnahme.

Das Einzige, was wir in der Zwischenzeit tun konnten, war, warten, hart trainieren und beten.

Ich feuerte meine ganzen Deutsch-Lehrbücher kurzerhand in den Mülleimer und fühlte mich gleich viel, viel besser. Und tief in meinem Innersten hatte ich so ein Gefühl, als ob ich gerade dabei wäre, mich auf das größte Abenteuer meines Lebens einzulassen.

Und das Allerbeste daran: Es gab niemanden namens Deborah Malediven, der mir erklärte, dass ich unbedingt einen Universitätsabschluss brauchte, wenn ich zum SAS wollte. Denn die einzige Qualifikation, die ich dafür brauchte, befand sich in meiner Brust und schlug wie wild.

Als Vorwort zu diesem Kapitel möchte ich folgende Anmerkungen machen.

Als ehemaliger Angehöriger einer Spezialeinheit habe ich den Official Secrets Act unterzeichnet, der mich zur Geheimhaltung verpflichtet und mir zu Recht untersagt, Einzelheiten zu Standorten, Personen und Namen sowie zu Operationen und Vorgehensweisen des Special Air Service preiszugeben.

Die nachfolgende Schilderung wurde deshalb entsprechend abgeändert, um sicherzustellen, dass ich nicht gegen diese Geheimhaltungspflicht verstoße, denn es ist nach wie vor für mich persönlich sehr wichtig, dieser Bruderschaft meine Ehrerbietung zu erweisen.

Ziel und Zweck des zweiten Teils dieses Buches ist es, Ihnen eine Vorstellung zu vermitteln, was ich durchmachen musste, um mir das Recht zu erwerben, ein Mitglied des SAS und damit Angehöriger der SAS-Familie zu werden.

2

Denn viele sind berufen,
aber wenige sind auserwählt.

– Matthäus 22, 14

1

Die BBC hat einmal in einer ihrer Sendungen den SAS mit folgenden Worten charakterisiert:

> *Der SAS genießt weltweit sehr großes Ansehen. Er ist berühmt für die hocheffiziente Schlagkraft und Professionalität seiner Elitesoldaten. Die Spezialeinheiten anderer Länder orientieren sich am Vorbild des SAS, dessen Auswahlverfahren äußerst anspruchsvoll und langwierig sind. Etwa neun von zehn Anwärtern fallen durch …*

Wie so viele andere Jungs hatte auch ich immer wieder Sendungen über die berühmte Spezialeinheit, den Special Air Service oder SAS, gesehen. Über die geheimnisvollen Soldaten, aus denen diese Kampftruppe besteht, die im Allgemeinen als die härteste und besttrainierte Eliteeinheit der Welt gilt.

Insgeheim hatte ich mich dann immer gefragt, wie es wohl wäre, an so einem SAS-Auswahlverfahren teilzunehmen.

Wäre ich wohl einer derjenigen, die aus dem »richtigen Holz« geschnitzt waren, oder würde ich doch eher zu der Mehrheit der Anwärter gehören, die zur Prüfung antreten … und durchfallen?

Ich habe mich dabei immer gefragt, welche Fähigkeiten und Eigenschaften ich wirklich mitbringen müsste, um zum Kreis jener Wenigen zu gehören, die sich das Recht erkämpft hatten, dieses berühmte sandfarbene Barett mit dem geflügelten Dolch auf dem Abzeichen zu tragen.

Welche Strapazen würde ich wohl auf mich nehmen müssen, um Mitglied in dieser Spezialeinheit zu werden, und würde ich überhaupt das Zeug dazu haben, das notwendig ist, um in diese

Elitetruppe aufgenommen zu werden, die zu den Besten der Besten zählt?

Im Alter von gerade mal 16 Jahren hatte ich den Potential Royal Marines Officer Selection Course bestanden, um nach der Schule als junger Nachwuchsoffizier bei den Royal Marines – der Marineinfanterie des britischen Naval Service – aufgenommen zu werden; denn eigentlich hatte ich mich ja darauf eingestellt, zum Militär zu gehen – genauso, wie es mein Vater gemacht hatte.

Dennoch plagte mich tief in meinem Innersten die Frage, ob ich denn nicht wenigstens versuchen sollte, am Auswahlverfahren für die SAS Reserves teilzunehmen, bevor ich mich bei den Royal Marines verpflichtete.

Einfach nur so.

Die nüchterne Antwort, die mein Verstand mir auf diese Frage gab, hieß ganz klar, dass ich ehrlich zu mir selbst sein sollte. Ich war fit, ich war kräftig, und ich war entschlossen, doch ich war von Natur aus nicht gerade sehr athletisch und muskulös gebaut – ich hatte immer hart an meinem Körper arbeiten müssen, und wie hart.

Da viele meiner Freunde von Natur aus viel stärker und ausdauernder waren als ich (dabei mussten sie dafür noch nicht einmal trainieren), meldeten sich tief in mir drin gehörige Zweifel. Doch gerade weil ich »von Natur aus« nicht mit einem so sportlich muskulösen Körperbau gesegnet war, hatte ich ja diesen Kampfgeist entwickelt, wodurch ich in der Lage war, mir immer größere Herausforderungen zu suchen und immer höhere Ziele zu stecken – sowohl physisch als auch mental.

Und es sollte sich herausstellen, dass genau dieser »Kampfgeist« und meine Entschlossenheit die wichtigsten Voraussetzungen für die Teilnahme am SAS-Auswahlverfahren waren –

weitaus wichtiger noch als irgendeine angeborene körperliche Eigenschaft.

Denn wenn das SAS-Auswahlverfahren eins bewirkt, dann dies: Es sorgt dafür, dass jeder Teilnehmer im Laufe der vielen Monate irgendwann ein Stadium erreicht, wo er physisch »auf dem Zahnfleisch kriecht« und total erschöpft ist. Total ausgepowert.

Ganz egal, wie fit er auch ist.

Wonach der SAS in erster Linie Ausschau hält, sind Kampfgeist und Enthusiasmus. Er sucht jene Soldaten, die selbst dann, wenn jeder einzelne Knochen in ihrem Leib schmerzt und nach einer Pause lechzt, noch das Letzte aus sich herausholen, sich zusammenreißen und weitermachen, und das immer wieder und wieder von Neuem. Das hat nichts mit angeborener Fitness zu tun; das hat mit Herzblut zu tun, und genau dieses Herzblut ist es, das das SAS-Auswahlverfahren von allen Prüfungsteilnehmern verlangt.

Doch zum damaligen Zeitpunkt hatte ich wahrscheinlich nicht so viel Selbstvertrauen, um zu begreifen, dass wir alle diesen Kampfgeist – dieses Herzblut – in uns tragen.

Denn bei dem Gedanken, zur Marineinfanterie zu gehen, fühlte ich mich doch ein wenig wohler. Schließlich hatte ich schon einen kleinen Vorgeschmack davon bekommen, was man von mir als potenziellem Nachwuchsoffizier bei den Royal Marines erwarten würde.

Ich wusste zwar, dass es hart werden würde, aber ich hatte durchaus den Eindruck, dass ich dem gewachsen wäre.

Immerhin war ich gut darin, Liegestütze und Klimmzüge zu machen und Geländemärsche in voller Marschausrüstung mit Rucksack zu absolvieren (das ist gängige Praxis in der Marineinfanterie). Aber konnte ich auch diese ultralangen Geländemärsche über hohe Berge bewältigen, bei denen man mit extrem schwerem Gepäck unterwegs war, und die schließlich einen wesentlichen Bestandteil des SAS-Auswahlverfahrens darstellten?

Es befand sich gänzlich jenseits meiner Vorstellungskraft, was ich glaubte schaffen zu können.

Doch meine innere Stimme gab noch immer keine Ruhe.

Zum Schluss hielt ich es dann mit dem guten alten Sprichwort: Wer nicht wagt, der nicht gewinnt. (Das ist ein wichtiger Leitsatz, den man – das habe ich seit damals gelernt – unbedingt befolgen sollte, damit das Leben nicht langweilig wird.)

Ich wusste also, dass ich zumindest versuchen sollte, am SAS-Auswahlverfahren teilzunehmen.

Auch wenn ich es nicht schaffen würde, so hätte ich es doch wenigstens probiert. Es wäre zwar eine Niederlage, aber eine in der sicheren Gewissheit, dass ich absolut alles gegeben hätte. (Ach, und außerdem wusste ich ja, dass der SAS jeden Prüfungsteilnehmer zur Verschwiegenheit verpflichtet, was natürlich perfekt war. Denn wenn ich durchfallen würde, so schlussfolgerte ich, würde zumindest niemand etwas davon erfahren!)

So sah also mein Plan aus. Doch ganz ehrlich, wenn ich auch nur ansatzweise eine Vorstellung davon gehabt hätte, welche Schmerzen und Höllenqualen mein Körper während dieses Auswahlverfahrens durchleiden muss, hätte ich kapiert, dass es purer Schwachsinn ist, an diesem verrückten Traum festzuhalten.

Aber glücklicherweise wissen wir ja nicht immer, was die Zukunft so alles für uns bereithält.

2

Der SAS besteht aus drei Regimentern, wobei das 21. und das 23. Regiment allerdings als Reserveeinheiten fungieren und nur das 22. Regiment aktiv ist. Normalerweise ist es so, dass alle Soldaten, die am SAS-Auswahlverfahren teilnehmen wollen, zuerst einige Jahre Militärdienst als Berufssoldat abgeleistet haben müssen.

Entsprechend setzt sich das 21. und 23. SAS-Reserve-Regiment in aller Regel aus ehemaligen Mitgliedern von Fallschirmjägereinheiten oder Kommandotruppen zusammen, die zwar aus der Berufsarmee ausgeschieden sind, aber noch immer eine Herausforderung oder eine Einsatzmöglichkeit für ihre hart erworbenen Fähigkeiten suchen.

Der SAS lässt dann diese ehemaligen Berufssoldaten ein knallhartes Auswahlverfahren durchlaufen, bei dem nur die Besten übrig bleiben. Die wenigen, die bestanden haben, erhalten eine Spezialausbildung und werden in allen Fertigkeiten geschult und trainiert, die sie für einen verdeckten Kampfeinsatz benötigen.

Daneben ist das 21. und 23. SAS-Regiment aber auch für Zivilisten zugänglich, sofern sie nachweisen können, dass sie die extrem hohen Anforderungen des SAS erfüllen. Das Aufnahmeverfahren, das Zivilisten durchlaufen müssen, ist zwar langwieriger, aber es ist dennoch eine Möglichkeit, in den SAS aufgenommen zu werden.

Was mir am SAS (R), der SAS-Reserveeinheit, gut gefallen hat, war die Tatsache, dass der Dienst ein hohes Maß an Flexibilität in der Lebensführung ermöglichte.

Beim SAS (R) war man kein Vollzeit-Soldat, auch wenn viele Soldaten der SAS-Reserveeinheit diesen Job hauptberuflich gemacht haben. Sie konnten zwar jederzeit sehr kurzfristig überall in der Welt eingesetzt werden, denn sie waren hoch spezialisiert und top ausgebildet, aber sie konnten sich andererseits auch die Rosinen herauspicken, indem sie selbst bestimmten, wie viel Zeit sie dem Regiment widmeten.

Diese Vorstellung gefiel mir.

Wenn man als Zivilist beim SAS aufgenommen werden wollte, so bedeutete dies, dass man extrem schnell, extrem viel lernen musste, doch wenn man diesen Lernprozess erfolgreich abgeschlossen hatte, konnte man in den SAS (R) eintreten, ohne zuvor die gesamte mühsame konventionelle Ausbildung im Kriegshandwerk – beim Stiefelputzen angefangen – zu absolvieren.

Und was mich angeht, so war ich ohnehin noch nie darauf versessen, in irgendeiner Weise konventionell zu sein.

Ziemlich viele meiner Freunde hatten sich nach dem College dafür entschieden, als Offiziere in ein ganz normales Panzer- oder Infanterieregiment einzutreten. Dies würde jedenfalls eine Menge zeremonieller Verpflichtungen und ein schönes Leben in Saus und Braus in London mit sich bringen. Doch unabhängig von dem Spaß, den sie ganz sicher haben würden, fand ich – mit knapp 20 Jahren – einen solchen Lebensstil äußerst unattraktiv.

Ich stand mehr auf Abenteuer und war deshalb auf der Suche nach neuen, weniger ausgetretenen Pfaden.

Wenn ich also in das 21. SAS-Regiment eintreten wollte, so konnte ich das nur als einfacher rangloser Soldat, das heißt auf der untersten Stufe der militärischen Rangordnung. In anderen Worten: Ich wäre kein Offizier so wie meine Freunde aus Eton; vielmehr würde ich ganz unten auf der Hierarchieebene einsteigen, quasi als »Muschkote« (wie einfache Soldaten oft abwertend bezeichnet werden).

Doch für mich klang »Muschkote« nicht nur nach einer richtig großen Herausforderung, sondern auch nach einer ganzen Menge Spaß.

Und außerdem waren unter den SAS-Soldaten ehemalige Eton-Absolventen ziemlich dünn gesät.

3

Im *The Brunel* hatten Trucker und ich meistens bis spät in die Nacht über die SAS Selection diskutiert. Denn die Entscheidung, an diesem Auswahlverfahren teilzunehmen, haben wir im Prinzip beide gemeinsam getroffen.

Wie sich herausstellte, war das die beste Entscheidung, die wir je getroffen hatten, denn sie schweißte uns als Freunde (durch die gemeinsam erlittenen Qualen) noch enger zusammen, als ich es mir je hätte vorstellen können.

Wir würden bis ans Ende unserer Tage die allerbesten Freunde sein, und zwar aufgrund der Strapazen, die wir beim SAS (R)-Auswahlverfahren im Laufe des kommenden Jahres und auch noch danach zusammen durchgemacht hatten.

Da nur eine sehr geringe Anzahl von Teilnehmern tatsächlich diese 21 SAS Selection besteht, war uns sehr wohl bewusst, dass die Wahrscheinlichkeit, dass wir beide gemeinsam diese Prüfung schaffen, äußerst gering war.

Darüber haben wir allerdings nie gesprochen.

Doch tief im Innersten habe ich mir schon so meine Gedanken gemacht, denn Trucker war sehr viel stärker und kräftiger als ich. Genau genommen war er der sportlichste und durchtrainierteste Mann, den ich je kennengelernt habe, doch vor allem war er von Natur aus mit einer recht stattlichen athletischen Figur gesegnet – worum ich ihn immer sehr beneidet habe. Wenn wir gemeinsam trainiert haben und gelaufen sind, schien ihm die Anstrengung – im Gegensatz zu mir – überhaupt nichts auszumachen, was meine Angst noch weiter geschürt hat, dass er die Prüfung bestehen würde und ich dagegen in Wirklichkeit nie eine Chance hätte.

Am 23. März 1994 trafen wir dann beide, ziemlich angespannt und nervös, mit dem Einberufungsbescheid in der Hand, vor dem Kasernentor ein.

Wir waren im Begriff, eine Reise anzutreten, auf der wir uns im Prinzip von begeisterten Zivilisten zu top ausgebildeten Einsatzkräften einer Spezialeinheit entwickeln würden, und das in etwas weniger als zwölf harten Monaten.

Eine Vorstellung, die schon irgendwie beängstigend war.

Denn diese Reise, in deren Verlauf wir uns von einem kompletten Amateur in einen absoluten Profi verwandeln würden, der sich in allen Bereichen – angefangen beim Einsatz von Sprengstoffen bis hin zu verdeckten Operationen und zur Infiltration auf dem See- und Luftweg – bestens auskennt, würde uns alles abverlangen. Doch bevor wir auch nur annähernd etwas halbwegs Aufregendes erleben könnten, müssten wir zuerst unter Beweis stellen, dass wir weit über das normale Maß hinaus durchtrainiert und entschlossen waren.

Der einzige Weg, dieses Ziel zu erreichen, hieß schuften, schwitzen und verdammt hart ranklotzen.

Nach meiner Einschätzung wurden wir einer der besten (von insgesamt drei) Kompanien des 21. SAS-Regiments zugeteilt. Diese genoss innerhalb der SAS-Familie den Ruf einer sehr starken Einheit, weil sie aus harten, kernigen und sachlich-nüchternen Soldaten bestand. Die meisten von ihnen stammten aus Wales, verhielten sich gegenüber ihresgleichen ausgesprochen fürsorglich und waren extrem professionell.

Doch diesen Ruf hatten sie sich hart erkämpfen und verdienen müssen.

Wir beide würden also doppelt so hart schuften müssen, um uns hier einen Platz zu verdienen.

Am ersten Abend erhielten wir, zusammen mit einer bunten Mischung anderer SAS-Aspiranten, unsere Ausrüstung und mussten anschließend immer wieder die umliegenden Berge zuerst hoch- und dann wieder hinunterlaufen, wurden über unsere Beweggründe für den Eintritt in den SAS befragt und auch darüber informiert, was genau auf uns zukam.

Die Devise lautete ganz offensichtlich Leistungsbereitschaft.

Ich ging nach Hause und war einfach nur erleichtert, dass ich endlich den ersten Schritt gemacht hatte, um diese verdammte Geschichte in Angriff zu nehmen.

Denn das ist meist der Knackpunkt bei jeder langwierigen und beängstigenden Unternehmung.

Trucker und ich mussten anschließend jeweils an einem Abend in der Woche zur sogenannten Übungsnacht in der Kaserne erscheinen. Denn diese Übungsnächte waren ganz gezielt darauf ausgelegt, uns damit »vertraut« zu machen, was wir im Laufe des kommenden Jahres zu erwarten hatten.

Das eigentliche SAS-Auswahlverfahren würde sich dann über zahlreiche Wochenenden und über viele, viele Monate erstrecken – allerdings sollten diese zweitägigen Wochenend-Trainingsläufe und -Übungen der SAS Selection erst in ein paar Wochen beginnen.

Denn zuerst wollte man mithilfe von Vorab-Eignungstests diejenigen Teilnehmer aussieben, die den hohen Leistungsanforderungen nicht im Geringsten gewachsen waren.

Die wöchentlichen Übungsnächte wurden von Woche zu Woche immer anstrengender, die sportlichen Übungen und der Drill immer härter.

Meist mussten wir sehr schnelle Geländeläufe absolvieren, bei denen wir uns fast die Lunge aus dem Leib rannten, danach mussten wir im Sprint einen Hügel hinauf- und wieder hinunterjagen und andere Soldaten im Gamstragegriff (etwa so, wie man eine Gams schultern würde) den Hügel rauf- und wieder runter-, rauf- und wieder runtertragen – und zwar so lange, bis jeder der Rekruten absolut am Ende seiner Kräfte war und sich in aller Regel vor Erschöpfung übergeben musste.

Die Ausbilder hatten eine ganz besonders fiese Masche drauf: Wir mussten uns zuerst alle in Reih und Glied oben auf diesem steilen 60 Meter hohen Hügel aufstellen. Dann jagten sie uns allesamt wieder hinunter und sagten, wir sollten mit unserem Partner über der Schulter wieder nach oben laufen, und verkündeten sodann, dass die beiden, die als Letzte oben ankamen, wieder »zu ihrer Einheit zurückgeschickt« würden – denn so hieß das, wenn man durchgefallen war.

Wir haben uns dann alle mit schwankenden Schritten den Hügel hinaufgequält, um bloß nicht die Letzten zu sein, nur um anschließend gleich wieder hinuntergeschickt zu werden – abzüglich der beiden Letzten –, und dann haben wir dasselbe Spielchen noch einmal gespielt und noch einmal.

Am Schluss waren nur noch ein paar Wenige übrig geblieben – jeder von uns war total am Ende und kroch nur noch auf dem Zahnfleisch.

Manchmal haben die Ausbilder ihre Drohung wahr gemacht, und der schwächste Teilnehmer musste die Gruppe verlassen beziehungsweise wurde wieder zu seiner Einheit zurückgeschickt; manchmal sind sie auch mit uns allen zum Camp zurückgefahren, und dann ist gar nichts passiert. Aber man konnte nie wissen.

Sie haben sich nicht in die Karten schauen lassen.

Man war nur dann auf der sicheren Seite, wenn man immer 150 Prozent gegeben hat, möglichst weit vorn an der Spitze mit dabei war und nie aufgegeben hat.

Es kristallisierte sich ziemlich schnell heraus, dass das exakt das Anforderungsprofil war, das man unbedingt erfüllen musste, wenn man auch die nächste Woche noch mit von der Partie sein wollte.

Oder aber sie haben angeordnet, dass wir uns gegenseitig – Mann gegen Mann – »in die Mangel« nehmen sollten. Das war dann eine Art zweiminütiger Boxkampf, bei dem wir Handschuhe trugen und versuchen mussten, unseren Gegner so hart wie irgend möglich zu treffen. Dabei ging es nicht etwa um Kampftechnik, sondern einfach nur um rohe Gewalt.

Ich hatte jedes Mal das Pech, dass ich gegen so einen 1,90 Meter großen Kraftprotz antreten musste. Da zog ich immer den Kürzeren.

Danach folgten noch mehr Liegestütze. Und Klimmzüge. Bis wir uns vor Erschöpfung nicht mehr auf den Beinen halten konnten.

In dieser Phase ging es allerdings noch nicht einmal darum, das Auswahlverfahren zu bestehen, es ging vielmehr nur darum, dass man nicht aus der Gruppe rausflog – zumindest heute nicht.

Aber nach jeder »brutalen« Trainingseinheit war das Hochgefühl immer stärker als jeder Zweifel, und so lernte ich mit der Zeit, mich an diese Schmerzen zu gewöhnen.

Das war offensichtlich das entscheidende Kriterium, um diesen Drill zu überleben.

4

Dann endlich war es so weit, und unser erstes Pre-Selection-Wochenende stand vor der Tür.

Ich traf am Freitagabend gegen 17:30 Uhr in der Kaserne ein, denn wir sollten für die Eignungstests, die sogenannten Pre-Selection-Tests, zum SAS-Hauptquartier gebracht werden.

Mithilfe dieser Tests wollte man einfach sicherstellen, dass »es uns mit der Teilnahme an dieser Veranstaltung wirklich ernst ist und dass wir uns darüber im Klaren sind, was von uns erwartet wird«. Das waren die Worte, die ein SAS-Offizier an uns richtete, während wir an jenem ersten Abend zusammengekauert auf dem kalten Betonboden in einem Hangar saßen, dessen eine Hälfte unter Wasser stand.

Er fügte noch hinzu: »Ich hoffe, dass Sie alle bestehen werden, das können Sie mir ruhig glauben, denn das Regiment hat immer einen großen Bedarf an Nachwuchskräften, doch die sind gar nicht so leicht zu beschaffen. Ich kann Ihnen versichern, dass ich aus der Menge aller Kandidaten, die hier sitzen, die Anzahl derjenigen, die am Ende in den SAS aufgenommen werden, an zwei Händen abzählen kann.«

Ich habe in dieser Nacht so gut wie gar nicht geschlafen. Stattdessen lag ich auf diesem harten Betonboden in diesem stockdunklen Hangar, den ich in den kommenden Monaten noch näher kennenlernen sollte, war hellwach und wartete darauf, dass es endlich 5:30 Uhr wurde.

Um Punkt 6:00 Uhr liefen wir als große Einheit los. (Denn die Selection-Teilnehmer aller drei 21 SAS-Kompanien waren zu diesem Pre-Selection-Wochenende zusammengekommen.)

Nun galt es, den ersten einfachen Test zu bestehen: Ein dreizehn Kilometer langer Lauf durch hügeliges Gelände, den man in unter einer Stunde schaffen musste. Ich musste das Letzte aus mir herausholen, da der Waldweg steil bergauf führte und wir mittlerweile alle diesen Weg zum vierten Mal hinaufliefen.

Den Rest des Morgens wurden wir von den Ausbildern – der gesamte Ausbilderstab bestand aus SAS-Angehörigen, die das

Auswahlverfahren überwachten und leiteten – in »grundlegenden Fertigkeiten« gedrillt und darüber informiert, welche »Aktivitäten« für den Nachmittag auf dem Programm standen.

Danach wurden wir zum Hindernisparcours beordert.

Bei den Royal Marines hatte ich ja schon ein paar schwierige Übungen auf dem Hindernisparcours absolviert. Doch das hier fühlte sich irgendwie anders an. Vorher hatten mir diese Übungen auf dem Hindernisparcours richtig Spaß gemacht; doch dieser Parcours vermittelte den Eindruck, dass er ohne Schmerzen und Blessuren nicht zu bewältigen war.

Die Ausbilder wollten absolute Einsatzbereitschaft und echten Kampfgeist sehen, und es war immer ein Offizier oder ein Ausbilder anwesend, der jeden schwankenden Schritt und jede Bewegung genau beobachtet hat.

Mitunter sind sie auch schon einmal rasch eingeschritten und haben so einen armen Tropf heruntergeholt und ihm mit ruhiger Stimme gesagt, er soll noch einmal von vorn anfangen: »Jetzt mach es gefälligst richtig, und dann mit dreifachem Tempo und Einsatz.«

Nachdem ich mich zwei Stunden lang ohne Unterbrechung durch den Dreck gewälzt und gerobbt hatte, in schwindelerregender Höhe herumgeklettert war und mich kopfüber ins Wasser gestürzt hatte, war ich total erschossen. Das waren wir eigentlich alle.

Arme und Beine flehten regelrecht nach einer Verschnaufpause.

Doch bevor wir auch nur eine Sekunde hatten, um Atem zu schöpfen, wurden wir bereits durch den Wald zu einer kleinen Lichtung gescheucht, und zwar mit Tempo. Das ganze Gebiet war mit Kanaldeckeln übersät. Dies waren versteckte Eingänge zu einem geheimen unterirdischen Tunnelsystem.

Für jemanden, der ein Problem damit hatte, in engen Räumen

eingeschlossen zu sein, war diese Übung der denkbar schlechteste Ort, um das herauszufinden.

Doch wir hatten nicht die Zeit, darüber nachzudenken. Wir wurden jeder einzeln in diese engen, schmalen Kanalschächte hinuntergestoßen – dann wurden die Deckel über uns verschlossen.

Ganz auf uns allein gestellt, hat sich jeder von uns seinen Weg durch dieses dunkle, enge, unterirdische Labyrinth aus schmalen und gerade einmal 90 Zentimeter hohen Durchgängen gebahnt.

In jedem Gang standen etwa 15 Zentimeter hoch Wasser und Schlamm. Ich kroch langsam den Gang entlang, indem ich meine Arme ausstreckte und meine Hände tastend nach vorn schob, um herauszufinden, wo es weitergeht. Jedes Mal, wenn ich zu einem Kanaldeckel vorstieß und einen kleinen Lichtstrahl sah, der durch die Ritzen schimmerte, hörte ich, wie schwere Armeestiefel auf dem Metallgitter über mir herumtrampelten.

Dann ertönte das laute Kommando eines Ausbilders: »Bewegung, vorwärts, schneller.«

Klaustrophobie – ein absolutes Unding im SAS-Regiment. Denn man musste in der Lage sein, in engen geschlossenen Räumlichkeiten zu arbeiten; man musste in der Lage sein, seine Gefühle und Ängste unter Kontrolle zu halten und zu lernen, mit ihnen umzugehen.

Doch sofern man dazu nicht in der Lage war, dann war es das Beste, dass das Regiment dies jetzt herausfinden würde, noch bevor man überhaupt zur Teilnahme an der eigentlichen SAS Selection zugelassen würde.

Schließlich wurden wir aus unseren Rattenlöchern befreit – müde, mit verkrampften Muskeln und total erschöpft. Dann mussten wir – um das Maß vollzumachen – den Hindernisparcours noch einmal absolvieren.

Das diente nur dem einen Zweck, dass die Ausbilder so die Chance bekamen, jede einzelne unserer »Standard«-Charaktereigenschaften zu entlarven: War ich ein zäher Bursche, ein Arbeitstier; behielt ich unter Druck einen kühlen Kopf, konnte ich mich in einer kritischen Situation zusammenreißen?

Noch immer gab es keine Verschnaufpause.

Dann wurden wir zu einer großen, schweren, stählernen Artilleriekanone eskortiert, die mitten auf einem Feld stand und tief in den Schlamm eingesunken war.

»Los, alle Mann kräftig ziehen – und zwar zackig.«

Wir zogen und zerrten mit aller Kraft an den Schleppseilen, um so die Kanone aus dem Schlamm herauszuziehen, und dann auf einmal begannen die Räder sich langsam zu drehen.

»Wir sagen euch, wann ihr mit dem Ziehen aufhören könnt … doch wenn ihr vorher aufhört, dann könnt ihr zusammenpacken und fliegt raus … .«

Die Ausbilder haben ganz selten gebrüllt, stattdessen waren sie eher die stillen Beobachter, die nach Selbstdisziplin Ausschau gehalten haben. Denn ihr Mantra hieß immer: »Strengt euch gefälligst an, Jungs – denn wenn ihr zu langsam seid, dann habt ihr es euch selber zuzuschreiben, wenn ihr's vermasselt. Ist das klar?«

Das war klar – und es war hart, aber das gefiel mir.

Eine solche Eigenverantwortlichkeit mobilisierte auf seltsame Weise alle Kräfte.

Eine Menge anderer Soldaten, die ich im Laufe des SAS-Auswahlverfahrens kennengelernt habe, hatten mit dieser inneren Grundhaltung so ihre Probleme. Denn viele Rekruten waren es einfach gewöhnt, dass sie angebrüllt und unaufhörlich von ihren Kompaniefeldwebeln angetrieben wurden.

Beim SAS lief das allerdings ganz anders: All diejenigen, die nur dann Leistungsbereitschaft zeigten, wenn sie lautstark dazu aufgefordert wurden, waren ziemlich schnell aus dem Rennen.

Man musste in der Lage sein, sich immer wieder zusammenzureißen und zu motivieren, und zwar von ganz allein, ohne Aufforderung von außen. Und wie ich gelernt habe, hieß das beim SAS eben, dass man »stets noch eine zusätzliche Schippe drauflegen« musste.

Als die Abenddämmerung hereinbrach und wir total erschöpft und ausgebrannt waren, durften wir uns endlich zurückziehen. Es war ein langer und harter Tag gewesen, und ich ließ mich auf dem Betonboden des Hangars in meinen Schlafsack fallen.

Es war noch dunkel, als ich hörte, wie sich die Oberstabsgefreiten draußen vor dem Hangar formierten, fast lautlos wie Löwen auf der Pirsch. Ich nestelte im Dunkeln hektisch an meinen Sachen, um pünktlich abmarschbereit zu sein. Dann um Punkt 5:50 Uhr schulterte ich meinen schweren Rucksack und schlurfte mit müden Schritten nach draußen in das fahle Licht der beginnenden Morgendämmerung. Draußen war es sogar noch kälter als drinnen in dem klammen, offenstehenden Hangar.

Ich musste in Marschordnung antreten, fünf Minuten vor der Zeit, abmarschbereit.

Denn man hatte uns ganz klar zu verstehen gegeben, was es bedeutet, wenn wir morgens um 6:00 Uhr in Marschordnung anzutreten hatten – nämlich, dass wir in Wirklichkeit bereits um 5:55 Uhr dastehen mussten. Kam man eine Minute zu spät, wurde man verwarnt. Kam man ein zweites Mal zu spät, flog man raus.

Wir wogen unsere Rucksäcke auf der provisorisch aufgestellten Waage – mindestens 16 Kilogramm plus Koppeltragehilfe, Gewehr, Wasser und Verpflegung. Sie waren schwer. (Da ahnte ich allerdings nicht im Geringsten, was mir im Laufe des kommenden Jahres noch blühen würde und wie schwer das Marschgepäck am Ende sein würde, das ich durch die Gegend schleppen musste.)

Wir marschierten als Einheit zunächst mit einer relativ zügigen Schrittfrequenz los, die jedoch nach kurzer Zeit zu einem Eilmarsch und dann zu einem Dauerlauf gesteigert wurde, während wir immer demselben Weg um dieselben Berghänge folgten – immer wieder und wieder.

Und zwar dieselben dreizehn Kilometer – das hieß, vier volle Runden um die bewaldete Anhöhe zu drehen –, dieses Mal jedoch mit komplettem Marschgepäck.

»Los, kommt schon, eine Runde ist geschafft, noch drei sind zu laufen.«

Auf der ersten Hälfte der zweiten Runde haben wir wieder einige Rekruten verloren, die weit hinter die Gruppe zurückgefallen waren und dem Tempo nicht standhalten konnten. Denn wenn schon jetzt das Tempo zu schnell war und das Gewicht zu schwer, war es für ihr eigenes Wohl einfach das Beste, dass sie bereits in dieser Orientierungsphase »ausgemustert« wurden.

Als es an die dritte Runde ging, hatte ich wirklich hart zu kämpfen: Ich keuchte immer lauter und bekam kaum noch Luft, meine Nase lief, und der Rotz verteilte sich in meinem ganzen Gesicht; jeglicher Sinn für Humor oder verklärte Abenteuerromantik war mir gründlich vergangen, stattdessen spürte ich nur noch den brennenden Schmerz in meinen Beinmuskeln und meiner Lunge.

Jetzt halt durch, Bear. Los, reiß dich zusammen, nur noch eine Runde.

Dann hatte ich endlich das Ziel erreicht. Ich schaute mich um und sah, dass unsere Gruppe deutlich geschrumpft war und dass jede Menge zurückgefallene Rekruten noch versuchten, zu uns aufzuschließen. Diese Nachzügler wurden dann beiseite genommen. Ich habe nie erfahren, was man zu ihnen gesagt hat, aber sie sahen total niedergeschlagen und völlig fertig aus.

Dann wies man sie an, ihre Siebensachen zu packen.

Und schon wieder waren acht Kandidaten ausgeschieden. Doch was mich quälte, war die Angst, ob ich mich weiterhin so unerbittlich antreiben könnte.

Schließlich war das ja erst die Tauglichkeitsprüfung für die Pre-Selection. Und sie war hart.

Um wie vieles härter würden dann wohl erst die Anforderungen bei der SAS Selection sein?

5

Bevor wir jedoch auch nur annähernd so weit waren, dass man uns in all den Fertigkeiten ausbildete, die ein Soldat einer Spezialeinheit beherrschen muss, mussten wir zuerst erfolgreich die »Gipfelstürmer«-Phase der SAS Selection absolvieren.

Sie war für den SAS eine ebenso einfache wie probate Methode, um die große Anwärterschar auf ein recht übersichtliches Grüppchen zu reduzieren. Dabei ging es stets um einen Wettlauf gegen die Zeit und gegen das Wetter.

Erst nach dieser harten »Gipfelstürmer«-Phase, wenn nur noch wenige Kandidaten übrig waren, fing der SAS mit der echten Spezialausbildung und dem Training an, das aus diesen Rekruten Elitesoldaten einer Spezialeinheit macht.

Da ein solches Training für das Regiment immerhin sehr zeit- und kostenintensiv ist, war es allzu logisch, dass man diese wertvollen Ressourcen nicht in Leute investieren wollte, die –

bei genauerer Betrachtung – weder die notwendige Fitness noch die richtige Einstellung für den Job mitbrachten.

Phase 1 war also dazu da, um kräftig auszusieben; Phase 2 für Ausbildung und Training.

Seit Beginn der Pre-Selection bis zu diesem Zeitpunkt hatten wir schon fast ein Viertel der Rekruten unserer Einheit eingebüßt; nun standen wir offiziell kurz davor, mit der eigentlichen SAS Selection – das heißt, mit dem rigorosen Auswahlverfahren, das über die Aufnahme in den SAS entscheidet – zu beginnen.

Als wir in der Kaserne des Regiments ankamen, wurden wir auf das Kasernengelände geleitet, wo sich der Großteil der Gebäudekomplexe unserer Kompanie befand.

Jetzt war unsere Zugangsberechtigung nicht mehr nur auf ein Nebengebäude und die Sporthalle beschränkt, sondern wir konnten uns frei auf dem Kasernengelände bewegen.

Das war doch immerhin schon ein Fortschritt.

Wir wurden zunächst darüber informiert, was man von uns ab jetzt erwarten würde, danach erhielten wir unsere Ausrüstung – unseren ersten Kampfanzug und unsere Grundausstattung.

Im Anschluss daran wurde uns der Umkleideraum für Rekruten gezeigt – auf dem rot angestrichenen Betonboden standen sauber aufgereiht jede Menge Spinde mit Metallgittern. Dies sollte nun für die Dauer der SAS Selection unser »Zuhause« sein, sofern wir nicht vorher rausflogen.

Die Botschaft, die man uns unentwegt einhämmerte, war überdeutlich: »Wenn du es unbedingt um jeden Preis willst, dann wirst du auch bestehen.«

Die komplette erste »Gipfelstürmer«-Phase der SAS Selection

findet immer in den Brecon Beacons, einer Bergkette im Südosten von Wales, statt.

In den kommenden sechs Monaten sollte ich jedenfalls den Großteil meiner Zeit damit verbringen, mich schwitzend und keuchend durch diese Berge zu schleppen – manchmal in sengender Hitze und praller Sonne, mitten durch ganze Schwärme von Stechmücken und von Schweiß triefend; dann wiederum musste ich mich gegen Ende des Jahres durchgefroren und durchnässt durch schweren hüfthohen Schnee quälen; und mitunter wurde ich oben auf den hohen Gipfeln von dem extrem starken Wind schier umgeweht.

Es gab Zeiten, da haben wir insgesamt 34 Kilogramm an Marschgepäck mitgeschleppt – so viel wiegt im Schnitt ein ganz normales achtjähriges Kind.

Unterkühlung, Erschöpfung und der Wettlauf mit der Zeit sollten zu einem sehr gefährlichen ständigen Begleiter werden. Man befindet sich in einem fortwährenden Kampf mit dem Wetter, denn da die Winde mit Sturmstärke über die walisischen Berge hinwegfegen, füllen sich nicht nur die Stiefel mit Wasser, sondern die Kleidung gefriert auch sofort und wird bretthart. Wie soll man da vorwärtskommen – und dann auch noch schnell?

Bei dem gesamten SAS-Auswahlverfahren geht es aber um weitaus mehr als nur um körperliche Fitness. Man muss über einen guten Orientierungssinn verfügen und Karten lesen können, sich mental schnell auf neue Situationen einstellen können, Selbstdisziplin haben und wild entschlossen sein, sich durchzubeißen, auch wenn die Beine müde sind und jeder Muskel im Körper nach einer Verschnaufpause lechzt.

Der SAS kann es sich durchaus leisten, bei der Rekrutierung von Nachwuchskräften so knallhart zu sein, da schließlich immer mehr Leute zum Regiment wollen und bereit sind, ihre

Grenzen auszutesten, indem sie sich diesem rigorosen Auswahlverfahren unterziehen.

Unsere erste Übung in den Brecon Beacons war eine sogenannte »geführte Wanderung« – das hörte sich irgendwie besorgniserregend banal an.

Wir sollten dazu in kleinen Gruppen durch die Berge geführt werden, um zunächst anhand von Praxisübungen unter Beweis zu stellen, dass wir die hohe Kunst der Orientierung im Gebirge bei Tag und Nacht beherrschten.

Erst dann konnte man uns quasi von der Leine lassen.

Als unsere Marschrouten uns immer höher hinauf in die Berge führten, haben die Ausbilder uns Ratschläge und nützliche Tipps gegeben, die auf ihren eigenen leidvollen Erfahrungen basierten. Es waren Ratschläge, wie man sich im Gelände optimal orientiert und wie man am besten vorgeht, damit man möglichst große Strecken zurücklegen kann.

Ich habe alle Informationen in mich aufgesaugt.

Wir haben uns bei den Orientierungsaufgaben auf jedem Streckenabschnitt abgewechselt und die Kilometer nur so heruntergerissen.

Etwa zehn Stunden später hatten wir eine Entfernung von ungefähr 30 Kilometern zurückgelegt, indem wir stetig bergauf bis ganz nach oben auf die Berggipfel und danach wieder bergab bis hinunter in die abgelegenen Täler marschiert sind.

Jedem von uns machte das Gewicht auf dem Rücken zu schaffen, und unsere Füße schmerzten – aber wir haben alles gegeben und zusammengearbeitet, und das fühlte sich gut an.

Wir gewannen auch einen ersten Eindruck von einem besonders hohen Berggipfel in Wales, den wir noch sehr genau kennenlernen sollten. Das ist ein Gipfel, der stellvertretend für das anspruchsvolle SAS-Auswahlverfahren steht und mit dem alle Rekruten bestens vertraut sind.

Irgendwann machten wir endlich in einem Waldgebiet Rast und ruhten uns zwei Stunden am Fuße dieses Berges aus. Ich war zwar bis auf die Haut durchnässt vom vielen Schwitzen und dem ununterbrochenen Nieselregen an diesem Tag, aber ich war gleichzeitig auch total aufgekratzt.

Wir warteten darauf, dass es dunkel wurde.

Denn als Nächstes stand der erste von vielen weiteren Orientierungsmärschen bei Nacht an.

6

Als die Nacht hereinbrach, marschierten wir in kleinen Gruppen hinaus in die Dunkelheit und begaben uns auf die Suche nach unserem ersten Treffpunkt beziehungsweise Checkpoint.

Es war sehr anstrengend, bei Nacht durch hochgebirgsähnliches Gelände zu marschieren, denn schon nach wenigen Metern tasteten wir uns allesamt wie blind durch die Gegend, weil wir in irgendwelche Gräben hineinstolperten und auf einmal im sumpfigen Boden des Hochmoors feststeckten.

Die Orientierung im Gelände bei Nacht ist eine Kunst, die wir zwar schon bald aus dem Effeff beherrschen sollten, aber bisher hatten sich weder unsere Füße und Augen darauf eingestellt, noch war unser Instinkt entsprechend ausgeprägt.

Allerdings fiel mir auf, dass die Ausbilder, die uns begleiteten, niemals irgendwo hängen blieben oder stolperten. Es waren nur die Rekruten, die im Dunkeln immer wieder durch Grasbüschel oder irgendwelche Bodenvertiefungen ins Stolpern gerieten.

Es sah ganz danach aus, als hätten diese Jungs, die sich mit dem SAS-Abzeichen auf ihrer Uniform »schmücken« durften, ihre Lektion schon vor langer Zeit gelernt.

Ich wollte unbedingt dieselbe Geschicklichkeit und Selbstsicherheit entwickeln, aber ich wusste auch, dass dies eine Menge Übung erfordern würde; und Gelegenheit, bei Nacht die Orientierung im Gelände zu üben, hatten wir ja schließlich jede Menge.

Als wir endlich beim letzten Treffpunkt in den dicht bewaldeten Bergen angelatscht kamen, waren wir müde, nass und kaputt. Ich befestigte meinen Poncho zwischen zwei Bäumen, rollte meinen Biwaksack aus und war im Nu eingeschlafen.

Zwei Stunden später, um 5:55 Uhr, mussten wir dann in Marschordnung auf dem Waldweg antreten, auf dem man nach etwa zehn Kilometern einen der ganz hohen Berggipfel erreichte. Der Gipfel thronte hoch über uns und war im Halbdunkel der Morgendämmerung nur vage zu erkennen.

Als ich mir den Haufen Rekruten in der Reihe zu meiner Linken so anschaute, sah ich, dass sich jeder gut eingepackt hatte, um der Kälte zu trotzen.

Wir alle trugen olivgrüne Wollmützen und unsere klammen Kampfanzüge; wir hatten die Hände neben dem Körper zur Faust geschlossen, damit sie möglichst warm blieben, und das Marschgepäck fein säuberlich vor uns auf dem Boden aufgereiht.

Man konnte sehen, wie in der Kälte jeder Soldat beim Ausatmen kleine dampfende Nebelwolken in die Luft entließ.

Meine Füße taten weh, denn meine neuen Armeestiefel saßen ziemlich eng. Ich konnte spüren, wie sie an den Druckstellen langsam anschwollen.

Der Oberstabsfeldwebel (OSF) rief laut: »Bleibt immer dicht hinter mir, wenn ihr diese Prüfung bestehen wollt.« Dann rannte er mit Riesenschritten los.

Wir stürzten hinter ihm her und schwangen uns im Laufen die Rucksäcke auf den Buckel.

Manche Rekruten versuchten verbissen, sich bis zur Spitze der Gruppe vorzukämpfen, indem sie sich gegenseitig anrempelten, um sich aneinander vorbeizudrängeln. Denn wenn man mit diesem Marschtempo mithalten wollte, musste man fast schon rennen – mir war jedoch klar, dass es ein Ding der Unmöglichkeit war, dieses Tempo bis zum Ende durchzuhalten.

Jeder Schritt war hart erkämpft, und je steiler es bergauf ging, desto mehr merkte ich, wie meine Kraft immer weniger wurde. Mein Körper lief regelrecht auf Reserve, der Schweiß floss schon in Strömen an mir herunter, und ich rang keuchend nach Luft.

Jetzt kommt's drauf an, jetzt musst du dein Bestes geben, hämmerte ich mir immer wieder ein. *Du darfst nicht zurückfallen, nicht einen einzigen Schritt.*

Ich wusste, dass es tödlich wäre, jetzt zurückzufallen.

Die anderen Rekruten würden mich glatt überrennen, und ich wäre nicht mehr in der Lage, zu ihnen aufzuschließen.

Es war die wilde Entschlossenheit der vor mir laufenden Meute, die mir die Kraft gab, trotz des mörderischen Tempos und der brutalen Steigung meinen Platz zu behaupten und weiterzulaufen.

Als wir den Gipfel erreichten, merkte ich, dass ich einer der Wenigen war, die es geschafft hatten, mit dem OSF mitzuhalten, und ich habe verbissen darum gekämpft, diese Position auf dem Weg nach unten beizubehalten, der über die andere Seite des Berges führte.

Auf dem gesamten Rückweg rannten wir dann die steilen Bergpfade wieder hinunter.

Als wir dann am Fuß des Berges ankamen, hatten wir gut 20 Minuten Vorsprung vor den meisten anderen Rekruten, die als Nachzügler mit einiger Verspätung eintrafen.

Sobald die komplette Gruppe wieder versammelt war, ließ der OSF uns wissen, dass wir eine beschämende Vorstellung abgeliefert hätten und dass wir uns – sofern wir ernsthaft daran interessiert wären, die SAS Selection zu bestehen – deutlich mehr Mühe geben müssten.

Nach dieser Standpauke erhielten wir den Befehl, an Ort und Stelle stehen zu bleiben. Dann ordnete der OSF an, dass die Lastwagen anfahren sollten, und wir schauten ihnen hinterher, wie sie allesamt losfuhren, die Hauptzufahrtsstraße hinunter – und zwar ohne uns.

»Kehrtwende, Jungs – die Lastwagen werden drüben auf der anderen Seite des Berges auf euch warten. Für die erste Tour habt ihr bis zum Ziel mitleiderregende zwei Stunden und siebzehn Minuten gebraucht. Ihr habt jetzt alle zwei Stunden Zeit, wieder denselben Weg über den Berg zurückzulaufen, um pünktlich zu den Lastwagen zu kommen. Diejenigen, die das nicht in dieser Zeit schaffen, sind durchgefallen ... und können sich zu Fuß auf den Heimweg machen.«

Mit gläserner Leere in den Augen machte ich kehrt, um wieder den Berg hinaufzulaufen.

Ich war fest entschlossen, einen guten Start hinzulegen und ganz vorne dabeizubleiben, also setzte ich mich an die Spitze der Gruppe und marschierte erneut den Berg hinauf.

Als wir etwa 20 Minuten später den ersten künstlichen Horizont erreichten, erblickten wir einen Oberstabsgefreiten, der uns schon erwartet hatte und schweigend notierte, wer vorne an der Spitze mit dabei und wer bereits zurückgefallen war.

Er zeigte mit dem Finger auf den steilen Abhang hinter uns, den wir gerade erklommen hatten.

»Macht euch wieder auf den Weg nach unten, Jungs – die Lastwagen kommen jetzt zurück. Doch es ist gut zu wissen, wer dazu bereit war, noch einmal die Kraft und Mühe aufzubringen«, sagte er ruhig und nickte den Spitzenreitern – dazu gehörten auch Trucker und ich – anerkennend zu.

Wir machten also kehrt und liefen wieder hinunter – total erschöpft und ausgebrannt.

Dann sind wir alle in die Viertonner-Militärlastwagen geklettert, wo wir auf der Ladefläche wortlos in uns zusammengesackt sind und einen leisen Seufzer der Erleichterung ausgestoßen haben, sobald die Motoren angelassen wurden und die LKWs mit uns auf der Straße in Richtung Süden fuhren.

Das Ganze war nichts anderes gewesen als eine weitere kleine Prüfung – eine Prüfung, die ihren Zweck erfüllt hatte.

Denn es ging darum, herauszufinden, ob man ein Typ Mensch ist, der sich auch dann noch zusammenreißen und Leistungsbereitschaft zeigen kann, wenn er total ausgepowert ist und keine Energie mehr hat, aber dennoch in der Lage ist, dieses Quäntchen an eiserner Willensstärke zu mobilisieren, um weiterzumachen; oder ob man ein Mensch ist, der unter der Erschöpfung zusammenbricht und den Mut sinken lässt.

Das ist einzig eine Frage der mentalen Stärke, und es ist schwer vorauszusagen, wie Menschen unter extremer Belastung reagieren.

Doch das Einzige, was mich interessierte, war, dass ich das erste Wochenende der SAS Selection hinter mich gebracht hatte.

Die Schinderei hatte begonnen.

7

Wie um Himmels willen konnte es nur möglich sein, dass ich mir absolut nichts Schöneres auf dieser Welt vorstellen konnte, als auf der stählernen Ladefläche eines Militärlastwagens zu liegen und von Krämpfen geschüttelt und total erschöpft Dieselabgase einzuatmen?

Doch genau jene Augenblicke, in denen wir zusammengerollt in unseren Biwaksäcken lagen und wussten, dass wir gerade ein weiteres Übungswochenende lebend überstanden hatten, haben uns für all diese Mühen und Qualen irgendwie entschädigt.

Die wöchentlich durchgeführten Übungsnächte sind immer nach dem gleichen Muster abgelaufen – Geländeläufe, militärisches Konditionstraining (dazu gehörten Ausdauermärsche mit schwerem Marschgepäck, die innerhalb eines strengen Zeitlimits absolviert werden mussten, ein mörderisches Krafttraining, den Trainingspartner im Gamstragegriff zu schultern und über eine vorgegebene Distanz zu tragen sowie eine Reihe anderer ganz normaler Extremübungen), Kartenlese- und Orientierungsübungen, Erste-Hilfe-Training und Waffenkunde.

Als neue Rekruten trugen wir die grüne Standarduniform der Armee. Aber es war schlicht und einfach nicht zu übersehen: Dieses selbstbewusste und entschlossene Auftreten der SAS-Elitesoldaten, wenn sie in ihrer Uniform, auf der überall das SAS-Abzeichen prangte, durch das Camp schritten.

Im Gegensatz zu ihnen waren wir nur Rekruten, die nichts wussten und nichts waren. Wir waren nur Nummern.

Nicht mehr und nicht weniger.

Mit verstohlenen Blicken bewunderte ich die sorgfältig in Form gebrachten Barette und die Gürtelschnallen mit dem geflügelten Dolch, die die SAS-Leute trugen. So langsam bekam ich auch eine Vorstellung davon, wie hart sie dafür hatten schuften müssen, um sich diese SAS-Insignien zu verdienen.

Unser nächstes Selection-Wochenende in den Bergen rückte bedrohlich näher und sollte schon bald über mich hereinbrechen.

Kaum hatte sich mein Körper allmählich etwas erholt, da quälte mich auch schon wieder die Angst, was mir wohl als Nächstes bevorstehen würde.

Schließlich wird es kaum jemanden geben, der sich darauf freut, körperlich so extrem hart geschunden zu werden, bis er sich vor Erschöpfung nicht mehr auf den Beinen halten kann – und das immer wieder und wieder.

Der Viertonner-Militärlastwagen bog in eine ruhige Haltebucht direkt am Fuße irgendeines anderen kalten, vom Wind umtosten Berges ein – so etwa gegen ein Uhr nachts. Es regnete stark.

In Zweiergruppen versuchten wir jeweils, ein kleines ebenes Fleckchen Erde zu finden, wo wir uns zum Schlafen hinlegen konnten. Doch da wir unser Nachtlager direkt am Rand einer Senke eingerichtet hatten, in der sich ziemlich schnell das Wasser sammelte und unseren Schlafplatz zu einer ungemütlichen Grube aus glitschigem Morast machte, war an Schlaf überhaupt nicht zu denken, und so mussten wir eben versuchen, das Beste aus den fünf Stunden bis zum Sonnenaufgang zu machen.

Um 5:55 Uhr hieß es »Stillgestanden!«, und dann mussten wir alle in strömendem Regen in dieser Sumpflandschaft in Marschordnung antreten. Der diensthabende SAS-Offizier erklärte uns, dass dies unser letzter »geführter« Orientierungsmarsch sei und dass wir uns bewusst machen sollten, wie wichtig es sei, die grundlegenden Kenntnisse und Fertigkeiten zu verinnerlichen, die uns die Ausbilder auf diesem Marsch vermittelten. Dann übergab er den Oberstabsgefreiten das Kommando, drehte sich um und ging.

Kaum hatten wir die Marschanweisungen erhalten, als die Ausbilder sich auch schon umdrehten und uns lautstark dazu aufforderten, ihnen zu folgen.

Sie stürmten voraus, die Berghänge hinauf durch die sumpfige Graslandschaft, die übersät war mit stacheligen und scharfkantigen Riedgrasbüscheln, und innerhalb weniger Minuten hatten sie uns abgehängt und einen gefühlt mehrere Kilometer großen Vorsprung. Dann blieben sie auf einmal stehen, drehten sich zu uns um, warteten und schauten uns dabei zu, wie wir – eine stark auseinandergezogene Gruppe von Rekruten, die sich über die gesamte Sumpflandschaft verteilt hatte – nacheinander mit unsicheren, schwankenden Schritten langsam näher kamen.

Wir waren allesamt klitschnass, von oben bis unten mit Schlamm verschmiert und sahen aus wie ein total chaotischer Sauhaufen, während wir uns mühsam Schritt für Schritt mit dem schweren Marschgepäck durch den Sumpf kämpften.

Die Ausbilder dagegen machten einen frischen, fitten und gelassenen Eindruck. Sie waren nie laut oder aggressiv, sie waren einfach nur gleichgültig. Und sie waren schnell – verdammt schnell.

Ich hatte keine Ahnung, wie sie es bewerkstelligt hatten, in diesem hügeligen und schlammigen Gelände in so kurzer Zeit annähernd zwei Kilometer zurückzulegen – und dann noch so auszusehen, als wäre das Ganze spurlos an ihnen vorübergegangen.

Sie erklärten uns ganz ruhig und sachlich, dass dieses Tempo sozusagen der »Mindeststandard« wäre, den wir später bei der SAS Selection-Prüfung unbedingt zu erbringen hätten. Ich habe versucht, erst gar nicht darüber nachzudenken, und mir stattdessen einfach vorgenommen, mit den Ausbildern Schritt zu halten – koste es, was es wolle.

Es war offensichtlich, dass die Kluft zwischen einem Rekruten und einem SAS-Elitesoldaten gewaltig war.

Wir setzten uns wieder in Bewegung, und nur kurze Zeit später, als ich meinen Laufrhythmus gefunden hatte, fühlte ich mich gleich viel stärker.

Unter Anleitung der Ausbilder haben wir nicht nur geübt, wie man einen Fluss bei Hochwasser in voller Ausrüstung durchquert, sondern sie haben uns auch gezeigt, wie man allmählich ein Gefühl dafür entwickelt, wie man die steilen Gebirgshänge, in denen man schutzlos der Witterung ausgesetzt ist, mit schwerer Marschausrüstung – Rucksack, Koppeltragehilfe und Gewehr – queren muss.

Um 13:30 Uhr machten wir eine kurze Rast und setzten uns in einer Gruppe dicht beieinander in eine kleine Senke, um etwas zu essen und zu trinken. Doch mit dem Ausruhen war es schnell vorbei, denn im Nu machten wir uns wieder auf den Weg zur nächsten Etappe des Orientierungsmarsches – die letzten 24 Kilometer an diesem Tag.

Als wir dann zum nächsten Gipfel hinaufmarschierten, warf ich einen Blick auf all die anderen Rekruten an meiner Seite – mit gesenktem Kopf quälten sie sich mühsam Schritt für Schritt voran, während der Schweiß von ihrer Stirn tropfte. Keiner sprach ein Wort. Wir haben einfach alle nur die Arschbacken zusammengekniffen, um das Tempo halten zu können.

Auf den letzten paar Kilometern am Gebirgskamm entlang und wieder auf der anderen Seite des Berges hinunter zog sich der Weg allerdings schier endlos, bis wir das Ziel unseres Tagesmarsches erreicht hatten. Dann wurden wir angewiesen, uns im Wald eine Stunde auszuruhen, unsere Füße zu kontrollieren und auch etwas zu essen und zu trinken.

Doch diese Rast wurde durch die riesigen Schwärme von Stechmücken, die sich auf uns stürzten, zu einer regelrechten Tortur.

Ich hatte noch nie zuvor Mückenschwärme in diesem Ausmaß erlebt.

Das Insektenschutzmittel der Armee war gegen diese Biester absolut wirkungslos. Denn seine einzige Wirkung lag darin, den

Stechmücken etwas zu geben, woran sie sich festklammern konnten, sodass einem nichts anderes übrig blieb, als sie haufenweise mit der Hand wegzuwischen.

Jetzt wollten wir eigentlich nur noch losmarschieren, damit der Wind uns durchs Gesicht weht und wir die Mückenplage vom Hals hatten.

Doch wenig später mussten wir im Wald wieder in Marschordnung antreten und bekamen den Befehl: »Stillgestanden. Keiner bewegt sich.«

Wir waren ringsum von Mückenschwärmen umgeben, die wie schwarze Rauchschwaden durch die Luft waberten, sodass man mit jedem Atemzug unweigerlich etliche dieser Plagegeister verschluckte. Man wollte sie sich am liebsten einfach nur aus dem Gesicht wischen oder sich kratzen, aber stattdessen stillzustehen und regungslos in riesige Schwärme dieser Biester eingehüllt zu sein, das war die reine Hölle.

»Ich sagte, keiner bewegt sich«, rief einer der Ausbilder, dem wir heimlich den Spitznamen »Spieß Fies« gegeben hatten.

Dann stellte er sich vor uns – selbst von oben bis unten mit Stechmücken übersät –, beobachtete uns ganz genau und wartete nur darauf, dass einer von uns aufgab.

Immerzu habe ich mit den Augen geblinzelt und mit der Nase gezuckt, bei dem vergeblichen Versuch, diese Biester, die unaufhörlich um meinen Kopf herumschwirrten, abzuschrecken. Das Ganze fühlte sich wie irgendeine mittelalterliche Foltermethode an, bei der einem die Sekunden wie Stunden vorkommen.

Das war eine richtig fiese Aktion, die den Kampfgeist sehr in Mitleidenschaft gezogen hat, doch irgendwann, nachdem wir etwa eine Dreiviertelstunde dieser Schnaken-Attacke getrotzt hatten, durften wir endlich wegtreten und warteten danach auf die Befehle für den Nachtmarsch.

Doch diese Übung diente gleichzeitig als anschauliche Gedächtnisstütze dafür, dass körperliche Stärke unbedingt mit mentaler Stärke Hand in Hand gehen muss. Denn die körperliche Stärke wird immer von der mentalen Stärke beeinflusst.

Das war eine Lektion, die jeder von uns an diesem Tag auf diesem gottverlassenen, Schnaken verseuchten Waldweg gelernt hatte.

8

Die Ausbilder kamen zu uns und informierten uns, dass der bevorstehende Nachtmarsch als »einführende Schulung« für einen Geländemarsch durch die berüchtigte Riedgraslandschaft im Hochmoor gedacht sei. Diese Landschaft war sumpfig und kilometerweit mit unförmigen Grasbüscheln und einer unebenen und stark verwurzelten Grasnarbe gespickt – das heißt, ein Gelände, in dem man sich nicht nur leicht den Knöchel verknacksen konnte, sondern das auch jegliches Vorankommen so gut wie unmöglich machte.

In den kommenden Monaten sollten wir noch lernen, diese Grasbüschel regelrecht zu fürchten und zu hassen. (Oder Babyköpfe, wie viele der Rekruten diese Büschel nannten, denn sie sahen aus wie Millionen kleiner Köpfe, die aus dem Boden herausragten.)

In jener Nacht habe ich das Schlimmste befürchtet – und ich wurde nicht enttäuscht.

Es war die Hölle, kilometerweit über diese Grasbüschel zu marschieren, die dicht an dicht nebeneinanderstanden und etwa so groß waren wie Melonen. Doch das Schlimmste daran war, dass man in der Dunkelheit mit jedem Schritt, den man machte, eine Art russisches Roulette spielte – stolpert man oder stolpert man nicht.

Wenn man dann noch bedenkt, dass viele dieser Riedgrasgewächse zudem rasiermesserscharfe, schmale Blätter und kräftige, massive Stängel haben, die bis zur Brust reichen können, dann wird klar, warum alle Soldaten diese Grasbüschel so sehr hassen gelernt haben.

In der pechschwarzen Nacht gaben meine Beine bei jedem Schritt nach. Ich knickte um. Manchmal rutschte ich auch aus und versank bis zu den Oberschenkeln in stinkendem, schwarzem Schlamm.

Als wir schließlich die Hochebene hinter uns gelassen hatten, erreichten wir das eingezäunte Grundstück von einem Bauernhof, der sich ein Stück weiter bergab befand.

Wir wurden dazu ermahnt, uns leise zu verhalten, weil der Bauer dafür bekannt war, dass er die Jungs, die an der SAS Selection teilnahmen, gern mal mit der Schrotflinte in der Hand von seinem Grundstück jagte. Doch das machte die Geschichte für uns nur umso spannender, während wir vorsichtig in einem großen Bogen um sein Haus herumgingen und über den Zaun kletterten.

Nachdem wir im Dunkeln die letzte Marschetappe, die über einen Waldweg führte, im Sturmschritt hinter uns gebracht hatten, erreichten wir schließlich gegen drei Uhr morgens unser Ziel.

Nun lagen drei kostbare Stunden Rast vor uns, die wir dicht an dicht zusammengedrängt im Wald verbrachten.

Diese Ruhephasen, in denen man schlaflos, nass und durchgefroren darauf wartete, dass es weitergeht, gehörten für mich zum schlimmsten Teil der SAS Selection.

Körperlich war man völlig geschunden und am Ende – nicht nur die Knie und Fußsohlen waren stark geschwollen und steif, sondern der gesamte Körper schrie förmlich nach einer angemessenen Ruhepause. Doch wir hatten selten mehr als eine dreistündige Verschnaufpause zwischen den einzelnen Marschetappen – und diese Pause war weder lang genug, um sich zu erholen, noch war sie kurz genug, um den vom Drill hochgepuschten Adrenalinspiegel aufrechtzuerhalten.

Stattdessen kühlte man aus, die Muskeln wurden steif, die Knochen schwer, und der permanente Schlafentzug sorgte dafür, dass die Kräfte immer weniger wurden – eine tödliche Kombination.

Die Ausbilder wussten das nur allzu gut.

Denn das Einzige, wonach sie bei den Rekruten Ausschau hielten, war die Selbstdisziplin, die man brauchte, um sich jedes Mal wieder von Neuem aufzuraffen, um sich völlig durchnässt und durchgefroren in der Dunkelheit durch das Gebirge zu quälen – immer wieder.

In jenen Stunden der Galgenfrist habe ich mich dann immer beschäftigt, indem ich meine mit Blasen übersäten Füße versorgt, etwas gegessen und mir etwas Warmes zu trinken gemacht habe. Doch nachdem ich damit fertig war, konnte ich nur daliegen und warten – warten auf den gefürchteten Aufruf, dass wir zum Appell anzutreten hatten für das allmorgendliche militärische Konditionstraining.

Dieses militärische Konditionstraining wurde von Wochenende zu Wochenende immer unangenehmer und deutlich härter.

Am nächsten Morgen mussten wir dann in der Dämmerung in kompletter Marschausrüstung antreten. Wir alle hatten mit steifen Knochen und schmerzenden Beinen zu kämpfen; jeder von uns sah ausgebrannt und völlig fertig aus. Die Ausbilder dagegen marschierten strammen Schrittes vor uns auf und ab. Sie lechzten nach Blut.

Dann, um Punkt 5:55 Uhr ertönte der Befehl.

»Vorwärts marsch und bleibt dicht hinter uns. Dieses Wochenende habt ihr eine erbärmliche Leistung gezeigt, und jetzt werdet ihr dafür büßen.«

Die Ausbilder marschierten im Sturmschritt einen der Waldwege hinunter, und wir schulterten unser Gepäck und eilten hinterher. Doch dann wurde die Schrittfrequenz immer schneller und wir mussten rennen, um mit ihrem Tempo Schritt halten zu können – doch mit so schwerem Gepäck zu laufen, war nahezu unmöglich.

Bereits nach 20 Minuten rangen wir alle keuchend nach Luft und schwitzten wie verrückt, während wir krampfhaft versuchten, mitzuhalten. Eineinhalb Stunden später hielt dieses Tempo noch immer unvermindert an.

Inzwischen waren wir sozusagen zur Nachhut geworden, zu einem derangierten, unordentlichen Haufen stöhnender, erschöpfter Körper, der jegliche Formation vermissen ließ, denn der Abstand vom ersten Rekruten an der Spitze bis hin zum letzten betrug gut eineinhalb Kilometer. Es war mittlerweile helllichter Tag, und jeder Einzelne von uns war total ausgepowert.

Auf dem letzten Stück des Weges schleppte ich mich mit letzter Kraft vorwärts und lag irgendwo im Mittelfeld der Truppe, als ich das Ziel erreichte. Ich war völlig am Ende. Ich hatte absolut keine Kraft mehr. Nichts.

Doch wenn man von mir verlangt hätte, noch 50 Meter weiterzugehen, hätte ich alles daran gesetzt, es zu schaffen.

Als ich dastand, derart schweißgebadet, dass mein Körper regelrecht dampfte, fing einer der Rekruten auf einmal an, leise murmelnd vor sich hin zu fluchen.

»Ich hab die Schnauze voll von diesem Scheiß«, grummelte er in seinen Bart. »Das ist eine verdammte Schinderei. Das ist keine militärische Ausbildung, das ist Sadismus pur.«

Dann schaute er mich an. »Niemand sollte gezwungen werden, so etwas zu tun«, fuhr er fort. »Man behandelt uns wie

Lastesel, aber auch Lastesel brechen irgendwann unter so einer extremen Belastung tot zusammen.«

Ich sagte zu ihm, er sollte durchhalten und dass er all diese Strapazen vergessen hätte, wenn der Tag erst einmal zu Ende wäre und er unter der warmen Dusche stünde. Dann fuhr er herum und starrte mich nur an.

»Weißt du, was der Unterschied zwischen dir und mir ist, Bear? Du bist einfach noch dämlicher als ich.« Und mit diesen Worten wandte er sich von mir ab, ließ seinen Rucksack zu Boden fallen, ging hinüber zu den Ausbildern und sagte, dass er hinschmeiße.

Die Ausbilder haben ihn dann ohne weiteren Kommentar zu den Lastwagen geschickt.

Der Rekrut kletterte auf die Ladefläche, und ich habe ihn nie mehr wiedergesehen. So lief das immer ab.

Sie zwangen einen in die Knie, indem sie stillschweigend die Messlatte kontinuierlich immer höher gehängt haben, bis man entweder ausrastete oder aber die Übung in der vorgegebenen Zeit nicht schaffte.

Denn sie haben immer zu uns gesagt: »Wir lassen euch nicht durchfallen, denn wenn ihr durchfallt, habt ihr euch das selbst zuzuschreiben. Wenn ihr innerhalb der vorgegebenen Zeit bleibt und immer so weitermacht, dann werdet ihr auch die Prüfung bestehen.«

Auf dem Rückweg saß ich zusammengekauert auf der Ladefläche des Viertonners und dachte darüber nach, was dieser Rekrut zu mir gesagt hatte: »Du bist einfach noch dämlicher als ich.«

Vielleicht hatte er ja recht.

Na ja, wenn man sich grundlos traktieren lässt, ist das in der Tat ziemlich dämlich – und wenn man dafür dann nur 27 Pfund Sterling pro Tag bekommt, dass man das Privileg genießt, derart traktiert zu werden, ist das noch viel dämlicher.

Aber andererseits hat dieser Typ, der das Handtuch geworfen hat, auch nicht den eigentlichen Sinn und Zweck dieser Übung verstanden. Gutes erreicht man nur durch unerschütterlichen Kampfgeist und harte Arbeit, denn alles Erstrebenswerte hat eben auch seinen Preis.

Und was den SAS angeht, so lag der Preis in einer Größenordnung von ungefähr tausend Fässern Schweiß.

Doch war das der Preis, den ich zu zahlen bereit war?

Immerhin hatte ich während des gesamten SAS-Auswahlverfahrens ja sehr viel Zeit, mich mit dieser Frage eingehend auseinanderzusetzen.

9

Es hatte ganz den Anschein, als ob ich an überhaupt nichts anderes mehr denken konnte als an die SAS Selection.

Man hatte mir zwar gesagt, dass dies passieren würde, allerdings hatte ich das nie ernsthaft für möglich gehalten – doch es war so. Denn wenn man so extrem viel Kraft und Zeit in eine Sache investiert, fällt es eben schwer, abzuschalten und nicht mehr daran zu denken.

An den freien Tagen, die wir zwischen den einzelnen Übungswochenenden hatten, war ich mental hin- und hergerissen zwischen der überschwänglichen Freude darüber, was ich schon bewältigt hatte, und dem beklemmenden Gefühl, was noch vor mir lag.

Trucker und ich sind an diesen freien Tagen zu unserem »studentischen« Leben in Bristol zurückgekehrt, wo unsere Freunde gemütlich zwischen Hörsaal und Mensa hin- und hergependelt sind.

Wir sind dann immer hinterhergetrottet und haben viel Zeit

mit unseren Freunden verbracht, allerdings haben wir uns Grenzen gesetzt und nicht jeden Spaß mitgemacht.

So haben wir zum Beispiel nicht nur die Trinkgelage bis tief in die Nacht hinein ausgelassen, sondern auch darauf verzichtet, faul im Bett herumzuliegen und bis in die Puppen zu schlafen, was viele unserer studierenden Kumpels offensichtlich ausgiebig genossen. Stattdessen sind wir stets früh aufgestanden, um zu trainieren oder unsere Ausrüstung entsprechend in Schuss zu bringen für das, was uns als Nächstes bevorstand.

Auf einen einfachen Nenner gebracht: Wir beide hatten eine andere Zielsetzung in unserem Leben.

Unsere nächste Übung fand in den Black Mountains in Wales statt. Aus irgendwelchen Gründen tauchten die verhassten Schnaken dort nicht auf; vielleicht lag es an der Höhe und dem Wind. Aber was auch immer der Grund dafür war, es war eine kolossale Erleichterung.

Jetzt stand unser erster Marsch an, den wir nicht in der Gruppe, sondern zu zweit mit einem Partner absolvieren mussten. Ich sorgte dafür, dass mir Trucker als Partner zugeteilt wurde (indem ich mir beim Antreten in der Reihe ganz geschickt einen Platz direkt neben ihm gesichert hatte.)

Jedes Zweierteam wurde in zeitlich genau festgelegten Intervallen losgeschickt, wobei Trux und ich schon früh um 6:30 Uhr starten konnten.

Die Sonne schien, der Morgen verging wie im Flug, und obwohl es ziemlich heiß war, kamen wir in den Bergen schnell voran. Da wir gute Sichtverhältnisse hatten, war die Orientierung im Gelände quasi ein Kinderspiel, und wir waren absolut selbstsicher.

Schon bald erreichten wir ein Stauwehr und mussten eine Entscheidung treffen.

Wir wussten, dass es verboten war, ein Stauwehr zu überqueren, ebenso wie es strengstens verboten war, einen Fußweg oder Waldweg zu benutzen. (Sofern dies nicht gerade zum Programm des gefürchteten morgendlichen militärischen Konditionstrainings gehörte.)

Dies war eine einfache Regel bei der SAS Selection: Sie sollte gewährleisten, dass man sich daran gewöhnte, die Orientierungsübungen im Gelände korrekt auszuführen und dass das Terrain, auf dem man sich bewegte, einem ständig alles abverlangte, was zwangsläufig immer der Fall war. (Genau genommen habe ich sogar heute noch irgendwie ein schlechtes Gewissen, wenn ich beim Wandern mal einen Fußweg benutze – es ist eben schwer, mit alten Gewohnheiten zu brechen.)

Doch wenn wir das Stauwehr nicht überqueren würden, dann müssten wir unter dem Stauwehr in die Schlucht hinuntersteigen und auf der anderen Seite wieder 120 Meter hinaufsteigen.

Werden wir von einem Ausbilder beobachtet, oder können wir es riskieren?

Getreu dem Motto des Regiments »Who Dares Wins« – »Wer wagt, gewinnt« – sind wir vorsichtig über das verschlossene Tor geklettert und die 200 Meter über das Stauwehr gesprintet.

Die Luft war rein.

Dann haben wir uns darangemacht, die steile Bergwand hinaufzuklettern, um zum nächsten Ausbilder-Checkpoint zu gelangen, der gut und gerne elf Kilometer entfernt war.

Nachdem wir jedoch schon sechs Stunden unterwegs waren, machte sich bei uns beiden nun langsam Erschöpfung breit.

Die Sonne brannte erbarmungslos. Wenn man aber pro Tag 6000 Kalorien verbrennt, einen schweren Rucksack samt Koppeltragehilfe und Gewehr die steilen Berghänge hinauf- und wieder hinunterschleppt, muss man unbedingt darauf achten, dass man genügend trinkt.

Das hatten wir nicht beherzigt.

Wir befanden uns beide in einer Phase, wo uns das Laufen nicht schwerfiel, wir uns gut fühlten und wahrscheinlich ein bisschen zu selbstsicher wurden. Das hätte uns beinahe die Chance gekostet, die Selection-Prüfung zu bestehen.

Wir mussten noch einen letzten Aufstieg über einen gut 600 Meter hohen Bergrücken bewältigen, bevor wir zum letzten Checkpoint hinuntersteigen konnten. Doch mittlerweile hatte ich schon große Probleme. Denn trotz der großen Hitze und Kraftanstrengung, schwitzte ich nicht mehr. Das war ein schlechtes Zeichen.

Auf diesem steilen Berghang hatte ich bei jedem Schritt das Gefühl, als würde ich die Welt auf meinen Schultern tragen. Mir war schwindlig, ich hatte Halluzinationen, und ich musste mich immer wieder hinsetzen.

Kurz: Ich hatte einen Hitzekollaps.

Noch nie zuvor hatte ich einen Zustand derartiger Bewusstseinstrübung und Schwäche erlebt – es fühlte sich an, als würde ich mich in einem Dämmerzustand befinden, wie in einem Vollrausch, und es hörte überhaupt nicht auf. Ich sank immer wieder auf die Knie.

Ich wollte einfach nur stehen bleiben und mich hinlegen, irgendwohin, wo es dunkel, ruhig und angenehm kühl war. Doch das ging nicht. Ich musste etwas trinken und weiter in Bewegung bleiben – und hoffen, dass die Flüssigkeitszufuhr bald Wirkung zeigte.

Schließlich schaffte ich es, über den Bergkamm zu kriechen und auf der anderen Seite hinunterzutorkeln zu unserem letzten Checkpoint. Ich checkte noch ein, und dann legte ich mich total erledigt zu den anderen Rekruten in den Wald.

Ich hatte höllische, migräneartige Kopfschmerzen; mir war speiübel und schwindlig. Ich musste meinem Körper unbedingt Flüssigkeit zuführen und mich wieder in den Griff bekommen, und zwar schnell.

In der Zwischenzeit waren fünf andere Rekruten ausgeschieden, weil sie den Orientierungsmarsch nicht zu Ende gebracht hatten; zwei weitere wurden unterwegs aufgelesen – sie alle hatten einen Hitzschlag erlitten. Für sie war die SAS Selection gelaufen, sie waren ausgeschieden.

In gewisser Weise habe ich sie schon beneidet, als ich sah, wie sie ausgestreckt im Sanitätsfahrzeug lagen, wo sie gut versorgt wurden. Es sah so aus, als würden ihre Qualen, im Gegensatz zu meinen, auf angenehme Weise Linderung erfahren.

Aber eins war mir klar: Ich musste unbedingt durchhalten. Denn morgen um diese Zeit hätte ich eine weitere Prüfung hinter mich gebracht und wäre meinem Ziel einen weiteren Schritt näher gerückt.

Also setzte ich mich hin und kochte mir einen warmen süßen Tee in der Hoffnung, dass ich möglichst bald wieder fähig wäre, meine Augen mehr als nur einen winzigen Spalt zu öffnen.

Doch bevor wir zum Nachtmarsch aufbrachen, mussten wir alle früher als sonst in Marschordnung antreten. Das ließ nichts Gutes ahnen.

Denn während wir dastanden, wurden die Namen von zwei Rekruten vorgelesen, und die Betreffenden mussten vortreten.

Diese beiden Jungs hatte man dabei beobachtet, wie sie am Morgen das Stauwehr überquert hatten; daraufhin wurden sie beide nun ganz ruhig und ohne großes Trara »wieder zu ihrer Einheit zurückgeschickt« – oder wie wir es immer nannten, »ausgemustert«.

Trucker und ich hatten großes Glück, doch wir hatten auch eine weitere wertvolle Lektion gelernt: Wenn man bei einem waghalsigen Manöver schon alles auf eine Karte setzt, dann sollte man einen günstigen Augenblick abpassen und sich ja nicht erwischen lassen.

Bis es dann so weit war, dass wir zum Nachtmarsch aufbrechen mussten, fühlte ich mich schon wieder etwas besser. Ich hatte zwar noch immer Kopfschmerzen, aber ich konnte zumindest stehen, ohne gleich aus den Latschen zu kippen. Das war doch immerhin ein Fortschritt.

Auch Trucker fühlte sich mehr tot als lebendig, was ein kleiner Trost für mich war.

Zum Glück war die Marschroute relativ einfach, denn ich konnte spüren, wie meine Kraft nach und nach zurückkam (und ich war auch stolz, dass ich all das überstanden hatte und mich wieder viel besser fühlte), als ich schließlich um drei Uhr morgens wieder in unser Basislager im Wald zurückkehrte.

Ich lehnte mich zurück und ruhte mich aus, während ich auf das militärische Konditionstraining um 5:55 Uhr wartete.

Das militärische Konditionstraining begann zunächst relativ harmlos – ein Fünf-Kilometer-Marsch mit Gepäck über einen Waldweg hinunter durch die Talsenke.

Als die Ausbilder das Marschtempo jedoch kräftig erhöhten, zog sich unsere Truppe wieder zu einer langen Reihe auseinander, doch schon bald erreichten wir das Ende des Weges, wo die Lastwagen wieder auf uns warteten.

Ich fühlte mich wieder richtig fit und genoss es schon fast, dass ich in der Lage war, mit dem Tempo Schritt zu halten, während fast alle anderen hinterhergetrottet kamen.

In dem Augenblick, als ich fest damit rechnete, dass die Ausbilder nach links abbiegen würden, wo die Viertonner-LKWs warteten, merkte ich, dass sie auf einmal scharf nach rechts abbogen und den gut 300 Meter hohen steilen Berghang bis zur Kammlinie hinaufstürmten.

Das war dann exakt jener Augenblick, in dem die Kommandos tatsächlich im scharfen Feldwebelton gebrüllt wurden, aber das war eigentlich die Ausnahme, denn bisher war das so gut wie nie vorgekommen.

10

Die Ausbilder brüsteten sich immer damit, dass sie die Rekruten nie anbrüllen mussten. Denn das SAS-Auswahlverfahren an sich war ohnehin schon hart genug.

Wie sie uns gegenüber oft betonten, bestand ihre Aufgabe lediglich darin, die Prüfungen durchzuführen und zu überwachen.

Doch auf einmal hatte ein Tempowechsel stattgefunden, denn die Kommandos kamen mittlerweile lautstark und sehr bestimmt und ernst.

»Los, Bewegung. Zackig«, brüllte der Ausbilder. »Wenn wir irgendeinen von euch beim Gehen erwischen, ist er raus, kapiert? Ihr habt diesen Hang hochzulaufen.«

Ich machte es so, wie es befohlen wurde; ich ließ die verlockende Aussicht auf einen Platz im Lastwagen links liegen und stürmte den steilen Abhang hinauf, indem ich mich dem Ausbilder an die Fersen heftete. Mir war allerdings klar, dass ich zuerst meinen Rhythmus finden musste.

Das war immerhin ein großer Berghang, und mit dem Gewicht des schweren Rucksacks war es schier unmöglich, den ganzen Hang laufend zu erklimmen.

Ich musste einfach nur dafür sorgen, dass ich nicht der Erste war, der dabei erwischt wurde, wie er schwächelte. Ich holte das Letzte aus mir heraus, und mein Atem ging immer schwerer.

Auf halbem Weg nach oben blieb der Ausbilder dann stehen,

drehte sich zu uns um und beobachtete uns. Ich beschloss daher, weiterhin bergauf zu laufen, wenn auch langsamer, bis ich auf seiner Höhe war – ganz gleich, wie erschöpft ich auch war.

Endlich – ich lief irgendwo im Mittelfeld der Truppe – hatte ich ihn dann erreicht. Meine Beine und Schultern brannten wie Feuer, und mein Herz und meine Lunge fühlten sich an, als wollten sie explodieren.

Ich schaute den Hang hinunter und sah, wie ein paar wenige Nachzügler sich mühsam zu uns bergauf kämpften. Zwei der Jungs konnten nur noch mit größter Mühe einen Fuß vor den anderen setzen. Ich wusste, dass sie ganz schön in der Klemme saßen.

Der Ausbilder hatte uns die Bedingungen ja unmissverständlich klargemacht: Wer läuft, besteht; wer geht, fällt durch.

»Rechts um, Leute; ihr marschiert wieder den Weg hinunter und steigt in die Viertonner. Und ihr«, bellte er, indem er auf die beiden letzten Rekruten zeigte, »ihr beiden kommt mit mir.« Als wir dann auf dem Rückweg waren und uns alle nacheinander in die Lastwagen quetschten, die auf dem schlammigen Parkplatz standen, überkam mich ein Gefühl großer Erleichterung. Von der Ladefläche meines Bedford-Lastwagens aus beobachtete ich, wie diese beiden Nachzügler, die schlappgemacht hatten, zu einem anderen Lastwagen gebracht wurden.

So funktionierte das eben: Sobald einer durchgefallen war, wurde er vom Rest der Truppe getrennt. Das half uns nicht nur dabei, als Team zusammenzuwachsen, sondern vermittelte auch uns allen, die wir noch immer eisern durchhielten, ein gewisses Gefühl von Stolz, dass wir genau im richtigen Lastwagen saßen.

Es war nicht wirklich viel, aber es bedeutete uns eine ganze Menge.

An den kommenden drei Wochenenden wurde die Schlagzahl kontinuierlich erhöht: Die Marschrouten wurden länger, die Rucksäcke schwerer und der Druck stärker.

Normalerweise sind wir bis zu 48 Kilometer weit marschiert, über die Berge, mit etwa 23 Kilo Marschgepäck. Darüber hinaus mussten wir jetzt noch jeden Marsch – ob Tag- oder Nachtmarsch – ganz auf uns allein gestellt bewältigen.

Die SAS-Leute wollten damit testen, wie weit wir in der Lage waren, die gestellten Aufgaben eigenständig zu bewältigen. Sie wollten herausfinden, ob wir uns selbst dann noch zum Weitermachen motivierten, uns erfolgreich im Gelände orientieren und entsprechend auf uns achtgeben könnten, wenn wir durchgefroren, nass und müde waren.

Das Eigenartige daran war, dass ich dabei regelrecht zur Hochform auflief.

Es passierte recht selten, dass man uns anbrüllte, denn fürs Erste mussten wir ja auch nur drei grundlegende Aufgaben bewältigen – unseren Weg durch die Berge finden, mit schwerem Gepäck marschieren und in der vorgegebenen Zeit das Ziel erreichen. Die Ausbildung im eigentlichen Kriegshandwerk, das heißt die Spezialausbildung, war erst für später vorgesehen, aber nur für diejenigen, die zuvor unter Beweis gestellt hatten, dass sie bereit waren, bis zur totalen Erschöpfung alles zu geben – ganz gleich unter welchen Bedingungen.

Mir gefiel dieses hohe Ethos von Pflichtbewusstsein.

Ziemlich schnell sank die Anzahl der Rekruten in unserer Einheit auf unter zehn Mann, und dabei hatten wir gerade erst die Hälfte dieser Wochenend-Drills in den Bergen hinter uns. Trucker war noch da, doch viele von den Muskelprotzen waren schon vor geraumer Zeit auf der Strecke geblieben.

Es war nicht zu übersehen, dass die SAS Selection uns alle körperlich extrem stark beanspruchte.

Nach jedem Drill-Wochenende brauchten meine Füße und mein geschundener Körper mehrere Tage, um sich wieder zu erholen. Dann bin ich jedes Mal mit wunden Füßen und schmerzenden Gelenken durch die Gegend gehumpelt.

Mein Körper fühlte sich diesen kraftzehrenden Ausdauermärschen in den Bergen irgendwie noch nicht gewachsen. Immerhin war ich erst 20 und damit bedeutend jünger als all die anderen Soldaten, die an diesem SAS-Auswahlverfahren teilnahmen. Denn mit zunehmendem Alter steigt auch die Ausdauer und Belastbarkeit.

Daher war es auch nicht verwunderlich, dass nur so wenige junge Männer die SAS Selection bestanden und dass man geradezu optimale Chancen hatte, die Prüfung zu bestehen, wenn man auf Ende 20 zuging.

Bis zum Bestehen war es aber noch ein weiter Weg, und es dauerte auch seine Zeit, bis ich mich an diese Strapazen gewöhnt hatte. Die entscheidende Voraussetzung dafür war jedoch, dass ich die Fähigkeit entwickeln musste, mich schnell wieder zu regenerieren.

Allerdings brauchte ich Monate, bis ich gelernt hatte, wie das funktioniert.

In den ersten Tagen nach einer dieser endlosen Übungen, wo wir immer wieder unseren Partner im Gamstragegriff den Berg hinauftragen mussten, taten meine Waden höllisch weh; und nachdem ich ein paar Stunden mit dem schweren Rucksack durch die Berge marschiert war, brannten meine Schultern wie Feuer – doch langsam, aber sicher wurde ich härter im Nehmen und gewöhnte mich an diese Belastung.

So habe ich während der ersten Phase der SAS Selection auch noch eine andere wichtige Lektion gelernt, nämlich genau auf meinen Körper zu hören und ihn auf eine Belastung entsprechend vorzubereiten – das heißt, auf die richtige Ernährung, die richtigen Ruhezeiten und das richtige Training zu achten.

Mit welcher Belastungsintensität sollte ich zwischen den einzelnen Selection-Tests trainieren und wie oft?

Der große Fehler, den viele Rekruten bei der Vorbereitung auf die SAS Selection machen, besteht darin, dass sie zu viel und zu intensiv trainieren und sich dann als Folge dieses Übertrainings verletzen – und mit einer Verletzung zur SAS Selection anzutreten, ist ein Ding der Unmöglichkeit.

Es ist gar nicht so einfach, bei der Vorbereitung eine gesunde Balance zu finden, denn man muss dabei stets sehr genau auf seinen Körper hören.

Doch diese Fähigkeit, auf meinen Körper zu hören, ist mir seither in meinem Leben sehr zugute gekommen.

11

Es gibt etwas, was mich schon immer genervt hat, nämlich, dass ich immer dann, wenn ich den Schlaf am Nötigsten brauche, meist extrem große Probleme habe einzuschlafen.

Es ist ein schreckliches Gefühl, das sich tief in der Magengrube bemerkbar macht: Man liegt hellwach im Bett, denkt voller Angst daran, was noch auf einen zukommt, und obwohl man genau weiß, dass der Körper jetzt dringend Ruhe braucht, ist man dennoch nicht in der Lage abzuschalten.

In meinem Kopf überschlugen sich die Gedanken, und je weniger Schlaf ich fand, desto mehr Sorgen stiegen in mir hoch und kreisten unaufhörlich durch meinen Kopf.

Und das, was da noch auf mich zukam, hat mir viel Kopfzerbrechen bereitet – sehr viel.

Zum Beispiel unsere erste große Bewährungsprobe, bei der

wir unsere körperliche Leistungsfähigkeit unter Beweis stellen mussten. Wenn man die nicht bestand, war man weg vom Fenster.

Da gab es keine Diskussion.

Dafür musste man einen mörderischen Marsch durchs Gebirge in schnellem Schritt (Lauf) und kompletter Marschausrüstung bewältigen, bei dem es fast 900 Meter steil bergauf zu einem besonders hohen Berggipfel ging und anschließend auf der anderen Seite des Berges wieder hinunter und danach den gesamten Weg wieder zurück zum Ausgangspunkt. Nicht umsonst war die Prüfung berühmt-berüchtigt, denn in SAS-Kreisen galt sie als echter Persönlichkeitstest.

Wer das festgelegte Zeitlimit auch nur um eine Minute überschritten hatte, wurde wieder zu seiner Einheit zurückgeschickt – das war's, einen zweiten Versuch gab es nicht.

Es war ein milder Morgen, der Himmel war klar, und ich war so nervös wie noch nie zuvor, als ich am Fuß dieses Berges stand und darauf wartete, dass der Startschuss für diesen Test fiel.

Habe ich auch genug gegessen? Werde ich mich heute tapfer schlagen? Werde ich in der Lage sein, dieses Tempo durchzuhalten?

Schon wenige Minuten nachdem wir aufgebrochen waren und den Weg steil bergauf liefen, waren Trucker und die Spitze der Truppe an mir vorbeigezogen.

Komm schon, Bear, gib alles – du kannst dich ausruhen, solange du willst, wenn das hier vorbei ist, doch jetzt musst du kämpfen.

Doch unter der Last eines gut 20 Kilo schweren Bergen-Spezialrucksacks inklusive Koppelgurt, Sturmgewehr, Wasser und Verpflegung war es nicht leicht, mit diesem Tempo mitzuhalten. Nach einer Stunde war meine Kleidung komplett mit Schweiß durchtränkt, und ich versuchte verbissen, mit aller

Kraft das Letzte aus meinen Körper herauszuholen, um noch schneller zu werden.

Nachdem ich die Hälfte der Strecke zurückgelegt hatte, trank ich hastig einen großen Schluck Wasser, und schon marschierte ich weiter – wieder bergauf, den ganzen langen Weg durch die Gebirgsausläufer zu dem noch weit entfernten Gipfel.

Aber ich lag schon nicht mehr in der Zeit, und ich wusste das.

Ich war wütend auf mich selbst.

Als Trucker auf dem Rückweg mit strammen Schritten an mir vorbeimarschierte, wirkte er so kontrolliert, so selbstsicher und stark. Mir war klar, dass ich im Gegensatz zu ihm genauso aussah, wie ich mich fühlte – wie ein Wrack: Ich hielt den Kopf gesenkt, die Augen starr auf den Boden gerichtet, schnaufte mit zusammengebissenen Zähnen wie eine Lokomotive, und bei jedem Atemzug schoss mir der Speichel in dünnen Fäden durch die Zähne, sodass mir der Sabber in den Mundwinkeln hing.

Ich musste Zeit gutmachen, und das schnell, oder ich würde rausfliegen.

Irgendwie mobilisierte ich auf der nächsten Etappe alle Reserven und überholte lange Reihen von Rekruten, die langsam erste Zeichen von Schwäche zeigten. Daraus schöpfte ich Mut und Selbstvertrauen und strengte mich noch mehr an.

Oben auf dem Gipfel angekommen, sauste ich dann fast im Sprint den gesamten Berghang hinunter, bis ich unten am Fuß des Berges das Ziel erreichte.

Beim Hinunterlaufen konnte ich in der Ferne die Ausbilder sehen – winzige Kleckse –, die knapp 500 Höhenmeter unterhalb von mir am Fuß des Berges am Tor standen, das noch immer ungefähr fünf Kilometer weit entfernt war.

Ich holte das Letzte aus mir heraus und rannte ins Ziel.

Ich hatte es geschafft. Nur drei Minuten vor dem angegebenen Zeitlimit.

Als ich dann mit dem Kopf zwischen den Beinen total erschöpft auf meinem Rucksack hockte, überkam mich ein Gefühl großer Erleichterung.

Ich wusste, dass fast alle, die ich überholt hatte, diese Prüfung nicht bestanden hatten und gehen mussten.

Tatsächlich mussten wir dann eine halbe Stunde später, nachdem auch die letzten Nachzügler auf dem Zahnfleisch kriechend eingetrudelt waren, in Marschordnung antreten.

»Die aufgerufenen Rekruten nehmen ihre Ausrüstung und legen sie auf die Ladefläche des nächststehenden Lastwagens.«

Der Tonfall war unpersönlich, kalt und ungerührt.

Wenn ihr durchfallt, habt ihr Euch das selbst zuzuschreiben. Na, dämmert's nun?

An diesem Tag wurden 16 Teilnehmer zu ihrer Einheit zurückgeschickt.

Die Messlatte wurde kontinuierlich immer höher gehängt, und wenn ich ehrlich sein soll, damit hatte ich ganz schön zu kämpfen.

12

Der anstehende Nachtmarsch war sehr lang.

Er begann in der Abenddämmerung und dauerte bis 3:30 Uhr in der Früh.

Mit der hereinbrechenden Dunkelheit hatte sich das Wetter extrem verschlechtert, was uns die Orientierung im Gelände erheblich erschwerte.

Auf dem Weg zum vorletzten Checkpoint in diesem hoch gelegenen, windigen und schlammigen Gelände musste ich auf der steil abfallenden Bergseite einen dichten Wald durchqueren.

Auf der Karte sah das gar nicht mal so schwierig aus, doch in Wirklichkeit war das der reinste Albtraum – sehr dichter Kiefernwald, haufenweise gefällte Baumstämme und ein schier endloses Dickicht aus Stechginster.

Schon nach wenigen Hundert Metern merkte ich, dass dies ein echter Kampf werden würde.

Ich war schon ziemlich erschöpft von dem fünfstündigen Nachtmarsch durch die sumpfige Riedgraslandschaft, aber das war jetzt wirklich das Letzte, was ich gebrauchen konnte.

Ich wollte einfach nur die andere Seite des Waldes erreichen.

Wenn man in der stockfinsteren Nacht einen Weg durch diesen irrsinnig dichten Wald finden wollte, so erforderte dies allerhöchste Zielgenauigkeit und absolutes Vertrauen in die Kompasspeilung. Doch die Bäume nahmen kein Ende.

Endlich schaffte ich es, mir einen Weg durch den Wald zu bahnen, und erreichte den steilen Pfad auf der anderen Seite des Waldes, wo ich ein einsames Ausbilder-Zelt erspähte, dessen Umrisse sich am Horizont abzeichneten.

Die Vorgehensweise, wenn man an einem Checkpoint ankam, war exakt vorgeschrieben und unter Strafandrohung einzuhalten. Wenn man sich dem Checkpoint näherte, hatte man in die Hocke zu gehen und dabei ein Knie auf den Boden zu setzen, die Karte musste fest zusammengefaltet in einer Hand, der Kompass in der anderen gehalten und das Sturmgewehr vorsichtig (wie ein Baby) über beide Unterarme gelegt werden.

Dann musste man sich melden. Name. Nummer.

Der Ausbilder teilte einem daraufhin seine nächste sechsstellige Planquadratangabe mit, die man unverzüglich auf der Karte aufzufinden hatte und ihm dann entweder mit der Ecke des Kompasses oder einem Grashalm zeigen musste. (Wenn einer von uns dabei erwischt wurde, wie er mit dem Finger auf die Karte zeigte, anstatt mit einem Grashalm oder irgendeinem anderen spitzen Gegenstand, wurde ihm von dem unvergesslichen Feldwebel Taff angedroht, dass er »dir diesen Finger abreißen und dich dann mit dem matschigen Ende zu Tode prügeln!« wird. Das ist eine Drohung, die ich heute ganz gern bei meinen Jungs verwende, wenn wir gemeinsam eine Karte lesen.)

Sobald einem die Planquadratangabe bestätigt wurde, war es auch schon Zeit für das Kommando, das man ziemlich oft zu hören bekam: »Pack zusammen und verpiss dich.«

Das war das Stichwort, um sich wieder auf den Weg zu machen.

Ich bewegte mich etwa 20 Meter vom Zelt weg und kniete mich im Dunkeln hin. Dann zog ich meine Stirnlampe heraus, die fast komplett mit Panzerband verklebt war, bis auf eine winzig kleine Öffnung, durch die ein dünner Lichtstrahl fiel, und studierte sorgfältig meine laminierte Karte.

Die Karte befand sich immer fest zusammengefaltet in meiner Oberschenkeltasche, und der Kompass war mit einer Kordel an der Brusttasche meiner Jacke befestigt. Verlor man Kompass oder Karte, war man durchgefallen.

Ich drehte mich um, machte einen Buckel, um mich gegen den Wind zu schützen, und mit einem langen Grashalm zwischen den Fingern versuchte ich, die Wegstrecke nachzuzeichnen, die ich für die beste Route hielt, um die Moorlandschaft zu durchqueren.

Wenn man eine schlechte Route auswählte, konnte einen das wertvolle Stunden kosten.

Doch wenn man total durchnässt und übermüdet ist und im Dunkeln bei extrem wenig Licht und starkem Wind krampfhaft versucht, eine Karte zu entziffern, können sich sehr leicht Fehler einschleichen.

Ich drehte mich wieder in den Wind und marschierte dann

den steilen Pfad am Wald entlang bergauf und danach die letzten drei Kilometer durch die Riedgraslandschaft im Hochmoor.

Los, komm schon. Wir müssen doch gleich am Ziel sein.

Es war mittlerweile 2:00 Uhr in der Früh.

Dieser Weg war so anstrengend und kraftzehrend, dass ich doch tatsächlich beim Gehen eingenickt bin. Das war mir noch nie passiert.

Es war eine schreckliche Situation: Einerseits hatte ich dieses starke Verlangen, mich einfach hinzulegen und zu schlafen, andererseits musste ich dagegen ankämpfen und meine Müdigkeit unterdrücken, damit ich alle Kräfte mobilisieren konnte, um weiter voranzukommen.

Eineinhalb Stunden später erreichte ich dann diesen kleinen, entlegenen Steinbruch, der sich tief in den Berghang hineingefressen hatte. Wie man sich unschwer vorstellen kann, war das eine ziemlich miserable Belohnung für einen erfolgreich absolvierten Nachtmarsch.

Inzwischen regnete es kräftig, und weit und breit gab es keinen schützenden Baum, an dem ich einen Regenponcho hätte befestigen und als Unterschlupf nutzen können. Also legte ich mich auf den aufgeweichten Boden, zog mir den Poncho über den Oberkörper und schlief ein.

Es dauerte nicht lange, bis ich total durchnässt war und vor Kälte nur so schlotterte. Ich wollte einfach nur noch dieses verdammte Test-Wochenende hinter mich bringen.

Nachdem ich so durchgefroren war, verschaffte mir das morgendliche militärische Konditionstraining auf angenehme Weise Linderung. Ich spürte auf einmal, wie sich meine Gedanken auf ein völlig anderes Ziel konzentrierten. Es kümmerte mich nun überhaupt nicht mehr, ob ich fror oder durchnässt war oder ob mir alle Knochen wehtaten. Ich wollte jetzt nur noch eins: das Ganze hinter mich bringen.

Nachdem wir zwei Stunden lang die steilen Hänge dieses Steinbruchs hinauf- und wieder hinuntergelaufen waren und im Schlamm eine schier endlose Anzahl Liegestütze gemacht hatten, durften wir, das heißt der klägliche Rest, der von unserer Truppe übrig geblieben war, wegtreten.

Wir waren allesamt total ramponiert, von oben bis unten völlig verdreckt und durchnässt.

Und auch total aufgekratzt.

Danach bin ich im Lastwagen regelrecht zusammengesackt. Die erste Bewährungsprobe hatte ich bestanden.

13

Unser nächstes Prüfungswochenende fand in einer extrem trostlosen und öden Gegend der walisischen Berge statt – abgelegen und gottverlassen, dafür aber mit überreichlich sumpfigem Gelände und noch mehr Riedgras gesegnet, in dem man sich wunderbar den Fuß verknacksen konnte.

Diese Gegend wurde von den anderen Rekruten nur liebevoll »Am Arsch der Welt« genannt.

Der erste Marsch begann nicht gut für mich.

Ich konnte einfach das Tempo nicht aufrechterhalten, das nötig war, um innerhalb des vorgeschriebenen Zeitlimits zu bleiben. Schon bald zog ein Rekrut nach dem anderen an mir vorbei.

Warum hatte ich bloß am Anfang eines Marsches so oft mit diesem Problem zu kämpfen? Lag es etwa an der Aufregung?

Als ich mich dem ersten Checkpoint näherte, war ich total frustriert über mich selbst. Denn ich wusste, dass ich zu langsam war.

Zu allem Übel passierte es mir gleich zweimal, dass ich in

dem morastigen Gelände dieser ausgedehnten Sumpflandschaft die Orientierung verlor und wertvolle Zeit damit verplempern musste, auf höher gelegenes Terrain auszuweichen, um mich wieder zurechtzufinden.

Ich hatte wohl einfach nur einen schlechten Tag. Denn ich konnte überhaupt nicht nachvollziehen, warum ich mich so müde fühlte, wenn ich doch eigentlich hoch motiviert sein sollte, und warum ich so nervös war, wenn ich doch eigentlich Ruhe bewahren sollte. Ich wusste zwar nicht, wie ich es bewerkstelligen sollte, diesen Teufelskreis zu durchbrechen, was ich aber wusste war, dass ich mit jeder weiteren Minute Verzögerung diesen Marsch nicht in der vorgeschriebenen Zeit schaffen würde.

Am zweiten Checkpoint traf ich bei meiner Routenplanung eine Fehlentscheidung, die mich noch einmal wertvolle Zeit kostete. Zeit, die ich mir eigentlich nicht leisten konnte.

Mein Navigationsfehler bestand darin, dass ich mir aufgrund der Höhenlinien eine Route durch flacheres Gelände ausgesucht hatte, die um den Berg herumführte, anstatt mich für eine Route zu entscheiden, die steil bergauf über den Berg hinwegführte. Es war eine Entscheidung, die ich aufgrund meiner schlechten Verfassung getroffen hatte, weil ich Kraft sparen wollte – die sich allerdings als echte Katastrophe entpuppte.

Denn falls die längere, weniger steile Route überhaupt für etwas gut war, dann einzig und allein dafür, dass ich mich noch mehr verausgaben musste.

Mit zögerlichem Herantasten kommt man nicht weit. Manchmal muss man diese Berge eben frontal in Angriff nehmen.

Als ich am nächsten Checkpoint eintraf, ließ mich der Ausbilder unzählige Liegestützen im Schlamm machen, und zwar mit vollem Marschgepäck. Das war die Strafe dafür, dass ich auf den letzten 300 Metern einen Weg benutzt hatte, anstatt direkt durch den Graben zu marschieren.

Mit dieser spontanen »Disziplinarmaßnahme« warf er mich nicht nur eine geschlagene Viertelstunde zurück, sondern ich war jetzt auch ziemlich erledigt.

Als ich endlich den Checkpoint verlassen durfte, musste ich dem Befehl des Ausbilders Folge leisten und durch einen reißenden Gebirgsbach durch hüfthohes Wasser waten, denn er hatte mir verboten, den schmalen Steg über den Bach zu benutzen. Das war eine reine Schikane von ihm, mit der er mir zum Abschied noch einmal so richtig eins reinwürgen wollte.

Denn jetzt war ich klitschnass und musste mich ganz gewaltig ins Zeug legen. Ich kämpfte mich mit schwankenden Schritten etwa 100 Meter voran, um aus dem Blickfeld des Ausbilders zu verschwinden, danach sackte ich zu Boden und musste erst einmal zur Ruhe kommen. Ich musste mich einfach ein paar Minuten ausruhen. Ich war total am Ende.

Der Ausbilder hatte mich jedoch beobachtet. Er brüllte und beorderte mich zurück.

»Willst du aufhören und die Truppe verlassen, Kumpel?«, fragte er.

Er war noch nicht mal unfreundlich; er war nur sehr direkt. Denn so wie ich aussah, konnte er unschwer erkennen, dass ich gewaltige Schwierigkeiten hatte.

»Nein, Oberfeld.«

Ich rappelte mich auf, drehte mich um und torkelte weiter.

»Dann streng dich an und sieh zu, dass du Zeit gutmachst«, rief er mir noch hinterher.

Im Wesentlichen sehnte ich mich eigentlich nur danach, dass ein anderer diese Entscheidung für mich trifft. Ich hegte sogar die leise Hoffnung, dass er mir noch einmal hinterherbrüllen und mich einfach aus der Gruppe abziehen und durchfallen lassen würde. Aber das tat er nicht. Denn schließlich hat es sich jeder selbst zuzuschreiben, wenn er durchfällt.

Doch irgendetwas tief in meinem Innersten sagte mir: *Mach weiter.*

Mir war durchaus bewusst, dass man niemals im Leben etwas Großes erreichen kann, indem man das Handtuch wirft; und dass man immer noch genügend Zeit hat, sich auszuruhen, wenn erst einmal die harte Arbeit erledigt ist. Doch das ist leichter gesagt als getan, insbesondere dann, wenn man völlig ausgebrannt ist.

Die nächste Etappe werde ich nie vergessen, denn auf diesem schier endlosen Berghang ging es weiter steil bergauf durch mit Riedgrasbüscheln übersätes sumpfiges Gelände. Ich war total ausgepowert. Ich stolperte ein paar Schritte vorwärts und sank dann unter dem Gewicht meines Rucksacks auf die Knie.

Ich hatte das Gefühl, dass ich gleich ohnmächtig würde, denn mir war ganz schwindlig, und ich fühlte mich sehr, sehr schwach – fast genauso wie man sich fühlt, wenn man mit hohem Fieber darniederliegt und dann versuchen will, aufzustehen und zu laufen.

Und schon wieder knickten meine Beine ein, und ich sank auf die Knie.

Auf dem Gipfel fühlte ich mich wieder ein wenig besser. Aber nur ein wenig. Ich versuchte verzweifelt voranzukommen, um Boden und Zeit gutzumachen.

Endlich konnte ich die Viertonner-Militärlastwagen sehen, die unten auf einem kleinen Rastplatz ganz in der Nähe eines Stauwehrs am Fuß des Berges geparkt waren.

Ich sauste hinunter zum Stauwehr und checkte am Treffpunkt ein.

Mir war klar, dass ich zu langsam war, denn ich konnte bereits all die anderen Rekruten sehen, die dicht zusammengedrängt im Wald neben dem Eingang zum Stauwehr saßen.

Feine Rauchfäden stiegen in die Luft von den vielen kleinen faltbaren Esbit-Kochern der Armee, in denen jeweils eine Tasse mit süßem Tee aufgewärmt wurde. Ich wusste ja, wie der Hase läuft. Jeder Rekrut hantierte still vor sich hin in seiner eigenen kleinen Welt und versuchte vor dem Nachtmarsch seinen Flüssigkeitshaushalt wieder aufzufüllen und unter seinem Basha – das ist ein Unterschlupf, den man sich mit einer wasserdichten Zeltplane baut – oder auf seinem Lager seine Ausrüstung wieder in Ordnung zu bringen.

Die Ausbilder sagten kein Wort. Sie schickten mich einfach zu den anderen hinüber, mit denen ich zusammen auf die Order für den Nachtmarsch warten sollte.

Als die Dämmerung hereinbrach, sind wir alle in Marschordnung angetreten.

Und dann verkündeten sie wieder einmal: »Okay, die folgenden Rekruten werden nicht am Nachtmarsch teilnehmen. Ihr habt die heutige Prüfung nicht bestanden.«

Ich stand da und wartete. Vier Namen wurden vorgelesen.

Danach richtete der Ausbilder seinen Blick nach vorn und schaute mich an. Kühl. Distanziert.

»... und Grylls.«

14

Nachdem mein Name gefallen war, wurden zwar noch mehrere andere Namen vorgelesen, aber irgendwie habe ich das nur noch verschwommen mitgekriegt.

Ich war durchgefallen, weil ich schlichtweg zu langsam gewesen war. Das Ganze ging ohne großes Aufsehen vonstatten, ohne dass mich irgendjemand zur Seite genommen und mir ein paar tröstende Worte gesagt hätte; die Ausbilder haben einfach völlig ungerührt diejenigen aus unserer Truppe, die durchgefallen waren, zum Wald geleitet, wo wir die Nacht verbringen und bis zum Morgengrauen warten sollten.

Das war ein absolut niederschmetterndes Gefühl, die schlimmste Niederlage, die ich je erlebt hatte.

Alles, wofür ich geschuftet hatte – weg. Einfach so.

All der Schweiß, all die Anstrengung, all die Schmerzen – für nichts.

Ein Desaster. Ein Loser. Ein Nichtsnutz.

Gemeinsam mit zehn anderen Rekruten, die die Prüfung nicht bestanden hatten, saß ich in der Abenddämmerung auf meinem Rucksack und schaffte es nicht, die lautlosen Tränen zurückzuhalten, die mir übers Gesicht liefen.

Es kümmerte mich nicht, ob mich einer sah.

Noch nie zuvor hatte ich so hart für etwas gearbeitet – noch nie zuvor so viel Kraft und Herzblut in etwas investiert, und dann war alles umsonst.

Als der Nachtmarsch begann, konnte ich durch den Tränenschleicher hindurch in der Ferne am Horizont die Umrisse von Trucker und den paar anderen erkennen, die sonst noch übrig geblieben waren, wie sie langsam in der Dunkelheit verschwanden.

Am Abend hatte Trux noch seinen Arm um mich gelegt. Er tat ihm so leid für mich. Doch es gab nichts Tröstliches, was er hätte tun oder sagen können.

In jener Nacht lag ich einfach nur da und fühlte mich mutterseelenallein. Ich hatte mich unter meinen Unterschlupf in meinen Biwaksack verkrochen, wo der strömende Regen mir nichts anhaben konnte. Doch das Einzige, was ich wollte, war da draußen sein – draußen in diesem Regen, draußen in den Bergen, um das zu Ende zu bringen, was ich angefangen hatte. Ich wollte bestehen. Nicht durchfallen.

Ich hatte bis zu diesem Augenblick nie gewusst, wie furchtbar es sich doch anfühlen konnte, im Warmen und Trockenen zu liegen.

Durch gewisse Umstände habe ich sehr viel Glück in meinem Leben gehabt. Ich musste nie wirklich extrem hart für etwas arbeiten. Ich bin in einem liebevollen Elternhaus aufgewachsen, und auch Essen, Wärme und Kleidung hatte ich immer reichlich.

Aber irgendwie hatte ich mich mit all dem nie so richtig wohlgefühlt in meiner Haut; ich hatte fast schon ein schlechtes Gewissen.

Denn ich wollte ja schwer arbeiten. Ich wollte unter Beweis stellen, dass ich all das Gute, das mir zuteilgeworden war, auch irgendwie verdient hatte.

Und wenn es nur darum ging, zu beweisen, dass ich doch über ein gewisses Maß an Mumm und innerer Stärke verfügte.

Doch das Einzige, was ich erreicht hatte, war, dass ich mir eingestehen musste, dass ich weder das eine noch das andere besaß.

Und das tat richtig weh.

Die kommenden beiden Wochen waren eine echte Katastrophe.

Dieser seelisch-emotionale Ausnahmezustand, in dem ich mich befand, war eine völlig neue Situation für mich und alles andere als schön.

Ich war von mir selbst enttäuscht und wurde das Gefühl nicht los, dass ich vier Monate meines Lebens mit einer erbarmungslosen, elenden Schinderei vergeudet hatte und jetzt am Ende mit leeren Händen dastand.

Ich war total deprimiert und kam mir nutzlos vor – zumindest sah so mein Gemütszustand aus, wenn ich mal einen guten Tag hatte.

Der einzige Lichtblick am Horizont war, dass das Trainingsteam meiner Einheit mich aufgefordert hatte, zurückzukommen und einen zweiten Versuch zu starten – sofern ich denn wollte.

Das würde natürlich bedeuten, dass ich wieder ganz von vorn anfangen müsste. Tag eins.

Das war eine echt grauenhafte Vorstellung.

Allerdings forderten sie auch nur diejenigen Leute auf zurückzukommen, von denen sie annahmen, dass sie über die potenziell richtige innere Einstellung und notwendigen Fähigkeiten verfügten, um das SAS-Auswahlverfahren zu bestehen.

Das war zumindest ein Hoffnungsschimmer, wenn auch ein kleiner.

Doch zu diesem Zeitpunkt war ich selbst mein allergrößter Feind. Selbstzweifel können ziemlich zermürbend sein und machen es einem oft schwer, diesen Teufelskreis zu durchbrechen und wieder nach vorn zu schauen.

Ich versuchte, die Situation objektiv zu betrachten, denn immerhin war ich bereits im ersten Drittel des gesamten Auswahlverfahrens ausgeschieden: Wie groß wären also meine Chancen, die Prüfung zu bestehen, wenn ich noch mal antreten würde?

Meine Familie meinte, dass es offensichtlich nicht hätte sein sollen und dass ich durch meine Teilnahme an der SAS Selection doch immerhin wertvolle Erfahrung gesammelt hätte. Aber dies sorgte nur dafür, dass ich mich schlichtweg noch erbärmlicher fühlte.

Doch trotz alledem spürte ich ganz tief in meinem Innersten einen kleinen Funken Hoffnung, der mir signalisierte, dass ich es schaffen könnte – dass ich das Zeug dazu hätte, diese Prüfung zu bestehen. Er war zwar nur ein kleiner Funke, aber es war Hoffnung.

Manchmal ist eben ein Funken Hoffnung alles, was wir brauchen.

15

Im Grunde genommen sind einzig und allein unsere selbst auferlegten Überzeugungen dafür verantwortlich, dass wir das Potenzial unserer Leistungsfähigkeit nicht voll ausschöpfen.

Denn wenn wir uns nur oft genug einreden, dass wir nicht das Zeug zu etwas haben, dann wird dies unweigerlich irgendwann zu unserer Realität.

Aber auf der anderen Seite wusste ich auch, dass ich die SAS Selection durchaus bestehen könnte, sofern ich in der Lage wäre, meine Zweifel irgendwie durch Hoffnung, meine Angst durch Mut und mein Selbstmitleid durch ein gewisses Gefühl von Stolz zu ersetzen.

Dafür müsste ich allerdings einen hohen Preis in Form von Schweiß und elender Schinderei zahlen; ich müsste länger und härter trainieren als je zuvor. Und bei all dem käme es allein auf die entsprechende mentale Stärke an.

Doch letztlich war dies eine Entscheidung, die ich im Grunde genommen schon Jahre zuvor getroffen hatte.

Ed Amies, einer meiner ältesten und engsten Freunde, hat einmal diesen simplen Satz zu mir gesagt: »Also meistens durchlaufen Gottes Pläne für uns drei Phasen – Geburt, Tod und Wiederauferstehung.«

Die Phase der Geburt hatte ich hinter mir, als ich mich zur Teilnahme an der SAS Selection angemeldet hatte und zugelassen wurde; die zweite Phase – den Tod – hatte ich an diesem schicksalhaften Stauwehr in den walisischen Bergen auch hinter mich gebracht; jetzt war es logischerweise Zeit für die dritte Phase – die Wiederauferstehung.

Denn wenn ich aus meinem Glauben je Zuversicht geschöpft habe, dann diese: Wunder können wirklich geschehen.

Also beschloss ich, es noch einmal zu versuchen.

Doch dieses Mal würde ich die Sache allein durchziehen.

Ich wusste, dass ich von meiner Familie und meinen Freunden dieses Mal deutlich weniger Hilfsbereitschaft und Unterstützung zu erwarten hätte, und ganz besonders von meiner Mutter, die meinem geschundenen Körper ansehen konnte, welchen enormen Tribut diese vier Monate gefordert hatten.

Doch es war mir todernst damit, dass ich diese Prüfung jetzt ordentlich bestehe, denn ich wusste sehr wohl, dass dies meine letzte Chance war, um es zu schaffen.

Denn schließlich konnte ja kein anderer diese Prüfung für mich machen.

Etwa zwei Wochen später hörte ich eine ziemlich vernuschelte Nachricht auf meinem Anrufbeantworter ab, die Trucker hinterlassen hatte.

Auf der letzten Etappe eines Nachtmarschs hatte er die Orientierung verloren. Nachdem er stundenlang ziellos im Dunkeln umhergeirrt war und das Zeitlimit weit überschritten hatte, wurde er schließlich von einem Ausbilder in einem Land Rover aufgegabelt, der sich auf den Weg gemacht hatte, um verirrte Rekruten einzusammeln.

Trucker klang niedergeschlagen und müde. Auch er war bei der SAS Selection durchgefallen.

Er machte in den folgenden Wochen dasselbe Martyrium

durch, das ich auch durchlitten hatte, und auch er wurde von der Einheit aufgefordert, es noch einmal zu versuchen. Wir waren die einzigen Rekruten, die gebeten wurden zurückzukommen.

Unsere Entschlossenheit war größer als je zuvor. Wir haben uns beide ins Training gestürzt und so intensiv trainiert wie noch nie in unserem Leben. Dieses Mal war es uns absolut ernst.

Wir haben uns in einem alten, abgelegenen Bauernhaus eingemietet, das knapp zehn Kilometer von Bristol entfernt war. Und dann haben wir mit einem knallharten Training à la *Rocky Balboa* angefangen.

Der Termin für die nächste SAS Selection (pro Jahr gibt es zwei Selection-Termine: einen im Sommer und einem im Winter) stand unmittelbar bevor. Und etwa genauso wie in den Film *Und täglich grüßt das Murmeltier* befanden wir uns schon wieder in der alten Sporthalle in der Kompanie-Kaserne und wurden von den Ausbildern richtig fertiggemacht.

Es gab auch wieder einen ganzen Haufen Kandidaten. Aber dieser Haufen würde erschreckend schnell zu einem Häufchen zusammenschrumpfen. Wir hatten das ja schon erlebt.

Doch dieses Mal waren wir quasi die »alten Hasen«. Und das war durchaus hilfreich.

Wir wussten, was uns erwartete; der geheimnisvolle Zauber war verflogen, und der Hauptgewinn war noch zu haben.

Das baute uns richtiggehend auf.

Mittlerweile war es Winter. Doch an der SAS Selection im Winter teilzunehmen, ist aufgrund der schlechten Witterungsbedingungen in den Bergen immer weitaus härter und anstrengender als im Sommer. Ich versuchte, erst gar nicht darüber nachzudenken.

Statt brütender Hitze und Schnakenplage hätten wir nun also

mit dem stürmischen, gefrierenden Schneeregen zu kämpfen, mit den hohen Windgeschwindigkeiten und den sehr viel kürzeren Tagen, weil es im Winter früher dunkel wird.

Angesichts dieser Bedingungen mussten Trucker und ich fast wehmütig an unsere SAS Selection im Sommer zurückdenken, die im Vergleich dazu relativ mild und angenehm war! Es ist schon erstaunlich, wie sehr man sich an harte Zeiten voller Entbehrungen gewöhnt und wie etwas, das einem früher schrecklich erschien, recht schnell ganz alltäglich wird.

Die Ausbilder haben oft zu uns gesagt: »Wenn's nicht ordentlich regnet, kann man auch nicht ordentlich trainieren.«

Und in den Brecon Beacons regnet es ganz ordentlich. Das können Sie mir glauben.

(Vor Kurzem habe ich zufällig mit angehört, wie unser Mittlerer, Marmaduke, einem seiner Freunde diesen SAS-Wahlspruch erzählt hat. Der andere Junge beschwerte sich darüber, dass er nicht rausgehen könnte, weil es gerade regnete. Marmaduke, er ist vier Jahre alt, hat ihn dann eines Besseren belehrt. Köstlich.)

Die ersten Wochenendübungen gingen ins Land und wir beide lieferten eine hervorragende Leistung ab.

Wir waren fitter, stärker und weitaus selbstsicherer als viele anderen Rekruten, doch die winterlichen Wetterbedingungen waren wirklich brutal.

Wir mussten stets gegen den kräftigen Wind ankämpfen, der an einem Übungswochenende so extrem stürmisch über die hohen Bergkämme hinweggefegt ist, dass ich dabei zusehen konnte, wie ein einziger Windstoß buchstäblich eine ganze Reihe Rekruten umgeworfen hat – die Ausbilder inklusive.

Auf unserem ersten Nachtmarsch ist ein Rekrut aufgrund von Unterkühlung zusammengebrochen. Er war zwar, wie alle anderen auch, durchnässt und durchgefroren, aber der starke

Oma Patsie in ihrer geliebten Bucht Portavo Point in Nordirland.

Paps (*hintere Reihe, 4. von rechts*) im Royal Marines Commando Training Centre in Lympstone.

Paps und ich bei einem gemeinsamen Ausflug in den Bergen.

Links: Familienfoto mit uns allen, zu Hause in London. Dreimal dürfen Sie rater wer wohl das süße Baby ist … *Rechts*: Oma und ich; da war ich sieben. (Übrigen war dies das einzige Mal in meinem Leben, dass ich eine Fliege getragen habe!

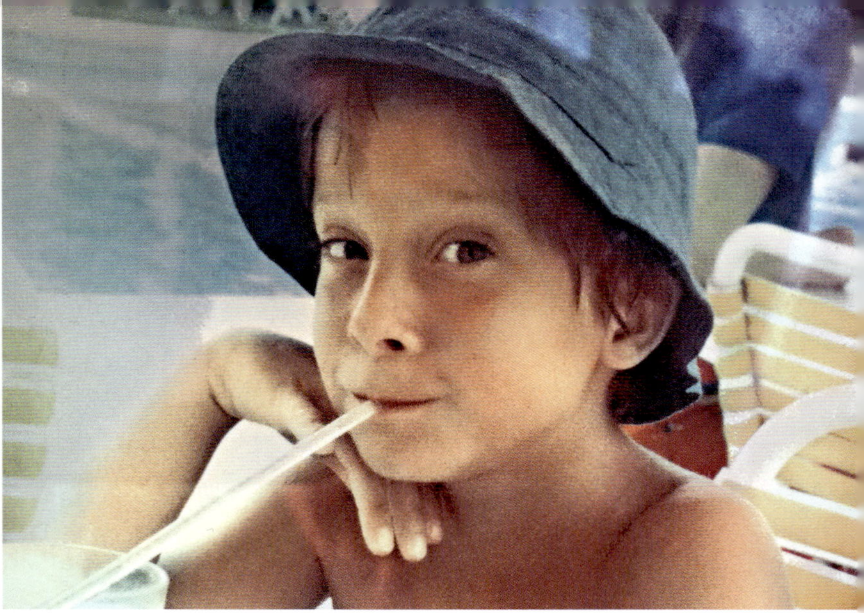

Beim Urlaub in Frankreich. Unverkennbar: ein Lausbub mit verschmitztem Lächeln, dem der Schalk schon aus den Augen blitzt.

Zu Hause auf der Isle of Wight – da war ich zehn, neugierig und abenteuerlustig.

Ich, Paps und meine Schwester Lara in unserem Garten auf der Isle of Wight.

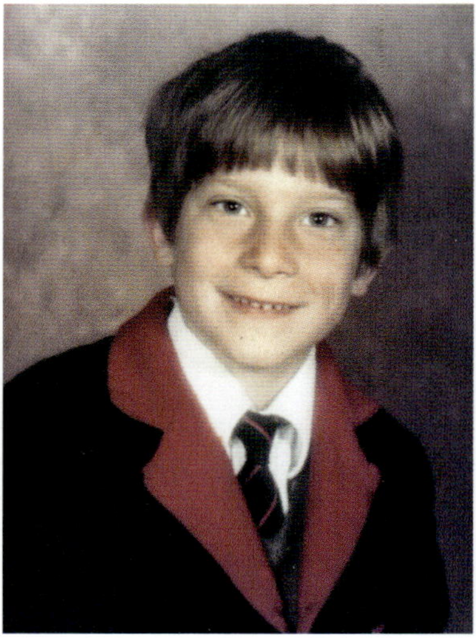

Links: Lara im Alter von 18 Jahren – wie immer bildhübsch; *rechts*: mein erstes Schulfoto im Alter von sieben.

Mick (Crosthwaite) und ich treffen Vorbereitungen für einen Segelausflug um die Insel; wir sind beide elf.

Unser House Cricket Team in Eton; da war ich 17. Ich bin der Zweite von links in der ersten Reihe.

Links: Im Alter von 16 wurde ich mit dem Abzeichen für den besten Karate-Schüler ausgezeichnet; das war kurz bevor ich nach Japan ins Trainingslager fuhr; *rechts:* Charlie (Mackesy) und ich mit 18; wir haben wieder mal herumgeblödelt.

Unmittelbar nach bestandener SAS (R) Selection-Prüfung; bei unserem Fallschirmtraining.

Ich, zusammen mit Soldaten meiner Kompanie des 21. SAS-Regiments in der Wüste in Nordafrika.

Oben: dem schlechten Wetter trotzen beim Bergsteigen – Berge sind eine meiner ganz großen Leidenschaften.

Links: Mick und ich im Everest-Basislager, kurz bevor die Expedition begann.

Oben: 7:22 Uhr am 26. Mai 1998. Neil und ich mit der SAS-Regimentsfahne auf dem Gipfel des Mount Everest.

Rechts: Endlich habe ich allen Grund zum Feiern, nachdem die Everest-Mission erfolgreich beendet ist. Bin zwar total erledigt, aber wahnsinnig glücklich.

Überqueren einer Gletscherspalte im Khumbu-Eisbruch beim Aufstieg zum Everest.

Oben: (*v.l.*) Geoffrey, Mick, ich und Neil – wir feiern den Erfolg unseres britischen Teams auf typisch britische Art im relativ warmen Everest-Basislager.

Rechts: Fast zehn Jahre nach meiner Gipfelbesteigung kehre ich zum Everest zurück, um mit dem ersten motorisierten Gleitschirm über den Gipfel zu fliegen. Wieder einmal eine extrem gefährliche Mission!

Oben: Shara und ich kurz vor unserer Hochzeit.

Links: Shara auf dem Deck unseres »Hausboots« in London bei Jesses Taufe.

Oben: Meinen Jungs Abenteuergeschichten vorzulesen, gehört zu meinen ausgesprochenen Lieblingsbeschäftigungen. Unser Lieblings-Abenteuerbuch? The Bear Scouts!

Rechts: Auf unserer kleinen Insel im Norden von Wales – hier genießen wir das Leben in vollen Zügen.

Links oben: Jesse, Huckleberry und Marmaduke – unsere drei wunderbaren Jungs.

Links unten: Shara und Marmaduke – das ist eines meiner ausgesprochenen Lieblingsfotos. Shara ist rundum glücklich.

Rechts: Familienglück: Als Familie verbringen wir viel Zeit in der freien Natur – gemeinsame Unternehmungen, die uns allen Spaß machen.

Oben: Was kann es Schöneres geben, als auf unserer kleinen Insel vor Wales mit meinem Sohn Jesse oben am Rand der Klippen herumzuklettern?!

Links: Auf meine körperliche Fitness zu achten, war schon immer sehr wichtig in meinem Job – und ich finde es richtig klasse, wenn meine Familie spontan mitmacht!

Oben: Endlich haben wir unsere wirklich abenteuerliche Bootsfahrt durch das Nordpolarmeer zu Ende gebracht.

Rechts: Wir beenden unsere Freiluft-Dinner-arty, indem wir uns von einem Tisch, der in 7600 Metern Höhe unter einem Heißluftballon angebracht ist, n freien Fall in die Tiefe türzen. Ein Weltrekord, der einen Eintrag ins Guinness-Buch der Rekorde bringt und Spendengelder für das Jugend- und Erlebnis-programm »The Duke of Edinburgh's Award«.

Bis zum Hals bin ich im Wüstensand eingegraben. Das war während einer simulierten Grundausbildung in der französischen Fremdenlegion in der Sahara. (*Escape to the Legion*)

Links: Das war mein allererster Sprung in der Eröffnungsfolge von *Abenteuer Survival – Ausgesetzt in der Wildnis: Bear Grylls*.
Rechts: Hier haben wir einen zweiminütigen Kurzfilm aufgenommen, um das Konzept für *Abenteuer Survival – Ausgesetzt in der Wildnis: Bear Grylls* zu testen.

Oben und unten: Abenteuer Survival – Ausgesetzt in der Wildnis: Bear Grylls hat mich schon so manches Mal an meine Grenzen gebracht, ob auf einem brodelnden Vulkan ...

... im Sumpfgebiet oder im eiskalten Wasser eines Gletschersees.

Links oben: Ich mache, was ich am besten kann – meinen Traum verwirklichen.

Links unten: Vor Wildwasser und eisiger Kälte habe ich mit der Zeit einen Heidenrespekt entwickelt.

Rechts oben: Das Northern Territory und die Sümpfe in Australien haben mir das Äußerste abverlangt. Man sollte sich bloß nie mit einem Salzwasserkrokodil anlegen!

Rechts: Eine der Plakatwerbungen, die der Discovery Channel weltweit eingesetzt hat.

Das ist eins meiner Lieblingsfotos von *Abenteuer Survival – Ausgesetzt in der Wildnis: Bear Grylls*. Paul Ritz, ich und Simon Reay am Ende eines Drehtags: völlig durchgeschwitzt, ein Bier in der Hand und immer total aufgekratzt.

Links: Dave Pearce, ein ehemaliger Angehöriger der Royal Marines, ist einer der Bergführer für *Abenteuer Survival – Ausgesetzt in der Wildnis: Bear Grylls*. Er sorgt für die Sicherheit der Film-Crew.

Was mir an der Pfadfinderbewegung so gut gefällt, ist der Spaß, das Abenteuer und die Kameradschaft, die alle Pfadfinder verbindet.

Mittig: Dan Etheridge (Kameramann) und Pete Lee (Ton) arbeiten bei minus 25 Grad Celsius und haben immer ein Lächeln auf den Lippen – beispielhaft; *rechts:* Prinz Charles und die königliche Familie unterstützen die Pfadfinderbewegung stets mit großem Engagement.

Oben: Es ist immer eine große Ehre für mich, jedes Jahr den Queen's Scout Award auf Windsor Castle überreichen zu dürfen.

Links: Bei so vielen inspirierenden Pfadfinder-Geschichten, die ich zu hören bekomme, bin ich sehr stolz darauf, dass ich als Chief Scout der oberste Pfadfinderführer des Pfadfinderverbandes des Vereinigten Königreichs sein darf.

Wind und die große psychische Belastung durch den Whiteout* hatten dafür gesorgt, dass er irgendwie apathisch wurde und nicht rechtzeitig gegengesteuert hat.

Er hatte einfach die goldene Regel zur Vermeidung von Unterkühlung vergessen, die uns die Ausbilder immer wieder und wieder eingebläut hatten: »Achtet darauf, dass ihr nicht auskühlt. Handelt frühzeitig, solange ihr noch klar bei Verstand seid und euch bewegen könnt. Zieht euch noch eine zusätzliche Bekleidungsschicht über, baut euch einen Unterschlupf, bewegt euch schneller – ganz gleich, für welche Lösung ihr euch entscheidet, aber tut es.«

Stattdessen hatte sich dieser Rekrut einfach in der sumpfigen Hochmoorlandschaft mitten zwischen die Riedgrasbüschel gesetzt und ist nicht mehr aufgestanden. Er konnte kaum noch sprechen, geschweige denn stehen. Wir haben uns dann alle im Kreis um ihn herum aufgestellt, um ihm so wenigstens ein bisschen Schutz vor der Kälte zu bieten. Wir haben ihm etwas zu essen gegeben und ihm noch eine Lage Kleidung übergezogen.

Dann halfen wir ihm dabei, den Berg irgendwie hinunterzuwanken, damit er unten von einem Land Rover abgeholt und anschließend ins Basislager verfrachtet werden konnte, wo die Sanitäter ihn versorgen konnten.

Für ihn sollte das nicht nur die letzte Übung im Auswahlverfahren des 21. SAS-Regiments sein, sondern auch ein bitterer

---

* Ein »Whiteout« ist ein Wetterphänomen, das speziell in höheren Bergregionen auftritt. In schneebedeckter Landschaft kommt es bei bewölktem Himmel durch die diffuse Reflexion des Sonnenlichts zu einer extremen Helligkeit. Diese bewirkt eine starke Kontrastverringerung: Konturen und Horizont verschwinden, und die gesamte Umgebung verschwimmt zu einem einzigen grauen Raum, sodass man leicht die Orientierung verliert, Hindernisse oder Abgründe nicht rechtzeitig erkennen und Entfernungen nicht richtig einschätzen kann. Deshalb ist ein Whiteout nicht nur physisch und psychisch sehr belastend, sondern auch extrem gefährlich. [Anm. d. Übers.]

Denkzettel, dass die Strapazen der SAS Selection um ein Vielfaches schlimmer sind als die schlimmsten Befürchtungen, die man sich in Gedanken ausmalen kann. Denn letztlich muss man auch in der Lage sein, die Übungen in den Bergen zu überleben, und das ist im Winter nicht immer ein leichtes Unterfangen.

Ein anderes großes Problem bei der SAS Selection im Winter war, dass man große Mühe hatte, sich in den wenigen Stunden zwischen den Märschen wieder richtig aufzuwärmen.

Im Sommer war das eigentlich nicht so problematisch, wenn man fror und durchnässt war – es war einfach nur unangenehm, aber keineswegs lebensgefährlich. Doch wenn man sich im Winter nicht richtig um seinen Körper gekümmert hat, konnte man sich ganz schnell eine Unterkühlung einhandeln. Und als Folge der Unterkühlung konnten eigentlich nur zwei Dinge passieren – entweder man hat die Übung nicht geschafft und damit die SAS Selection vergeigt oder man ist dran gestorben.

Allerdings waren beide Optionen nicht gerade prickelnd.

16

Jetzt, beim zweiten Anlauf, stellte ich fest, dass ich stärker und kräftiger war.

Ich konnte spüren, dass ich dem Ganzen – im Vergleich zu meinem ersten Selection-Versuch – mental und körperlich viel besser gewachsen war, denn jetzt war ich meist unter den Ersten, die nach einem langen Marsch das Ziel erreichten.

Mit der Zeit wurden die Selection-Prüfungen und Übungswochenenden immer anspruchsvoller. Wir wurden in zunehmend schwierigerem Gelände in den walisischen Bergen ausgesetzt – auf schwarzen, trostlosen Berggipfeln ohne jeden Reiz, in endlosen Sumpflandschaften und in alten verlassenen Steinbrüchen.

Ich habe Tag um Tag und Stunde um Stunde damit zugebracht, mich in Eiseskälte und strömendem Regen durch diese Berge zu schleppen. Dann hatte ich immer die Kapuze meiner Armeejacke tief ins Gesicht gezogen und ganz fest gezurrt, während ich kontinuierlich zum nächsten Checkpoint weitergestapft bin.

Dabei habe ich unentwegt leise vor mich hin gebrabbelt und gesummt und mich immer weiter angetrieben.

Je schlechter die Witterungsverhältnisse wurden, desto mehr Kraft und Mühe hat es mich gekostet, sie ohne größere Blessuren zu überstehen.

Das ist eine Kunst, die man lernen kann: Man muss die Dinge eben nehmen, wie sie kommen, und darf sich niemals unterkriegen lassen.

Das habe ich mir zum Leitsatz gemacht.

Nach und nach ist mir diese ganze, schier endlose Schinderei an den Übungswochenenden regelrecht in Fleisch und Blut übergegangen.

Denn jedes Mal ging das Ganze wieder von vorne los: Entweder stehe ich bis zur Hüfte im Wasser irgendeines Hochwasser führenden Gebirgsbachs und wate durch dieses reißende Wildwasser. Oder ich bohre meine Stiefel tief in den kalten Schlamm irgendeines steilen Berghangs, während ich im Dunkeln vorsichtig versuche, diesen Steilhang zu queren.

Oder aber ich balanciere über einen schmalen, rutschigen Baumstamm, der über irgendeiner Klamm liegt. Es ist dunkel und nass, und das Gewicht meines Rucksacks samt Koppeltragehilfe und Gewehr macht mir schwer zu schaffen.

Ich bin zwar todmüde, aber ich marschiere dennoch immer weiter.

Doch das Schlimmste an den ganzen Übungen war immer das Warten – wenn man zwischen den einzelnen Märschen in der kalten, nassen Moorlandschaft lag und krampfhaft versuchte, wenigstens das eine oder andere Stündchen Schlaf zu bekommen.

Immer schön mit den Zehen wackeln, immer schön lächeln und immer schön auf die nächste Aufgabe konzentriert bleiben. Du schaffst das schon, Bear.

Und mit der Zeit habe ich es auch tatsächlich geschafft.

Woche für Woche für Woche.

Nachdem wir in der sogenannten »Test Week« – das ist die Prüfungswoche, die den Abschluss der »Gipfelstürmer«-Phase der SAS Selection bildet – auch noch die allerletzte Prüfung hinter uns gebracht hatten, war von unserer ursprünglichen Einheit nur noch eine Handvoll Rekruten übrig. Trucker und ich gehörten dazu sowie noch ein paar andere.

Wir alle hatten so vieles gemeinsam geschafft und durchgestanden – wir fühlten uns wie Brüder. Das war ein gigantisches Gefühl.

Wir konnten miterleben, wie einer nach dem anderen von uns irgendwann seinen absoluten Tiefpunkt erreichte und an seine Grenzen stieß – doch wir fünf hatten schließlich bis zum bitteren Ende durchgehalten. Dabei hatte jeder von uns seinen eigenen, ganz persönlichen Kampf gekämpft, und gerade dadurch haben wir einen Stolz und ein Zusammengehörigkeitsgefühl entwickelt, wie es im Zivilleben schwerlich anzutreffen ist.

Doch alles, was wir bis zum Beginn dieser »Test Week« durchgemacht hatten, war im Prinzip nur darauf ausgelegt, uns auf die extremen Strapazen dieser einen Woche vorzubereiten.

Diese Woche bestand aus unmittelbar aufeinanderfolgenden Märschen quer durch die Berge und bildete praktisch den krönenden Abschluss aller Eignungstests zur körperlichen Leistungsfähigkeit der Rekruten, die sich sowohl für das aktive 22. SAS-Regiment als auch für das 21. und 23. Reserve-Regiment beworben hatten – und diese Woche war die reine Hölle.

Doch wenn die bestanden war, hatte man die erste Phase der SAS Selection erfolgreich hinter sich gebracht.

Für die Dauer dieser Prüfungswoche wurden wir dann ins SAS-Hauptquartier verlegt, wo schließlich die Rekruten aller drei SAS-Regimenter zusammenkamen, um zu dieser Prüfung anzutreten.

Wir mussten lange Geländemärsche absolvieren, in denen wir eine unglaubliche Anzahl von Kilometern zurücklegten, durch gebirgiges Gelände, mit immer schwererem Marschgepäck und immer unter Zeitdruck. Prüfungsbedingungen eben.

In dieser Prüfungswoche verliert das aktive SAS-Regiment die Mehrzahl seiner Bewerber, denn diese SAS-Prüfung ist hundertprozentig darauf ausgerichtet, selbst den fittesten Rekruten an seine Grenzen zu bringen. Und da immer weniger Kandidaten es schaffen, innerhalb des vorgeschriebenen Zeitlimits zu bleiben, wird folglich auch die Anzahl der Teilnehmer Tag für Tag immer kleiner.

Doch wenn ich mir vor Augen geführt habe, dass ich bislang nach jedem Übungswochenende ausnahmslos noch einen ganzen Tag danach auf geschwollenen Füßen durch die Gegend gehumpelt bin, dann hat mich die Vorstellung, sechs Märsche unmittelbar hintereinander zu bewältigen, und zwar über noch größere Entfernungen und mit noch schwererem Marschgepäck, ganz schön in Panik versetzt.

Ich hatte nicht die leiseste Ahnung, ob ich dem gewachsen war.

Außerdem würde am Ende der Prüfungswoche der absolut härteste Test von allen anstehen.

Nachdem ich also fünf Tage lang stramm marschiert wäre, müsste ich zum krönenden Abschluss noch den schlimmsten aller Geländemärsche hinter mich bringen – die ultimative Zerreißprobe: Einen extrem langen Ausdauermarsch mit dem vielsagenden Spitznamen »Long Drag« – der lange Leidensweg.

Der Name sagt eigentlich schon alles.

Die enorme Distanz*, die wir auf diesem Marsch zurücklegen mussten, war sehr viel größer als bei allen anderen Märschen zuvor. Außerdem wurde die Distanz in Luftlinie gemessen, wobei der Anstieg des Geländes und die Höhenmeter, die zu überwinden waren, nicht berücksichtigt wurden. (Ein Kilometer auf der Karte ist eben nicht identisch mit einem »tatsächlich gelaufenen« Kilometer, wenn man sich über weite Strecken durch Sumpfland kämpfen und Flüsse durchqueren muss, um auf mehr als 900 Meter hohe Berge hinaufzuklettern und auf der anderen Seite wieder hinunter.)

Darüber hinaus hatten wir schweres Marschgepäck zu tragen – ein knapp 25 Kilo schwerer Rucksack plus Koppeltragehilfe, Gewehr, Wasser und Verpflegung.

Kein Wunder, dass mir davor graute.

Ich hatte nur eine grobe Vorstellung davon, was das wirklich bedeutete.

An jenem Freitag – also zu Beginn der »Test Week« – hockten wir alle zusammengepfercht auf unserer ganzen Ausrüstung in einem Land Rover LWB-Geländewagen mit verlängertem Radstand und verließen das Kasernengelände in Richtung Norden – es war eine Fahrt ins Ungewisse.

Als wir an unserem Zielort ankamen, wurden wir in einen gro-

* Bei diesem Marsch müssen 65 Kilometer zurückgelegt und insgesamt 7000 Höhenmeter überwunden werden. [Anm. d. Übers.]

ßen, nüchternen Raum voller abgehärteter Soldaten mit wettergegerbten Gesichtern zur Einsatzbesprechung gebracht.

Der Chef-Ausbilder des 22. SAS-Regiments erklärte uns in seinem breiten Yorkshire-Dialekt in ganz simplen Worten, dass der SAS-Sensenmann in den kommenden sechs Tagen vermutlich die überwiegende Mehrheit von uns dahinraffen würde. Wir könnten aber, sofern wir es unbedingt um jeden Preis und mit aller Kraft wollten, diese Prüfung bestehen.

»Ihr müsst es allerdings ganz tief hier drin wollen, Jungs«, sagte er, indem er sich auf die Brust klopfte. »Wenn ihr es von ganzem Herzen wollt, dann schafft ihr es auch.«

»Okay. Antritt zum ersten Marsch ist um 5:00 Uhr morgen früh. Weitere Anweisungen werden jeden Abend am Schwarzen Brett ausgehängt. Viel Glück.«

Danach drehte er sich um und ging, damit wir unser Quartier beziehen konnten.

17

Ich habe meine Ausrüstung sorgfältig in den Spind gepackt, meinen Wecker gestellt und dann versucht zu schlafen.

Um ehrlich zu sein, ich war noch nie so aufgeregt.

Das ganze Quartier war schon früh auf den Beinen, lange vor Sonnenaufgang.

Denn jeder Soldat war aus gutem Grund hier: Er wollte unter Beweis stellen, dass er die langen Märsche in der vorgegebenen Zeit schaffte. Alle Übungen, die wir bisher bewältigt hatten, dienten keinem anderen Zweck, als uns auf diese kommenden sechs Tage vorzubereiten.

Ab sofort fiel das militärische Konditionstraining flach, ebenso wie schikanöse Disziplinarmaßnahmen, schwachsinnige Kasernen-Reinigungsaktionen oder lautstarke Befehle. Das war jetzt unnötig. Denn nur das Gewicht, die Distanzen und die Zeit würden letztlich darüber entscheiden, ob wir diesen Eignungstest bestanden oder ob wir durchfielen.

Am Ende dieser Prüfungswoche würde der SAS über ein kleines Grüppchen hoch motivierter, fähiger und durchtrainierter Soldaten verfügen – quasi das Rohmaterial, das er anschließend nach seinen Vorstellungen formen konnte.

Der SAS würde diese Wenigen einer außergewöhnlichen Spezialausbildung unterziehen und zu Elitesoldaten machen. Unkonventionell. Hoch spezialisiert und hoch qualifiziert.

Ich ging zur Kantine und haute mir beim Frühstück den Ranzen voll bis zum Anschlag. Denn heute konnte ich jedes noch so kleine bisschen an Energie gut gebrauchen. Es wurde von uns erwartet, dass wir unser Gepäck selbstständig wogen und auf die Minute pünktlich in Marschordnung antraten. Niemand wurde hier wie ein Kind bemuttert. Hier ging es einzig und allein um Selbstdisziplin.

Als wir um 4:55 Uhr antraten, warf ich einen flüchtigen Blick auf die Rekruten in meiner Reihe. Fast alle waren recht unterschiedlich angezogen. Abgesehen von der Grundausstattung, die war bei jedem gleich, war es jedem selbst überlassen, welche Stiefel und Mützen er trug.

Der SAS sucht eigenwillige Persönlichkeiten, und er versucht deshalb auch nie, diese Individualität zu unterbinden.

Schließlich hatte jeder Rekrut hart dafür gearbeitet, dass er an dieser Prüfung teilnehmen konnte, und deshalb hatte er sich auch das Recht verdient, seine Stiefel selbst auszusuchen. Jeder von uns wusste nicht nur, welche Ausstattung er gern mochte, sondern jeder von uns hatte auch seine speziellen Vorlieben entwickelt, womit er am besten zurechtkam. Bei mir war das ganz genauso.

Wir standen alle schweigend in »Rührt Euch«-Stellung; unsere großen grünen Rucksäcke hatten wir auf dem Boden abgestellt und ans Bein gelehnt – das sah dann ungefähr so aus, als wären wir Strafgefangene, denen man Fußfesseln mit einer schweren Eisenkugel angelegt hatte.

Die Ausbilder überprüften und wogen ihrerseits noch einmal unser Gepäck, bevor sie uns zur Waffenkammer schickten, damit wir unsere »Waffen« in Empfang nehmen konnten.

Dabei handelte es sich um alte SLR-Standard-Sturmgewehre. Doch diese Waffen hatten einen Haken: Sie hatten kein Repetiersystem und auch sonst kein funktionierendes Innenleben; die Öffnung war mit Stahl zugeschweißt.

Wie umsichtig, dachte ich.

Anschließend wurden wir in die Viertonner-LKWs verfrachtet, die mit uns auf der Ladefläche das Kasernengelände verlassen haben und in Richtung Berge gerumpelt sind.

Draußen war es noch dunkel.

Ich hatte keine Ahnung, wohin die Fahrt ging; ich war einfach nur nervös und angespannt, was mich wohl erwarten würde.

Irgendwann verließ der Lastwagen dann holpernd die Straße und kam durch die aus den Bremsen austretende Druckluft mit einem lauten zischenden Geräusch zum Stehen. Ich warf einen Blick hinaus.

Mittlerweile hatte ich genügend Erfahrung gesammelt, um zu wissen, dass wir in dieser fürchterlichen Riedgraslandschaft im Hochmoor gelandet waren.

Das hätte ich mir ja denken können.

Meine nervöse Anspannung und die ganzen Dieselabgase, die ich während dieser eineinhalbstündigen Fahrt eingeatmet hatte, rächten sich nun bitter, denn ich fühlte mich hundeelend.

Ich kletterte aus dem Lastwagen, und plötzlich musste ich mich in hohem Bogen übergeben. Doch das Einzige, was mir in diesem Augenblick durch den Kopf schoss, war, dass die ganze wertvolle Energie, die ich für diesen Tag so dringend gebraucht hätte, nun dahin war.

Während ich darauf wartete, dass man mich aufrief und mir meine erste Planquadratangabe aushändigte, war mein Selbstvertrauen auf dem absoluten Tiefpunkt.

All die alten Selbstzweifel schossen mir wieder durch den Kopf.

Mit einem Mal fühlte ich mich nur noch völlig überfordert.

Denn ich war weder ein Marineinfanterist noch irgendein anderer total abgehärteter Soldat, den so leicht nichts umhauen konnte. Eigentlich war ich noch verdammt feucht hinter den Ohren, und zwar in jeder Hinsicht – und ich wusste das auch.

Also atmete ich tief durch, als ich in der Reihe in Grundstellung antrat. *Ganz ruhig.*

Ich musste einfach nur losmarschieren und dann durchhalten.

18

Kurz darauf war ich unterwegs und marschierte drauflos.

Hinauf zum ersten Gipfel und hinunter durch das anschließende Tal, dann quer durch einen Fluss und wieder hinauf zum nächsten Gipfel.

Einige Stunden später überholte ich Trucker, der mir zügig hinterherkletterte. Er nickte mir zu und lächelte. Er schien gut in Form zu sein.

Ich machte mich daran, den nächsten steilen Gebirgshang zu erklimmen, indem ich mich auf Händen und Knien in dem feuchten, sumpfigen Gelände entlanghangelte.

Schon bald befand ich mich auf einer Strecke, von der ich

glaubte, dass dies nun die letzte Marschetappe auf dem Rückweg wäre. Es waren nur noch etwa zehn Kilometer bis zum Ziel, doch dann traf ich die falsche Entscheidung und wählte eine Route, die mich in den aufgeweichten, sumpfigen Boden und das hohe Schilf der Moorlandschaft führte.

Auf dieser Route habe ich dann gezwungenermaßen sehr viel an Boden und an Höhenmetern eingebüßt, weil ich unzählige, etwa neun Meter tiefe felsige Schluchten mit tosenden Gebirgsbächen durchqueren musste, damit ich überhaupt irgendwie vorwärtskommen konnte.

Doch ich war fest entschlossen, meinen schwer erkämpften Zeitvorsprung nicht zu verlieren, und deshalb bahnte ich mir erbarmungslos meinen Weg durch die unwegsame Riedgraslandschaft. Es dauerte nicht lange, bis ich die Lastwagen sah, die unten im Tal, am Fuß des Berges auf uns warteten.

Ich hatte es gerade noch innerhalb des Zeitlimits geschafft; ich wuchtete meinen schweren Rucksack – den »grünen Affen«, wie wir Rekruten ihn gern nannten – von meinem schmerzenden Rücken und ließ mich in den Lastwagen plumpsen; überglücklich, aber hundemüde.

Wie ich herausfand, hatten all die anderen an diesem Tag mit ähnlichen Problemen zu kämpfen. Die Route war ganz bewusst so angelegt. Aber immerhin hatte ich den Marsch überlebt.

Der Marsch am nächsten Tag führte uns wieder durch die berüchtigte Riedgraslandschaft im Hochmoor. Und wieder fanden wir am Schwarzen Brett die Anweisung vor, dass das Gewicht des Marschgepäcks noch einmal erhöht wurde. Außerdem befanden wir uns in einer Region des Gebirges, mit der ich bisher noch keine Bekanntschaft gemacht hatte.

Als wir in der eiskalten Morgendämmerung in Marschordnung antraten und darauf warteten, dass wir einzeln im Zwei-Minuten-Takt losgeschickt wurden, tippte ich einem anderen

Rekruten auf die Schulter und fragte ihn, ob er das Gelände kenne – und wie sich herausstellte, kannte er es offensichtlich sehr gut.

In etwa einer halben Minute informierte er mich nicht nur über alle Tücken des Geländes, sondern auch über mögliche Abkürzungen, die er kennengelernt hatte.

Prima Kumpel. Das waren wertvolle Infos.

Die gegenseitige Hilfsbereitschaft während der SAS Selection war gut. Es gab keinen Konkurrenzkampf. Denn wenn der Chef-Ausbilder hätte eines Besseren belehrt werden können und wir allesamt bestanden hätten, wäre er der Erste gewesen, der dieses Ereignis gefeiert hätte. Beim SAS gibt es keinerlei Beschränkung, wonach nur eine bestimmte Anzahl von Rekruten die Prüfung bestehen darf. Die einzige Beschränkung, die der SAS sich auferlegt, besteht in den extrem hohen Anforderungen an die Leistungsfähigkeit seiner Rekruten.

Ich marschierte sehr zügig los. Bis jetzt war ich so viele Kilometer durch diese tückische Riedgraslandschaft marschiert, dass ich mich doch tatsächlich seltsamerweise mit der Zeit an dieses unwirtliche Gelände gewöhnt hatte.

Trotz des sintflutartigen Regens, der ununterbrochen auf uns niederprasselte, kam ich an diesem Tag mit einer guten Zeit ins Ziel. Ich streckte mich hinten auf der Ladefläche des Lastwagens aus und plauderte auf dem Rückweg angeregt mit den anderen Jungs.

Allmählich gewann ich an Selbstvertrauen und Persönlichkeit.

Am Morgen des nächsten Tages bemerkte ich, dass weniger Lastwagen dastanden. Ich hatte gehört, dass eine ganze Menge Rekruten bereits »ausgemustert« worden waren. Sie hatten sich entweder verlaufen oder waren dem Gewicht ihres Rucksacks nicht mehr gewachsen oder konnten das vorgegebene Zeitlimit nicht einhalten.

Es war nicht ganz einfach, den Überblick zu behalten; doch jeden Abend wurden die Namen der Rekruten am Schwarzen Brett ausgehängt, die noch immer mit von der Partie waren – und bis jetzt stand mein Name noch auf dieser Liste.

Ich wollte weiterhin unauffällig bleiben, ohne Probleme, ohne Gedöns.

Einfach nur die Aufgabe bewältigen, im Zeitlimit und damit auf der Liste bleiben.

19

Unser stetig kleiner werdendes Grüppchen von Rekruten kletterte wieder einmal in den dunklen Laderaum dieser großen schweren, stählernen Lastwagen, die uns schon wieder in diese sumpfige Pampa karrten, die kilometerweit mit stacheligen Riedgrasbüscheln übersät war.

An diesem Tag mussten wir weite Strecken durch dasselbe Gelände marschieren, in dem ich vor sechs Monaten kläglich gescheitert war und ausscheiden musste. Es war jetzt an der Zeit, diesen Selbstzweifeln den Kampf anzusagen.

Ich war sehr darauf bedacht, dieselben Fehler nicht noch einmal zu machen. Deshalb nahm ich zwischendurch immer wieder einen Bissen von den Snacks, die ich mir vom Frühstück abgezweigt und in die Taschen gestopft hatte, und ich trank auch regelmäßig, um meinen Wasserhaushalt im grünen Bereich zu halten.

Doch gerade, als sich nach und nach das Selbstvertrauen einstellte, dass ich dieses Mal die Sache besser im Griff hätte, unterlief mir ein Leichtsinnsfehler.

Denn ich bin von der Hochebene viel zu früh in tiefer liegendes Gelände abgestiegen, sodass ich mich auf einmal im tiefsten Morast wiederfand und nur schwankend und mit größter Mühe einen Fuß vor den anderen setzen konnte. Dadurch habe ich nicht nur kostbare Energie verplempert, sondern auch wertvolle Zeit. Ich merkte, dass meine müden Beine immer weniger Kraft hatten und dass das schwere Gewicht meines Rucksacks dazu beitrug, dass meine Beine bei jedem Schritt immer tiefer in den weichen matschigen Untergrund einsanken.

Zu allem Elend konnte ich in der Ferne am Horizont auch noch die Umrisse von Rekruten erkennen, die auf höherem Gelände an mir vorbeizogen.

Ich war nach relativ kurzer Zeit so erschöpft, dass ich einfach stehen bleiben und eine Pause machen musste. Nur eine Minute, um den schweren Rucksack von meinen Schultern zu bekommen. Ich musste dringend Bestandsaufnahme machen und leerte meine Taschen. Dann verschlang ich alle Snacks, die ich als eiserne Ration gehortet hatte, auf einmal. Was nützte mir die eiserne Ration. Ich brauchte die Energie jetzt.

Dann überprüfte ich noch einmal genau die Route auf der Karte und meine Zeit: Ich brauchte einen Plan, wie ich aus diesem Schlamassel wieder herauskam, und zwar schnell.

Ich machte also eine 90-Grad-Drehung und kletterte wieder mühsam bergauf, zurück zu dem höher liegenden Terrain, von wo ich gerade hergekommen war. Mir war durchaus klar, dass ich mich damit ziemlich weit von meiner Marschroute entfernte und dass ich eigentlich hätte weiter bergab marschieren müssen, aber ich wusste eben auch, dass ich in höherem Gelände besser vorankommen würde, anstatt einen aussichtslosen Kampf im tiefen Morast zu führen. Das hatte ich schon einmal versucht – und verloren.

Der Wind hatte mittlerweile stark aufgefrischt und schickte so kräftige Böen vom Hochplateau herunter, als wollte er mich auf diese Weise am Aufstieg hindern. Doch ich konzentrierte mich voll und ganz auf meine Aufgabe, ignorierte die Schulterriemen, die extrem auf meine Muskeln im unteren Nackenbereich drückten, und gab alles. Ich musste diese Situation unbedingt in den Griff bekommen.

Ich weigerte mich energisch, die SAS Selection noch einmal in dieser gottverlassenen, glitschigen Schlammgrube zu vergeigen.

Als ich den Rand des Hochplateaus erreicht hatte, fing ich an zu laufen. Doch wenn man das Gewicht eines Kleinkinds auf dem Rücken trägt, ist das Laufen in diesem mit riesigen Grasbüscheln übersäten Gelände kein leichtes Unterfangen. Doch ich brannte jetzt vor Ehrgeiz. Ich rannte immer weiter. Und ich kämpfte mich verbissen Minute um Minute und Kilometer um Kilometer auf die richtige Route zurück.

Ich rannte den gesamten Weg bis zum letzten Checkpoint, dann brach ich zusammen. Der Ausbilder schaute mich verwundert an und kicherte leise in sich hinein.

»Klasse Leistung«, sagte er anerkennend, denn er hatte mich dabei beobachtet, wie ich mich auf den letzten beiden Kilometern durch unwegsames Gelände gekämpft hatte.

Die Selbstzweifel waren besiegt. Das Adrenalin schoss durch meine Adern – volles Rohr.

Jetzt waren nur noch drei weitere Märsche in dieser Prüfungswoche zu bewältigen. Doch das waren echte Horrormärsche.

Der erste davon fand wieder in den Brecon Beacons statt. Dabei musste ungefähr eine Distanz von 32 Kilometern zwischen den drei höchsten Berggipfeln zurückgelegt werden, wobei die drei Checkpoints – was ziemlich fies war – erst ganz unten im Tal am Fuß der jeweiligen Berge eingerichtet waren.

Auch das Gewicht unserer Rucksäcke wurde noch einmal

beträchtlich erhöht. Als ich diese Anweisung am Abend zuvor am Schwarzen Brett las, musste ich zweimal hinschauen, um sicherzugehen, dass ich mich da nicht verlesen hatte.

Jeden Morgen, wenn wir in Marschordnung antraten und darauf warteten, dass es endlich losging, war es für mich jedes Mal ein Kraftakt, diesen schweren Rucksack auf meinen Rücken zu wuchten. Die einfachste Methode, diesen Rucksack zu schultern, war, in die Hocke zu gehen, die Arme durch die Schulterriemen zu stecken und einen Kumpel zu bieten, dass er einen hochzieht und so auf die Füße befördert.

Sobald man aufrecht stand, musste man stehen bleiben.

Die Belastung durch das enorme Gewicht des Rucksacks war am Anfang und am Ende jedes Marsches immer am schlimmsten; doch in den ersten paar Stunden waren die Schmerzen im Rücken stets am unerträglichsten.

Die wund gescheuerten, nässenden Stellen an den Schulterblättern schmerzten, sobald das Gewicht des Rucksacks wieder draufdrückte. Doch dann hat der Kopf irgendwie das Schmerzempfinden für eine Weile ausgeschaltet. Und zwar solange, bis gegen Ende des Marsches die Schultern immer schlaffer wurden und die Muskeln sich auf einmal heftig zusammenkrampften und höllisch brannten.

Der untere Rücken wie auch die Schultern von vielen Soldaten waren blutunterlaufen und über und über mit Blasen und bandagierten Wunden übersät – Qualen, die sichtbar wurden, sobald wir im Duschraum standen, der allerdings die meiste Zeit eher einem Feldlazarett glich.

Dort gingen die Soldaten wortlos ihren Pflichten nach: Die Blasen am Rücken wurden versorgt, und die entsetzlich wundgelaufenen Füße, die wahnsinnig schmerzten, wurden dick mit einem mit Zinksalbe bestrichenen Tape-Verband umwickelt.

Genau genommen haben wir abends sehr viel Zeit darauf verwendet, die unzähligen Blasen zu versorgen und zu verbinden, die alle Rekruten unweigerlich erdulden mussten.

An jenem Morgen, während wir wie gewohnt dastanden und darauf warteten, dass es endlich losging, war mir wieder speiübel. Ich hasste diese Warterei. Es war einfach reine Nervosität, dass mir so speiübel war.

Kurz darauf konnte ich meine gesamte Tagesration an Energie in Augenschein nehmen, die nun auf dem Boden vor meinen Füßen lag. Das war ein schlechter Start.

Als ich losmarschierte, fing es kräftig zu schneien an, und als ich oben auf dem ersten Berggipfel ankam, merkte ich, dass ich kräftemäßig ziemlich schnell abbaute. Schon wieder. Die Kraftreserven meines Körpers wurden einfach von Tag zu Tag weniger.

Doch es war schlichtweg unmöglich, diese Kraftreserven in den paar wenigen Stunden Schlaf, die wir der Nacht abringen konnten, wieder komplett aufzutanken.

Ich hasste es, wenn ich mich so schwindlig fühlte, als wollte ich jeden Augenblick aus den Latschen kippen.

Wieso fühle ich mich jetzt bloß so schwach? Ich brauche doch dringend Kraft.

Aber diese Kotzerei, der Schlafmangel und die stundenlangen anstrengenden Geländemärsche durch die Hochmoore, und das Tag für Tag, machten mich einfach systematisch fertig.

Nach etwa der Hälfte der Strecke lag ich hinter der Zeit, und ich wusste, dass ich unbedingt einen Gang zulegen musste, ganz egal, wie elend ich mich fühlte. Ich legte mich mächtig ins Zeug und kämpfte mich gnadenlos voran, und tatsächlich stellte ich auf einmal fest, dass meine Kraft zunehmend zurückkehrte, je gnadenloser ich mich vorankämpfte.

Schließlich konnte ich den Marsch innerhalb des vorgeschriebenen Zeitlimits zu Ende bringen. Als ich meine Ausrüstung in den Lastwagen schleuderte, war ich total aufgekratzt und stand noch ganz schön unter Adrenalin.

Gut gemacht, Bear.

Was ich jedoch nicht bedacht hatte, war der Preis, den ich dafür bezahlen musste, dass ich mich Tag für Tag so extrem verausgabte – nämlich, dass meine Kraft- und Ausdauerreserven immer mehr zur Neige gingen.

Schließlich kann man nicht ewig so weitermachen, denn irgendwann sind auch mal die Reserven aufgebraucht.

20

Am nächsten Tag war die Marschroute kürzer, doch dafür wurde das Gewicht noch einmal erhöht – und zwar gewaltig.

Kurz und knackig, dachte ich. *Häng dich voll rein, Bär, noch einmal.*

Der peitschende Regen, der mir direkt ins Gesicht schlug, erschwerte die Orientierung erheblich. Und innerhalb weniger Minuten, nachdem ich aufgebrochen war, war meine gesamte Ausrüstung durch und durch nass. Ich sah aus, als hätte ich gerade einen tiefen Fluss durchquert.

Doch obwohl ich völlig durchnässt war, habe ich überhaupt nicht gefroren. Allerdings musste ich dafür auch sehr hart arbeiten.

Ich zog die Kapuze meiner Jacke tiefer ins Gesicht und marschierte gegen den Wind.

Sechs Stunden später sah ich die Lastwagen und war am Ziel. Ich wuchtete den schweren Rucksack auf die Ladefläche und zog mir unterwegs auf der langsamen, holprigen Rückfahrt zum Camp trockene Klamotten an. Danach musste ich wieder sehr mühsam meine Ausrüstung in Ordnung bringen, meine geschundenen Füße versorgen und mich auf den kommenden Tag vorbereiten.

Alle, die es bis hierher geschafft hatten, wussten nur allzu gut, was am letzten Tag dieser Prüfungswoche auf uns zukommen würde.

Ein letzter Marsch, eine letzte Kraftanstrengung. Doch dieser war echt die Hölle.

Denn der »Long Drag«, dieser letzte extreme Ausdauermarsch, ist genau jener Geländemarsch, wofür die SAS Selection geradezu berühmt-berüchtigt ist – denn bei diesem Geländemarsch ist ein Soldat vor einigen Jahren vor Erschöpfung zusammengebrochen und gestorben. Dennoch hat der »Long Drag« auch einen positiven Effekt: Er sorgt nicht nur dafür, dass alle Rekruten gleichermaßen an ihre Grenzen stoßen, sondern er verbindet auf besondere Weise all diejenigen, die die SAS-Prüfung bestehen.

Die Marschroute würde uns über die gesamte Bergkette der Brecon Beacons führen ... und danach wieder zurück. Um uns die Größenordnung dieser Herausforderung vor Augen zu führen, bräuchten wir – wie wir schnell feststellten – allein zwei Karten im Maßstab 1:50 000, um die gesamte Route darzustellen.

Symbolisch betrachtet, endete mit dieser letzten Prüfung auch die »Gipfelstürmer«-Phase der SAS Selection.

Wenn man es also schaffte, diesen Marsch innerhalb des vorgegebenen Zeitlimits zu absolvieren (je nach Wetterbedingungen betrug es zwischen 20 und 24 Stunden), hatte man die Fitness- und Orientierungsprüfung bestanden und konnte mit Phase zwei der SAS (R) Selection – der eigentlichen Ausbildungsphase – weitermachen.

Um zwei Uhr nachts schrillte mein Wecker. Wie ich dieses Geräusch hasste.

Ich setzte mich langsam auf.

Die Lichter waren bereits an, und alle waren eifrig damit beschäftigt, ihre Füße mit einem Tape-Verband zu versehen oder die Blasen auf ihrem Rücken zu bandagieren. Der Rekrut neben mir wirkte ziemlich blass und mitgenommen, während er wortlos seine Zehen tapte – wie ein Boxer, der seine Hände vor dem Kampf sorgfältig mit Tape-Band umwickelt.

Irgendwie hatte ich es nach Möglichkeit immer vermieden, dieses Blasenpflaster allzu oft zu benutzen. Ich hatte in den ersten Tagen die Qualen durchgestanden, um meinen Rücken und meine Füße an das Gewicht zu gewöhnen, und wenn ich mich jetzt umschaute und sah, wie alle anderen sich den wunden Rücken und die geschundenen Knöchel fest mit Tape umwickelten, war ich heilfroh, dass ich das immerhin nicht machen musste.

Ich hatte mich bis jetzt jedenfalls ganz gut geschlagen und mir nur ein paar wenige lästige Blasen eingehandelt, doch das kann den entscheidenden Unterschied machen.

Dennoch fühlte sich mein Körper extrem erschöpft an, und meine Knöchel und Füße waren stark geschwollen.

Das Einzige, was ich momentan bestenfalls zuwege brachte, war, ganz langsam die knapp 100 Meter bis zur Kantine buchstäblich humpelnd zurückzulegen.

Auf halbem Wege machte ich eine Pause, um mich auszuruhen – und nachzudenken.

Schau dich doch mal an, Bear, dachte ich. *Heute ist der »Long Drag«, und du schaffst kaum den Weg bis zur Kantine.*

Ich versuchte, diesen Gedanken zu verdrängen.

Als wir in jener Nacht in Marschordnung antraten, herrschte Totenstille. Niemand sprach ein Wort. Von unserem ursprünglichen Trupp, als wir mit der Prüfungswoche anfingen, war nur mehr ein verschwindend kleiner Bruchteil übrig geblieben. Trucker war noch dabei. Er hatte verbissen und still die Kilometer heruntergerissen und das Zeitlimit eingehalten. Ohne Probleme. Prima Junge.

»Wir schaffen das, Kumpel«, murmelte ich ihm zu, als wir dastanden und warteten. »Nur noch diesen einen Marsch, und die Sache ist gegessen, Trux.«

Er warf mir ein müdes Lächeln zu.

Er sah aus wie ein Leichtverletzter. So sahen wir eigentlich alle aus. Allesamt kräftige Männer, die auf wunden Füßen durch die Gegend eierten.

Jetzt lasst mich schon endlich losmarschieren, dachte ich, *dann wird das pulsierende Blut den Muskelkater und die Schmerzen in meinem Rücken und in meinen Füßen schon vertreiben.*

Auf dieser letzten Fahrt im Lastwagen, der uns in die Berge brachte, sprach keiner ein Wort. Wir saßen alle eng zusammengekauert, hatten die Mütze tief ins Gesicht gezogen oder den Kopf in den Händen vergraben, und jeder hing seinen ganz persönlichen Gedanken nach.

In dieser Nacht mitten im Februar war es bitterkalt.

Durch das Zischen der Bremsen und den Ruck des stoppenden Motors wurden wir aus unseren Gedanken gerissen. Ich warf einen Blick nach draußen.

Es war dunkel, und der Boden war mit einer dicken Schneeschicht bedeckt. Es war Zeit, auszusteigen.

Unsere Rucksäcke wogen mittlerweile knapp 25 Kilo plus Koppeltragehilfe, Wasser, Verpflegung und Sturmgewehr. Verdammt schwer.

Die Ausbilder haben das Gewicht unseres Marschgepäcks überprüft, indem sie unsere Rucksäcke reihum an den langen Fleischerhaken dieser alten Federzugwaage gehängt haben, die notdürftig an der Rückseite eines der Lastwagen befestigt war.

Die Waage zeigte an, dass Truckers Rucksack ein ganzes Pfund zu wenig wog.

Daraufhin haben die Ausbilder ihm einen gut viereinhalb Kilo schweren Stein vor die Füße geworfen, den er auf seinen Rucksack noch obendrauf packen musste. Der »Long Drag« hieß eben nicht umsonst der lange Leidensweg. Keiner von uns konnte hier irgendwelche Gefälligkeiten erwarten.

Trux und ich halfen uns gegenseitig dabei, uns die schweren Rucksäcke auf den Rücken zu wuchten, uns diese Last aufzubürden, und dann traten wir einer nach dem anderen in Marschordnung an und warteten auf den Befehl, jeweils wie gewohnt im zwei-Minuten-Takt loszumarschieren.

Es herrschte eine beißende Kälte, und der Wind wehte selbst hier unten, am Fuß des Gebirges, ziemlich kräftig. Während wir noch auf das Kommando warteten, drehten wir uns alle mit dem Rücken zum Wind.

Endlich fiel mein Name.

»Grylls. Die Uhr läuft. Los!«

21

Ich machte mich auf den Weg und marschierte in die Dunkelheit.

Ich stellte meine Kompasspeilung auf den ersten Referenzpunkt am Gipfelkamm ein, konzentrierte mich auf die Laufrichtung und marschierte, so schnell mich meine Füße trugen.

Der erste Checkpoint befand sich in etwa 600 Metern Höhe bergauf, und ich dachte mir, ich könnte einen Teil der Strecke abkürzen, indem ich direkt durch den Talkessel bergauf laufe, anstatt weiter in Richtung Kammlinie zu laufen.

Ich erkannte jedoch sehr schnell, dass dies ein Fehler war.

Denn bis ich merkte, dass ich die Dicke der Schneedecke ganz gewaltig unterschätzt hatte, hatte ich bereits einen Teil der Strecke zurückgelegt und konnte es mir nicht leisten, noch einmal umzukehren.

Der Schnee in diesem Talkessel hatte sich zu riesigen Verwehungen aufgetürmt, sodass ich hüfthoch im Pulverschnee versank. Ein Vorwärtskommen war unter diesen Bedingungen nur im Schneckentempo möglich.

Es war Vollmond, und so konnte ich am Horizont die Schatten der Rekruten erkennen, die auf der Route oben am Berg entlangliefen. All die anderen Rekruten marschierten einer nach dem anderen immer weiter bergauf.

Ich dagegen steckte in diesem verdammten Talkessel im tiefen Pulverschnee fest und kam so gut wie überhaupt nicht vorwärts.

Dabei hatte dieser Horrormarsch doch gerade erst begonnen.

Ich verfluchte mich selbst.

Das war ja eine echt beschissene Entscheidung, Bear.

Ich war bereits total durchgeschwitzt.

Über eine Stunde habe ich gebraucht, bis ich die Kammlinie überquert hatte, und bis zu diesem Zeitpunkt bin ich keinem anderen Rekruten begegnet. Ich war nicht nur allein unterwegs, sondern ich lag auch zeitlich im Hintertreffen.

Und oben auf dem Gebirgskamm herrschte ein extrem stürmischer Wind, sodass ich genau genommen von zwei Schritten, die ich vorwärts machte, wieder einen zurückgeworfen wurde.

Ich arbeitete mich vorsichtig über den schmalen Trampelpfad voran, den die Schafe entlang des Bergkamms hinterlassen hatten, und der nur wenige Meter rechts von mir ungefähr 250 Meter steil abfiel.

Plötzlich gab unter meinem Gewicht die Eisschicht auf einer

zugefrorenen Lache nach, und ich versank bis zu den Oberschenkeln in einer eiskalten, schwarzen, schlammigen Pampe.

Ich war jetzt patschnass und mit diesem schweren, schwarzen Lehm überzogen, der zäh wie Kleister an meinen Beinen klebte.

Ein super Start.

Doch dann habe ich mich einfach nur auf meine Aufgabe konzentriert und bin weitermarschiert.

Als die ersten Sonnenstrahlen durch die Morgendämmerung brachen, bin ich bergauf geklettert – quasi ein letzter symbolischer Aufstieg – zu jenem Gebirgskamm im Osten, wo sich dieser eine hohe Gipfel befand, den wir alle sehr genau kennengelernt hatten.

Auf diesem Berg hatte ich schon oft sehr viel Kraft und Ausdauer bewiesen, doch dieses Mal schaffte ich es gerade mit Mühe und Not, diesen steilen Berghang zu erklimmen – ich hielt den Kopf gesenkt, meine Beine schmerzten unter dem Gewicht des Rucksacks, und mein Atem ging schwer.

Ich hatte das Gefühl, als würde ich mich ein letztes Mal der Herausforderung stellen, diesen unbarmherzigen Berg bezwingen zu wollen, der uns Menschen beständig an unsere Grenzen bringt.

Dann ging es bergab, und als ich danach wieder hinauf zum nächsten Hochtal aufstieg, stellte ich fest, dass ich gerade im Begriff war, mitten in einen atemberaubenden winterlichen Sonnenaufgang zu klettern, denn die Sonne schob sich in der Ferne ganz allmählich über den Horizont.

Wir mussten heute also den gesamten Tag durchmarschieren und würden folglich erst nach Mitternacht unser Marschziel erreichen – natürlich vorausgesetzt, dass wir diesen Horrormarsch überhaupt bis zum Ende durchhielten.

Ich schleppte mich mühsam irgendwie voran, immer weiter und weiter und weiter.

Halte das Tempo; versuche, normal zu atmen; kämpfe dich mit aller Kraft voran.

Die Stunden vergingen wie in einem Nebel, und in meinem Kopf und meinem Körper tobte ein regelrechter Zermürbungskrieg – ich versuchte die ganze Zeit über zu ignorieren, dass meine wund gelaufenen Füße in den nassen, rissigen Stiefeln immer weiter anschwollen.

Ich stieg noch einen weiteren steilen, schneebedeckten Berghang hinunter zu einem Reservoir – jetzt lag die Hälfte der Strecke hinter uns. Erschöpft ließ ich meinen Rucksack fallen und stöberte nach etwas Essbarem. Ich brauchte unbedingt Energie.

Die anderen Rekruten, die mir begegneten, kamen allesamt aus dem Checkpoint herausgeschlurft und schlangen wie verrückt etwas zu essen in sich hinein. Es waren finster dreinblickende, durchnässte und gebeugt laufende Gestalten, die mit vollen Backen auf den Hafer-(Panzer-)Keksen oder der (Steinbeißer-)Schokolade aus ihrer Einmannpackung herumkauten und sich strammen Schrittes quer durch die Moorlandschaft kämpften, von wo aus es wieder hinauf in die Berge ging.

Ich hing nun seit über fünf Minuten am Checkpoint fest, weil ich warten musste, bis ich an der Reihe war. Ich wusste, dass ich jetzt ganz schnell wieder in Fahrt kommen musste, sonst würde ich schreckliche Beinkrämpfe bekommen. Nach jeder Pause, die länger als ein paar Minuten dauerte, war es immer äußerst schmerzhaft, bis man wieder richtig in Gang kam.

Ich machte mich startklar und marschierte dann wieder denselben Berghang hinauf, den ich gerade heruntergekommen war. Es dauerte nicht lange, bis ich mich wieder einmal durch sumpfiges Gelände kämpfen musste, das mit unzähligen stacheligen Riedgrasbüscheln übersät war, und dadurch mein Tempo nicht halten konnte. Ich gab mein Bestes, um diese

Graslandschaft so schnell wie nur irgend möglich hinter mir zu lassen.

Gute 16 Kilometer später hatte ich Trucker eingeholt, und wir marschierten gemeinsam – zwei einsame Gestalten, die im Kampf gegen die sich allmählich breitmachende Erschöpfung dennoch versuchten, das Tempo weiter aufrechtzuerhalten.

Am nächsten Checkpoint zog ich meine Stiefel aus, denn die waren in dem sumpfigen Gelände bis zum Rand mit Schlamm und Wasser vollgelaufen. Ich zog mir ein Paar frische Socken an und leerte meine Stiefel aus. Schon möglich, dass trockene Socken in nassen Stiefeln rein gefühlsmäßig keinen großen Unterschied machen, mental aber sehr wohl. Mittlerweile lagen nur noch ungefähr 29 Kilometer vor uns – aber ich hatte ein Paar frische Socken an.

Aus psychologischer Sicht war es ein neuer Anfang.

Mach weiter, Bear; steh auf und nimm die Beine in die Hand. Bring diese Sache zu Ende.

22

Das sogenannte »VW Valley« ist ein Hochtal, das auf einem der letzten – und schwierigsten – Berge liegt, die man im Rahmen der Selection-Prüfung erklimmt.

»VW« steht für »Voluntary Withdrawal« – freiwilliges Ausscheiden –, und wenn man diesen Berg sieht, dann versteht man auch, warum viele Kandidaten hier das Handtuch geworfen haben.

Ein sehr stürmischer Wind fegt über die steilen Berghänge hinweg, und die zahlreichen Taleinschnitte sind mit sumpfiger Moorlandschaft durchsetzt. Doch nach gut 48 Kilometern ist bei vielen Rekruten – völlig aufgerieben durch die enorme Distanz, die sie mit schwerem Marschgepäck und unter großem Zeitdruck zurückgelegt haben – beim Anblick dieses Berges ein Punkt erreicht, an dem sie kapitulieren.

Aber bei mir nicht. Nicht jetzt.

Dann habe ich mir den kürzesten Weg in den Talkessel gebahnt, indem ich den ersten steilen Abhang auf meinem Hinterteil hinuntergerutscht bin. Auf meiner rasanten Rutschpartie durch den Schnee habe ich dann den Gewehrkolben als Steuerhilfe benutzt, bis ich am Fuß des Abhangs in unmittelbarer Nähe eines zugefrorenen Flusses dann endlich wieder langsamer wurde.

Ich überquerte den Fluss und machte mich schnurstracks daran, den vor mir liegenden Berghang hinaufzuklettern; Trucker war dicht hinter mir.

Immer weiter und weiter und weiter bergauf – und als ich endlich oben am Bergrücken ankam, bin ich zusammengesackt und habe auf ihn gewartet.

Trux' Füße waren sehr stark angeschwollen. Später stellte er dann fest, dass er sich vermutlich bei dieser Rutschpartie an beiden Füßen die große Zehe gebrochen hatte. Das war auch der Grund für dieses ununterbrochene Pochen und Hämmern in seinen Füßen. Er litt Höllenqualen.

Ich hörte, wie er ganz leise vor sich hin brabbelte. Er murmelte Bibelverse in seinen Bart.

Wir hatten vor den großen Geländemärschen oft gemeinsam still gebetet. Jetzt brauchten wir die Kraft des Gebetes mehr als je zuvor.

»Denn ich bin der Herr, dein Gott, der deine rechte Hand fasst und zu dir spricht: Fürchte dich nicht, ich helfe dir!« *Jesaja 41, 13.*

Wenn ich jemals tröstende Worte nötig hatte, dann jetzt.

Es ist ja so einfach, zynisch zu sein und zu glauben, dass man keine Hilfe nötig hat, wenn sich alles so entwickelt, wie man es sich wünscht; doch wenn ich durch die SAS Selection eins gelernt habe, dann das: Wir alle stoßen irgendwann an unsere Grenzen. Damit wir uns aber über unsere Grenzen hinwegsetzen können, müssen wir manchmal auf eine höhere Kraft vertrauen, die wir selbst nicht beeinflussen können.

Und genau das hat der Glaube in mir bewirkt – er hat mir insgeheim immer ein Gefühl von Kraft und Zuversicht geschenkt, wenn ich es am meisten gebraucht habe.

Und jetzt war so ein Moment.

Als wir den Gipfel hinter uns gelassen hatten, lösten sich die Nebelschleier auf, und es wurde allmählich wieder dunkel. Es dauerte nicht lange, und es wurde bitterkalt. Wir waren total entkräftet, und während wir uns in der hereinbrechenden Dämmerung durch diese sumpfige Moorlandschaft im Hochtal schleppten, bemerkten wir erst nach einer ganzen Weile, dass wir – aufgrund völliger Erschöpfung – die Orientierung verloren hatten.

Wir bewegten uns schon langsam bergab, obwohl wir doch eigentlich noch auf dem Hochplateau hätten weitermarschieren müssen.

»Wo zum Teufel sind wir hier?«, murmelte ich vor mich hin und warf einen prüfenden Blick auf die Karte, während ich vor Kälte nur so schlotterte.

Dann suchten wir beide im Umkreis die Umgebung ab, um den schmalen Pfad zu finden, der am Bergkamm entlangführte und dem wir folgen müssten, um etwas weiter bergab zu unserem nächsten Checkpoint zu gelangen.

Doch schon bald wurde es stockdunkel, und die Berggipfel waren in dichten Nebel gehüllt, wodurch die Sichtweite gegen null ging.

Ich lief voran, als ich plötzlich auf der dünnen Eisschicht einer schlammigen Furche ausrutschte und im Affenzahn den Berg hinuntersauste. Trucker war dicht hinter mir geblieben, und so kam er genauso schnell hinterhergerutscht.

Als wir weiter unten durch Schnee, Matsch und Geröll wieder zum Stehen kamen, wollte ich eigentlich den Hang sofort wieder hinaufklettern, als ich auf einmal direkt unter uns einen Lichtschein erspähte.

Dann begriff ich, dass das Licht dort unten vom Checkpoint kam, den wir die ganze Zeit vergeblich gesucht hatten. Wie prompt doch unsere verzweifelten und stillen Gebete erhört worden waren!

Wir checkten ein und machten uns gleich auf den Weg zum letzten Checkpoint.

Doch mit einem Mal wurde es schier unmöglich, vorwärtszukommen. Ich versank dreimal hintereinander hüfthoch im Schlamm. Außerdem war das Gelände mit unzähligen gefällten Baumstämmen übersät, die zur Hälfte in dem sumpfigen Moorboden eingesunken waren.

Ich fror entsetzlich und hatte viel zu wenig getrunken, weshalb ich extrem dehydriert war. Dieser Marsch forderte allmählich seinen Tribut.

Meine Kraftreserven waren am Ende. Langsam, aber sicher wurde meine Erschöpfung immer größer, und ich konnte einfach nicht mehr weiter.

Matt – einer der anderen Rekruten aus unserer Truppe – hatte sich uns inzwischen angeschlossen. Er merkte, dass ich total fertig war. Er nahm mich beiseite, und ich musste mir eine zusätzliche Schicht Kleidung anziehen. Er ließ mich aus seiner Wasserflasche trinken und half mir wieder auf die Füße.

Er hat mir in dieser schweren Stunde so sehr geholfen, dass ich ihm wohl niemals genug dafür danken kann. Dann sind wir drei gemeinsam weitermarschiert.

Kurze Zeit später haben wir zufällig einen Feldweg entdeckt, der ein Stückchen unterhalb unserer Route verlief. Das war eine Möglichkeit, diese Sumpflandschaft mit ihren verfluchten Baumstümpfen hinter uns zu lassen. Wir waren uns sehr wohl bewusst, was uns blühen würde, wenn man uns dabei erwischte, dass wir einen Weg benutzten. Aus, vorbei – wir könnten auf der Stelle gehen.

Doch wir kamen in dieser gottverlassenen Sumpflandschaft einfach nicht voran, und wir mussten dringend Zeit aufholen, wenn wir diesen letzten Geländemarsch bestehen wollten.

Wir mussten alles auf eine Karte setzen.

Wir bahnten uns schließlich einen Weg durch dieses Labyrinth aus unzähligen Baumstümpfen, und erreichten stolpernd den Feldweg.

Ganz vorsichtig sind wir dann auf dem Feldweg entlanggelaufen.

Als wir sahen, wie plötzlich ein paar Scheinwerfer direkt auf uns zukamen, hechteten wir über einen Stacheldrahtzaun. Wir konnten uns nirgendwo verstecken – also sind wir einfach kopfüber in den Schlamm gesprungen.

Wir lagen regungslos da, die Gesichter tief in den Schlamm gegraben.

Ich betete inständig, dass der Scheinwerferkegel uns nicht aufspüren würde.

Der Land Rover, in dem die Ausbilder saßen, holperte langsam an uns vorbei, ohne anzuhalten. Sie hatten uns nicht entdeckt.

Wir riskierten es und marschierten noch einmal etwa eine halbe Stunde auf dem Feldweg, bis wir dann in Richtung Osten abdrehten und wieder zurück in den Wald liefen und danach unseren Weg wieder in der weitläufigen Moorlandschaft fortsetzten.

Bis zum Ziel waren es nur noch knapp dreizehn Kilometer.

Doch irgendwie schien es, als wollten diese dreizehn Kilometer einfach kein Ende nehmen. Wir sahen aus wie Zombies.

Matt, Trucker und ich mussten alle 500 Meter anhalten, um uns hinzusetzen und kurz auszuruhen, doch sobald unsere Schultern und Beine von dem schweren Gewicht befreit waren, nickten wir innerhalb weniger Sekunden ein.

Nachdem wir zwei Minuten mitten im Schnee und Schlamm zusammengesackt dasaßen, musste ich Matt einen ordentlichen Knuff geben, damit er sich wieder in Bewegung setzte. Denn jetzt war es meine Aufgabe, ihm zu helfen.

»Steh auf, Matt, wir müssen das hier zu Ende bringen.«

Dann endlich, auf der anderen Seite des Reservoirs, konnten wir erkennen, wonach wir die ganze Zeit Ausschau gehalten hatten.

Das Licht der Scheinwerfer glitzerte auf der Wasseroberfläche.

Es waren die Scheinwerfer von den Viertonner-Lastwagen, die am Ziel auf uns warteten. Wir konnten schon von Weitem das leise Brummen ihrer Dieselmotoren hören, die die Fahrer angeworfen hatten, damit die Heizung im Führerhaus funktionierte.

Die Entfernung bis zur anderen Seite des Reservoirs betrug Luftlinie nur etwa einen knappen Kilometer, doch der Fußweg um das gesamte Reservoir herum bedeutete noch einmal einen Marsch von etwa fünf Kilometern.

Plötzlich bekamen meine Muskeln einen neuen Energieschub. Ich legte einen Gang zu und marschierte, so schnell ich konnte. Das Adrenalin floss in Strömen – dieser Adrenalinstoß trieb mich immer schneller voran, damit ich diesen Monstermarsch zu Ende bringen konnte.

Dann hatten Matt, Trucker und ich das Ziel endlich erreicht. Wir waren nicht nur weit unter dem vorgeschriebenen Zeitlimit geblieben, sondern wir waren auch die ersten Rekruten unserer

21 SAS Selection-Truppe, die diese ultimative Zerreißprobe – den »Long Drag« – bestanden hatten.

Ich hatte mich noch nie zuvor in meinem Leben so erschöpft, erleichtert, stolz und kaputt gefühlt.

Doch das Einzige, was mich in diesem Augenblick interessierte, war, dass ich die »Gipfelstürmer«-Phase der SAS Selection erfolgreich hinter mich gebracht hatte.

Allerdings sollte sich die anschließende Phase 2 – die Trainingsphase, das heißt die eigentliche SAS-Spezialausbildung – als eine völlig andere, weitaus schwierigere und noch viel härtere Herausforderung erweisen.

23

Am Ende der Prüfungswoche, das heißt nach dem letzten Horrormarsch der »Gipfelstürmer«-Phase, war nur noch eine Handvoll Rekruten aus unserer ursprünglichen Einheit übrig.

Es dauerte zwar fast eine ganze Woche, bis ich wieder annähernd Gefühl in meinen geschwollenen Füßen und meinem mit Blasen übersäten Rücken hatte, aber immerhin hatte ich meine Tauglichkeit in den Bergen unter Beweis gestellt, denn ich hatte gezeigt, dass ich durchtrainiert und belastbar war.

Jetzt war es Zeit für Phase 2 – die Ausbildung.

Doch zunächst mussten wir, wie man es nannte, grundlegende militärische Fertigkeiten erlernen. Mit anderen Worten: Wir mussten all das lernen, was normalerweise zur militärischen Grundausbildung eines Soldaten gehört. Denn erst wenn wir diese Grundfertigkeiten erlernt hätten, würde man uns die typischen Fertigkeiten vermitteln, wie sie von Spezialeinheiten beherrscht werden müssen.

Das Erlernen dieser speziellen Kenntnisse und Fertigkeiten

würde den Großteil unserer Ausbildungszeit in Anspruch nehmen. Denn jetzt war es schließlich an der Zeit, dass die Ausbilder dieses durch die Selection-Prüfung so mühsam gewonnene Rohmaterial nutzten, um aus uns hoch qualifizierte und spezialisierte, erfindungsreiche Elitesoldaten zu machen, für die der SAS so berühmt ist.

Im Rahmen dieser Spezialausbildung würden wir lernen, wie wir unsere jeweiligen Spezialkenntnisse korrekt, schnell und – was besonders wichtig ist – intuitiv einsetzten. Allerdings müssten wir auch extrem schnell, extrem viel lernen, um diesen hohen Anforderungen gerecht zu werden. Man wies uns darauf hin, dass wir uns nur einen einzigen Patzer oder Ausrutscher erlauben dürften und dass wir danach die Übungen jedes Mal korrekt auszuführen hätten – wenn nicht, wären wir eben weg vom Fenster.

Ich wollte diesen hohen Anforderungen, die der SAS an uns stellte, um jeden Preis gerecht werden – ich wollte diese Fertigkeiten unbedingt beherrschen. Deshalb war ich fest entschlossen, diese Chance, die ich mir so hart erkämpft hatte, unter keinen Umständen zu vermasseln.

Vor uns lagen viele lange Wochenenden, an denen man uns diese speziellen Kenntnisse und Fertigkeiten vermitteln würde. Im Anschluss daran müssten wir in einem Trainingslager eine mehrere Wochen dauernde, sehr intensive Kampfausbildung absolvieren, wo man unsere Fertigkeiten und unsere Persönlichkeit unter extremsten Bedingungen einer knallharten Belastungsprobe* unterziehen würde, um auf diese Weise festzustel-

* Dieser Ausbildungsabschnitt endet mit einer Übung, in der speziell das Überleben in Kampfsituationen unter realistischen Bedingungen trainiert wird. Dazu werden die Rekruten – nur mit einer minimalen Überlebensausrüstung ausgestattet – im Gelände von Fallschirmjägereinheiten fünf Tage lang gejagt und müssen es schaffen, in dieser Zeit unentdeckt zu bleiben. [Anm. d. Übers.]

len, wer letztlich das Zeug dazu hat, ein SAS-Elitesoldat zu werden.

Danach müssten wir die absolut brutalste Phase der Ausbildung überstehen: Wir müssten quasi als »Vorbereitung« auf eine Gefangennahme durch feindliche Truppen 36 Stunden lang folterähnlichen Verhörtechniken widerstehen. Wenn wir diese Prüfung jedoch erfolgreich abschließen würden (und man informierte uns, dass in dieser Phase immer einige Verluste zu beklagen sind), dann – und nur dann – hätten wir uns das sandfarbene SAS-Barett mit dem SAS-Abzeichen verdient, das die Inschrift des Regimentsmottos »Who Dares Wins« – Wer wagt, gewinnt – trägt.

Unser erstes Trainingswochenende im SAS-Hauptquartier begann ziemlich anspruchsvoll. Denn jetzt ging es nicht mehr allein um körperliche Kraft und Ausdauer. Es ging vielmehr darum, dass wir uns die erforderlichen Kenntnisse und Fertigkeiten aneigneten, und diese speziellen Fähigkeiten dann Hand in Hand zusammen mit der körperlichen Fitness einsetzten, die wir in der Zwischenzeit ja gut trainiert hatten.

Noch vor Sonnenaufgang wurden wir in einen unterirdischen Bunker beordert. Er diente sozusagen als »Hörsaal«, in dem wir mit allen wichtigen Informationen und Instruktionen bombardiert wurden – und das ununterbrochen und flächendeckend.

Das Motto lautete: »Erläutern, demonstrieren, dann nachmachen.« Zunächst hat man uns eine Übung erläutert, dann hat man sie uns demonstriert, und danach wurde von uns erwartet, dass wir sie entsprechend nachmachen. Immer wieder und wieder, bis wir sie perfekt beherrschten.

Während dieser Zeit mussten wir auch immer wieder große

Strecken im Gelände zurücklegen, damit wir uns mit allen Aspekten der üblichen Vorgehensweise der Spezialeinheiten der britischen Armee vertraut machen konnten.

Dabei stellte ich allerdings fest, dass sich die Trainingsatmosphäre mittlerweile stark verändert hatte: Wir wurden von den Ausbildern nicht mehr wie Rekruten, das heißt wie Nummern behandelt, sondern vielmehr wie potenzielle SAS-Soldaten – Soldaten, mit denen die Ausbilder möglicherweise in naher Zukunft durchaus Seite an Seite kämpfen müssten.

Folglich hatten die Ausbilder ein persönliches Interesse daran, sicherzustellen, dass wir die Übungen korrekt ausführten und dass irgendwelche Schwächen sofort ausgemerzt wurden.

Doch in der nun folgenden Ausbildungsphase ging man in vielerlei Hinsicht noch weniger nachsichtig mit uns um als in der »Gipfelstürmer«-Phase. Sofern das überhaupt möglich war. Denn sie war deutlich subjektiver angehaucht. Für den Fall, dass die Ausbilder nicht davon überzeugt waren, dass man diesem Job gewachsen war oder schnell genug kapierte, worauf es ankam – oder auch falls sie ganz einfach meinten, dass das eine oder andere Gesicht nicht hierher passte –, war man schnell weg vom Fenster. Ohne großes Gedöns.

Denn das Einzige, wofür sich die Ausbilder jetzt interessierten war: Wie schnell lernt ein Soldat? Ist er in der Lage, schnell zu reagieren, sich anzupassen und zu improvisieren? Ist er in der Lage, unter Druck einen kühlen Kopf zu bewahren? Ist er in der Lage, sowohl in einem kleinen Team als auch auf sich allein gestellt gut zu arbeiten? Zeichnet er sich durch Selbstdisziplin und strukturiertes Handeln aus, ist aber dennoch in der Lage, seine Kampfkraft taktisch geschickt und zielgerichtet einzusetzen, wenn es die Situation erfordert?

Mittlerweile konnte ich auch verstehen, warum die Anforderungen an die körperliche Leistungsfähigkeit so extrem hoch waren. Denn diese körperliche Fitness fand nun in der täglichen Praxis Anwendung – sie diente einem ganz bestimmten Zweck.

»Du wirst in fünf Stunden von einem Heli abgeholt – bis zum vereinbarten Treffpunkt sind es noch knapp 25 Kilometer. Du hast auch einen Verwundeten bei dir, und ein feindlicher Truppenverband ist dir auf den Fersen. Wenn diese Rettungsaktion erfolgreich sein soll, musst du den vereinbarten Heli-Treffpunkt rechtzeitig erreichen – also setz dich in Bewegung.«

Das Ganze hat mir so richtig Spaß gemacht.

24

Es gab keinen Zweifel mehr: Wir hatten mittlerweile immer mehr das Gefühl, dass wir zur SAS-Gemeinschaft dazugehörten, und das fühlte sich echt gut an.

Jedes Mal, wenn wir Kampfsituationen mit simulierten Feindkontakten geübt haben, floss das Adrenalin ununterbrochen in Strömen. Entweder haben wir uns den Weg aus einem plötzlichen Hinterhalt freigekämpft, Munition und Funkgeräte in die Berge hinaufgeschleppt oder uns darauf vorbereitet, im Morgengrauen Überraschungsangriffe auf nicht mehr genutzte Wirtschaftsgebäude ehemaliger Bauernhöfe durchzuführen.

Zwischendurch, wenn wir nicht gerade Kampfsituationen trainiert haben, mussten wir nach wie vor endlose Geländeläufe, Sprints und Trainingseinheiten zur Steigerung unserer körperlichen Fitness absolvieren und natürlich auch das unausweichliche allmorgendliche militärische Konditionstraining inklusive Geländemärsche mit Gepäck.

Jedes Mal, wenn wir einen Satz Übungen langsam in den Griff bekamen, haben sie uns gleich wieder mit einer neuen Ladung Übungen eingedeckt. So ging es unaufhörlich immer weiter, und es war mental schon eine große Herausforderung, mit diesem Tempo Schritt zu halten. Aber genau das ist ja der Grund, warum die SAS-Leute als die Soldaten mit dem ultimativen »Intellekt« gelten.

Damit ist die Fähigkeit gemeint, auch dann noch klar zu denken und entschlossen zu handeln, wenn alles um einen herum im Chaos versinkt. Ach, und natürlich auch, dass man extrem schnell lernt.

Wir mussten lernen, verschiedenste Aufgaben zu bewältigen: Tarnung, Spurensuche, Anlegen geheimer Verstecke für Ausrüstung und Nahaufklärung (CTR – Close Target Reconnaissance); Waffenkunde und Schießübungen – im Schlamm, unter Wasser und im Dunkeln. Daneben wurden wir auch in der Handhabung einer Reihe verschiedener ausländischer Waffen ausgebildet: Wir lernten nicht nur, wie wir sie zerlegen und wieder zusammenbauen mussten, sondern auch schnell und treffsicher damit zu schießen. Im Rahmen des kampforientierten Schusstrainings (Combatschießen) mit simuliertem Feindkontakt haben wir in unseren vier Mann starken Stoßtrupps sogar mit scharfer Munition geschossen, während wir aus der Deckung heraus die »Dschungel«-Ziele aus allen Richtungen unter Beschuss genommen und dabei Hunderte und Aberhunderte von Patronen verballert haben.

Und im Laufe all dieser Übungen haben wir gelernt, uns aufeinander einzustellen und so zu einem ultimativen Spitzenteam zusammenzuwachsen: Wir wussten instinktiv, wie jeder Einzelne von uns unter Belastung tickt und wo unsere jeweiligen Stärken liegen.

Im Prinzip war es so, dass wir genau wussten, dass wir uns auf unseren Partner verlassen konnten, wenn wir ihn brauchten.

Wir waren immer extrem angespannt, weil eventuelle Fehler gravierende Konsequenzen nach sich ziehen konnten. Schließlich waren wir ein Team, und Fehler konnten dem gesamten Team schaden. Bestenfalls würde dies bedeuten, dass wir eine Nacht lang Liegestütze machen mussten, schlimmstenfalls konnte es einen von uns das Leben kosten. (Denn wenn man im Dunkeln mit scharfer Munition auf irgendwelche Ziele schießt, während man in Gräben hechtet und am Boden entlangrobbt, und das bei so geringer Distanz zueinander, ist das immer extrem gefährlich.)

Da der letzte Abschnitt unserer Kampfausbildung – das heißt, die ultimative Bewährungsprobe – mittlerweile immer näher rückte, »diskutierten« die Ausbilder auch immer öfter darüber, wie gut jeder Einzelne von uns wohl für den SAS-Dienst geeignet war.

Außerdem haben sie kontinuierlich unsere körperliche Belastung immer weiter erhöht, indem sie uns immer wieder – mit schweren Maschinengewehren und kistenweise Munition bepackt – die Berghänge hinauf- und wieder hinuntergejagt haben.

»Schön – aber jetzt das Ganze noch einmal, indem ihr dieses Mal beim Aufstieg während des Laufens das Gewehr auseinandernehmt und wieder zusammenbaut.«

Während all dieser Übungen haben wir jedoch ganz genau gewusst, dass am Ende nicht jeder von uns die abschließende Prüfung bestehen würde.

Die Fahrt zum Übungsgelände fing nicht gerade vielversprechend an.

Denn bevor wir das Kasernengelände verließen, kläffte uns Ausbilder Taff – er war der Zugführer unserer Einheit – wütend an: »Wenn ihr noch nicht mal in der Lage seid, eure Ausrüstung ordentlich in dem verdammten Lastwagen zu verstauen, dann habt ihr verdammt noch mal auch nicht die Chance verdient, die vor euch liegende Prüfung überhaupt zu bestehen, so viel kann ich euch versichern.«

Ich war jedenfalls wahnsinnig nervös – noch weitaus nervöser und angespannter, als ich bisher während der gesamten SAS Selection war.

Auf der Fahrt nach Norden wurde mir dann von diesem Geholpere und Geschaukel prompt kotzübel – das passierte mir zuletzt, als ich noch ein kleiner Junge war und nach den Ferien wieder in die Schule zurück musste. Das war die Nervosität.

Wir haben auch versucht, Taff darüber auszuquetschen, was uns bei der simulierten »Gefangennahme durch den Feind« erwartet, um eventuell Tipps von ihm zu bekommen, wie wir die anschließenden folterähnlichen Verhörtechniken gut überstehen könnten.

Sein Tipp, den er für Trucker und mich parat hatte, war ganz simpel: »Ihr beiden feinen Pinkel haltet am besten einfach eure Klappe – die Ausbilder vom 23. Regiment reagieren nämlich ziemlich allergisch auf Rekruten, die sich als ehemalige Eton-Schüler entpuppen.«

Das 23. SAS-Regiment hatte die Leitung über das Ausbildungscamp (die im Allgemeinen immer zwischen dem 21. und 23. Regiment wechselte), wobei jedoch die Soldaten des 23. Regiments stets den Ruf genossen, dass sie nicht nur Klartext redeten, sondern auch knallhart, extrem durchtrainiert und überaus trinkfest waren. Das letzte Mal, dass wir mit ihnen zu tun hatten, war während der »Test Week« in der »Gipfelstürmer«-Phase, und die lag schon einige Monate zurück, allerdings ging das Gerücht: »Die Ausbilder des 23. Regiments werden schon dafür sorgen, dass es die Rekruten des 21. Regiments am schlimmsten erwischt.«

Trucker und ich hofften einfach darauf, dass es uns gelang, uns weiterhin ganz unauffällig zu verhalten, um ja nicht aus der Gruppe herauszustechen. Wir würden uns demnach voll auf unsere Aufgabe konzentrieren, ganz ruhig weitermachen wie gewohnt und das tun, was von uns erwartet wurde.

Doch dieser Plan ging nicht hundertprozentig auf.

»Wo sind denn diese Typen, die wie Prinz Charles reden?«, brüllte der Ausbilder des 23. Regiments, als wir das erste Mal in Marschordnung antreten mussten.

»Geruhen unsere beiden Herrschaften die Zeitung zu lesen, während sie ihren Morgentee einnehmen?«, erkundigte sich der Ausbilder mit sarkastischem Unterton.

In gewisser Weise war ich schon versucht, ihm zu antworten, welch nette Geste dies doch wäre, aber dann habe ich es mir verkniffen.

Dann fuhr der Ausbilder fort: »Ich behalte euch zwei genau im Auge. Will ich etwa eines schönen Tages darauf angewiesen sein, mein Leben in eure noblen, zarten Händchen zu legen? Einen Scheiß will ich. Wenn ihr zwei diese Prüfung bestehen wollt, dann müsst ihr euch das sauer verdienen und euch zuerst einmal bewähren, und zwar auf die harte Tour. Also solltet ihr beiden am besten alles geben und verdammt gut sein.«

Na prima, dachte ich.

Jetzt war ich mir sicher, dass man uns in den nächsten beiden Wochen so richtig den Arsch aufreißen würde.

25

Die ersten fünf Tage waren eine einzige Tortur – extrem wenig Schlaf, endlose Prüfungen und ein weitaus umfangreicheres militärisches Konditionstraining als je zuvor.

Jeder Morgen startete mit einer dieser einstündigen Monster-Frühsport-Veranstaltungen, die um Punkt 5:00 Uhr stattfanden, und zwar noch bevor das eigentliche Tagesprogramm überhaupt begonnen hatte.

Unsere Mahlzeiten nahmen wir meist im Stehen ein, und ich fragte mich irgendwann, wieso man sich eigentlich die Mühe gemacht hatte, uns überhaupt Betten zuzuweisen, wenn wir sie doch ohnehin so gut wie gar nicht zu Gesicht bekamen.

Wir wurden in Waffenkunde unterrichtet und mussten mit verbundenen Augen Waffen ausländischer Fabrikate auseinandernehmen und wieder zusammenbauen, und zwar auf Zeit; dann hatten wir im Rahmen der Funkausbildung eine Praxisübung zu absolvieren; danach mussten wir einen See durchqueren und im Anschluss daran einen Geländemarsch mit Gepäck machen; dann folgten Nahkampfübungen mit Feindkontakt, Übungseinsätze mit dem Hubschrauber sowie eine Einführung in Erste Hilfe und lebensrettende Sofortmaßnahmen in Theorie und Praxis.

Und das alles in atemberaubendem Tempo, denn die Ausbilder wollten die geistige und körperliche Leistungsfähigkeit und Belastbarkeit jedes Einzelnen testen; sie wollten wissen, wie lange wir aufmerksam, aufnahmefähig und konzentriert bleiben und gut als Team zusammenarbeiten – auch wenn unsere Köpfe durch die Flut an neuer Information bereits qualmten und wir körperlich völlig erschöpft waren.

Nacht für Nacht waren wir bis drei oder vier Uhr in der Früh auf den Beinen, weil wir dann meist simulierte Angriffe aus dem Hinterhalt oder direkte Angriffe trainiert haben.

Am schwersten war es immer, wenn wir bei strömendem Regen in irgendeinem Graben lagen und so hundemüde waren, dass es nahezu unmöglich war, nicht doch für ein paar Sekunden einzunicken. Es war kalt, wir hatten Hunger und fühlten uns durch den permanent hohen Adrenalinpegel so richtig ausgelaugt – und dennoch lagen wir auf der Lauer und warteten darauf, dass die Ausbilder an jener Stelle vorbeikamen, wo wir im »Hinterhalt« lagen, hoch oben in der sumpfigen Moorlandschaft in Yorkshire, die sich in weitem Umkreis um das Kasernengelände erstreckte.

Meist sind sie aber überhaupt nicht aufgetaucht, und dann haben wir uns schließlich mitsamt der Ausrüstung und dem ganzen Waffenarsenal wieder in den frühen Morgenstunden ins Camp zurückgeschleppt, wo wir dann alles picobello saubermachen mussten, sodass es quasi wie neu aussah.

Erst wenn das erledigt war, konnten wir uns aufs Ohr hauen, um wenigstens ein paar Stunden tief und fest zu schlafen.

Mit der Zeit entwickelte ich einen regelrechten Brass auf diesen Weckruf, der uns jeden Morgen nach einer so kurzen Nacht schon wieder wachrüttelte, damit wir pünktlich zum üblichen »Frühsport«, dem militärischen Konditionstraining, antraten.

Ich fühlte mich wie ein Zombie – mein ganzer Körper war geschunden, müde und schwer wie Blei. Aber trotzdem wurde das Anforderungsniveau, das wir zu erfüllen hatten, täglich immer weiter hochgeschraubt.

Denn darin bestand die eigentliche Prüfung in dieser Ausbildungsphase: Ist ein Soldat auch dann noch in der Lage, die an ihn gestellten Anforderungen zu erfüllen, wenn er total ausgebrannt ist?

Eine dieser »Frühsport«-Veranstaltungen ist mir dabei ganz besonders im Gedächtnis geblieben. Wir haben unsere Übungen wie gewohnt absolviert – das heißt, wir mussten mit unseren Partnern auf den Schultern lange Shuttle-Sprints machen, bis wir fast alle kurz davor waren, uns vor Erschöpfung zu übergeben. Genau in dem Augenblick, als ich fühlte, dass ich mit dem Gewicht meines Partners auf meinen Schultern keinen

Meter mehr weiterlaufen kann, hörte ich auf einmal hinter mir einen dumpfen Schlag und wie jemand vor Schmerz laut aufschrie.

Ich drehte mich um und sah, dass ein Rekrut ausgestreckt auf dem Betonboden in einer Blutlache lag.

Offensichtlich war der Rekrut, der diesen armen Kerl im Gamstragegriff über seinen Schultern getragen hatte, viel zu dicht an einem Laternenmast auf dem Übungsgelände vorbeigesprintet, sodass er im Vorbeilaufen den Kopf seines Partners so hart gegen den Mast gehauen hatte, dass der Arme glatt ohnmächtig wurde.

Doch das Ganze hatte ein Gutes: Die Sanitäter kamen herbeigeeilt, und wir durften allesamt eine halbe Stunde früher wegtreten. Genial. Allerdings ist so etwas nicht allzu oft vorgekommen. Genau genommen war das so ziemlich die einzige, wenn auch winzige Verschnaufpause, die wir in zwei Wochen bekommen haben.

Der allgemeine Schlafmangel zerrte ganz schön an meinen Nerven. Es ist einfach unmöglich vorherzusagen, wie man auf Schlafentzug reagiert – insbesondere, wenn diese Situation über mehrere Tage anhält. Alles leidet – die Konzentration, die Motivation und die Leistungsfähigkeit. Schließlich waren das die elementaren Grundlagen, die wir für unsere Arbeit brauchten. Aber genau darauf ist dieses Training ausgerichtet: Es soll die Soldaten systematisch zermürben, damit erkennbar wird, aus welchem Holz sie tatsächlich geschnitzt sind, wenn sie unter extremer Belastung den wahren Charakter offenbaren.

Ich kann mich auch noch gut an eine ganz bestimmte Unterrichtsveranstaltung erinnern, in der ausführlich über das schrecklich langweilige Thema der unterschiedlich starken Durchschlagskraft verschiedener Projektile und Patronen referiert wurde. Denn als ich meinen Blick nach links schweifen ließ, sah ich, wie Trucker bei dem Versuch sich wachzuhalten, alle paar Minuten seinen Arm mit einer Sicherheitsnadel traktierte.

Dieser Anblick hat mich unendlich aufgemuntert.

Das eigentlich Belastende an dieser Situation war jedoch, dass einfach alles, was wir taten, genau registriert wurde. Aber das war – um es noch einmal zu sagen – auch bis ins kleinste Detail ganz bewusst so geplant: Die Ausbilder wollten sehen, wie wir unter größtmöglicher Erschöpfung und Belastung funktionierten.

Sehr bald sehnte ich mich nur noch nach der letzten viertägigen Übung, wo wir zumindest draußen im Freien in unserem kleinen Trupp unterwegs waren, weit weg von dieser totalen Überwachung und den bohrenden Blicken.

Der letzte Übungstag startete (wie gewöhnlich) schon sehr früh in der Kälte der einsetzenden Morgendämmerung, allerdings ohne das militärische Konditionstraining (was ungewöhnlich war). Dann wurden wir in vier Mann starke Spähtrupps eingeteilt.

Ab sofort durften wir keinen Kontakt zu irgendjemandem außerhalb unseres Mini-Teams beziehungsweise unserer Zelle haben. (Dieses Vorgehen stellt eine übliche Sicherheitsmaßnahme dar, die für den Fall, dass man gefangen genommen wird, gewährleisten soll, dass man über bestimmte Missionen anderer Spähtrupps keinerlei Informationen besitzt.) Das funktioniert sehr gut, weil man auf diese Weise hundertprozentig auf die eigene Mission konzentriert bleibt.

Wir alle erhielten unsere Anweisungen, und die einzelnen Spähtrupps wurden jeweils mit den spezifischen Details ihrer Mission vertraut gemacht.

Den Rest des Tages waren wir dann fieberhaft mit den Vorbereitungen für unsere Mission beschäftigt: Jeder reduzierte seine persönliche Ausrüstung auf das absolute Minimum, damit wir genügend Munition mitnehmen konnten. Wir haben die Magazine mit Patronen und Leuchtspurpatronen bestückt, unsere Waffen gereinigt, das Kartenmaterial studiert, die Übungsabläufe noch einmal durchgesprochen, uns die Hubschrauber-Treffpunkte für Notfälle eingeprägt, sind noch einmal die einzelnen Schritte der Ausweich- und Fluchttaktiken (Evasion and Escape*) durchgegangen, die wir eingeübt hatten, und haben Funkgeräte und Funkverbindungen getestet.

Ich war total aufgekratzt und konnte es gar nicht abwarten, dass es endlich losging.

Doch zuvor haben wir vier noch etwas gegessen, die Mission noch einmal durchgesprochen und ein letztes Mal unsere Ausrüstung überprüft.

Der Hubschrauber sollte uns in der Abenddämmerung am Treffpunkt abholen.

26

In der mondhellen Nacht konnten wir die Umrisse des Hubschraubers genau erkennen, wie er in geringer Höhe in Richtung Camp gefegt kam. Wir warfen unser Gepäck hinein und kletterten an Bord.

Es war für mich das erste Mal, dass ich in einem Militärhub-

---

* *Evasion and Escape* ist Bestandteil des sogenannten *SERE*-Trainings – *Survival, Evasion, Resistance and Escape* –, ein Ausbildungsprogramm, das ursprünglich speziell für Piloten entwickelt wurde, falls sie über feindlichem Gebiet abgeschossen wurden. Es war einerseits als Überlebenstraining in der freien Natur gedacht und sollte andererseits als Vorbereitung dienen, bei einer möglichen Gefangennahme folterähnliche Verhörtechniken besser zu überstehen. [Anm. d. Übers.]

schrauber saß, der im Tiefflug durch die Berge flog, um uns irgendwo in einem entlegenen Landeraum (LR) abzusetzen. Ich fühlte mich unbesiegbar, denn ich war Teil dieses Teams und so fit und durchtrainiert, wie ich es mir nie zuvor hätte träumen lassen.

Schon nach kurzer Zeit ging der Hubschrauber in einen Schwebeflug über, bis er knapp eineinhalb Meter über dem Boden eines kahlen Berggipfels in der Luft stand. Nacheinander sind wir lautlos herausgesprungen, und nachdem der Hubschrauber in Richtung Tal abgedreht hatte und allmählich im Nachthimmel verschwand, haben wir uns eingeigelt, indem wir unsere Abwehrstellungen bezogen haben, die uns eine Verteidigung nach allen Seiten ermöglichten.

Danach war es ganz still, bis auf den Wind, der ständig über den Gipfel hinwegfegte und an unseren Rucksäcken zerrte, während wir regungslos dalagen und warteten. Wir brauchten zuerst etwas Zeit, damit sich unsere Sinne an diese Situation anpassten, bevor wir losmarschieren konnten.

Dann ist unsere Spähpatrouille losmarschiert. Unser erster Kontakt war gute elf Kilometer entfernt. Dort sollten wir mit einer unauffälligen Person in einem unauffälligen Fahrzeug zusammentreffen, die uns näher an unser Zielobjekt heranführen und uns mit aktualisierten Informationen für unsere Mission versorgen sollte.

Als wir am vereinbarten Treffpunkt ankamen, teilten wir uns auf verschiedene Positionen auf, lauschten und warteten.

Da jedoch der hohe Adrenalinpegel der letzten Stunden mittlerweile immer weiter abnahm, machte sich in der Dunkelheit allmählich die Müdigkeit in uns breit.

Bleib wach. Mach schon, Bear. Reiß dich zusammen.

Diese unzähligen Stunden des Wartens, in denen wir bewegungslos, frierend und völlig verkrampft ausharrten, waren ein einziger permanenter Kampf gegen die Müdigkeit, denn wir durften bloß nicht einschlafen.

Alle paar Minuten bin ich kurz eingenickt und sofort wieder hochgeschreckt; dann habe ich immer versucht, durch Kopfschütteln diese bleierne Müdigkeit zu vertreiben. Ich habe sogar versucht, mich wachzuhalten, indem ich mein Kinn auf das spitze und harte Stahlkorn der Visiereinrichtung meines Gewehrs aufgestützt habe.

Endlich tauchte der Mittelsmann mit seinem Fahrzeug auf der Lichtung auf.

Schnell und lautlos krochen wir nacheinander in den Laderaum seines Transporters. Eine halbe Stunde lang holperte der Mittelsmann mit uns über schmale Wege, während wir hinten im Laderaum ausgiebig die Kartenskizze studierten, die er uns gerade gegeben hatte. Das Rotlicht unserer Taschenlampen flackerte wie verrückt.

Kurz darauf wurden wir in einer Einbuchtung auf einer schmalen, verlassenen Straße abgesetzt, dann verschwand der Transporter in der Dunkelheit.

Wir marschierten querfeldein und arbeiteten uns entsprechend der üblichen Vorgehensweise zu unserem vereinbarten Beobachtungsposten vor, von wo aus wir das erste Mal unser Hauptzielobjekt in Augenschein nehmen konnten.

Das Szenario dieser Übung war simpel.

Das Zielobjekt unseres Undercover-Einsatzes war der mutmaßliche Unterschlupf eines Terrorkommandos, das eine Geisel in seiner Gewalt hatte. Sobald wir die Richtigkeit dieser Information bestätigen konnten, hatten wir 24 Stunden Zeit, um uns mit zwei weiteren Spähtrupps zusammenzutun, sie über die Lage zu informieren, einen Plan zur Rettung der Geisel auf die Beine zu stellen und dann die Rettungsmission durchzuführen. Danach mussten wir uns zurückziehen und uns zu unserem letzten Treffpunkt begeben.

Von diesem Treffpunkt aus sollten dann alle Spähtrupps inklusive der Geisel abgeholt und ausgeflogen werden.

Am Schluss dieser Übung sollte unsere Mission dann absichtlich »auffliegen«. Wir sollten alle gefangen genommen werden und mussten uns im Anschluss an unsere Gefangennahme der letzten Phase des Kampftrainings – das heißt, den stundenlangen folterähnlichen Verhörmethoden – unterziehen.

Doch unabhängig davon, was alles während dieser allerletzten Prüfung passieren würde, war uns natürlich bewusst, dass wir uns in einer simulierten Trainingssituation befanden. Doch im Laufe der monatelangen Ausbildung hatten wir gelernt, alle Übungssituationen, die wir erlebten, als Situationen zu betrachten, die in der Wirklichkeit genauso vorkommen können.

Entsprechend bestand der zentrale Schwerpunkt der Ausbildung darin, die Soldaten durch das extrem harte Training optimal auf Kampfsituationen vorzubereiten, getreu dem Motto: Wer hart trainiert, kann leichter kämpfen. Denn wenn die Ausbildung so realitätsnah wie möglich gestaltet wird, ist im Ernstfall der Überraschungseffekt nicht ganz so groß.

Und eine Sache, die der SAS mittlerweile meisterhaft beherrscht, ist, die simulierten Trainingssituationen absolut realitätsnah zu gestalten.

Ich spreche da aus Erfahrung.

27

Wir haben einen idealen Beobachtungsposten ausgemacht, von wo aus wir das verlassene Haus – das unser Zielobjekt war – genau beobachten konnten. Dazu haben wir unser Versteck entsprechend getarnt und uns dann mit der Observierung abgewechselt. Das heißt, wir haben jeweils zu zweit in Zwei-Stunden-Schichten gearbeitet: Wir haben das Zielobjekt ununterbrochen beobachtet, Notizen über jede feindliche Bewegung angefertigt und zwischendurch auch etwas gegessen und uns ausgeruht.

Es war eine richtige Wohltat, endlich einmal die Augen zumachen zu können, wenn auch nur für kurze Zeit.

Da es Sommer war, schien den ganzen Tag über die Sonne auf unseren gut getarnten Beobachtungsposten – eine willkommene Abwechslung zu dem unaufhörlichen sommerlichen Dauerregen, dem wir in den vergangenen zehn Tagen ausgesetzt gewesen waren. Leise und unbemerkt haben wir in unserem Versteck ausgeharrt und das nur knapp 300 Meter entfernte Zielobjekt rund um die Uhr observiert.

In der kommenden Nacht war es dann unsere Aufgabe, zwei weitere Spähtrupps aus einigen Kilometern Entfernung zu unserer Position zu lotsen. Matt und ich sollten mit diesen Spähtrupps zusammentreffen und sie dann zu unserem Versteck bringen, während die anderen beiden Mitglieder unseres Trupps die Observierung fortsetzten.

Das Zusammentreffen mit den anderen beiden Spähtrupps sollte zwischen 3:00 und 5:00 Uhr erfolgen.

Matt und ich kamen schon früh am vereinbarten Treffpunkt an.

Wir hatten uns tief im dornigen Dickicht verkrochen und warteten. Da der Wind mittlerweile aufgefrischt hatte und es auch wieder regnete, zog ich mir meine Kapuze tief ins Gesicht, um nicht zu frieren.

Wir hielten abwechselnd Wache, damit wenigstens einer von uns die Augen zudrücken konnte. Doch Matt war genauso todmüde wie ich, und schon bald schliefen wir beide während unserer Wache ein, weil wir es einfach nicht mehr schafften, die Augen aufzuhalten. Böse Falle. Ich wachte durch ein Rascheln im Gebüsch auf – just in dem Augenblick hörte ich, wie sich die anderen Spähtrupps unserem Versteck näherten.

Im ersten Spähtrupp war ein Ausbilder vom 23. Regiment. Sofort kroch ich aus meinem Versteck, lief den Spähtrupps entgegen und tippte dem Ausbilder auf die Schulter; dann geleitete ich ihn zu unserem Versteck zurück, wo wir gewartet hatten.

Der Ausbilder zeigte mir ein Daumen-hoch-Zeichen, ganz so, als wollte er mir sagen »gut gemacht«, und bis ich mit den anderen im Versteck ankam, hatte Matt sich selbst wach gerüttelt und wirkte so energiegeladen und voller Tatendrang, als hätte er die ganze Nacht über die Stellung gehalten.

Der Ausbilder hatte ja nicht die leiseste Ahnung, dass Matt und ich noch fünf Minuten zuvor fest geschlafen hatten – die Mützen über die Augen gezogen, lagen wir wie Babys in der Wiege in tiefem Schlummer. Doch wenn man uns erwischt hätte, wären wir auf der Stelle weg gewesen vom Fenster – aus und vorbei.

(Aber jede Wette, dass es keinen einzigen SAS-Soldaten gibt, der nicht an irgendeinem Punkt auf diesem langen und steinigen Weg durch die SAS Selection zumindest ein einziges Mal um Haaresbreite gerade noch einmal davongekommen ist.)

Niemand ist schließlich perfekt.

Bei Tagesanbruch hatten wir dann zusammen mit den beiden anderen Spähtrupps unseren Hauptbeobachtungsposten erreicht, der sich nur wenige Hundert Meter von unserem Hauptzielobjekt befand. Wir ruhten uns in unserem Versteck aus und setzten die Observierung fort. Bis zum späten Nachmittag waren noch immer keinerlei Aktivitäten zu erkennen.

Doch dann änderte sich die Situation schlagartig.

Wir konnten beobachten, wie ein Lieferwagen mit hoher Geschwindigkeit den Weg zum Haus hochgerast kam. Zwei Männer in blutroten Sturmmasken stiegen aus dem Lieferwagen aus, rissen die Hecktüren auf und zogen ein schreiendes Mädchen an den Haaren heraus.

Dann gingen sie ins Haus und schlugen die Tür hinter sich zu.

Wir leiteten diese Informationen auf der Stelle weiter und wurden daraufhin per Funk angewiesen, sofort einen Plan für eine schnelle Befreiungs- und Rettungsaktion zu entwickeln.

Das war alles, was wir wissen mussten.

Einige Minuten später waren wir mit der hereinbrechenden Dunkelheit bereit, die Geisel zu befreien.

Ein Vierertrupp sollte den Angriff auf die Terroristen übernehmen und die Geisel bergen – die übrigen Trupps würden ihm Deckung geben und als schnelle Eingreiftruppe (QRF – Quick Reaction Force) agieren, um irgendwelche Wachposten, die die Terroristen möglicherweise irgendwo zur Verstärkung postiert hatten, außer Gefecht zu setzen.

Die Aktion lief wie am Schnürchen. Es schien ganz so, als hätte sich das harte Training ausgezahlt. Wir stürmten das Gebäude, »erschossen« die Terroristen und befreiten die Geisel.

Weitere Einzelheiten sind jedoch nicht für die Öffentlichkeit bestimmt. Nur so viel: Das Ganze ging sehr schnell. Und im Nu hockten wir alle eng zusammengedrängt hinten in einem Transporter, bei dem die Sitze ausgebaut waren, und rasten die schmalen Feldwege entlang. Nichts wie weg.

Auftrag ausgeführt.

Sobald der Undercover-Einsatz abgeschlossen war, stieß unser Mittelsmann wie verabredet zu uns. Ein anderes Fahrzeug hatte die »Geisel« für eine eingehende Befragung übernommen.

Ich stand unter Hochspannung und war noch immer total aufgekratzt, weil mein Körper bis zum Anschlag mit Adrenalin vollgepumpt war.

Der erste Teil der Übung war erledigt und der Zieleinlauf bereits in Sicht, denn wir waren mittlerweile nur noch einen Tag davon entfernt, unser SAS-Abzeichen zu bekommen.

Doch ob wir es letzten Endes bekämen, würde sich erst nach dem letzten Tag und der letzten Nacht auf diesem wahnsinnigen Höllentrip entscheiden.

28

Es gibt Dinge im Leben, auf die kann man sich so gut wie gar nicht vorbereiten. Ich war wahnsinnig nervös.

Wir lagen alle zusammengequetscht hinten im Transporter: Vier total verschwitzte, mit Schlamm eingesaute Männer, mitsamt ihren Koppeltaschen, Gewehren und Rucksäcken – alles auf einem Haufen übereinandergestapelt; und das schwache Licht oben an der Decke im Laderaum flackerte bedenklich, während wir die Feldwege entlangrasten.

Mein Kompass sagte mir, dass wir nicht nach Süden fuhren. Ich merkte instinktiv, dass etwas nicht stimmte.

Plötzlich scherte der Transporter aus, machte eine Vollbremsung und kam abrupt zum Stehen.

Zuerst war es still, dann ging es los.

Boing, boing, boing – hämmerte es an die hohen, mit Blech verkleideten fensterlosen Heckflügeltüren des Transporters.

Jetzt war es so weit.

Was dann kam und sich bis zum folgenden Tag fortsetzte, war eine einzige Tortur, die uns an die Grenzen unserer körperlichen und psychischen Belastbarkeit brachte. Es war ein absolut traumatisches Erlebnis, das allein dem Zweck diente, jene Extrembelastung zu simulieren, der ein Soldat bei seiner Gefangennahme durch den Feind ausgesetzt ist, und diese spezielle Ausnahmesituation für uns auf sehr realistische Weise nachempfindbar zu machen. Ein extrem unangenehmes und extrem furchterregendes Erlebnis – allerdings ist es mir nicht gestattet, nähere Einzelheiten über diese Übung preiszugeben und zu erzählen, was wir tatsächlich durchlebt haben.

Unser Ausbilder hatte uns am Tag, bevor unsere letzte Übung anstand, sehr präzise Instruktionen gegeben.

»Ihr dürft nicht eine einzige, noch so kleine Schwäche zeigen, denn jede Schwäche werden sie erbarmungslos ausnutzen. Seid clever. Bleibt trotz Schmerzen und Erschöpfung immer konzentriert. Ein winziger Fehler, und ihr seid erledigt. Und merkt euch, dass keiner euer Freund ist, bis zu jenem Augenblick, in dem ich hereinkomme mit einem weißen Kreuz auf dem Ärmel. Erst dann ist die Übung vorüber.«

»Das Rote *Kreuz* ist nicht mein weißes Kreuz; das *Kreuz* eines Priesters ist nicht mein weißes Kreuz … und wenn man euch einen Schluck Tee und ein Rosinenbrötchen anbietet, das mit einem *Kreuz* aus weißem Zuckerguss verziert ist, dann ist das ebenfalls nicht mein weißes Kreuz. Habt ihr das kapiert?«

Er wiederholte es noch einmal. »Vermasselt es nicht – nicht, nachdem ihr die SAS Selection so gut wie bestanden habt.«

Die Taktiken dieser Typen waren brutal, aber äußerst effektiv. Doch keiner von denen sollte mir jetzt noch die Tour vermasseln. Ich stand so kurz davor, die SAS Selection zu bestehen. Ich war fest entschlossen, denen nicht die geringste Angriffsfläche zu bieten.

Meine Gedanken überschlugen sich, aber dennoch wusste ich tief in meinem Innersten, dass ich auf keinen Fall die Kontrolle verlieren würde, ganz gleich, was auf mich zukommt. Die Bastarde würden mich nicht kleinkriegen. In Gedanken sang ich Loblieder auf den Herrn und betete ununterbrochen. *Lass mich stark bleiben.*

Noch nie zuvor hatte ich mich so kaputt und ausgelaugt gefühlt.

Der dröhnende Schmerz in meinem Kopf wurde immer schlimmer, und die Muskeln in meinem Rücken wurden von heftigen Krämpfen geschüttelt. Ich brach immer wieder zusammen. Ich war erschöpft, hungrig und durstig, und ich fror entsetzlich in diesem kalten, unterirdischen Bunker.

Die Minuten kamen mir vor wie Stunden und die Stunden wie eine Ewigkeit.

War es Tag oder war es Nacht?

Ich hatte jegliches Zeitgefühl verloren.

Endlich, endlich wurde ich in diese winzige, dunkle Zelle geworfen. Dann war um mich herum plötzlich alles still. Doch ich spürte sofort, dass es wärmer war. Und unter dem Spalt meiner Augenbinde konnte ich grob die Umrisse des Raumes erkennen.

Ich wartete.

Zusammengekauert und vor Kälte zitternd saß ich halbnackt da, meine Tarnjacke hatte man mir heruntergerissen, sodass nur noch die untere Hälfte meines Rücken bedeckt war. Ich muss fürchterlich ausgesehen haben.

Mein Gesicht war über und über mit Rotz verschmiert; ich konnte regelrecht schmecken, wie er sich seinen Weg bahnte.

Eine Hand zog meine Augenbinde weg, und ein Licht ging an.

»Erkennst du das, Bear?«, fragte eine sanfte Stimme.

Ich blinzelte. Der Ausbilder zeigte auf ein weißes Kreuz auf seinem Arm. Ich reagierte nicht. Ich musste das unbedingt in Gedanken noch einmal ganz genau überprüfen.

»Das bedeutet, dass die Übung beendet ist – Schluss, Ende. Erinnerst du dich?«

Ich erinnerte mich zwar, doch ich reagierte noch immer nicht darauf. Ich musste die Sache noch einmal in Gedanken durchgehen und überprüfen. Dann endlich nickte ich ihm kraftlos zu. Er antwortete mit einem Lächeln.

Das war das Ende.

»Gut gemacht, Kumpel. Jetzt setz dich erst mal hin, entspann dich und sieh zu, dass du dieses Zeug hier trinkst. In ein paar Minuten kommt auch der Seelenklempner, um mit dir zu sprechen.«

Der Ausbilder legte mir eine Decke um die Schultern, dann verzogen sich meine Mundwinkel zu einem breiten Lächeln, und ich spürte, wie mir eine Träne der Erleichterung über die Wange lief.

Danach kam ein Psychiater, der eine ganze Stunde lang sehr ausführlich mit mir über dieses traumatische Erlebnis gesprochen hat. Er sagte mir, dass ich mich gut geschlagen und den Verhörtechniken erfolgreich widerstanden hätte. Ich war einfach nur erleichtert. Ich hätte diesen Psychiater glatt umarmen können.

Diese Übung sollte im Prinzip zwei wichtige Dinge vermitteln: Zum einen, dass man sich intensiv auf seine eigenen Gedanken konzentrieren muss, damit man nicht manipuliert werden kann, und zum anderen, dass man dem Feind erst gar nicht in die Hände fallen darf.

Denn wie sagte der Ausbilder so treffend: »Denkt am Ende immer daran, dass diese Jungs auf eurer Seite sind. Sie sind nämlich auch britische Landsleute und nicht eure echten Feinde. Denn falls sie echte Feinde wären, dann würdet ihr so richtig im Schlamassel sitzen. Also denkt dran: Lasst euch nicht gefangen nehmen!«

Diese Lektion habe ich nie vergessen, und das ist vermutlich auch der Grund dafür, warum ich im Laufe der Jahre eine ganz hervorragende Fähigkeit entwickelt habe, alle möglichen Gefahrensituationen relativ ungeschoren zu überstehen.

Als wir in die Kaserne zurückkamen, war der klägliche Rest, der von unserer Truppe noch übrig geblieben war, zwar ziemlich bleich und wacklig auf den Beinen, aber jeder war heilfroh, dass dieses Martyrium endlich überstanden war.

Trucker sah zwar ausgesprochen mitgenommen aus, aber dennoch hatte er dieses breite Grinsen im Gesicht. Er hockte auf seinem Bett und redete in einem fort, während er ziemlich planlos herumfuhrwerkte und versuchte, seine Klamotten auszusortieren. Dabei hat er immer wieder den Kopf geschüttelt und leise in sich hineingekichert.

Das war eben seine Art, die Dinge zu verarbeiten. Ich musste schmunzeln.

Großartiger Typ, dachte ich so bei mir.

Dann haben wir uns alle umgezogen – immerhin hatten wir ja von unserer letzten Übung noch ein paar Ersatzklamotten übrig –, setzten uns auf unsere Betten und warteten voller Anspannung.

Wir hatten zwar alle die Übung zu Ende gebracht, doch es stand die große Frage im Raum: Hatten wir auch alle bestanden?

»In fünf Minuten zum Appell antreten, Jungs, dann erfahrt ihr die gute und die schlechte Nachricht. Die gute Nachricht ist, dass einige von euch bestanden haben. Die schlechte Nachricht ist ... dreimal dürft ihr raten.«

Mit diesen Worten verließ der Ausbilder den Raum.

Mich überfiel so ein extrem beklemmendes Gefühl, dass ich womöglich einer derjenigen sein könnte, die an dieser letzten Hürde gescheitert waren. Ich versuchte, gegen dieses Gefühl anzukämpfen.

Nicht, nachdem ich so weit gekommen war. Nicht so kurz vor dem Ziel.

Der Ausbilder kam noch einmal zurück – er verlas dann eilig ein paar Namen und wies die Aufgerufenen an, ihm zu folgen. Mein Name wurde nicht aufgerufen. Die paar Wenigen, die nun noch übrig waren – Trucker war auch dabei –, schauten einander ganz nervös an, denn wir konnten nur abwarten.

Die Minuten quälender Ungewissheit vergingen wie in Zeitlupe. Keiner sprach auch nur ein Wort.

Dann ging die Tür auf, und die anderen Jungs kamen wieder herein – mit gesenktem Kopf und ernstem Blick liefen sie an uns vorbei zu ihrer Ausrüstung. Sie fingen an zusammenzupacken.

Ich kannte diesen Blick, und ich kannte dieses Gefühl.

Matt war einer von ihnen. Mein Kumpel, der mir auf dem »Long Drag« – dem Horrormarsch in Phase 1 der SAS Selection – so wahnsinnig geholfen hatte. Er war durchgefallen, weil er dieser extremen Belastung durch die folterähnlichen Verhörtechniken nicht standgehalten hatte. Denn wenn man sich auch nur eine Minute lang nicht absolut hundertprozentig konzentriert, haben die Ausbilder mit ihren zahllosen Tricks und Taktiken leichtes Spiel.

Regel Nummer 1: SAS-Soldaten müssen in der Lage sein, auch unter extremer Belastung klar und fokussiert zu denken und zu handeln.

Matt drehte sich um, lächelte mir zu und ging hinaus.

Ich habe ihn nie wiedergesehen.

29

So kam es schließlich, dass kaum mehr als eine Handvoll Soldaten in einem unauffälligen Gebäude auf dem Kasernengelände des SAS-Hauptquartiers in einem kahlen Raum standen – der kärgliche Rest, der nach monatelangem Training von der anfangs großen Anzahl an SAS-Aspiranten jetzt am Ende noch übrig geblieben war.

Wir schlurften ungeduldig hin und her. Wir waren bereit.

Bereit dafür, endlich das SAS-Abzeichen zu erhalten, das uns zu SAS-Soldaten machte.

Der Oberst – Kommandeur des Regiments – kam herein, salopp gekleidet mit einer leichten Tarnhose, Hemd, Barett und einem blauen SAS-Gürtel.

Er lächelte uns zu.

»Gut gemacht, Jungs. Ein hartes Stück Arbeit, nicht?«

Wir lächelten zurück.

»Ihr könnt heute mit Recht stolz auf euch sein. Doch denkt immer daran: Das hier ist erst der Anfang. Die wirklich harte Arbeit fängt an, sobald ihr zu eurer Kompanie zurückkehrt.

Denn viele sind berufen, aber wenige sind auserwählt. Von diesem Grundsatz solltet ihr euch leiten lassen.«

Dann hielt er kurz inne.

»Und von jetzt an solltet ihr für den Rest eures Lebens stets dran denken, dass ihr Angehörige der SAS-Familie seid. Das habt ihr euch verdient. Denn sie ist die beste Familie der Welt. Doch was unsere Arbeit hier so außergewöhnlich macht, ist, dass jeder in dieser Familie bis zum Äußersten seiner Leistungsfähigkeit geht. Wenn alle anderen aufgeben, geben wir noch lange nicht auf. Und genau dadurch unterscheiden wir uns von all den anderen.«

Diese Worte habe ich nie vergessen.

Da stand ich nun in meinen abgewetzten, rissigen und mit Schlamm eingesauten Stiefeln, mit zerschlissenen Hosen und einem verschwitzten schwarzen T-Shirt.

Ich fühlte mich so stolz und selbstbewusst wie noch nie zuvor in meinem Leben.

Für uns hieß es nur »Achtung! Stillgestanden!« – ganz ohne großes Brimborium und ohne Zeremoniell. Wir alle schüttelten dem Oberst die Hand, und dann bekamen wir das heiß ersehnte sandfarbene SAS-Barett überreicht.

Im Laufe der Monate hatte ich mehr und mehr begriffen, dass es eigentlich nie um das Barett an sich ging, sondern vielmehr darum, wofür es stand: für Kameradschaft, Schweiß, Können, Bescheidenheit, Durchhaltevermögen und Charakterstärke.

Ich setzte das Barett auf und brachte es sorgfältig in Form, während der Oberst die Reihe bis zu Ende abschritt. Danach drehte er sich um und sagte: »Willkommen beim SAS. Meine Tür steht euch immer offen, falls ihr irgendetwas braucht – so funktioniert das hier bei uns. Jetzt haut ab und genehmigt euch ein Bier oder auch zwei auf meine Kosten.«

Trucker und ich hatten es geschafft, und zwar gemeinsam, allen Widrigkeiten zum Trotz.

Jetzt hatten wir also die SAS Selection bestanden. Doch es war genauso, wie der Oberst gesagt hatte – genau genommen war das erst der Anfang.

Am SAS-Auswahlverfahren hat sich seit damals, als ich dazu angetreten bin, in all den Jahren aber nicht wirklich viel verändert.

Auf der Website des britischen Verteidigungsministeriums – des Ministry of Defence oder kurz MoD – heißt es noch immer, dass die Soldaten des 21. SAS-Regiments über folgende Charaktereigenschaften verfügen müssen: »Eine große körperliche und psychische Belastbarkeit. Selbstbewusstsein. Selbstdisziplin. Die Fähigkeit, selbstständig zu arbeiten. Eine schnelle Auffassungsgabe, verbunden mit der Fähigkeit, neue Fertigkeiten schnell zu erlernen.«

Wenn ich diese Worte heute lese, muss ich schmunzeln. Denn je länger die SAS Selection dauerte, desto stärker prägten diese Charaktereigenschaften mein Denken und Handeln; und dann während der drei Jahre, die ich in meiner Kompanie diente, brannten sie sich tief in meine Seele ein.

Noch heute haben diese Charaktereigenschaften für mich einen sehr hohen Stellenwert.

Auch wenn es mir nicht gestattet ist, hier in allen Einzelheiten zu schildern, welche Aufgaben ich zu bewältigen hatte, nachdem ich die SAS Selection erfolgreich abgeschlossen hatte, darf ich aber dennoch so viel verraten: Diese Aufgaben waren Bestandteil einer Spezialausbildung, die so extrem außergewöhnlich war, dass jeder Mann sich im Prinzip glücklich schätzen muss, wenn er überhaupt die Chance erhält, eine solche Ausbildung absolvieren zu dürfen.

Im Rahmen dieser Spezialausbildung habe ich sehr viel gelernt: Den Umgang mit Sprengstoff, verschiedene Fallschirmsprungtechniken und Tauchtechniken für das unbemerkte Eindringen in feindliches Gebiet, den Umgang mit ausländischen Waffenfabrikaten, das Überleben im Dschungel, wichtige Erste-Hilfe-Maßnahmen, Funkkommunikation und Arabisch. Darüber hinaus habe ich ein umfangreiches Fahrsicherheitstraining für Spezialkräfte absolviert – das heißt, ich habe nicht nur Fahrtechniken und Ausweichmanöver bei hoher Geschwindigkeit gelernt, sondern auch entsprechende Taktiken, um Verfolger abzuschütteln; außerdem habe ich eine spezielle Kampfausbildung in Winterkriegsführung und ein taktisches Überlebenstraining (Ausweich- und Fluchttaktiken) für Kampfeinsätze hinter feindlichen Linien gemacht.

Darüber hinaus musste ich mich im Rahmen meiner Ausbildung zum Combat-Survival-Trainer* einem äußerst intensiven Trainingsprogramm zu Befragungstechniken und Verhörtaktiken im Falle einer potenziellen Gefangennahme durch den Feind unterwerfen – ein Trainingsprogramm, das noch sehr viel länger dauerte und noch weitaus anstrengender war als jene Ausnahmesituation, die wir während der SAS Selection durchmachen mussten.

Mit der Zeit wurden wir immer besser, wenn wir zum Beispiel für simulierte verdeckte Operationen Nachtsprünge durchführen oder uns im unbewaffneten Nahkampf üben mussten – einschließlich einer ganzen Reihe anderer Fertigkeiten –, allerdings haben wir auch, bis wir das alles wirklich beherrschten, eine ganze Reihe Fehlschläge wegstecken müssen.

Aber woran erinnere ich mich am liebsten, was war für mich das Wertvollste in dieser Zeit?

---

* Ein Combat-Survival-Training ist ein spezielles Überlebens- und Einzelkämpfertraining für Soldaten, die hinter feindlichen Linien in freier Natur überleben und sich durchschlagen müssen.

Die Kameradschaft und die Freundschaften waren damals sehr wichtig für mich – und natürlich Trucker, der noch immer zu meinen allerbesten Freunden auf diesem Planeten zählt.

Es gibt eben Bande, die halten ein Leben lang.

Ich werde nie diese elend langen Märsche vergessen, die Spezialausbildung und natürlich auch nicht diesen ganz besonderen Berg in den Brecon Beacons.

Doch vor allem bin ich insgeheim schon stolz darauf, dass ich bis ans Ende meiner Tage in den Spiegel schauen und mir sagen kann, dass ich irgendwann einmal verdammt gut war.

So verdammt gut, dass ich mich zur SAS-Familie zählen durfte.

Es gibt eben Dinge im Leben, die kann man für kein Geld der Welt kaufen.

30

Während unserer Zeit beim SAS hatten Trucker und ich zusammen ein altes Bauernhaus auf einem Gutshof angemietet, das nur knapp zehn Kilometer von Bristol entfernt war. Die Miete, die wir dafür bezahlen mussten, war allerdings kaum der Rede wert, weil das Gebäude ziemlich heruntergekommen war und weder über eine Heizung noch über irgendwelchen anderen modernen Komfort verfügte. Dennoch gefiel es mir dort ausgesprochen gut.

Das Bauernhaus lag auf einer Anhöhe mitten im Grünen – eingebettet zwischen einem großen Tal auf der einen Seite und einem wunderschönen Wald auf der anderen Seite. Fast jeden Abend kamen Freunde zu Besuch; dann haben wir gefeiert und selbst Musik gemacht und das Holz von dem baufälligen Schuppen nebenan als Brennholz genutzt, um unseren Kaminofen damit zu befeuern.

Unseren frisch verdienten Sold haben wir meistens in der örtlichen Kneipe auf den Kopf gehauen.

Wahrscheinlich waren wir die schlimmsten Mieter, die man sich nur vorstellen kann, denn wir haben den Garten total vergammeln lassen, weil wir uns immer munter an dem Holz der zahlreichen vor sich hin rottenden Schuppen bedient haben, die überall im Garten standen. Aber Mensch, was soll's, der Vermieter war echt ein widerlicher alter Fiesling, der ohnehin einen ziemlich üblen Ruf hatte!

Als das Gras zu lang wurde, haben wir immerhin versucht, es zu trimmen – dabei haben wir jedoch alle beiden Rasentrimmer kaputtgemacht. Stattdessen haben wir die Grasflächen dann abgefackelt. Allerdings hat das etwas zu gut funktioniert, denn die Flammen haben sich unkontrolliert ausgebreitet, sodass wir nur mit Mühe und Not verhindern konnten, dass das gesamte Bauernhaus mit abbrannte.

Doch das absolut Geniale an unserem Domizil war, dass wir auf unseren 100-Kubik-Motorrädern ganz bequem nach Bristol rein- und wieder rausfahren konnten, weil wir fast die gesamte Strecke auf schmalen Fußwegen durch den Wald brettern konnten – das heißt, wir mussten noch nicht einmal irgendwelche Straßen benutzen.

Ich kann mich noch gut an eine Begebenheit erinnern, als Trucker und ich nach einem feucht-fröhlichen Abend in der Stadt auf unseren Motorrädern zurück nach Hause geheizt sind. Mein Auspuff fing auf einmal an, Probleme zu machen, denn er wurde glühend heiß – erst färbte er sich rot, dann weiß –, bevor es einen wahnsinnig lauten Knall gab und die Maschine ruckartig zum Stehen kam. Im Dunkeln haben wir dann von irgendeinem alten Zaun ein langes Stück Draht abgerissen, an dem Trucker mich den ganzen Rest des Weges nach Hause geschleppt hat – wir haben Tränen gelacht.

Ab da ist mein Motorrad nur noch angesprungen, wenn ich es den extrem abschüssigen Feldweg neben unserem Haus hinunterrollen ließ, der bis ganz nach unten ins Tal führte. Und falls das Motorrad trotz dieser Starthilfe nicht ansprang, bevor ich ganz unten angekommen war, musste ich die verdammte Mühle eben wieder 200 Meter den Berg hochschieben und danach mein Glück noch einmal versuchen.

Das war schon verrückt, aber es hatte auch etwas Gutes: Es hielt mich fit und Trucker bei bester Laune.

Das war eine tolle Zeit.

Wir genossen dasselbe süße Leben wie viele unserer Freunde, die studierten, und machten mit ihnen gemeinsam die Stadt unsicher, doch dann sind wir plötzlich wieder mal für drei Wochen mit unserer Kompanie verschwunden, und als wir wieder zurückkamen – zu den hübschen Mädels nach Bristol –, waren wir knackig braun.

Für uns war es das perfekte Leben; außerdem hat auch nur eine Handvoll unserer engsten Freunde überhaupt gewusst, dass wir eben keine ganz normalen Studenten waren – wenn auch Studenten, die nicht zur Vorlesung gingen. (Obwohl einige unserer Kumpels ganz offensichtlich auch nicht immer regelmäßig zu ihren Vorlesungen gingen!)

Wir führten einen absolut perfekten Lebensstil nach dem Motto: »Wer hart arbeitet, kann auch kräftig feiern.« Wir waren durchtrainiert und hatten einen Job, der uns beiden viel Spaß machte, und wenn wir mal nicht mit unserer Kompanie unterwegs waren, dann amüsierten wir uns prächtig in der Universitätsstadt Bristol.

Zwei Jahre gingen so ins Land, in denen ich als junger Bursche meinen Traum gelebt habe.

Na, aber hallo, den jungen Burschen würde ich allzu gern mal kennenlernen, dem es nicht einen Heidenspaß macht, wenn er gezeigt bekommt, wie er Gebäude in die Luft jagt, Klippen stürmt, nachts mit dem Fallschirm abspringt und bestimmte Fahrmanöver bei hoher Geschwindigkeit ausführt, um seine Verfolger abzuschütteln!

Allerdings war es auch ein steiniger Weg, bis ich all diese Fertigkeiten wirklich beherrscht habe.

Trucker und ich haben während dieser Zeit auch ein paar enge Freunde dazu ermuntert, sich doch für die Teilnahme an der SAS Selection zu bewerben, allerdings ist leider keiner von denen sehr weit in diesem Auswahlprozess gekommen. Manche erfüllen die SAS-Voraussetzungen, manche eben nicht.

Einer jener Freunde hat mich einmal darum gebeten aufzuzählen, welche Voraussetzungen man denn für eine Aufnahme in den SAS mitbringen muss.

Nach meiner Erfahrung sollte man über folgende Eigenschaften verfügen: Man sollte hoch motiviert und sehr belastbar sein; man sollte nicht nur ruhig und gelassen sein, sondern auch dann den Mut nicht sinken lassen, wenn die Lage düster ist. Man sollte sich durch nichts aus der Ruhe bringen lassen, schnell reagieren können und eine echte »*MacGyver*-Mentalität« besitzen, das heißt, man muss sehr gut improvisieren und sich anpassen können, um gefährliche Situationen zu überstehen.

Ach ja, und außerdem sollte man die Fähigkeit besitzen, alles um sich herum auszublenden und sich stur auf das Ziel zu konzentrieren, wenn es in die heiße Phase geht.

Wenn ich so darüber nachdenke, dann habe ich mich bei allen Abenteuern, die ich im Anschluss an meine SAS-Zeit unternommen habe, sehr stark auf viele dieser Eigenschaften gestützt – angefangen bei den großen Expeditionen wie die Everest-Besteigung bis hin zu Dokumentarfilmen, wie *Escape to the Legion, Ausgesetzt in der Wildnis – Abenteuer Survival: Bear Grylls* und *Worst-Case Scenario*.

Eigentlich ist das gar nicht so schwer, denn im Prinzip geht es doch darum, dass man in den großen Momenten im Leben wirklich mit ganzem Herzen und vollem Einsatz dabei ist. Das hat mir immer Spaß gemacht.

Allerdings – und das war der große Haken an der Sache – konnte ich nicht im Entferntesten ahnen, wie sehr und wie dringend ich später einmal, nachdem ich einen schweren Unfall hatte, auf einige dieser Eigenschaften angewiesen sein würde. Denn mit diesem Unfall war es genauso wie mit der SAS Selection: Es gibt eben Situationen im Leben, auf die kann man sich so gut wie überhaupt nicht vorbereiten.

Wie an jenem kühlen Abend hoch über den Wüstenebenen Afrikas, als ich vom Himmel fiel – eine Situation, die mein Leben entscheidend veränderte und nachhaltig prägte.

3

Es gibt keinen besseren Lehrmeister im Leben als widrige Umstände.

– Benjamin Disraeli, britischer Staatsmann und Schriftsteller

1

Im Sommer 1996 habe ich einen Monat lang in einem Wildreservat in der damaligen Provinz Nord-Transvaal [heute Limpopo, Anm. d. Übers.] der Republik Südafrika ausgeholfen, wo ich die Aufgabe hatte, den Rotwildbestand zu reduzieren und Empfehlungen abzugeben, wie man die Wilderer in Schach halten kann. Dabei habe ich jeden Tag Seite an Seite mit den Schwarzafrikanern zusammengearbeitet; es war mir eine Ehre, für die ich auch noch bezahlt wurde.

Doch bevor ich wieder die Heimreise nach Großbritannien antrat, wollte ich zuerst noch ein wenig ausspannen, mich amüsieren und Spaß haben. Daher beschloss ich, mich in Richtung Norden nach Simbabwe aufzumachen, um dort einen Teil meines Soldes auf den Kopf zu hauen.

Spaß haben hieß für mich, mit guten Freunden zum Fallschirmspringen zu gehen und mir abends ganz gepflegt ein paar Drinks zu genehmigen.

Eben die schönen Dinge des Lebens genießen.

Die grelle Sonne Afrikas verschwand langsam hinter dem Horizont und tauchte den Himmel in der Abenddämmerung in ein warmes leuchtendes Rot.

Wir saßen so dicht zusammengedrängt in dem kleinen Flugzeug, dass meine Füße einschliefen und taub wurden. Deshalb versuchte ich die Muskeln anzuspannen, damit das Blut besser zirkulieren konnte.

Während wir uns noch im Steigflug befanden, bis wir die Absprunghöhe in knapp 5000 Metern erreicht hatten, gab es zwischen uns keinen Blickkontakt. Das ist sehr oft so, weil sich in diesen Augenblicken jeder in seine eigene kleine Welt zurückzieht und mit sich selbst und seinen Gedanken beschäftigt ist.

Als das Flugzeug in den Horizontalflug überging, waren die Jungs auf einmal wieder voll da und überprüften immer wieder ihre Ausrüstung. Einer von ihnen betätigte den Türhebel.

Als sich die Tür öffnete und auf der Führungsschiene nach hinten glitt, wurde die Stille im Flugzeug durch den ohrenbetäubenden Lärm des Motors und den mit über 110 Stundenkilometern vorbeirauschenden Slipstream – den vom Propeller verursachten kreisförmigen Luftstrom am Heck des Flugzeugs – jäh unterbrochen.

Dann leuchtete das Signal »Rot – Fertigmachen zum Absprung«.

Alle schienen außergewöhnlich gelassen zu sein, als wir vor uns die rote Lampe aufleuchten sahen.

Dann wechselte sie auf Grün.

»Alle Mann raus.«

Die Jungs sprangen einer nach dem anderen aus dem Flugzeug und stürzten im freien Fall nach unten. Zuletzt war ich noch der Einzige im Laderaum des Flugzeugs. Ich schaute nach unten, holte wie gewohnt noch einmal tief Luft und schwang mich auch aus der Tür.

Während des Falls konnte ich die Luftströmung dazu nutzen, um meine Körperposition beliebig zu verändern und so meine »Flugrichtung« zu steuern. Wenn ich zum Beispiel eine Schulter gegen den Luftwiderstand nach unten drückte, drehte ich mich um meine eigene Achse, und der Horizont flog an meinen Augen vorbei.

Dieses Gefühl nennt man auch »die Freiheit des Himmels«.

Gerade konnte ich unter mir noch meine Kumpels im freien Fall als winzige Punkte erkennen, dann waren sie auf einmal in den Wolken verschwunden. Wenige Sekunden später bin auch ich in dieser Wolkenschicht verschwunden und spürte die feuchte Luft dieser Wolken in meinem Gesicht. Mann, wie ich dieses Gefühl liebte – durch diesen endlosen, nebelgrauen Raum hindurchzufallen.

1000 Meter. Zeit, den Fallschirm zu öffnen.

Also griff ich an meine rechte Hüfte, um den Auslösegriff zu ziehen. Ich zog einmal kräftig daran, und zunächst lief alles wie gewohnt.

Die Schirmkappe öffnete sich mit einem Ruck, und sofort verstummte dieses laute Pfeifen des Windstroms bei einer Geschwindigkeit von über 200 Stundenkilometern im freien Fall. Meine Fallgeschwindigkeit sank jetzt auf 40 Stundenkilometer.

Dann schaute ich nach oben und merkte, dass irgendetwas nicht stimmte – ganz und gar nicht stimmte.

Über mir schwebte nicht etwa ein glatter, gleichmäßiger Flächenfallschirm, sondern ein extrem deformiertes Etwas, das eher einem unförmig aufgeblähten Haufen Stoff glich als einem Fallschirm – doch das war eine echte Katastrophe, denn so ein Stoffhaufen lässt sich so gut wie gar nicht steuern.

Ich zog mit aller Kraft an beiden Steuerleinen, um zu testen, ob ich dadurch die Vorwärtsgeschwindigkeit abbremsen und so meine Sinkgeschwindigkeit verringern könnte.

Fehlanzeige.

Dann stieg auf einmal Panik in mir hoch.

Ich konnte sehen, wie der Wüstenboden immer näher kam und wie die kleinen Punkte da unten immer größer wurden und deutliche Konturen annahmen. Ich sank sehr schnell – viel zu schnell.

Mir würde also nichts anderes übrig bleiben, als mit diesem Ding irgendwie zu landen.

Und ehe ich mich versah, war es zu spät, um noch den Reservefallschirm auszulösen. Der Boden kam immer näher, und zwar immer schneller. Aus purer Angst hatte ich viel zu früh und viel zu unkontrolliert bis zum Stall-Punkt an beiden Steuerleinen gezogen, sodass die ohnehin schon deformierte Schirmkappe nun völlig zusammensackte und es zu einem kompletten Strömungsabriss kam. Dadurch wurde mein Körper zunächst in die Horizontale katapultiert, und danach fiel ich wie ein Stein vom Himmel und knallte auf den Wüstenboden.

Wie eine Stoffpuppe wurde mein Körper zu Boden geschleudert. Ich landete in einer Wolke aus Staub und Erde und lag nur da und stöhnte.

Ich war direkt auf meinem Rücken gelandet, und zwar exakt auf dem fest gepackten Reservefallschirm, den ich als steinhartes quadratisches Kissen in der Mitte meines Gurtzeugs spürte. Als ich auf dem Boden aufschlug, fühlte sich das an, als wäre mir dieser steinharte Reserveschirm glatt durch meine Wirbelsäule geschossen worden.

Ich konnte nicht aufstehen; ich konnte mich nur, vor Schmerzen stöhnend, auf dem staubigen Boden hin und her wälzen.

Während ich so dalag und darauf wartete, dass meine Kumpels kamen und mir halfen, liefen mir die Tränen übers Gesicht – ich wusste einfach, dass ich es vermasselt hatte.

Wir haben schließlich nur ein Leben, und in diesen qualvollen Augenblicken wurde mir schlagartig bewusst, dass ich die Sache vergeigt hatte – total vergeigt.

Tief in meiner Magengrube spürte ich auf einmal diese unbändige Angst, dass mein Leben wohl nie wieder so sein würde, wie es einmal war.

2

Ich lag am Boden, war halb wahnsinnig vor Schmerzen und verlor abwechselnd das Bewusstsein und kam wieder zu mir.

Als die Jungs, mit denen ich zusammen gesprungen war, versuchten, mir beim Aufstehen zu helfen, stöhnte ich laut vor Schmerzen. Ich litt Höllenqualen – meine Augen waren fest zusammengekniffen, mein Gesicht schmerzverzerrt.

Ich konnte hören, wie einer von ihnen sagte, dass meine Schirmkappe einen großen Riss hatte. Das war die Ursache für das völlig unkontrollierte Flugverhalten meines Schirms, der sich ja kaum steuern ließ.

Aber die Verhaltensregeln in einem solchen Fall sind im Prinzip ja ganz simpel, und ich kannte sie auch: Wenn sich der Hauptschirm nicht richtig öffnet und sich dadurch nicht steuern lässt, muss man eben den fehlgeöffneten Hauptschirm abtrennen und abwerfen. Danach wieder in den freien Fall gehen und den Reserveschirm aktivieren.

Das hatte ich nicht gemacht. Denn ich hatte geglaubt, dass ich den Hauptschirm doch noch unter Kontrolle bringe.

Schwerer Irrtum.

Ich kann mich noch daran erinnern, wie ich in einen alten Land Rover verfrachtet wurde, der dann mit einem Affenzahn ins nächstgelegene Krankenhaus bretterte. Ich wurde hineingebracht und vorsichtig in einen Rollstuhl gesetzt.

Dann schoben zwei Schwestern mich den Krankenhausflur hinunter, wo ein Arzt sich zuerst einen groben Überblick über meine Verletzungen verschaffte. Jedes Mal, wenn er versuchte, mich zu untersuchen, zuckte ich vor Schmerzen zusammen. Ich weiß noch, dass ich mich bei dem Arzt jedes Mal entschuldigt habe, wenn ich wieder zusammengezuckt bin.

Ich weiß auch noch, dass er daraufhin mit einer großen Spritze herumfuchtelte und sie in mich hineinrammte.

Der Schmerz hörte sofort auf, und völlig vernebelt versuchte ich aufzustehen und zu gehen. Die Schwestern packten mich und legten mich wieder hin.

Ich erinnere mich, wie der Arzt in schottischem Akzent (was schon etwas eigenartig war, zumal wir uns mitten in Südafrika befanden) erklärte, dass es durchaus noch eine ganze Weile dauern würde, bis ich überhaupt wieder einigermaßen laufen könnte. Was allerdings danach passierte, daran kann ich mich nicht erinnern.

Als ich wieder wach wurde, bemerkte ich, dass ein Mann mit einem grünen Barett, aus dem eine große Feder herausragte, sich über mich gebeugt hatte. *Ich muss wohl halluzinieren*, dachte ich.

Ich schloss die Augen, aber er war noch immer da.

Dann hörte ich auf einmal, wie mich jemand in diesem makellosen, betont artikulierten, typisch britischen Akzent ansprach.

»Wie geht es Ihnen, Soldat?«

Es war die Stimme des Obersts, der für das British Military Advisory Team (BMAT) in Südafrika zuständig war. Er war gekommen, um zu sehen, welche Fortschritte meine Genesung machte.

»Wir werden Sie bald nach Großbritannien ausfliegen«, sagte er mit einem Lächeln. »Halten Sie so lange die Stellung, Soldat.«

Der Oberst war überaus freundlich zu mir, und das habe ich ihm nie vergessen. Er hatte weitaus mehr für mich getan, als es seine Pflicht gewesen wäre, denn er war höchstpersönlich vorbeigekommen, um zu sehen, wie es mir geht, und hatte dafür gesorgt, dass ich so schnell wie möglich nach Hause geflogen wurde – immerhin befanden wir uns in einem Land, das nicht gerade für seine erstklassigen Krankenhäuser berühmt war.

An den Rückflug nach Großbritannien kann ich mich nur noch sehr verschwommen erinnern – ich lag ausgestreckt über drei Sitze im Heck des Fliegers. Auf einer Tragbahre hatte man mich in der sengenden Hitze Afrikas bis ans andere Ende des Rollfelds getragen; ich fühlte mich schrecklich hilflos und allein.

Sobald ich sicher sein konnte, dass keiner es sah, ließ ich meinen Tränen freien Lauf.

Schau dich doch an, Bear. Schau dich bloß mal an. Jetzt bist du echt am Arsch.

Dann gingen bei mir die Lichter aus.

In Heathrow wurde ich von einem Krankenwagen abgeholt und schließlich – auf Drängen meiner Eltern – nach Hause gefahren. Ich konnte ja sonst nirgendwohin. Meine Mutter und auch mein Vater sahen beide vor lauter Sorge ziemlich mitgenommen aus; und zusätzlich zu meinen körperlichen Qualen zerriss es mir förmlich noch das Herz, dass ich ihnen so viel Kummer bereitet hatte.

Nichts von alledem war in meiner Lebensplanung vorgesehen.

Das Schicksal hatte mich verdammt hart getroffen, volle Breitseite aus heiterem Himmel, so hart, wie ich mir das niemals hätte vorstellen können.

Solche Dinge passierten den anderen, aber nicht mir. Ich war doch immer ein Glückspilz.

Doch meist sind es gerade diese harten Schläge aus heiterem Himmel, die unser Leben entscheidend prägen.

3

Ab da musste ich fast täglich wieder ins Krankenhaus.

Sie röntgten mich, tasteten mich ab und stocherten in mir herum, und dann machten sie das Ganze sicherheitshalber noch mal.

Ich hatte mir den 8., 10. und 12. Brustwirbelkörper gebrochen. Das war sehr deutlich zu erkennen.

Einem Röntgengerät entgeht nichts.

Diese Wirbelkörper machen nicht nur einen wesentlichen Teil des mittleren Rückens aus, sondern gehören auch zu den Wirbeln, die normalerweise sehr stabil sind und daher eher selten brechen.

Die einzige Frage, die ich den Ärzten unentwegt stellte, war: »Werde ich wieder ganz normal laufen können?«

Doch niemand wollte mir darauf eine Antwort geben. Und diese Ungewissheit war am schlimmsten.

Die Ärzte kamen zu dem Schluss, dass es genau genommen am besten wäre, nicht sofort zu operieren. Da ich jung und durchtrainiert war, gingen sie davon aus (und damit hatten sie recht), dass meine Chancen für eine mögliche Heilung am größten wären, wenn man zuerst einmal abwartete, um zu sehen, inwieweit diese Verletzung von selbst verheilen würde.

Das Einzige, was sie mir allerdings immer wieder versicherten, war, dass ich »überdurchschnittlich großes Glück gehabt« hätte.

Mir war sehr wohl bewusst, dass ich um Haaresbreite an einer Querschnittslähmung vorbeigeschrammt bin, da ebenso gut mein Rückenmark hätte durchtrennt werden können, und dann hätte ich nie wieder laufen können.

Im Krankenhaus nannte man mich schon liebevoll das »Wunderkind«.

Wunder hin oder her. Das Einzige, was ich sicher wusste war, dass ich jedes Mal, wenn ich mich nur ein paar Zentimeter nach links oder nach rechts bewegte, vor Schmerzen fast ohnmächtig wurde. Ich konnte mich fast überhaupt nicht bewegen, und wenn, dann nur unter entsetzlichen Schmerzen.

Jedes Mal, wenn ich aus dem Bett aufstand, musste ich ein langes Stützkorsett mit Metallstäben tragen, das mir umgeschnallt wurde.

Ich fühlte mich wie ein Invalide. Ich war ein Invalide. Das war verrückt.

Ich bin komplett am Arsch.

Du bist ein echter Vollidiot, Bear. Du hättest mit dieser Schirmkappe durchaus landen können, wenn du nicht in Panik geraten wärst oder wenn du den Hauptschirm abgeschnitten und dann den Reserveschirm rechtzeitig ausgelöst hättest.

So wie es aussah, hatte ich einfach die schlimmsten Fehler gemacht, die man nur machen kann: Ich hatte mich weder dafür entschieden, den Reserveschirm sofort auszulösen, noch hatte ich es hinbekommen, mit dem fehlerhaften Schirm auch nur eine annähernd professionelle Landung hinzulegen.

Ich hatte das Gefühl, dass ich diesen Unfall hätte vermeiden können, wenn ich nur ein bisschen cleverer, schneller und klarer bei Verstand gewesen wäre. Ich hatte es total vermasselt, und das wusste ich auch.

Niemals wieder würde ich aus diesen Gründen versagen, das schwor ich mir.

Ich würde meine Lehren daraus ziehen und ab sofort alles daransetzen, um zum schnellsten und hellsten Kopf auf diesem Planeten zu werden.

Doch fürs Erste ließ ich meinen Tränen freien Lauf.

Ich schreckte aus dem Schlaf hoch; ich war schweißgebadet und atmete hektisch. Es war das dritte Mal, dass ich diesen Albtraum hatte: Ich durchlebte dieses furchtbare Gefühl, unaufhaltsam in die Tiefe zu stürzen und hilflos zusehen zu müssen, wie der Boden immer näher kommt.

Mittlerweile waren es fast zwei Monate, in denen ich einfach nur bäuchlings dalag und in denen meine Wirbelsäulenverletzung angeblich heilen sollte. Doch es ging mir kein bisschen besser. Genau genommen wurden meine Rückenschmerzen sogar noch schlimmer.

Und da ich mich so gar nicht regen konnte, stieg mit der Zeit eine Wahnsinnswut in mir hoch. Ich war wütend auf mich selbst, wütend auf alles um mich herum.

Und ich war wütend, weil ich eine Scheißangst hatte.

All meine Zukunftspläne und all meine Träume waren zerplatzt. Auf einmal war alles ungewiss. Ich wusste nicht, ob ich überhaupt beim SAS bleiben könnte. Ich wusste ja noch nicht einmal, ob ich überhaupt wieder gesund wurde.

Während ich so dalag – bewegungsunfähig und schweißgebadet vor Angst und Enttäuschung –, konnte ich lediglich in Gedanken diesem Dilemma entfliehen.

Es gab doch so vieles, was ich noch unheimlich gern machen wollte.

Als ich meinen Blick durch mein Schlafzimmer schweifen ließ, kam es mir auf einmal so vor, als ob der Mount Everest auf diesem alten Foto an der Wand regelrecht auf mich herunterschielte.

Da war doch dieser verrückte Traum, den mein Vater und ich gemeinsam gehegt hatten.

Allerdings hatte ihn mittlerweile dasselbe Schicksal ereilt, das so viele Träume ereilt. Dass es eben nur Träume sind – nicht mehr und nicht weniger.

Verstaubte Illusionen. Sie werden niemals verwirklicht.

Und außerdem lag dieser Traum einer Everest-Besteigung so weit außerhalb der Grenzen des Machbaren wie nie zuvor.

Wochen später – ich trug noch immer mein Stützkorsett – habe ich mich mit großer Mühe zu diesem Bild geschleppt und es von der Wand genommen.

Die Leute haben oft zu mir gesagt, dass ich es vermutlich nur meiner unglaublich positiven Einstellung zu verdanken habe, dass ich mich überhaupt von einer solch schweren Rückenverletzung erholt habe. Aber – um ehrlich zu sein – das wäre glatt gelogen, denn dies war die düsterste und schlimmste Zeit meines Lebens.

Ich hatte meine Abenteuerlust und meinen Kampfgeist verloren, doch das sind genau die Eigenschaften, die mich am meisten auszeichnen.

Denn wenn man seinen Kampfgeist verloren hat, ist es sehr schwer, wieder gesund zu werden.

Immerhin wusste ich ja noch nicht einmal, ob ich irgendwann soweit wiederhergestellt sein würde, dass ich wieder gehen konnte – vom Klettern oder davon, meinen Dienst als Soldat zu verrichten, gar nicht erst zu reden.

Und dann war da die große Frage, wie ich wohl den Rest meines Lebens verbringen würde. Allerdings wollte sich in meiner aktuellen chaotischen Situation nicht so recht eine Perspektive abzeichnen.

Vielmehr hatte ich dieses schier grenzenlose Selbstvertrauen verloren, wie es gerade für junge Menschen typisch ist.

Ich hatte keine Ahnung, was und wie viel ich künftig körperlich zu leisten in der Lage sein würde – und das war verdammt hart.

Schließlich war meine Persönlichkeit doch sehr stark durch körperliche Aktivität geprägt.

Momentan fühlte ich mich dieser Situation einfach schutzlos ausgeliefert. Denn wenn man nur unter allergrößten Schmerzen in der Lage ist, sich zu bücken, um seine Schnürsenkel zuzubinden oder sich leicht umzudrehen, um sich den Hintern abzuwischen, fühlt man sich verdammt hilflos.

Beim SAS hatte ich nicht nur eine Aufgabe, sondern auch Kameraden. Doch zu Hause lag ich ganz allein in meinem Zimmer und hatte das Gefühl, dass ich weder das eine noch das andere hatte. Und gegen dieses zermürbende Gefühl anzukämpfen, ist wahnsinnig schwer. Denn der Gegner – gemeinhin auch Verzweiflung genannt – ist sehr mächtig.

Wenn ich also wieder gesund werden wollte, würde ein Riesenberg Arbeit vor mir liegen, der eine ebenso große Herausforderung für mich darstellen würde, wie den Mount Everest zu besteigen.

Doch wie sich später herausstellen sollte, war der Riesenberg Arbeit, den ich bewältigen musste und der letztlich den Ausschlag für meine Genesung gegeben hat, in der Tat ein Berg – nämlich *dieser* Berg.

Der Mount Everest – der größte und geilste Berg der Welt.

4

Manchmal brauchen wir einfach einen Schuss vor den Bug, damit uns bewusst wird, wie wertvoll das Leben ist und dass wir es mit beiden Händen ergreifen sollten. Und ich hatte gerade den schlimmsten Schuss vor den Bug bekommen, den man sich nur vorstellen kann.

Aber aus all der Verzweiflung, Angst und Mühsal entwickelte sich dennoch etwas Positives – auch wenn ich das zu jenem Zeitpunkt noch nicht wusste.

Das Einzige, was ich jedoch sicher wusste, war, dass ich dringend etwas brauchte, was mich aufbaute und mir Hoffnung gab. Meine Abenteuerlust. Mein Leben. Ich habe dieses Etwas in meinem christlichen Glauben gefunden, in meiner Familie und auch in meinen Träumen von künftigen Abenteuern.

Mein christlicher Glaube lehrt mich, dass ich mich niemals vor irgendetwas fürchten oder mir wegen irgendetwas Sorgen machen muss. Alles ist gut.

Denn damals, als ich immer wieder ins Krankenhaus zurück musste, hat er mich daran erinnert, dass ich gehalten, geliebt und gesegnet werde – weil Jesus Christus mir ewiges Leben geschenkt hat.

Dieses Geschenk göttlicher Gnade hat mir seit damals immer sehr viel Kraft gegeben.

Meine Familie hat etwas ganz Ähnliches zu mir gesagt: »Bear, du bist ein Idiot, aber wir lieben dich trotzdem, und zwar für immer und ewig.«

Das hat mir wahnsinnig viel bedeutet und mir zumindest einen Teil des Selbstvertrauens wiedergegeben, das ich so verzweifelt versucht habe wiederzufinden.

Wie Sie sehen, habe ich begriffen, dass das Leben ein Geschenk ist. Ich habe diese Lektion gelernt, und zwar intensiver als irgendjemand sonst.

Meine Mutter hat mir einmal beigebracht, dass man für Geschenke dankbar sein muss. Und während ich langsam anfing, meine Kraft und mein Selbstvertrauen wiederzugewinnen, merkte ich, dass es einzig und allein darauf ankommt, dieses Geschenk auch intensiv zu nutzen.

Denn ein Geschenk, das nur in der Ecke herumliegt und verstaubt, ist nutzlos.

Eines Nachts, als ich in meinem Bett lag, traf ich eine Entscheidung, die ich ganz bewusst laut aussprach: Sollte ich irgendwann soweit wiederhergestellt sein, dass ich in der Lage bin, wieder zu klettern, dann werde ich mich auf den Weg machen, um all meine Träume nach Kräften zu verwirklichen.

Ein Klischee? Für mich war es ein Hoffnungsschimmer.

Ich hatte mich dazu entschieden, das Leben mit offenen Armen zu empfangen – ich würde jede sich mir bietende Gelegenheit beim Schopf packen, um das Beste aus meinem Leben zu machen und es in vollen Zügen zu genießen.

Im Leben bekommt man nicht oft eine zweite Chance. Doch wenn man sie bekommt, sollte man verdammt dankbar dafür sein.

Ich gelobte, dass ich meinem Schöpfer im Himmel immer dankbar dafür sein würde, dass er mich auf diesem schweren, steinigen Weg begleitet hat.

Nachdem ich drei Monate zu Hause im Bett zugebracht hatte, wurde ich in den Reha-Komplex für Armeeangehörige, ins Military Rehabilitation Centre Headley Court, vor den Toren Londons geschickt. Mittlerweile konnte ich zwar ein wenig herumlaufen, aber die Schmerzen machten mir noch immer ziemlich zu schaffen.

Headley Court war gigantisch, und die Therapeuten dort waren wahrhaft fantastisch. Sie gaben mir eine Perspektive und Struktur; sie gaben mir klare Ziele und halfen mir dabei, wieder zuversichtlicher in die Zukunft zu blicken.

Der Behandlungsplan war heftig. Meist habe ich bis zu zehn Stunden pro Tag an mir »gearbeitet«. Eine Stunde Stretching auf einer Reha-Matte, eine Stunde Bewegungsbad, eine Stunde psychologische Betreuung, eine Stunde Physiotherapie (mit den hübschen Schwestern!) und eine Stunde Bewegungstraining, danach Mittagessen und so weiter und so fort.

Nach und nach verbesserte sich nicht nur meine Beweglichkeit, sondern auch die Schmerzen wurden weniger, und als ich das Reha-Zentrum verlassen konnte – das war etwa gute acht Monate nach dem Unfall –, befand ich mich tatsächlich auf dem Weg der Besserung.

Ich wusste, dass ich auf dem besten Weg war, wieder gesund zu werden, und zwar in exakt jenem Augenblick, als ich mich eines Nachts davongeschlichen, in den Zug nach Hause gesetzt und meine 1200-Kubik-Maschine geholt habe und dann auf dem Motorrad vor Morgengrauen – da war ich immerhin noch rundum in meinem Stützkorsett mit den Metallstreben festgezurrt – zurück nach Headley Court gedüst bin.

Wenn die Schwestern mich so gesehen hätten, wären sie vermutlich komplett durchgedreht, doch das Motorrad bedeutete für mich Unabhängigkeit – und diese riskante, aber erfolgreiche Mission bedeutete außerdem, dass mein Kampfgeist so langsam wieder zurückkehrte.

Nun konnte ich auch wieder lächeln.

5

Kurz bevor sich der Unfall ereignete, hatte ich ein tolles Mädchen kennengelernt, das in Cambridge studierte.

Dank meiner neu gewonnenen Mobilität bin ich dann immer wie ein Wahnsinniger die Autobahn entlanggebrettert, um mich nach unserer letzten allabendlichen Anwesenheitskontrolle im Reha-Zentrum mit ihr zu treffen. Meistens habe ich sie zum Essen eingeladen, anschließend bei ihr übernachtet und bin dann morgens früh um vier Uhr aufgestanden und in zwei

Stunden nach Headley Court zurückgerast, um pünktlich zur ersten morgendlichen Anwesenheitskontrolle wieder auf der Matte zu stehen.

Die Reha-Mitarbeiter hatten keine Ahnung. Sie konnten ja nicht davon ausgehen, dass jemand so bescheuert sein kann.

Ich kann mich noch daran erinnern, dass es – immerhin war es mitten im Winter – meist so bitterkalt war, dass ich das Stützkorsett über meinen Lederanzug gezogen hatte und einhändig gefahren bin, weil ich meine Hände abwechselnd an den Motorblock gehalten habe, um sie zu aufzuwärmen. Da sag noch mal einer was über einen waghalsigen, gefährlichen Fahrstil. Aber irgendwie hat es richtig Spaß gemacht.

Allerdings ist diese Beziehung kurze Zeit später eingeschlafen – das Mädel aus Cambridge war einfach viel zu clever für mich. Außerdem habe ich so meine Zweifel, ob ich überhaupt die nötige Beständigkeit für eine Beziehung hätte aufbringen können.

Denn während meiner Zeit in der Reha kreiste ein Großteil meiner Gedanken um den Mount Everest. Dadurch hatte ich wenigstens etwas, worauf ich hinarbeiten konnte – ein Ziel vor Augen –, ganz gleich, wie weit ich auch davon entfernt war, dieses Ziel zu erreichen.

Allerdings hat niemand in meiner Familie dieses Vorhaben wirklich ernst genommen. Schließlich konnte ich ja noch nicht einmal halbwegs vernünftig gehen. Trotzdem war es mir absolut ernst damit.

Interessanterweise hat sich jedoch keiner der Reha-Mitarbeiter über mich lustig gemacht. Schließlich wussten sie alle, dass es bei einer Reha einzig und allein darauf ankommt, sich auf neue Ziele zu konzentrieren. Aber ich habe auch gespürt, dass manche von ihnen wirklich geglaubt haben, dass es durchaus möglich wäre.

Von den zahlreichen Everest-Expeditionen, die von Angehörigen der britischen Armee geleitet wurden, ist allerdings nur eine Expedition jemals bis zum Gipfel vorgedrungen. Es waren zwei der durchtrainiertesten, stärksten und erfahrensten britischen Bergsteiger, die den Gipfel erklommen haben.

Auf dem Höhepunkt ihrer körperlichen Leistungsfähigkeit haben diese beiden Männer sogar als Elitesoldaten beim SAS gedient. Sie hatten diese Gipfelbesteigung mit allerletzter Kraft geschafft und sind auch nur mit knapper Not mit dem Leben davongekommen, wobei sie nicht nur entsetzliche Erfrierungen erlitten, sondern auch Gliedmaßen verloren haben.

Doch für mich war das alles zunächst einmal Zukunftsmusik. Das Einzige, worauf es ankam, war, dass ich etwas hatte, wofür ich mich kräftig ins Zeug legen konnte. Dabei spielte es überhaupt keine Rolle, wie unrealistisch es schien, ein solches Vorhaben tatsächlich zu verwirklichen.

Das Leben hat mich gelehrt, dass man sich vor einem Mann mit einem Traum in Acht nehmen muss, und ganz besonders vor einem Mann, der dem Tod noch einmal von der Schippe gesprungen ist. Denn ein solches Erlebnis entfesselt ein unglaubliches Feuer und eine ganz eigenwillige Verwegenheit in einem Menschen, die man nur schwer beschreiben kann.

Außerdem kann man mit solchen Menschen eine Menge Spaß haben.

Schon bald darauf wurde ich aus dem Reha-Zentrum entlassen und wieder zum SAS zurückgeschickt. Allerdings, so die fachlichen Einschätzung des Arztes, sollte ich nicht mehr als militärischer Fallschirmspringer eingesetzt werden. Das wäre zu riskant. Eine einzige unsanfte Landung bei Nacht in voller Ausrüstung könnte schon reichen, um meine zusammengeflickte Wirbelsäule zu zerbröseln.

Dabei hatte er noch nicht einmal die extremen Geländemärsche erwähnt, die wir mit schwerem Gepäck auf dem Rücken zu absolvieren hatten.

Jeder, der Mitglied in einer Spezialeinheit ist, weiß, dass ein schwacher Rücken keine gute Voraussetzung ist, um seinen Dienst als Soldat in einer SAS-Einheit zu erfüllen.

Außerdem ist es ein weit verbreiteter Irrglaube, dass der Rücken und die Knie von sehr vielen SAS-Soldaten aufgrund der jahrelangen Beanspruchung durch zahllose Märsche und Sprünge nur noch durch Platten und Schrauben zusammengehalten werden.

Tief in meinem Innersten wusste ich, dass meine Chancen, weiterhin in meiner Kompanie meinen Dienst zu verrichten, nicht gerade zum Besten standen, und das war eine verdammt bittere Pille, die ich zu schlucken hatte.

Doch früher oder später müsste ich mich ohnehin mit dieser Situation auseinandersetzen, denn eine Entscheidung wäre unumgänglich. Die Ärzte konnten zwar ihre eindringlichen Empfehlungen aussprechen, aber letzten Endes war es eben an mir, eine Entscheidung zu treffen.

Die übliche Geschichte: Unser ganzes Leben wird von unseren Entscheidungen bestimmt. Und bei Entscheidungen mit weitreichenden Konsequenzen tut man sich oft ziemlich schwer.

Also dachte ich, es wäre ganz gut, mir für diese Entscheidung etwas Zeit zu lassen.

In der Zwischenzeit übernahm ich in meiner Kompanie die

Aufgabe, andere Einheiten im Überlebenstraining zu schulen. Außerdem habe ich die Jungs vom Aufklärungstrupp unterstützt, während mein altes Team draußen im Gelände auf Übung war.

Aber diese Situation war eine echte Qual für mich – zwar nicht körperlich, aber seelisch. Denn ich musste meinen Kumpels dabei zusehen, wie sie hinausfuhren, total aufgekratzt und angespannt – ein eingespieltes Team, das seine Mission ausführte und danach erschöpft, aber voller Begeisterung zurückkam. Genau das wäre im Prinzip ja meine Aufgabe gewesen.

Ich hasste es, im Innendienst bei der Einsatzleitung festzusitzen und für die Nachrichtenoffiziere Tee zu kochen.

Obwohl ich mir Mühe gab, diese Aufgabe gern zu übernehmen, war mir dennoch tief in meinem Innersten bewusst, dass ich mich schließlich nicht beim SAS zum Elitesoldaten hatte ausbilden lassen, um dann Tee zu kochen.

Immerhin hatte ich ein paar fantastische Jahre beim SAS verbracht, in denen ich nicht nur mit den Besten trainiert hatte, sondern auch von den Besten ausgebildet worden war. Doch wenn ich jetzt diesen Job, für den ich ausgebildet war, nicht in vollem Umfang ausüben konnte, dann wollte ich ihn lieber gar nicht ausüben.

Das Regiment funktioniert nach einem ganz einfachen Prinzip: Wenn es seine extrem hohe Schlagkraft behalten will, muss es sich stets auf seine absoluten Stärken konzentrieren. Und wer dem militärischen Fallschirmspringen und dem Tragen von schwerem Marschgepäck über große Distanzen eben nicht gewachsen ist, kann seinen Beitrag nicht leisten und ist folglich nichts anderes als nur unproduktiver, nutzloser Ballast. Das tut weh.

Denn so hatte ich mir nach meinem Unfall mein Leben nicht vorgestellt. Ich hatte mir geschworen, dass ich meine Träume beherzt und entschlossen in die Tat umzusetzen wollte, und zwar ganz gleich, wohin mich mein Weg auch führen würde.

Also suchte ich den Oberst meines Regiments auf und gab ihm meine Entscheidung bekannt. Er zeigte Verständnis und – genauso, wie er es einst versprochen hatte – versicherte mir, dass die SAS-Familie immer für mich da wäre, wenn ich ihre Hilfe bräuchte.

Meine Kompanie hat mich mit einem Riesensaufgelage verabschiedet und mir eine kleine Bronzestatue für meine Dienste überreicht. (Sie steht auf meinem Kaminsims, und meine Jungs benutzen sie mitunter schon mal, um damit Soldat zu spielen.) Danach habe ich meine Ausrüstung zusammengepackt und das 21. SAS-Regiment für immer verlassen.

Ich gebe ganz ehrlich zu, dass ich mich an jenem Abend so richtig habe volllaufen lassen.

6

Was uns nicht umbringt, macht uns stärker. Denn im Einklang mit dieser eindrucksvollen Spielregel im Leben hatte ich nicht nur überlebt, sondern war auch stärker geworden – wenn auch nicht körperlich, so doch zumindest psychisch.

Um Haaresbreite war ich an einer Querschnittslähmung vorbeigeschrammt, doch dank der Gnade Gottes hatte ich überlebt und wieder in mein Leben zurückgefunden. Durch diesen Unfall hatte ich zwar unendlich viel gelernt, aber vor allem hatte ich dadurch dem Schicksal in die Karten schauen dürfen und zum ersten Mal begriffen, wie wertvoll das Leben ist.

Jetzt hatte ich allerdings das Problem, dass ich weder einen Job noch ein Einkommen hatte.

Im Leben ist es meistens so, dass man nicht gleichzeitig seinen Lebensunterhalt verdienen und seinem Herzen folgen kann, denn das sind in aller Regel zwei verschiedene Paar Schuhe; außerdem war ich mir sehr wohl der Tatsache bewusst, dass ich nicht der erste Mensch auf der Welt war, der dieses Dilemma zu spüren bekam.

Meine Entscheidung, den Mount Everest zu besteigen, hatte durchaus etwas von einer Alles-oder-nichts-Mission.

Denn falls ich es schaffen würde, den Gipfel zu besteigen, wäre ich nicht nur der jüngste Bergsteiger, der je den Gipfel erklommen hat, sondern ich hätte außerdem zumindest eine faire Chance, hinterher irgendeinen Job im Zusammenhang mit dieser Expedition an Land zu ziehen – entweder könnte ich Vorträge halten oder als Bergführer arbeiten.

Ich hätte auch die Möglichkeit, meine Gipfelbesteigung quasi als Sprungbrett zu nutzen, um Sponsoren für andere Expeditionen zu gewinnen.

Falls ich es aber doch nicht schaffen und scheitern würde, würde ich entweder dort oben auf dem Berg sterben oder müsste bankrott – ohne Aussichten auf irgendeinen Job und ohne irgendwelche Qualifikationen – nach Hause zurückkehren.

Angesichts dieser Optionen fiel mir die Entscheidung allerdings nicht wirklich schwer.

Denn mein Bauchgefühl signalisierte mir ganz eindeutig, dass dies die richtige Entscheidung war – es zu wagen.

Außerdem kam mir zugute, dass ich noch nie zu der Sorte Menschen gehört habe, die große Angst davor haben, am Ende wie ein alter Prahlhans dazustehen, der den Mund zu voll genommen hat – ich hatte noch nie Angst davor, zu scheitern.

Denn ich bin nie geklettert, weil ich wollte, dass die Leute mich bewundern; ich bin immer nur geklettert, weil ich das halbwegs gut konnte – und jetzt stand mir durch die Besteigung des Mount Everest der Weg offen, dieses Talent weiter auszuschöpfen.

Und für den Fall, dass ich scheitern sollte – so dachte ich bei mir –, dann scheitere ich zumindest bei dem Versuch, etwas Großes und Kühnes gewagt zu haben. Dieser Gedanke gefiel mir.

Darüber hinaus könnte ich – sofern das möglich wäre – meinen Universitätsabschluss nachholen, und zwar indem ich noch während der Expedition ein Teilzeit-Studium beginne (das könnte ich vom Mount Everest aus über E-Mail bewerkstelligen). Am Ende der Expedition – ganz gleich, wie die Sache auf dem Berg ausginge – hätte ich auf diese Weise zumindest die Möglichkeit, mich noch einmal beim MI 5 zu bewerben. (Manchmal ist es durchaus von Vorteil, wenn man nicht gleich alle Brücken hinter sich abbricht.)

Das Leben ist schon eigenartig.

Man konzentriert sich auf eine Sache, fängt damit an, bestimmte Informationen in den Äther hinauszuschicken, und ganz oft passiert es dann, dass sich die Dinge still und heimlich irgendwie zum eigenen Vorteil zusammenfügen. Diese Beobachtung konnte ich schon bei so mancher Gelegenheit machen.

Denn ich hatte immerhin erst vor einem knappen Monat damit angefangen, diverse Unternehmen anzuschreiben und als Sponsoren für eine Everest-Expedition zu gewinnen (obwohl ich nicht die leiseste Ahnung hatte, wie ich es anstellen musste, damit ich überhaupt an einer Everest-Expedition teilnehmen konnte), als ich erfuhr, dass ein ehemaliger Kamerad vom Militär gerade im Begriff war, ein neues britisches Expeditionsteam zusammenzustellen, um den Gipfel über den Südostgrat zu besteigen.

Es war Hauptmann Neil Laughton. Ich war ihm bereits bei verschiedenen Gelegenheiten begegnet, allerdings kannte ich ihn nicht sehr gut. Er war ein ehemaliger Offizier der Royal Marines, extrem zäh, entschlossen und – wie ich später noch erfahren sollte – einer der ehrgeizigsten Menschen, die ich je kennengelernt habe.

Neil hatte es zwei Jahre zuvor geschafft, relativ nah an den Gipfel des Mount Everest heranzukommen – doch in jenem Jahr tobte in großer Höhe ein schwerer Schneesturm auf dem Berg, der in nur 24 Stunden das Leben von acht Bergsteigern gefordert hatte. Obwohl Neil die allzu offenkundigen Risiken oben am Berg am eigenen Leib miterlebt und auch mit angesehen hatte, wie viele Todesopfer dieser Berg gefordert hatte, war er trotz allem fest entschlossen, noch einmal einen Besteigungsversuch zu wagen.

Es ist für viele Menschen sehr schwer nachvollziehbar, dass eine so große Faszination von einem Berg ausgehen kann, dass Männer und Frauen dazu bereit sind, ihr Leben in seinen mit Schnee und Eis bedeckten Steilwänden zu riskieren – und das alles nur für die Chance, jenen einzigartigen, einsamen Augenblick hoch oben auf dem Gipfel erleben zu dürfen. Das lässt sich auch nur sehr schwer erklären. Doch in diesem Zusammenhang kann ich nur auf dieses Zitat verweisen, in dem es heißt: »Wenn du erst fragen musst, wirst du es nie verstehen.«

Ich hatte einfach das Gefühl, dass dies möglicherweise meine Chance war: Meine erste reale und vielleicht einzige Chance, diesen Traum zu verwirklichen und eines Tages oben auf dem Gipfel des Mount Everest zu stehen.

Tief in meinem Innersten wusste ich, dass ich diese Chance ergreifen musste.

Neil erklärte sich bereit, mich in sein Everest-Expeditionsteam aufzunehmen, je nachdem, wie gut ich mich bei einer für Oktober geplanten Expedition ins Himalaja-Gebirge schlagen würde. Als ich das Telefonat mit Neil beendete und den Hörer auflegte, wurde mir auf einmal ganz mulmig ums Herz, weil ich gerade eine Verpflichtung eingegangen war, die mein Leben nachhaltig verändern sollte – entweder zum Besseren oder zum Schlechteren.

Immerhin wollte ich ja noch mal ganz von vorn anfangen – das war jetzt der Neuanfang, und ich fühlte mich lebendig.

Ein paar Tage später habe ich dann meiner Familie diese Neuigkeiten unterbreitet. Meine Eltern – und ganz besonders meine Schwester Lara – nannten mich selbstsüchtig, gemein und dann bescheuert.

Irgendwann haben sie mir dann aber doch ihren Segen gegeben, allerdings war er an die Bedingung geknüpft, dass meine Mutter sich von meinem Vater scheiden lassen würde, falls ich dort oben sterben sollte, weil nämlich mein Vater derjenige gewesen wäre, der mich vor etlichen Jahren überhaupt erst auf diese »bescheuerte Idee« gebracht hätte.

Mein Vater lächelte nur.

Aber die Zeit hat schließlich für mich gearbeitet, denn sogar meine Schwester änderte ihre anfangs sehr ablehnende Haltung und fing an, mich bei meinem Vorhaben zu unterstützen – was in erster Linie auf ihr Bestreben zurückzuführen war, mich unbedingt am Leben zu erhalten.

Was mich betraf, so musste ich lediglich dafür sorgen, dass ich mein Versprechen einlöste und auf mich aufpasste.

Der Zufall wollte es, dass zum selben Zeitpunkt, als wir damals am Mount Everest waren, vier Menschen auf tragische Weise am Berg ums Leben gekommen sind – vier begnadete, kräftige Bergsteiger.

Daher lag es genau genommen letztlich nicht in meiner Macht, meiner Familie ein derartiges Versprechen zu geben.

Mein Vater wusste das.

7

Der Himalaja ist ein zusammenhängendes Hochgebirgssystem in Asien, das sich über eine Länge von rund 3000 Kilometern erstreckt und entlang der Nordgrenze von Indien verläuft. Die gigantische Größenordnung der Ost-West-Ausdehnung dieser Gebirgskette kann man sich nur schwerlich vor Augen führen – doch wenn man sich vorstellt, dass sie sich durch Europa ziehen würde, so würde sie sich grob gerechnet von London bis nach Moskau erstrecken.

In diesem Gebirgssystem gibt es insgesamt 91 Gipfel, die über 7300 Meter hoch sind – sie alle sind höher als die Gipfel anderer Gebirgszüge auf anderen Kontinenten. Und im Zentrum dieses atemberaubenden Gipfelpanoramas befindet sich der Mount Everest – der höchste Berg der Erde.

Besteigungsversuche gab es viele, aber erst am 9. Mai 1953 gelang es schließlich Edmund Hillary und Sherpa Tenzing Norgay, den Gipfel des Mount Everest zum ersten Mal zu ersteigen. In den Jahren davor hatten schon viele Bergsteiger dies versucht, doch viele waren dabei ums Leben gekommen – bei dem Versuch, das scheinbar Unmögliche zu erreichen.

In den 1990er-Jahren wurden vermehrt kommerzielle Himalaja-Expeditionen unternommen, um den Mount Everest zu besteigen.

Bergsteiger bekamen nun die Chance, für die Zahlung eines »Unkostenbeitrags« in Höhe von bis zu 60 000 US-Dollar an einer Everest-Expedition teilzunehmen. Aber dadurch wurde eine »Gipfelbesteigung« auch für jene Kunden zugänglich gemacht, die nicht über die notwendigen bergsteigerischen Fähigkeiten verfügten.

Und da die Expeditionsleiter von den Teilnehmern oft unter

Druck gesetzt wurden, weil diese eine entsprechende Gegenleistung für die hohen Teilnahmegebühren verlangten, führte dies in aller Regel dazu, dass sich Teilnehmer ohne ausreichende Hochgebirgserfahrung in zu große Höhenregionen begaben und dadurch leichtsinnig das Schicksal herausforderten.

1996 kam es schließlich zu einer verhängnisvollen Tragödie – ausgelöst durch einen schweren Schneesturm und die Unerfahrenheit der Expeditionsteilnehmer: In einer einzigen Nacht verloren acht Bergsteiger auf dem Berg ihr Leben; in der darauffolgenden Woche forderte der Berg drei weitere Todesopfer.

Aber es waren nicht nur Bergsteiger-Anfänger, die dort oben ihr Leben ließen.

Rob Hall – einer der weltweit angesehensten und erfahrensten Bergführer – war ebenfalls unter den Todesopfern. Bei dem Versuch, einen geschwächten Bergsteiger zu retten, ging ihm in großer Höhe der Sauerstoff aus. Doch extremer Sauerstoffmangel, große Erschöpfung und eisige Kälte sind eine tödliche Kombination – Rob brach zusammen.

Doch irgendwie schaffte er es, die Nacht oben am Berg in eisiger Kälte zu überstehen.

Rob überlebte die Nacht in über 8700 Metern Höhe bei Temperaturen um minus 50 Grad Celsius. Am nächsten Morgen sprach er dann über sein Funkgerät mit seiner Frau Jan; im Basislager hatte man für dieses Gespräch eine Verbindung über Satellitentelefon hergestellt.

Seine Frau war schwanger und erwartete ihr erstes gemeinsames Kind. Alle im Lager hoch oben auf dem Berg saßen regungslos da, als er zu ihr sagte: »Ich liebe dich. Schlaf gut, mein Schatz. Bitte mach dir nicht allzu viele Sorgen.«

Dies waren seine letzten Worte, bevor er starb.

Die warnende Lehre aus diesem tragischen Ereignis war mehr als deutlich: Begegne dem Berg stets mit Ehrfurcht und Respekt und unterschätze nie, welche Gefahren von dieser Höhe und von Wetterumschwüngen ausgehen können – selbst für die stärksten und erfahrensten Bergsteiger. Außerdem sollte man die Natur nie herausfordern und sich stets bewusst machen, dass man sich – wenn man einen so hohen Berg wie den Mount Everest besteigen will – für kein Geld der Welt eine Überlebensgarantie kaufen kann und am allerwenigsten eine Garantie, dass man das Ganze unbeschadet und unverletzt übersteht.

Seitdem wir damals den Everest bestiegen haben, ist der »höchste Berg der Erde« in der Zwischenzeit auch von vielen anderen Bergsteigern erfolgreich erklommen worden. Mittlerweile ist er sogar von einem Blinden, einem Mann mit einer Beinprothese und sogar von einem jungen nepalesischen Teenager bestiegen worden. Doch deshalb darf man die Gefahr keinesfalls unterschätzen. Ich habe die Gefahr, die von diesem Berg ausgeht, nie verharmlost, denn er ist heute noch genauso hoch und genauso gefährlich wie damals. Vielmehr hege ich große Bewunderung für all jene Bergsteiger, die den Gipfel dieses Berges – egal wie – erstiegen haben. Schließlich weiß ich selbst nur allzu gut, was es heißt, den Mount Everest zu besteigen.

Wir Menschen lernen mit der Zeit, wie wir diese Höhe beherrschen und den Berg bezwingen können. Das liegt in unserer Natur. Aber der Berg bleibt immer derselbe – manchmal jedoch wendet er sich gegen uns und schlägt dann mit so erbarmungsloser Härte zu, dass wir alle voller Furcht zurückweichen.

Zunächst einmal.

Dann kommen wir wieder. Wie die Geier. Allerdings sind nicht wir es, die hier oben das Sagen haben.

Genau das ist auch der Grund dafür, warum man in Nepal den

Mount Everest als die »Göttin des Himmels« bezeichnet – auf dass wir dies niemals vergessen mögen.

In diesem Namen spiegelt sich der ehrfurchtsvolle Respekt wider, den die Nepalesen diesem Berg entgegenbringen, und dem Berg mit diesem ehrfurchtsvollen Respekt zu begegnen ist das Beste, was man als Bergsteiger lernen kann. Denn wir besteigen den Berg nur, weil der Berg es uns gestattet.

Wenn der Gipfel einem ein Zeichen gibt, dass man »warten« soll, dann muss man auch warten; und wenn er einen auffordert aufzusteigen, dann muss man in der dünnen Luft seine ganze Kraft aufbieten und alle Anstrengungen und Strapazen auf sich nehmen, um sich zum Gipfel hinaufzukämpfen.

Die Wetterverhältnisse können sich innerhalb weniger Minuten schlagartig ändern, wenn sich der Gipfel in Wolken hüllt, denn die Spitze des Gipfels ragt mitten hinein in den südwestlichen Jetstream – in jene Starkwindbänder, die in über 8000 Metern Höhe die Erde umkreisen und Geschwindigkeiten von über 240 Stundenkilometern erreichen. Denn diese Höhenwinde sind verantwortlich für die majestätisch wirkenden, aber extrem gefährlichen Schleier aus feinem Schnee, die unablässig vom Gipfel des Mount Everest hinunterwehen.

Auf diese Weise wird man permanent daran erinnert, dass man dem Berg stets mit Ehrfurcht und Respekt begegnen sollte.

Anderenfalls spielt man mit seinem Leben.

8

Doch in der jetzigen Phase meines Vorhabens konnte ich – selbst mit dem allerstärksten Willen der Welt – nirgendwo hinaufklettern, bevor ich nicht Sponsoren gefunden hatte, die meine Expedition finanzierten.

Außerdem hatte ich nicht die leiseste Vorstellung, wie schwierig sich das Ganze gestalten konnte.

Ich hatte absolut keine Ahnung: Keine Ahnung, wie ich ein Exposé für eine Kooperation mit einem finanzkräftigen Sponsor zusammenstellen sollte; keine Ahnung, wie ich einem Unternehmen meinen Traum so verkaufen konnte, dass er sich für dieses Unternehmen als lukrative Geschäftsidee erweisen könnte; und vor allem wusste ich nicht, wie ich es anstellen sollte, einen Ansprechpartner in großen Konzernen ausfindig zu machen, um mein Anliegen überhaupt vorzubringen.

Darüber hinaus besaß ich weder einen Anzug, noch hatte ich irgendwelche Erfolge vorzuweisen, und ganz gewiss konnte ich nicht mit dem Versprechen aufwarten, dass sich die Medien um diese Story reißen würden.

Genau genommen sah es eher danach aus, als wollte ich mich, mit einer Plastikgabel bewaffnet, mit Goliath anlegen. Obendrein machte ich gerade die Erfahrung, wie es sich anfühlt, eine Absage nach der anderen einstecken zu müssen.

Die Situation, in der ich mich befand, lässt sich sehr anschaulich mit dem berühmten Zitat Churchills beschreiben: »Erfolg ist die Fähigkeit, einen Misserfolg nach dem anderen wegzustecken, ohne seine Begeisterung zu verlieren.«

Es war jetzt an der Zeit, dass ich mich mit meiner ganzen Begeisterung auf die Suche nach Sponsoren machte und mich auch von Absagen nicht unterkriegen ließ – bis ich endlich Erfolg hätte.

In den Augen jedes potenziellen Sponsors war ich ein »Niemand«. Und es dauerte nicht lange, da hatte ich mehr schriftliche Absagen kassiert, als es für das Selbstbewusstsein eines jeden Menschen zuträglich ist.

Also überlegte ich, ob es nicht einen Unternehmer oder Abenteurer gibt, für den ich große Bewunderung hegte, und dabei kam mir immer wieder Sir Richard Branson in den Sinn, der Gründer der Virgin Group.

Ich schrieb ihm also einen Brief, dann schrieb ich ihm noch einen Brief. Insgesamt schrieb ich ihm 23 Briefe.

Sie blieben alle unbeantwortet.

Auch gut, dachte ich, *dann finde ich eben heraus, wo er wohnt, und bringe mein Exposé persönlich bei ihm vorbei.*

Und genau das habe ich gemacht: Es war ein recht kühler Abend, als ich um acht Uhr an der riesigen Tür seines Hauses geklingelt habe. Eine Frauenstimme meldete sich über die Sprechanlage, und ich murmelte mein Anliegen in den Lautsprecher.

Es war vermutlich die Stimme einer Hausangestellten; sie wies mich an, das Exposé zu hinterlassen – und mich zu verziehen.

Doch was danach passierte, ist mir irgendwie schleierhaft: Ich gehe mal davon aus, dass die Dame, die über die Gegensprechanlage mit mir gesprochen hatte, die Anlage einfach nur abschalten wollte, stattdessen aber versehentlich den Türöffner für die Haustür erwischt hat.

Ich hatte das Gefühl, als wollte der Summton des Türöffners gar nicht mehr aufhören – aber wahrscheinlich dauerte das Summen nur eine oder zwei Sekunden.

Doch in dem Augenblick, als ich das Summen hörte, konnte ich nicht erst lange nachdenken, ich habe einfach reagiert … und die Haustür instinktiv aufgedrückt.

Und plötzlich stand ich mitten in der imposanten Eingangshalle mit Marmorfußboden.

»Äh, hallo«, rief ich in die leere Eingangshalle hinein. »Verzeihung, aber Sie haben mir offensichtlich die Tür geöffnet«, entschuldigte ich mich ins Leere.

Dann kam auf einmal die Hausgestellte die Treppe heruntergestürzt und brüllte mich an, dass ich verschwinden soll.

Daraufhin drückte ich ihr das Exposé in die Hand und machte mich schleunigst aus dem Staub.

Am nächsten Tag schickte ich einen Blumenstrauß, um mich für mein Eindringen zu entschuldigen und um diesen berühmten Mann darum zu bitten, einen Blick auf mein Exposé zu werfen.

Ich fügte noch hinzu, dass ich mir ziemlich sicher wäre, dass er – als er damals noch ganz am Anfang stand – vermutlich dasselbe gemacht hätte wie ich jetzt.

Aber auch auf diesen Brief habe ich nie eine Antwort erhalten.

Als ich ein paar Tage später mit dem Fahrrad in der City of London unterwegs war, fuhr ich an einem Unternehmen vorbei, das sich DLE nannte – die Abkürzung stand für Davis Langdon & Everest.

Hmm, dachte ich, nachdem ich eine Vollbremsung hingelegt hatte und mit rutschenden Reifen zum Stehen kam.

Ich atmete tief durch und bin dann ganz selbstbewusst in den supergepflegten und supereleganten Empfangsbereich spaziert, wo ich darum gebeten habe, dass man mich mit dem Büro des Unternehmenschefs verbindet, da mein Anliegen dringend und vertraulich sei.

Sobald ich die Sekretärin des Unternehmenschefs am Apparat hatte, bekniete ich sie regelrecht, mir ein zweiminütiges Gespräch mit ihrem Chef zu verschaffen.

Nach drei Versuchen, in denen ich gleichzeitig Mitleid und Neugier bei ihr weckte, erklärte sie sich schließlich damit einverstanden, den Firmenchef zu fragen, ob er denn »buchstäblich zwei Minuten« für mich erübrigen könnte.

Bingo.

Ich wurde zuerst in einen Aufzug geleitet und dann in die ruhige Abgeschiedenheit der Chefetage im obersten Stockwerk geführt. Ich war ausgesprochen nervös.

Die beiden geschäftsführenden Gesellschafter Paul Morrell und Alastair Collins kamen herein und musterten mich – diesen Jungspund im Lotterlook, der eine Broschüre in der Hand hielt. (Lange später haben sie mir mal gesagt, dass sie noch nie zuvor ein derart dilettantisch aufgemachtes Exposé gesehen hätten.)

Doch beide hatten die Güte, mir zuzuhören.

Wie durch ein Wunder hatten sie mir den Traum und meine Begeisterung »abgekauft« und erklärten sich bereit, mein Projekt mit einem Betrag in Höhe von 10 000 Pfund Sterling (was für mich die Welt bedeutete, doch für sie nichts weiter war als ein paar Scheinchen für einen Marketing-Gag) zu unterstützen, damit ich die DLE-Fahne auf dem »Dach der Welt« aufstellen konnte.

Ich versprach, ihnen ein gigantisches Foto für die Chefetage mitzubringen.

Wir standen auf, schüttelten einander die Hand und sind noch heute gute Freunde.

Solche Deals sind ganz nach meinem Geschmack.

9

Das war ein echter Glücksfall. Andererseits hatte ich aber auch etliche Hundert Absagen kassiert, bis ich es geschafft hatte, diesen Glücksfall an Land zu ziehen.

Ich bin mir ziemlich sicher, dass all diese Bemühungen eine lehrreiche Erfahrung mit sich bringen.

Da gab es Leute, die Geld riskiert und Vertrauen in mich gesetzt hatten. Ich würde sie nicht enttäuschen, und ich würde ihnen auch ewig dankbar dafür sein, dass sie mir die Chance gegeben hatten, mich zu beweisen.

Sobald ich DLE mit ins Boot geholt hatte, folgten auch einige andere Unternehmen ihrem Beispiel. Denn wenn man erst einmal ein Unternehmen als Sponsor gewonnen hat, fällt es den anderen vermutlich leichter, ebenfalls als Kooperationspartner und Sponsor zu fungieren – das ist schon komisch.

Ich glaube einfach, dass die meisten Leute nicht gern eine Vorreiterrolle übernehmen.

Und schneller als erwartet, hatte ich – bei Kontostand null angefangen – nun auf einmal die notwendigen Geldmittel zusammen, um mir einen Platz im Expeditionsteam zu sichern. (Genau genommen fehlten mir zwar noch ungefähr 600 Pfund Sterling, doch mein Vater half mir aus, dieses Loch zu stopfen und wollte nichts davon wissen, dass ich ihm irgendwann diese Summe zurückzahlen würde. Feiner Kerl.)

Mein Traum von der Gipfelbesteigung des Mount Everest sollte nun bald Wirklichkeit werden.

Sehr viele Leute haben mich im Laufe der Jahre gefragt, was man tun muss, um Kooperationspartner und Sponsoren für ein Projekt zu gewinnen. Hier mein Rat: Es gibt nur eine einzige Zutat, die wirklich Wunder wirkt – aktiv werden und vollen Einsatz zeigen. Man muss einfach permanent am Ball bleiben und Klinken putzen.

Und dann noch mal eine Schippe drauflegen.

Unsere Träume bleiben nur Wunschträume, wenn wir nicht entschlossen handeln und hart daran arbeiten, sie zu verwirklichen. Denn im Leben muss man eben in der Lage sein, für seinen Traum zu brennen, und mit unermüdlichem Einsatz dafür kämpfen, dass er in Erfüllung geht.

Die Planung von großen Expeditionen ist mitunter eine recht mühsame und frustrierende Angelegenheit. Schließlich ist es nicht gerade ein berauschendes Gefühl, schon wieder eine Absage von einem potenziellen Kooperationspartner oder Sponsor zu kassieren; und so konnte ich im Zuge dieser Vorbereitungen relativ oft spüren, wie das Feuer meiner Begeisterung zunehmend schwächer wurde und beinahe erloschen wäre.

Erst durch unermüdlichen Einsatz kann dieses Feuer mit heller Flamme brennen.

Nachdem die Finanzierung der Everest-Expedition nun in trockenen Tüchern war, hatte ich vor, für sechs Wochen in den Himalaja zu reisen und mich der British Ama Dablam Expedition anzuschließen.

Es war schon immer mein Traum, den Gipfel des Ama Dablam zu besteigen, und Henry Todd – ein bekannter schottischer Bergsteiger, der unsere Expeditionslogistik am Everest organisierte – hatte mir für sehr günstiges Geld einen Platz im Expeditionsteam angeboten.

Ich wusste, dass dies meine Chance wäre, Henry und Neil zu beweisen, dass ich sehr wohl in der Lage war, auf mich achtzugeben und auch in großer Höhe sicher zu klettern.

Schließlich hat man gut reden, wenn man wohlbehütet und sicher in seinem warmen Nest in London hockt.

Es war also höchste Zeit, wieder intensiv zu trainieren und zu zeigen, was in mir steckt.

Der Ama Dablam ist einer der atemberaubendsten Berge der Welt. Aufgrund seiner imposanten, fast senkrecht aufsteigenden Felswände, die sich eindrucksvoll aus dem Gipfelpanorama des Himalajas emporheben, wurde er einst von Sir Edmund Hillary als »nicht ersteigbar« beschrieben.

Doch bei diesem Berg ist es genauso wie bei vielen anderen Bergen auch: Erst wenn man sich sehr intensiv mit ihm beschäftigt, stellt man fest, dass es doch eine Aufstiegsmöglichkeit gibt. Das Einzige, was man dafür braucht, ist eine gehörige Portion Mumm und eine sorgfältige Vorbereitung.

Für Jagged Globe, einen international renommierten Anbieter von geführten Berg-Expeditionen, zählt die Besteigung des Ama Dablam klettertechnisch zu den schwierigsten Expeditionen, die sie im Angebot haben. Vom Schwierigkeitsgrad her wird sie vom Jagged Globe-Team als 5D-Tour eingestuft, wobei die »5« für die klettertechnischen Anforderungen und das »D« für die körperliche Fitness steht, die Expeditionsteilnehmer mitbringen müssen: »Sehr schroffe Eis- und Felswände. Geeignet für erfahrene Bergsteiger, die regelmäßig Touren mit diesem Schwierigkeitsgrad absolvieren. Klettertouren mit diesem Schwierigkeitsgrad sind mit einer extremen Kraftanstrengung verbunden, sodass ein Gewichtsverlust unvermeidbar ist.«

Dass ich nicht lache. Nicht umsonst ist das ja auch eine Expedition ins Himalaja-Gebirge.

Ich denke mit großer Wehmut an jene vier Wochen zurück, in denen ich den Ama Dablam bestiegen habe.

Wir waren ein tolles internationales Expeditionsteam, zu dem auch die geniale britische Bergsteigerin Ginette Harrison gehörte, die wenige Jahre später auf tragische Weise durch eine Lawine ums Leben kam, als sie einen Achttausender im Himalaja bestieg. (Ich habe es immer als sehr großes Privileg empfunden, dass ich mit Ginette klettern durfte – sie war eine so unglaublich brillante, starke, schöne und begnadete Bergsteigerin; ihr Tod war für die internationale Bergsteiger-Community ein schmerzlicher und tragischer Verlust.)

Auch Peter Habeler – einer der größten Bergsteigerlegenden und der erste Mann, der zusammen mit Reinhold Messner den Everest ohne künstlichen Sauerstoff bezwungen hat – war damals zur selben Zeit wie wir zum Gipfel des Ama Dablam unterwegs.

Zusammen mit so berühmten Bergsteigern zu klettern, machte mir schon ein mulmiges Gefühl, doch ich schlug mich wacker.

Die meiste Zeit kletterte ich selbstständig am Berg und war in Gedanken ganz in meine eigene Welt versunken: Kopfhörer auf und volle Konzentration – so arbeitete ich mich mühsam voran. Während des gesamten Aufstiegs thronte im Norden der Mount Everest hoch über uns, nur gute 15 Kilometer entfernt.

Beim Aufstieg legte ich hin und wieder einen ziemlich riskanten Kletterstil an den Tag – wenn ich jedoch heute daran zurückdenke, läuft es mir kalt den Rücken runter. Denn ich habe den Fixseilen, in die ich den Karabiner meines Expresssets hätte einhängen müssen, eine eher stiefmütterliche Beachtung geschenkt und es stattdessen vorgezogen, mit dem Eispickel in der Hand zügig nach oben zu klettern, womit ich allerdings ganz gut zurechtgekommen bin.

Ich kann mich noch daran erinnern, wie ich einmal hoch oben in einer schroffen Felswand hing, die unter mir gute 1200 Meter jäh in die Tiefe stürzte. Ich balancierte etwas wacklig auf den beiden schmalen horizontalen Frontalzacken meiner Steigeisen, summte eine Melodie der Gypsy Kings vor mich hin und versuchte, meine Hand nach einem Haltepunkt auszustrecken, der etwas weiter entfernt war, als dass ich ihn ganz bequem hätte erreichen können. Ich musste springen.

Doch es war schon eine gehörige Portion blindes Selbstvertrauen nötig, um diesen Sprung zu wagen, den Haltepunkt zu fassen zu kriegen und zu hoffen, dass er mein Gewicht aushält, um dann von dieser Position aus weiter aufzusteigen – allerdings hoch oben auf dem Ama Dablam gab es etliche Situationen, in denen ich dieses blinde Selbstvertrauen und diese große Selbstsicherheit sehr intensiv gespürt habe.

Es war eine Art tollkühne Unerschrockenheit, die nicht ganz

ungefährlich ist. Doch ich war aufgekratzt und furchtlos und empfand eine große Dankbarkeit, dass ich nach meinem Unfall wieder in der Lage war, so zu klettern. Ich fühlte mich zum ersten Mal wieder richtig stark – und auf dem harten Eis zu schlafen, war für meinen Rücken geradezu perfekt.

Allerdings ist es gefährlich, wenn man beim Klettern allzu selbstsicher ist. (Heute versuche ich, deutlich weniger Risikobereitschaft an den Tag zu legen, nur um das einmal festzuhalten.) Aber es ist noch einmal gut gegangen, und ich bin schnell und sehr effizient vorangekommen.

Nach drei harten Wochen hockte ich nun zusammengekauert oben auf dem Gipfel des Ama Dablam.

Ich war total fertig. Die letzte Seillänge bis zum Gipfelgrat war extrem anstrengend. Ich kniete zusammengekauert auf dem Gipfel, um mich vor dem Wind zu schützen, und ließ durch die Schneebrille meinen Blick nach links schweifen.

Durch die vorbeiziehenden Wolken hindurch konnte ich in der Ferne den Gipfel des Mount Everest erkennen.

Wie ein rastloser Riese pustete der Berg unaufhörlich den Schnee von seinem Gipfel.

Erhaben und weithin sichtbar war der Gipfel des Mount Everest noch etwa 2000 Meter höher, als ich jetzt geklettert war, – da wurde mir klar, dass die Everest-Besteigung eine völlig andere Dimension haben würde.

Und ich fragte mich, auf was in aller Welt ich mich da wieder eingelassen hatte.

10

Ich hatte es geschafft, wieder heil nach Hause zu kommen, und war mir bewusst, dass ich unbedingt noch fitter werden musste, ganz gleich, wie fit ich mich auch fühlte.

Denn für die Everest-Besteigung wäre eine Topkondition nicht nur zwingend erforderlich, sondern sie würde sich auch garantiert auszahlen.

In jeder freien Minute habe ich in den Bergen trainiert und bin geklettert – in Wales, im Lake District und in den schottischen Highlands.

In diesem Jahr hatte mich mein alter Schulkamerad Sam Sykes eingeladen, den Jahreswechsel gemeinsam in seinem Haus in Sutherland zu feiern, das ganz oben an der Nordwestküste von Schottland liegt.

Ich liebe diese urwüchsige und zerklüftete Landschaft in den Highlands, sie ist einfach einzigartig.

Außerdem befindet sich dort einer meiner absoluten Lieblingsberge – der Ben Loyal. Das ist ein Berg, eingebettet in eine Moorlandschaft aus Heidekraut, mit schroffen Felswänden und einem markanten Gipfel aus vier Zinnen, von wo aus man eine spektakuläre Aussicht auf einen Meeresarm hat. Folglich musste Sam mich nicht lange bitten, seine Einladung anzunehmen und dort oben klettern zu gehen.

Während meines Besuchs sollte ich auch jene Frau kennenlernen, die mein Leben für immer verändern würde; allerdings war ich erschreckend schlecht auf diese Begegnung vorbereitet.

Ich bin ja in erster Linie in den äußersten Zipfel von Nordschottland gefahren, um zu trainieren und zu klettern. Sam hatte mir erzählt, dass noch ein paar andere Freunde vorbeikämen, um mit uns Silvester zu feiern. Er hatte mir versichert, dass sie mir bestimmt gefallen würden.

Hervorragend. Solange die mich nicht vom Trainieren abhalten, dachte ich so bei mir. Außerdem stand mir absolut nicht der Sinn danach, mich zu verlieben. Ich hatte schließlich eine Mission zu erfüllen. Und es waren nur noch zwei Monate, bis die Everest-Expedition losging.

Mich zu verlieben, das war in meiner Planung einfach nicht vorgesehen.

Zu Sams Freunden gehörte auch dieses junge Mädchen namens Shara. Sie war sanftmütig wie ein Lamm, wunderschön und humorvoll – und es schien so, als würden mich ihre Augen ganz besonders freundlich anstrahlen.

Dieses Mädchen war irgendwie außergewöhnlich. Es ging eine so unglaubliche Wärme und so ein Strahlen von ihr aus, dass ich mich glatt Hals über Kopf total in sie verknallt habe.

Auf einmal war das Einzige, wonach mir wirklich der Sinn stand, Zeit mit ihr zu verbringen, mit ihr Tee zu trinken, mit ihr zu plaudern und ausgedehnte Spaziergänge mit ihr zu unternehmen.

Ich versuchte, gegen dieses Gefühl anzukämpfen, indem ich mir jede Menge Steine und dicke Bücher in meinen Rucksack packte und dann ganz allein zu einer Klettertour aufbrach. Doch ich musste unentwegt an dieses hübsche blonde Mädchen denken, das so hinreißend und herzerfrischend darüber lachen konnte, wie bescheuert einer sein muss, der die gesammelten Werke von Shakespeare einen Berg hinaufschleppt.

Ich ahnte schon, dass dieses Gefühl mich ganz gewaltig von meinen Trainingsambitionen ablenken würde, aber auf einmal erschien mir alles andere irgendwie völlig nebensächlich. Schließlich ertappte ich mich dabei, dass ich am liebsten jede Minute mit diesem Mädchen zusammen sein wollte.

Am dritten Tag fragte ich sie dann, ob sie vielleicht Lust hätte, mit mir zusammen den Ben Loyal zu besteigen – natürlich könnten auch alle anderen mitkommen, die Lust auf eine Bergtour hätten. Da sich keiner von den Jungs der Tour anschließen wollte, hatte ich am Ende eine Gruppe mit insgesamt vier Mädels um mich versammelt – inklusive Shara. Hmm.

Wir sind zuerst zwei Stunden lang durch die sumpfige Moorlandschaft mit ihren stacheligen Riedgrasbüscheln gestapft, um zum Fuß des Berges zu gelangen, bevor wir überhaupt damit beginnen konnten, den steilen Hang zum Gipfelgrat hochzuklettern. Der Berghang war zwar relativ steil, aber im Grunde genommen hatten wir uns noch die »leichte« Aufstiegsroute ausgesucht.

Nach etwa 60 Metern sah die Hälfte der Mädels ziemlich erledigt aus.

Nachdem wir uns so mühsam durch diese Sumpflandschaft gequält hatten, war ich jedoch der Meinung, dass wir auf jeden Fall versuchen sollten, noch ein gutes Stück weiter den Berghang hinaufzuklettern. Denn schließlich war das Klettern ja der Teil der Bergtour, der am meisten Spaß machte.

Alle waren einverstanden, und so kletterten wir immer weiter hinauf.

Erst nachdem man den Gipfel hinter sich gelassen hat, verläuft die Route für den Abstieg auf der anderen Bergseite nicht mehr ganz so steil; allerdings muss man zuvor noch eine kurze, relativ stark ausgesetzte Strecke durch Schrofengelände bewältigen – das heißt, auf diesem Abschnitt gibt es keinen vorgegebenen Weg, sondern man muss sich seinen Weg in dem abschüssigen, felsdurchsetzten und mit Erika bewachsenen Hang selbst suchen. Da es nur eine kurze Strecke von etwa 150 bis 200 Metern war, die es zu überwinden galt, bin ich wohl fälschlicherweise davon ausgegangen, dass die Mädels viel lieber unter Zuhilfenahme der Hände eine sichere, wenn auch steile Route hinunterkraxeln würden, auf der keine Seilsicherung erforderlich ist. Außerdem hatte man auf dieser Route noch eine fantastische Aussicht aufs Meer.

Allerdings entwickelte sich die Sache nicht ganz nach Plan.

Das erste panikartige Wimmern schien irgendwie nur der Auftakt zu einem wahren Konzert an Gezeter zu sein, denn ein Mädchen nach dem anderen fing vor lauter Angst an zu jammern. Es ist schon sonderbar, wie schnell doch bei jedem Mädchen die Stimmung von »Alles in allerbester Ordnung« in »Hilfe, ich will hier raus!« umschlagen kann – in null Komma nichts, sobald die Erste in der Gruppe in Panik gerät.

Dann begannen die Tränen zu kullern.

Ein Albtraum.

Das Ganze endete schließlich damit, dass ich drei Grazien, die am meisten mit der Angst zu kämpfen hatten, nacheinander den Berghang hinuntergeleiten musste. Dabei musste ich ganz dicht hinter ihnen stehen, ihnen genau zeigen, wo sie sich mit den Händen festhalten mussten, dann meine Hände zur Sicherheit noch obendrauf legen und ihnen auch dabei helfen, einen Schritt nach dem anderen zu machen und ihre Füße exakt dort zu platzieren, wo auch meine Füße standen, damit sie sich sicher fühlten und nicht abstürzen konnten.

Doch der springende Punkt an der ganzen Geschichte ist, dass Shara das einzige der vier Mädels war, das die gesamte Bergtour supercool gemeistert hat; sie ist zuerst kontinuierlich bergauf gestapft und danach einfach kontinuierlich wieder bergab, und zwar direkt neben mir, während ich den anderen Hilfestellung gegeben habe.

Jetzt war ich total hin und weg von ihr.

Für mich ist jemand, der in einer heiklen Situation einen kühlen Kopf bewahrt, wahrhaft unwiderstehlich. Und wenn ich nicht schon vorher total in sie vernarrt gewesen wäre, hätte spätestens dieses gemeinsame Bergabenteuer mit ihr den Ausschlag gegeben.

Mich überkam so eine leise Ahnung, dass ich mit ihr die Frau meiner Träume gefunden hatte.

11

Am nächsten Abend war Silvester, und ich hatte mit Shara einen geheimen Plan ausgeheckt, dass wir uns pünktlich auf den Glockenschlag um Mitternacht draußen vor der Hintertür treffen.

»Lass uns einen Spaziergang machen«, schlug ich vor.

»Na klar! Es ist zwar mitten in der Nacht, minus fünf Grad Celsius und stockdunkel, aber was soll's, machen wir einen Spaziergang.« Dann machte sie eine Pause. »Aber nicht auf den Ben Loyal«, fügte sie noch mit einem Lächeln hinzu.

Und so spazierten wir im Mondschein gemeinsam einen Feldweg entlang.

Noch 20 Meter, dann werde ich es drauf anlegen und sie küssen, sprach ich mir selbst Mut zu.

Doch sich bei einem so außergewöhnlichen Mädchen ein Herz zu fassen, war sehr viel schwieriger, als ich gedacht hätte.

Aus 20 Metern wurden 200, dann 2000. Eine Dreiviertelstunde später meinte sie, wir sollten vielleicht umkehren und zum Haus zurückgehen.

»Ja. Gute Idee«, sagte ich.

Nun mach schon, Bear, du alte Memme. Los, mach es!

Und dann habe ich es gemacht.

Zuerst ein flüchtiger Kuss auf die Lippen, dann ein etwas längerer, leidenschaftlicher Kuss, und dann musste ich aufhören. Dieser Reizüberflutung war ich nicht gewachsen.

Wow. Dieser Spaziergang hat sich gelohnt, dachte ich bei mir und strahlte wie ein Honigkuchenpferd.

»Ja, lass uns zurückgehen«, sagte ich zu ihr und hatte noch immer mein breitestes Lächeln auf den Lippen.

Allerdings bin ich mir nicht sicher, ob Shara dieses »Verausgabungs-Belohnungs«-Verhältnis – langer Spaziergang in der eisigen Kälte und kurzer, heißer Kuss – auch so toll fand wie ich. Doch was mich betraf, so waren all meine Zweifel mit einem Mal verflogen, und ich spürte genau, dass ab sofort nichts mehr so sein würde, wie es einmal war.

In den kommenden Tagen verbrachten wir jede nur erdenkliche Minute gemeinsam. Wir dachten uns verrückte Tänze aus und machten abends Ratespiele; Shara stand auch lächelnd am Strand und schaute mir dabei zu, wie ich mein traditionelles Neujahrsschwimmen in den eiskalten Fluten des Nordatlantiks absolvierte.

Ich hatte einfach das Gefühl, dass wir beide zusammengehören.

Ich fand sogar heraus, dass sie in London nur eine Straße von der Wohnung eines Freundes entfernt wohnte, der mir ein Zimmer vermietet hatte. Was das wohl zu bedeuten hatte?

Nachdem die Woche in Schottland nun langsam zu Ende ging, packten wir beide zusammen, um wieder nach Süden in Richtung London aufzubrechen. Sie nahm den Flieger, ich fuhr mit dem Auto.

»Ich werde auf jeden Fall vor dir in London sein«, wollte ich sie zum Wettstreit anstacheln.

Sie lächelte vielsagend: »Nein, wirst du nicht.« *(Aber ich liebe deinen Kampfgeist.)*

Natürlich hat sie den Wettstreit gewonnen. Denn ich brauchte mit dem Auto geschlagene zehn Stunden. Aber um 22 Uhr stand ich noch am selben Abend vor ihrer Tür und klingelte.

Sie öffnete mir in ihrem Schlafanzug.

»Verflixt noch mal, du hast recht gehabt«, sagte ich lachend. »Wie wär's denn, wenn wir zusammen einen Happen essen gehen?«

»Aber ich bin doch schon im Schlafanzug, Bear.«

»Ich weiß, und du siehst fantastisch darin aus. Zieh dir einfach einen Mantel über. Los, komm schon.«

Und das hat sie gemacht.

Das war unser erstes Rendezvous, und Shara hatte ihren Schlafanzug an. Na, wenn das kein cooles Mädchen ist.

Von da an waren wir nur selten getrennt. Ich schickte ihr nicht nur täglich Liebesbriefe ins Büro, sondern überredete sie auch dazu, sich zahllose Nachmittage freizunehmen.

Wir sind zusammen auf Rollerskates durch die Parks gesaust, und übers Wochenende bin ich mit ihr auf die Isle of Wight gefahren.

Zum damaligen Zeitpunkt waren meine Eltern bereits in das alte Haus meines Großvaters in Dorset gezogen und hatten unser Ferienhaus auf der Insel vermietet. Doch wir besaßen noch einen alten Wohnwagen, der in der Nähe des Hauses auf dem Grundstück abgestellt war und durch jede Menge Gebüsch gut vor fremden Blicken geschützt war, damit jeder in unserer Familie sich dorthin zurückziehen konnte, wenn er das Bedürfnis hatte.

Der Bodenbelag war zwar ziemlich vergammelt, und im Bad hatte sich Ungeziefer eingenistet, doch Shara und mir war das total egal.

Für uns war es einfach das Paradies, weil wir zusammen sein konnten.

Nach einer Woche war ich mir sicher, dass sie die Richtige ist, nach zwei Wochen haben wir gewusst, dass wir einander von ganzem Herzen lieben und einander unsere Liebe gestanden.

Und tief in meinem Innersten wusste ich, dass es mir sehr schwerfallen würde, die dreieinhalb Monate während der Everest-Expedition von ihr getrennt zu sein.

Doch wenn ich dieses Abenteuer heil überstehen sollte – das habe ich mir geschworen –, dann würde ich dieses Mädchen heiraten.

12

In der Zwischenzeit ging, zumindest tagsüber, die betriebsame Hektik für all die Vorbereitungen, die eine dreieinhalb Monate dauernde Everest-Expedition so mit sich bringt, unvermindert weiter.

Mick Crosthwaite, mein alter Schulkamerad und guter Kumpel von der Isle of Wight, hatte sich Neil und mir angeschlossen und gehörte ebenfalls zu unserem britischen Everest-Expeditionsteam. Wir kannten uns von Kindesbeinen an, denn Mick und ich hatten nicht nur gemeinsam die Prep School und Eton hinter uns gebracht und die Isle of Wight unsicher gemacht, sondern in all den Jahren auch viele Klettertouren miteinander unternommen.

Seit ich denken kann, hat Mick physisch und mental schon immer über schier übermenschliche Kräfte verfügt.

Im Alter von neun Jahren hat er bei jedem Rugbyspiel ein angeordnetes Gedränge quasi im Alleingang für unsere Mannschaft entschieden, indem er den Gegner immer weggedrückt und auf diese Weise unser Prep-School-Team absolut unschlagbar gemacht hat. Nach der Universität hat er mit Leichtigkeit einige der härtesten Militärausbildungen durchlaufen, und zwar ohne, dass er dabei großartig ins Schwitzen gekommen wäre.

Mick war einfach ein prima Kumpel, und es war stets von Vorteil, wenn man ihn an seiner Seite hatte. Deshalb war ich auch überglücklich, dass ich mit ihm einen Seelenverwandten an meiner Seite hatte, der mich auf meinem Weg zum Everest begleitete.

Mit ihm war unser Team nun komplett.

Unsere Abreise war für den 27. Februar 1998 geplant.

Da unser Expeditionsteam recht klein war, hatten wir vereinbart, dass wir uns einer größeren Expedition anschließen würden, die von Henry Todd geleitet wurde, der ja zuvor schon die Expeditionslogistik für unser Ama-Dablam-Team übernommen hatte.

Es war vorgesehen, dass wir von der nepalesischen Seite über den Südostgrat aufsteigen. Doch die Südroute war nicht nur die Originalroute, die Hillary und Tenzing damals genommen hatten, sondern gleichzeitig auch eine der gefährlichsten Aufstiegsrouten – eine Tatsache, die meiner Mutter keineswegs entgangen war. Denn bis zu jenem Zeitpunkt, als unsere Expedition begann, waren von den insgesamt 161 Todesopfern, die der Everest bis dahin gefordert hatte, 101 Bergsteiger auf dieser Route tödlich verunglückt.

Mick und ich hatten beschlossen, schon gut vier Wochen vor Expeditionsbeginn anzureisen, also lange bevor Neil und Geoffrey Standford (der letzte Bergsteiger, der zu unserem Expeditionsteam gestoßen war) eintreffen sollten. Denn wir wollten so viel Zeit wie nur irgend möglich für die Höhenanpassung zur Verfügung haben, damit sich unser Körper bestmöglich auf diese Belastung einstellen konnte, bevor es dann mit der eigentlichen Everest-Besteigung losging.

Am Flughafen begann dann ein regelrechter Abschiedsmarathon von Shara – eine Prozedur, die sich über sehr viele tränenreiche Abschiedsszenen erstreckte –, danach flog ich von Großbritannien nach Nepal.

Für Mick und mich sollte nun unser streng ausgearbeitetes Akklimatisationsprogramm beginnen.

In der Akklimatisationsphase geht es einzig und allein darum, dem Körper Gelegenheit zu geben, sich an den geringeren Sauerstoffgehalt der Luft in großer Höhe anzupassen, wobei es jedoch von zentraler Bedeutung ist, dass man sich für diese Anpassungsphase genügend Zeit lässt und vor allem vermeidet, zu schnell zu hoch aufzusteigen. Sobald man in größere Höhen vorstößt, können anfänglich auftretende Symptome der Höhenkrankheit sich rasant verschlechtern und schließlich zum Tod führen. Denn wenn man seinem Körper nicht die erforderliche Anpassungszeit zugesteht, kann dies zu Flüssigkeitsansammlungen im Gehirn, zu Bewusstlosigkeit und zu Netzhautblutungen führen – allerdings ist das nur eine kleine Auswahl netter Begleiterscheinungen, die einen jederzeit in großer Höhe ohne Vorwarnung ereilen können. Und genau aus diesem Grund ist das Höhenbergsteigen immer ein Spiel mit dem Feuer: unkalkulierbar und gefährlich.

Schaut man vom Gipfel des Mount Everest nach Norden, sieht man das Hochland von Tibet, das sich über den gesamten Horizont erstreckt, so weit das Auge reicht; schaut man gen Süden, sieht man die gewaltigen Gebirgszüge des Himalajas, deren Ausläufer sich bis hinunter in die Täler Nepals ausdehnen.

Auf der ganzen Erde gibt es kein Fleckchen Land, das höher liegt als der Gipfel des Mount Everest.

Doch für jeden ehrgeizigen Bergsteiger stellt das Terrain unterhalb des Gipfels eine sehr große Gefahr dar, denn gerade die tückische Kombination aus mehreren Tausend Metern Fels,

Schnee und Eis ist mittlerweile einer unverhältnismäßig hohen Anzahl sehr erfahrener Bergsteiger schon zum Verhängnis geworden, und zwar insbesondere beim Abstieg.

Und das aus folgendem Grund: Unmittelbar unterhalb des Everest-Gipfels fällt der südöstliche Gipfelgrat aus Fels, Schnee und blauem Eis fast senkrecht zu einer Steilstufe ab – dem sogenannten Hillary Step. Danach geht es über einen stark überwechteten Eisgrat steil hinunter zum Südgipfel, dann durch tiefen Pulverschnee zum Balkon, und danach erreicht man schließlich den Südsattel, etwa gut 900 Höhenmeter unterhalb des Hauptgipfels.

Der Südsattel liegt eingebettet zwischen zwei riesigen Gipfeln – dem Lhotse im Süden und dem Everest im Norden –, und genau hier sollte der Standort für unser Lager 4 vor dem Gipfelanstieg sein.

Im günstigsten Fall würden wir – aufgrund der Akklimatisation – allein sechs Wochen benötigen, um vom Basislager bis hinauf zum Südsattel vorzudringen.

Unterhalb vom Südsattel fällt dann die etwa 60 Grad steile westliche Lhotse-Flanke – eine vergletscherte Eiswand – über 1500 Meter jäh in die Tiefe. Etwa auf halbem Weg durch diese Wand müssten wir uns dann einen Lagerplatz quasi aus dem Eis hauen – unser Lager 3.

Am Fuße dieser Eiswand beginnt der am höchsten gelegene und atemberaubendste in Eis erstarrte Talkessel (Kar) der Welt. Nachdem wir die erste Hälfte dieses Gletscherkars durchquert hätten, würden wir in Lager 2 übernachten, und sobald wir das andere Ende des Gletschertals erreicht hätten, in Lager 1. Dieses gigantische Gletschertal wird auch Western Cwm genannt oder Tal des Schweigens.

Vom oberen Ende des Gletschers aus wird das Eis durch diese kesselförmige Talmulde bis an den Rand einer Geländestufe geschoben, wodurch es mit gewaltiger Kraft auseinanderbricht, sodass tiefe Gletscherspalten und bizarre Eisblöcke entstehen, die sich kaskadenartig übereinandertürmen.

Das ist ungefähr so ähnlich wie bei einem breiten, gleichmäßig fließenden Fluss, der zwar schmaler wird, sobald er eine enge Schlucht passiert, dafür aber gefährliche Stromschnellen bekommt. Doch hier ist das Wasser eben steinhart gefroren. Die Eisblöcke sind mitunter so groß wie ganze Häuser und knarren bedrohlich, wenn sie durch die Gletscherbewegung langsam in Richtung der Talöffnung geschoben werden.

Dieser gefrorene Fluss, der sich über eine Breite von gut 500 Metern »ergießt«, ist der sogenannte Khumbu-Eisbruch – eine der gefährlichsten Passagen bei der Everest-Besteigung.

Ist man endlich am Fuß dieses Eisbruchs angekommen, hat man das Everest-Basislager erreicht.

Mick und ich haben die ersten Wochen nach unserer Ankunft damit verbracht, Bergtouren ins Vorgebirge des Himalajas zu unternehmen, damit sich unser Körper nach und nach an die Höhe akklimatisieren konnte und wir auch zunehmend eine Vorstellung von der enormen Größenordnung der Herausforderung bekamen, die da vor uns lag.

Langsam stiegen wir immer höher hinauf in die Berge, bis wir uns irgendwann auf etwa 5400 Metern befanden, am Fuß des Khumbu-Eisbruchs, der gleichzeitig der Ausgangspunkt unserer eigentlichen Everest-Expedition war.

Wir stellten also unsere Zelte im Basislager am Fuß des Achttausenders auf und warteten darauf, dass in den nächsten beiden Tagen die restlichen Teammitglieder eintrafen.

Als wir so dasaßen und warteten, während wir – den Kopf in Richtung Everest-Gipfel gereckt – nach oben stierten, merkte ich auf einmal, wie sich tief in meiner Magengrube ein ziemlich flaues Gefühl zusammenbraute. Ich wollte nur, dass es jetzt endlich losging – ganz gleich, was mich unterwegs auch erwarten würde. Denn die Warterei ist immer das Schlimmste.

Noch nie zuvor in meinem Leben habe ich mit einer solchen Angst, Aufregung, Sorge – und Atemnot – zu kämpfen gehabt.

Dabei hatte die Everest-Expedition ja noch nicht einmal angefangen, das heißt, ich wusste weder, was mich erwartet, noch ob ich dieser Herausforderung überhaupt gewachsen war.

Daher beschloss ich, mir nicht in allen möglichen Farben in Gedanken auszumalen, wie das Ganze laufen könnte, sondern diese Expedition so zu beginnen, wie ich es mir ganz zu Anfang vorgenommen hatte.

Ich würde absolut alles geben, um diese Mission erfolgreich zu Ende zu bringen. Ich würde erbittert kämpfen und mir jeden Tag 24 Stunden lang regelrecht die Seele aus dem Leib schuften, bis ich vor Erschöpfung umfiele. Ich würde alles, was ich weniger an Leistung aufbieten müsste, als Bonus betrachten.

Zumindest sollte diese Einstellung dazu beitragen, meine Erwartungen etwas zu zügeln.

13

Dann endlich erblickten wir in der Ferne am Horizont Neil und Henry, wie sie immer näher kamen – jetzt konnte unsere Expedition losgehen.

Das Basislager füllte sich nach und nach mit einer schier unglaublichen Anzahl von Bergsteigern aus aller Herren Länder – unter anderem waren Expeditionsteams aus Singapur, Mexiko und Russland vertreten. Es waren wohl insgesamt so um die 40 Bergsteiger – darunter war auch Bernardo Guarachi, ein kräftiger und fröhlicher Alpinist aus Bolivien.

Sie alle waren fest entschlossen, für ihren Traum, einmal oben auf dem Gipfel zu stehen, alles zu riskieren.

Aber nicht alle würden wieder lebendig herunterkommen.

Die Energie, die eine Gruppe so ehrgeiziger, hoch motivierter Gipfelstürmer verströmte, war förmlich spürbar. Alles Handeln diente nur einem einzigen Ziel und Zweck. Im Lager herrschte unter den braun gebrannten, drahtigen Athleten ein hektisches Gewusel, denn alle waren eifrig damit beschäftigt, ihre Ausrüstung zusammenzupacken und Strategien für den Aufstieg zu diskutieren.

Unter den restlichen Bergsteigern unseres Teams, die unter der logistischen Führung von Henry Todd angereist waren, befanden sich unter anderem unser Teamarzt Andy Lapkass und Karla Wheelock, eine ruhige und freundliche Frau, die aber aufs Äußerste entschlossen war, alles daranzusetzen, als erste Mexikanerin auf dem Gipfel des Mount Everest zu stehen.

Darüber hinaus gehörte auch der australische Kletterer Alan Silva zu unserem Team. Ein blonder Typ, der fit und durchtrainiert aussah, aber nicht viel redete und ziemlich distanziert wirkte. Es war offensichtlich, dass er nicht zum Spaß hier war. Er war ein Mann, der eine Mission zu erfüllen hatte, das konnte man deutlich erkennen.

Dann war da noch ein Brite namens Graham Ratcliffe, der den Everest schon einmal über die Nordroute bestiegen hatte. Er war ein gut gelaunter Zeitgenosse, der gern Tacheles redete und die Hoffnung hegte, der erste Brite zu sein, dem es gelang, den Everest sowohl über die Nord- als auch über die Südroute zu ersteigen.

Mit Geoffrey Stanford war außer Neil, Mick und mir noch ein

weiterer Landsmann aus Großbritannien mit von der Partie. Er diente als Offizier bei den Grenadier Guards, dem zweitältesten Regiment der Gardedivision der britischen Armee. Geoffrey war ein erfahrener Alpinist, und dies war sein erster Versuch einer Everest-Besteigung.

Letztendlich hatten wir mit dem Kanadier Michael Down auch noch einen der angesehensten Alpinkletterer Kanadas in unserem Team. Michael war zwar ein echter Profi, ein fröhlicher Typ mit großer Klettererfahrung, aber er machte schon jetzt dieses besorgte Gesicht.

Der Mount Everest hat die Angewohnheit, selbst die tapfersten aller Höhenbergsteiger mitunter sehr nachdenklich zu stimmen.

Doch Michael war ein guter Mann, das habe ich schon in den ersten paar Stunden gemerkt, nachdem ich ihn kennengelernt hatte.

Unsere internationale Bergsteigertruppe hatte zudem noch Unterstützung von einem Kletterteam nepalesischer Sherpas, die von ihrem Sirdar – dem Chef-Sherpa – Kami angeführt wurden.

Da die Sherpas in den Vorgebirgen des Himalajas, also quasi am Fuß des Everest aufwachsen, kennen sie den Berg besser als irgendjemand sonst. Viele von ihnen arbeiten schon seit Jahren als Lastenträger auf diesem Berg, indem sie für Hochgebirgsexpeditionen Lebensmittel, Sauerstoff, Zusatzzelte und andere Ausrüstungsgegenstände in die höher gelegenen Lager transportieren.

Jeder Bergsteiger in unserem Expeditionsteam würde tagtäglich seinen ziemlich schweren Rucksack den Mount Everest hinaufschleppen, der vollgestopft war mit Essen, Wasser, Kocher, Gasflaschen, Schlafsack, Isoliermatte, Stirnlampe, Batterien, Fausthandschuhen, Fingerhandschuhen, Mütze, Daunenjacke, Steigeisen, Multifunktionstaschenmesser, Seil und Eispickel.

Die Sherpas würden dann zusätzlich zu diesem Standardgepäck jeweils noch einen Sack Reis oder zwei Sauerstoffflaschen tragen.

Sie besitzen nicht nur eine unglaubliche Kraft und Ausdauer, sondern sind auch sehr stolz darauf, dass diese Fähigkeit sie in die Lage versetzt, jene überlebenswichtigen Lasten zu tragen, die normale Bergsteiger eben nicht selbst zu tragen vermögen.

Das ist auch der Grund, warum die Sherpas zweifellos die wahren Helden auf dem Mount Everest sind.

Denn wer auf einer Höhe von ungefähr 3700 Metern geboren wird und aufwächst, dem liegt diese Höhe förmlich im Blut. Doch hoch oben, oberhalb von 7500 Metern macht diese extreme Höhe auch den Sherpas zu schaffen; dann werden auch sie – genauso wie alle anderen – zunehmend und unweigerlich langsamer.

Jegliches Vorankommen in dieser Höhe beschränkt sich auf ein quälend langsames und schmerzvolles Dahinkriechen im Schneckentempo, während man glaubt, dass einem die Lunge aus dem Leib gerissen wird. Zwei Schritte, dann wieder eine Pause. Zwei Schritte, dann wieder eine Pause.

Diesen extrem schwerfälligen Trott nennt man auch den »Everest Shuffle«.

Experten sagen, dass man im Grunde genommen den Mount Everest insgesamt mehr als fünfmal besteigen muss, bevor der Akklimatisationsprozess erfolgreich abgeschlossen ist und man es überhaupt wagen kann, den Gipfelanstieg in Angriff zu nehmen. Das liegt einfach daran, dass man während der Akklimatisation zwei Rotationen durchlaufen muss, indem man kontinuierlich zuerst bergauf und danach wieder bergab steigt, um dem Körper so die Möglichkeit zu geben, sich ganz allmählich an die extremen Höhenlagen anzupassen.

Am Anfang mussten wir noch jedes Mal, wenn wir uns auf eine neue Höhenstufe vorgearbeitet hatten, spätestens bis zum Abend wieder in Richtung Basislager absteigen, damit sich unser Körper von dieser immensen Kraftanstrengung erholen konnte.

Die vielen Stunden, in denen wir uns mühsam ein paar Höhenmeter nach oben gekämpft hatten, wurden in nur einer oder zwei Stunden wieder zunichte gemacht, weil wir uns dann an denselben vergletscherten Steilwänden wieder nach unten abseilen mussten. »Hoch klettern und tief schlafen«, so funktioniert das Prinzip der Akklimatisation zwar optimal, aber auch die Motivation leidet ganz gewaltig.

Zehn Stunden für den Aufstieg, eine Stunde fürs Abseilen zum Ausgangspunkt.

Auf Lager 3 in einer Höhe von fast 7500 Metern hätten wir dann die höchste Höhenstufe erreicht, an die unser Körper sich noch halbwegs anpassen kann.

Jenseits dieser Höhe ist keine Anpassung mehr möglich, und unser Körper »stirbt« langsam, aber sicher an Sauerstoffmangel, wenn wir in diese als »Todeszone« bezeichnete Höhenstufe vorstoßen. Denn in dieser Höhe funktionieren die Verdauung und folglich auch der Stoffwechsel nicht mehr richtig, und durch den extremen Sauerstoffmangel in der dünnen Luft wird der Körper schlagartig schwächer.

Natürlich war uns von Anfang an klar, dass diese Gipfelbesteigung sich zu einem systematischen Zermürbungskrieg entwickeln würde, weil wir ja einerseits unbedingt unseren Akklimatisationsplan einhalten, andererseits aber auch dafür sorgen mussten, dass wir weiterhin hoch motiviert und fest entschlossen blieben. Allerdings waren dabei zusätzliche Störfaktoren wie Krankheit, Erschöpfung, Verletzung und schlechtes Wetter noch nicht eingerechnet.

Im Stillen wussten wir aber alle, dass sehr viele Faktoren sich zur rechten Zeit zum Guten fügen müssten, wenn wir diese Expedition erfolgreich zu Ende bringen wollten. Deshalb spielt auch bei jeder Everest-Besteigung das Glück eine sehr wesentliche Rolle.

Unser Ziel war daher, uns so schnell wie nur möglich – bestenfalls bis Ende April – an die Höhenstufe von Lager 3 zu akklimatisieren. Danach wäre unser größter Gegner das Wetter und die extrem starken Höhenwinde der Jetstreams.

Denn diese Winde sind dafür verantwortlich, dass der Berg die meiste Zeit des Jahres über nicht bestiegen werden kann. Die Jetstreams erreichen so hohe Geschwindigkeiten, dass sie einen Bergsteiger im wahrsten Sinne des Wortes vom Berg fegen können.

Aber zweimal im Jahr, wenn die warmen Monsunwinde nach Norden über das Gebirgssystem des Himalajas hinwegziehen, werden die Jetstreams schwächer.

Dieser Zeitraum gilt als das sogenannte Silent Beckoning – ein stummer Wink des Berges, der sich für ein paar wertvolle Tage in eine außergewöhnliche Windstille hüllt.

Wann sich dieses kleine Zeitfenster öffnet und für wie lange es letztlich geöffnet bleibt, ist nicht genau vorhersagbar, doch jeder Gipfelstürmer auf dem Everest lässt sich auf dieses Wagnis ein.

Falls man dieses Zeitfenster jedoch verpasst oder Pech mit dem Wetter hat, lässt man dort oben sein Leben.

Denn es sind vor allem die starken Höhenwinde innerhalb der Jetstreams, die – in Kombination mit der trostlosen Eiswüste, den zahllosen Gletscherspalten, den täglich abgehenden Lawinen und Hunderten von Metern extrem ausgesetzter Felsflanken – entscheidend dazu beitragen, dass die erschreckende Anzahl der tödlich verunglückten Bergsteiger am Everest kontinuierlich weiter steigt.

Zum Zeitpunkt unserer Expedition sahen die statistischen Daten zur Gipfelbesteigung so aus, dass jeder sechste Bergsteiger, der den Gipfel erreicht hatte, beim Abstieg ums Leben kam.

Jeder Sechste. Das ist ja genauso wie russisches Roulette; in einer der sechs Kammern des Revolvers steckt die Patrone, man weiß nur nicht, in welcher.

Ein Vergleich, der mir überhaupt nicht gefiel.

14

Am 7. April sollte unsere Everest-Expedition endlich losgehen. Doch da wir bis dahin noch eine ganze Woche Zeit hatten, wollten Mick und ich zusammen mit Nima – einem unserer Sherpas – diese Zeit nutzen und vorab schon mal den ersten Abschnitt unserer Route erkunden.

Die übrigen Teammitglieder mussten derweil noch im Basislager bleiben, um ihrem Körper ausreichend Zeit zu geben, sich an diese Höhenstufe zu akklimatisieren, bevor sie es wagen konnten, weiter aufzusteigen.

Wir drei hockten am unteren Ende des Khumbu-Eisbruchs und waren damit beschäftigt, unsere Steigeisen anzulegen – vor uns lag diese extrem zerklüftete und steil ansteigende Eislandschaft mit ihren bizarren Eisformationen. Endlich konnten wir die ersten Schritte auf dem beschwerlichen Weg zur Verwirklichung unseres so lange gehegten Traums in Angriff nehmen.

Unsere Steigeisen bissen sich bei jedem Schritt fest in die

spiegelglatte Oberfläche des Gletschereises, während wir uns langsam unseren Weg durch dieses Eislabyrinth bahnten. Es fühlte sich gut an. Als der Anstieg zunehmend steiler wurde, mussten wir uns zur Sicherheit mit dem Karabiner unseres Expresssets ins Fixseil einklinken. Vor uns und bis weit hinauf zum Horizont türmten sich meterhohe Eisformationen auf, die von hier unten, aus der Ferne betrachtet, wie riesige Eisskulpturen aussahen.

Wir brauchten immer ein paar kräftige Kletterzüge, bis wir uns von einem Eisvorsprung zum nächsten gehangelt und darüber hinweggekraxelt waren; danach haben wir uns jedes Mal ausgestreckt hingelegt, um uns schwer atmend in der immer dünner werdenden Luft auszuruhen.

Schon bald konnten wir unten im Tal das Basislager sehen, wie es immer kleiner wurde, je höher wir aufstiegen.

In den ersten Stunden, in denen wir zusammen in der frühen Morgendämmerung dort oben geklettert sind, schoss das Adrenalin nur so durch unsere Adern.

Ein vertrautes Gefühl, das wir sehr gut kannten, auch wenn wir diesen Berg überhaupt nicht kannten.

Nach kurzer Zeit hatten wir die ersten Aluminiumleitern erreicht, die quasi als Brücke über den gähnenden Abgrund zwischen den unzähligen Gletscherspalten und senkrechten Abbrüchen gespannt waren. Dieses Leitersystem war vor Saisonbeginn von den Sherpas sehr aufwendig mit unzähligen Fixseilen, Pfählen und Eisschrauben gesichert worden, um so eine Überquerung der extrem tiefen Gletscherspalten zu ermöglichen.

Im Laufe der Jahre haben sich diese leichten Aluminiumleitern – sie müssen regelmäßig alle paar Tage aufgrund des relativ schnell fließenden Gletschereises neu fixiert und justiert werden – als die absolut effektivste Methode für eine erfolgreiche Durchsteigung des Khumbu-Eisbruchs erwiesen.

Allerdings kostet ein solcher Balanceakt anfangs schon ziemlich große Überwindung.

Denn Steigeisen, schmale Metallsprossen und Eis sind eine gefährliche Kombination. Man muss sich einfach Zeit lassen, die Nerven behalten und sich immer nur auf die nächste Sprosse konzentrieren – eine nach der anderen. Und vor allem sollte man eins beherzigen: bloß nicht hinunterschauen in die schwarze gähnende Tiefe, die sich unter einem auftut.

Man darf sich immer nur auf seine Schritte konzentrieren, nie darauf, wie tief es hinuntergeht.

Das ist allerdings sehr viel leichter gesagt, als getan.

Nur ungefähr 30 Meter unterhalb von Lager 1 war das von den Sherpas so sorgfältig mit Fixseilen gesicherte Leitersystem durch die ständige Gletscherbewegung auseinandergebrochen. Und das, was von den Leitern und Seilen noch übrig war, baumelte wie an langen Bindfäden über dem tiefen Abgrund der Gletscherspalte hin und her.

Mick und ich überlegten, welche Möglichkeiten wir nun hätten.

Nima befand sich ein Stück unterhalb von uns; er war noch einmal zurückgeklettert, weil er die Route an verschiedenen Stellen dringend mit zusätzlichen Eisschrauben versichern musste.

Wir beschlossen daher, nicht zu versuchen, eine neue Route zu Lager 1 ausfindig zu machen – schließlich waren wir für den ersten Tag genug geklettert. Also drehten wir um und begannen mit dem Abstieg.

Der Abstieg war sehr anstrengend. Viel anstrengender, als ich es mir je vorgestellt hatte. Meine Beine schmerzten, mein Herz und meine Lunge arbeiteten auf Hochtouren, um möglichst das allerletzte Quäntchen Sauerstoff aus dieser dünnen Luft herauszuziehen.

Nach einem ganzen Tag im Eis fühlte ich mich total ausgelaugt. Denn der hohe Adrenalinspiegel, die permanente Konzentration auf jeden Schritt und die große Höhe kosteten extrem viel Kraft und Energie.

Es ist schwer, diese Art von Erschöpfung zu beschreiben: Man hat das Gefühl, dass dieser Berg einem jegliche Kraft raubt und einem nichts zurückgibt.

Irgendwann wirkte dieses Klickgeräusch der Karabinerhaken, wenn ich mich mit dem Expressset an meinem Klettergurt in den angebrachten Fixseilen einklinkte, regelrecht hypnotisierend. Ich kniff die Augen fest zusammen, dann öffnete ich den Karabiner und versuchte dabei, rhythmisch zu atmen.

Wir befanden uns knapp 5500 Meter über dem Meeresspiegel, mitten in der weißen Hölle des Mount Everest. Während ich mich mit meinen dicken Handschuhen an den Fixseilen zu schaffen machte, merkte ich auf einmal, dass meine Hand zitterte.

Es war pure Erschöpfung.

Eine Stunde später hatte ich den Eindruck, dass wir dem Basislager noch immer kein Stück näher gekommen waren, und allmählich fing es an, dunkel zu werden.

Von einer inneren Unruhe getrieben, ließ ich meinen Blick über den Eisbruch schweifen. Wir sollten doch ungefähr hier oben wieder mit Nima zusammentreffen, so hatten wir es besprochen. Ich schaute mich suchend um, aber ich konnte ihn nirgendwo entdecken.

Ich grub meine Steigeisen in den Schnee, lehnte mich mit dem Rücken an die Eiswand, um wieder Atem zu schöpfen und wartete auf Mick, der mir folgte.

Er war noch etwa zehn Meter von mir entfernt und platzierte seine Schritte vorsichtig auf den mit Rissen durchzogenen Eisblöcken. Wir waren jetzt seit über neun Stunden in dieser eisigen Todesfalle, einem einzigen Labyrinth aus tiefen Gletscherspalten und Eisblöcken, unterwegs und schleppten uns mittlerweile nur noch mühsam voran.

Als ich dann sah, dass sogar der große starke Mick nur ganz langsam vorwärtskam, wusste ich, dass wir in der Tat auf einem echt großen Berg unterwegs waren.

Ich rappelte mich wieder auf und ging vorsichtig ein paar Schritte weiter, wobei ich bei jeder Bewegung das Eis ganz genau beobachtete. Nachdem ich das Ende einer Seillänge erreicht hatte, klickte ich mich aus dem Sicherungsseil aus, holte keuchend Luft und griff nach dem nächsten Seil.

Ich hielt es lose in meiner Hand, schaute mich kurz um, nahm noch mal einen tiefen Atemzug und klinkte mich dann mit meinem Karabiner in das Fixseil ein.

Dann spürte ich auf einmal, wie der Boden unter meinen Füßen kurz zuckte.

Ich schaute nach unten und sah, wie ein Riss zwischen meinen Füßen mit einem leisen Pfeifen durch das Eis sauste.

Ich traute mich nicht, auch nur eine Bewegung zu machen.

Die Welt schien plötzlich stillzustehen.

Dann passiert es: Das Eis hinter mir knackt noch einmal, und ganz ohne Vorwarnung bricht es einfach unter meinen Füßen weg und reißt mich mit in die Tiefe.

Ich stürze, hinunter in diesen tödlichen, schwarzen Abgrund des Gletschers, der so tief ist, dass ich keinen Boden erkennen kann.

Dann krache ich auch schon gegen die graue Wand der Gletscherspalte.

Die Wucht des Aufpralls schleudert mich gegen die andere Seite, wodurch ich mit der Schulter und meinem Arm gegen das Eis knalle. Dann, plötzlich, ein kräftiger Ruck, und das dünne Fixseil, in das ich mich gerade eingeklinkt habe, fängt meinen Sturz ab.

Ich wirbele herum und drehe mich in der Luft. Mit den Spitzen meiner Steigeisen erreiche ich die Wand der Gletscherspalte.

Ich kann hören, wie das Echo meiner Schreie in der Dunkelheit unter mir verhallt.

Eisstücke regnen ununterbrochen auf mich herab, und ein größeres Stück trifft mich so hart am Kopf, dass er nach hinten geschleudert wird. Für einige wenige kostbare Sekunden verliere ich das Bewusstsein.

Als ich wieder zu mir komme, sehe ich, wie das letzte Stück Eis an mir vorbei in die Tiefe saust.

Mein Körper pendelt am Ende des Seils langsam hin und her, dann ist es auf einmal gespenstisch still.

Das Adrenalin rast durch meine Adern, und ich spüre, wie mein Körper von Krampfanfällen geschüttelt wird.

Ich schreie laut nach Mick, doch die Wände werfen das Echo meiner Hilfeschreie zurück. Dann schaue ich abwechselnd zuerst hinauf zu dem hellen Lichtstrahl, der von oben kommt, dann hinunter in den tiefdunklen Abgrund.

Verzweifelt versuche ich, mich an der Gletscherwand festzukrallen, aber sie ist spiegelglatt. Von Panik getrieben, versuche ich mit aller Kraft, meinen Eispickel in die Wand zu schlagen, doch er findet keinen Halt, und auch meine Steigeisen schrammen nur quietschend über die Eisoberfläche.

In meiner Verzweiflung klammere ich mich an das Seil über mir und schaue hinauf.

Ich bin doch erst 23 und habe den sicheren Tod vor Augen.

Schon wieder.

15

Das Seil, an dem ich da unten baumelte, war allerdings nicht dafür ausgelegt, einem so großen Fangstoß standzuhalten, wie er bei einem derart tiefen Sturz auftritt.

Denn es war nur ein Fixseil, ein einfaches, dünnes Statikseil, das alle paar Tage erneuert werden musste, weil es durch die permanente Bewegung der Eismassen aus seiner Verankerung gerissen wird. Doch da Statikseile nur eine minimale Dehnbarkeit aufweisen, dürfen sie nur zur Unterstützung und Sicherung für den Auf- und Abstieg eingesetzt werden, aber nie zur direkten Personensicherung beim Klettern, dafür nimmt man dynamische Seile.

Deshalb war mir klar, dass dieses Seil jede Sekunde reißen konnte.

Die Sekunden fühlten sich an wie eine Ewigkeit.

Dann plötzlich spürte ich einen starken Zug am Seil.

Ich schlug die Frontalzacken meiner Steigeisen wieder in die Wand. Dieses Mal bohrten sie sich fest ins Eis.

Dann kämpfte ich mich die Wand hinauf, indem ich mit jedem Zug am Seil meine Steigeisen einen halben Meter weiter oben ins Eis bohrte.

Ich schaffte es schließlich, meinen Eispickel an der Abbruchkante in den Schnee zu hauen und mich hochzuziehen.

Starke Arme packten mich an meinem Expeditionsdaunenanzug und hievten mich aus dem Schlund der Gletscherspalte. Ich krabbelte weg vom Rand, heraus aus der Gefahrenzone, und brach als zitterndes Häufchen Elend zusammen.

Ich lag mit geschlossenen Augen da, mein Gesicht in den Schnee gedrückt, und hielt Micks und Nimas Hände fest umklammert, während ich vor Angst nur so zitterte.

Ich bezweifle sehr, dass Mick überhaupt die Kraft hätte aufbieten können, um mich aus dieser Gletscherspalte herauszuziehen, wenn Nima nicht das Krachen des einstürzenden Eisblocks gehört hätte und noch dazu ganz in der Nähe gewesen wäre. Nima hatte mir das Leben gerettet, dessen war ich mir bewusst.

Auf dem Rückweg, während des zweistündigen Abstiegs aus dem Eisbruch, wich Mick nicht von meiner Seite. Nervös umklammerte ich jedes Seil und klinkte mich mit meinem Expressset ein.

Mittlerweile überquerte ich die Leitern als völlig anderer Mensch – meine Selbstsicherheit war verschwunden. Mein Atem war flach und keuchend, und meine ganze Kraft und mein Adrenalin waren schon lange aufgezehrt – nichts war mehr übrig.

Es ist dieser extrem schmale Grat zwischen Leben und Tod, der letztlich über das Schicksal eines Menschen entscheidet. Und was mich betraf, so war ich momentan komplett durch den Wind.

Dabei hatte die eigentliche Everest-Expedition ja noch nicht einmal angefangen.

Als ich in jener Nacht allein in meinem Zelt lag, weinte ich leise vor mich hin und ließ all meinen Gefühlen freien Lauf. Das war jetzt das zweite Mal in nur zwei Jahren, dass ich den sicheren Tod vor Augen hatte.

Ich schrieb in mein Tagebuch:

31. März, Mitternacht.
Heute habe ich eine Achterbahnfahrt der Gefühle durchlebt. Und wenn ich so darüber nachdenke, kann ich noch immer nicht ganz begreifen, dass dieses Seil meinen Sturz abgefangen hat.

Während des Abendessens hat Nima den anderen Sherpas diese Geschichte mit schnellen und dramatischen Handbewegungen erzählt. Daraufhin habe ich von unserem schwerhörigen Koch Thengba die doppelte Essensration erhalten; ich glaube, das war seine Art, beruhigend auf mich einzuwirken. Ein netter Mann. Er weiß aus eigener Erfahrung, wie unbarmherzig dieser Berg sein kann.

Mein Ellenbogen tut höllisch weh, wo ich gegen die Gletscherwand gekracht bin, und ich kann spüren, dass winzige Knochensplitter in dem stark geschwollenen und mit Wundflüssigkeit gefüllten Schleimbeutel herumschwimmen, was mich schon etwas beunruhigt.

Der Arzt sagt, dass man bei einer Ellenbogenverletzung nicht viel machen kann, außer ihn medizinisch zu versorgen und ihm Zeit zu geben, von alleine zu heilen. Zumindest hatte ich Glück im Unglück – ich hätte mir auch den Kopf aufschlagen können!

Im Augenblick kann ich überhaupt nicht einschlafen – immerzu habe ich dieses Bild vor Augen, wie ich in dieser Gletscherspalte hänge, unter mir der Abgrund –, denn sobald ich die Augen schließe, überfällt mich eine unbändige Angst.

In die Tiefe zu stürzen, das ist ein schreckliches Gefühl absoluter Hilflosigkeit. Ich habe genau dieselbe panische Angst gespürt wie damals bei meinem Fallschirmunfall.

Ich glaube, dass ich noch niemals so kurz davor war, mein Leben zu verlieren wie heute. Aber dennoch habe ich überlebt – schon wieder.

Deshalb empfinde ich nicht nur eine tiefe Dankbarkeit für alle guten und schönen Dinge in meinem Leben, sondern bin auch fest entschlossen, dass ich jetzt noch nicht sterben will. Denn ich habe so viel, wofür es sich zu leben lohnt.

Ich bete aus tiefstem Herzen, dass mir nie wieder ein solches Erlebnis widerfahren möge.

Heute Nacht in der Einsamkeit will ich meinen Dank in Worte fassen: Ich danke dir, mein Gott und treuer Freund.
Immerhin war es ein verdammt harter und steiniger Weg, bis ich die Klettertour meines Lebens in Angriff nehmen konnte.

P. S.: Heute hat meine Shara Geburtstag. Beschütze sie, wo auch immer sie gerade sein mag.

16

»Wenn du einen Weg ohne Hindernisse findest, führt er wahrscheinlich nirgendwohin.«

Der Typ, der das einmal gesagt hat, hatte verdammt recht.

Denn im Leben geht es doch einzig und allein darum, dass man sich immer wieder aufrappelt, sich den Staub aus den Klamotten klopft, seine Lehren aus den Misserfolgen zieht und weitermacht.

Und genau das habe ich gemacht.

In den darauffolgenden Tagen Anfang April herrschten perfekte Wetterbedingungen zum Klettern. Gemeinsam haben wir uns alle recht zügig vorangekämpft, und ich habe – abgesehen von den permanenten Schmerzen in meinem angeknacksten Ellenbogen – überhaupt nicht mehr daran gedacht, dass ich in der Tiefe der Gletscherspalte dem Tod gerade noch einmal von der Schippe gesprungen war.

Wir haben den Eisbruch durchstiegen und dann unser Lager 1 oben an der Abbruchkante der Steilstufe errichtet. Dort haben wir dann die Nacht verbracht und sind am nächsten Morgen wieder zum Basislager abgestiegen. Beim nächsten Aufstieg würden wir noch höher aufsteigen, hinein in das riesige Gletschertal des Western Cwm, um zu versuchen, bis zu Lager 2 vorzudringen.

Unsere Rucksäcke waren jetzt noch schwerer als zuvor, denn wir hatten zusätzliches Ausrüstungsmaterial eingepackt, das wir weiter oben am Berg brauchen würden. Vor uns erstreckte sich das schier endlose Gletschertal in grellem, gleißendem Licht, und wir bahnten uns – wie Ameisen auf einer allmählich ansteigenden riesigen Schneerampe – nun langsam einen Weg durch das Western Cwm, das Tal des Schweigens.

Vorsichtig bewegten wir uns mit schlurfenden Schritten vorwärts und durchkletterten immer wieder riesige, mit Schnee gefüllte Furchen und Spalten, die sich tief in den Gletscher hineingefressen hatten. Als wir dann aus einer Spalte mit einer besonders hohen Abbruchkante herauskletterten und hinauf zu einem weiteren künstlichen Horizont, sahen wir zum ersten Mal in der Ferne die Gipfelpyramide des Everest.

Der gewaltige Gipfel ragte hoch in den Himmel hinauf; noch immer lagen gut 2500 Höhenmeter zwischen uns. Dieser Anblick verschlug mir den Atem.

Als die Sonne über der Gipfelspitze des Everest aufging und ihre Strahlen sich zaghaft einen Weg durch den Wind und Schnee des Gipfels bahnten, saßen wir auf unseren Rucksäcken und beobachteten dieses Schauspiel in ehrfürchtigem Schweigen. Mein Puls fing plötzlich an zu rasen – es war eine Mischung aus Aufregung und Angst.

Der Gipfel schien wahrhaftig unbezwingbar zu sein, noch immer so weit entfernt, unnahbar und unerreichbar.

Ich beschloss daher, nicht allzu oft hinaufzuschauen, sondern mich stattdessen lieber auf meine Schritte zu konzentrieren und dafür zu sorgen, dass ich weiter gut vorankam.

Denn das wäre, so dachte ich mir, die Grundvoraussetzung, um diesen Berg zu ersteigen.

Doch die Höhe und die gewaltige Dimension dieses schier endlosen Gletschertals machte uns zunehmend zu schaffen, denn aufgrund unserer extremen Erschöpfung kam es uns so vor, als wollte Lager 2 einfach nicht näher kommen.

Dann trafen wir endlich in Lager 2 ein. Allerdings, gemessen an der Kraftanstrengung, die wir aufbieten mussten, um es zu erreichen, machte es nicht gerade viel her. Es lag im Schatten der großen Steilwand des Everest und war an den äußersten Rand einer Seitenmoräne gequetscht; es war grau, kalt und alles andere als einladend.

Das dunkelblaue Eis des Gletschers war an manchen Stellen mit Geröll bedeckt, in dem sich in der heißen Mittagssonne Schmelzwassertümpel bildeten. Ringsum war alles nass, rutschig und matschig.

Als ich versuchte, auf Händen und Füßen über einen kleinen Eisvorsprung zu kraxeln, bin ich ausgerutscht. Ich war einfach erschöpft und musste mich dringend ausruhen. Dennoch freute ich mich riesig, dass wir eine weitere Etappe unserer Aufstiegsroute bewältigt hatten, auch wenn diese Etappe – verglichen mit dem, was noch vor uns lag – fast ein Spaziergang war.

Als wir das nächste Mal ins Basislager zurückkehrten – in jener Nacht schlief ich das erste Mal seit meiner Ankunft in Nepal tief und fest –, beschloss ich, das Satellitentelefon zu nutzen, um mit meiner Familie zu telefonieren.

Eine Minute kostete immerhin drei Dollar. Deshalb hatte ich bisher noch keinen Gebrauch davon gemacht, da ich zu diesem Zeitpunkt ohnehin schon genug Schulden hatte. Außerdem hatte ich mir ursprünglich vorgenommen, erst dann zu Hause anzurufen, wenn ich kurz davor wäre, den eigentlichen Gipfelanstieg in Angriff zu nehmen – falls ich es überhaupt so weit schaffen würde.

»Hallo, Mama, ich bin's.«

»Bear? Es ist *Bear*!«, rief sie ganz aufgeregt.

Es tat so gut, einfach die Stimmen der Menschen zu hören, die ich liebte.

Ich fragte, was es Neues gibt.

Dann erzählte ich meinen Leuten, wie ich mit knapper Not aus einer Gletscherspalte gerettet wurde.

»Wo bist du reingefallen? In eine Spalte?«, fragte meine Mutter.

»Nein, in eine Gletscherspalte«, sagte ich noch einmal laut und deutlich.

»Sprich lauter. Ich kann dich ja kaum verstehen, mein Junge.« Sie ermahnte alle um sie herum, leiser zu sein, und fuhr dann mit dem Gespräch fort. »Nun, wie war das noch gleich mit dieser Spalte?«

»Ach Mama, das ist gar nicht so wichtig«, sagte ich lachend. »Ich hab dich lieb.«

Die Familie sorgt eben immer dafür, dass wir die Bodenhaftung nicht verlieren.

17

Vier Tage später waren wir dann erneut vom Basislager aufgestiegen und zu Lager 2 zurückgekehrt, das sich am Rand der Seitenmoräne des Gletschers im Western Cwm befand.

Es war fünf Uhr früh und unheimlich still, als ich in der Morgendämmerung zusammengekauert unter dem Vordach meines Zeltes hockte und hinausschaute über die Eisfläche des Gletschers.

Es war kalt. Sehr kalt.

Mick hatte sich die ganze Nacht hin und her gewälzt. Das lag an der Höhe. Sie raubt einem den Schlaf, verursacht einen permanenten Kopfschmerz, entzieht der Luft jegliche Feuchtigkeit und macht so der Lunge das Atmen schwer – auf diese Weise ist dann gewährleistet, dass jeder garantiert rund um die Uhr, sieben Tage die Woche, hustet und prustet.

Hinzu kommt die beißende Kälte, das ständige Gefühl, sich übergeben zu müssen und eine unbeschreibliche Kraftlosigkeit, die selbst die Verrichtung der banalsten alltäglichen Aufgaben zu einer regelrechten Herkulesarbeit werden lässt – damit wäre auch geklärt, warum das Höhenbergsteigen nur etwas für Hartgesottene ist.

Die Lebenswirklichkeit in extremer Höhe, in Regionen weit unter dem Gefrierpunkt, konnte kaum ernüchternder sein.

Doch heute ging es für uns ums Ganze.

Vom Basislager aus hatten wir nach einer siebenstündigen Klettertour Lager 2 erreicht. Es war das erste Mal, dass wir diese Route in einem Stück zurückgelegt hatten, ohne zuvor in Lager 1 zu übernachten – aber das hatte sich bitter gerächt.

Heute mussten wir noch höher aufsteigen – doch ab hier würde die Steigung noch steiler und der Aufstieg noch gefährlicher werden.

Lager 3 befindet sich in einer Höhe, in der der Mensch gerade noch überleben kann, doch wie mir wiederholt von zweifelnden Reportern berichtet wurde, soll sich die Anpassungsfähigkeit des menschlichen Körpers an große Höhen verbessern, sobald man auf Ende zwanzig, Anfang dreißig zugeht.

Nun ja, mit 23 wirkte sich der Faktor Alter nicht gerade zu meinem Vorteil aus, aber ich versuchte, einfach nicht daran zu denken und auch nicht an die Zweifler.

Klar, ich war jung, aber ich war auch ehrgeizig, und in den kommenden Wochen würde es sich zeigen, ob ich der Aufgabe gewachsen war, wenn ich mich in ein Terrain vorwagte, das höher lag als alles, was ich bisher erklettert hatte.

Denn inzwischen stand ich vor einer harten Bewährungsprobe. Wenn sich mein Körper nicht an die Höhe in Lager 3 anpassen könnte, müsste ich zum Basislager zurückkehren und dürfte dann nie wieder aufsteigen.

Als ich die gigantische Lhotse-Flanke hinaufschaute, die wir nun hinaufklettern mussten, versuchte ich mir vorzustellen, wie es sich wohl anfühlte, dort oben zu sein.

Doch ich konnte es mir nicht vorstellen.

Eine halbe Stunde, nachdem wir aufgebrochen waren, hatten wir die Seitenmoräne aus Geröll und Eis noch immer nicht hinter uns gelassen. Es schien so, als hätten wir uns fast überhaupt nicht weiterbewegt. Doch dann endlich erreichten wir wieder das Gletscherfeld und machten uns daran, an der vergletscherten Lhotse-Flanke hochzusteigen, die gut 1500 Meter steil in die Höhe ragt.

Ein stummer Wink. Nahezu windstill – abgesehen von einer sanften Brise, die über die Eisoberfläche wehte.

Doch ausgehend von Lager 2, das sich auf etwa 6500 Metern befand, war es schon ein gewaltiger Höhensprung – gut und gerne 1000 Höhenmeter –, den wir hier zu bewältigen hatten. Denn selbst während unserer Wanderung zum Basislager waren wir bisher nur so um die 300 Höhenmeter pro Tag aufgestiegen.

Wir wussten zwar, welches Risiko wir eingingen, wenn wir diese unsichtbare Höhengrenze überschritten, aber aufgrund der extremen Steilheit dieser Wand hatten wir keine andere Wahl. Es gab einfach zu wenige Stellen, wo wir eine Eisplatte hätten ausreichend abflachen können, um dort ein Lager zu errichten.

Sobald wir die Strecke bis zu Lager 3 durchstiegen hätten, würden wir ein letztes Mal zum Basislager zurückkehren. Ab da würde das weitere Vorgehen vom Wetter abhängen.

In den folgenden fünf Stunden setzten wir unseren Aufstieg durch das blanke blaue Eis fort: Immer wieder haben wir die Frontalzacken unserer Steigeisen fest ins Eis gerammt, unsere Wadenmuskeln schmerzten, unser Atem ging schwer – und dennoch war kein Ende in Sicht.

Die Luft war mittlerweile sehr dünn, und mit jedem stockenden Schritt, den wir uns auf dieser Eisflanke weiter nach oben kämpften, nahm die Ausgesetztheit der Route weiter zu, sodass ein falsch platzierter Tritt einen Sturz aus großer Höhe zur Folge gehabt hätte.

Den Blick immer nur nach vorn auf den nächsten Schritt richten, nie nach unten.

Die Sherpas waren bereits am Tag zuvor in Lager 3 eingetroffen und hatten den Nachmittag dazu genutzt, die beiden Zelte aufzubauen. Ihr Körper war den Strapazen in dieser Höhe weitaus besser gewachsen als unserer. Ich war ja so dankbar für ihre Stärke!

Als wir das letzte Stück der Flanke hochkletterten, während unsere Steigeisen sich tief in das blau glitzernde Blankeis krallten, konnte ich schon die Zelte sehen, die förmlich an der Rückwand eines überhängenden meterhohen Eisturms – auch Sérac genannt – klebten.

Ganz schön gefährlich, dachte ich.

Aber andererseits wusste ich auch, dass der Sérac einen gewissen Schutz vor den hoch oben vom Berg abgehenden Lawinen bot.

Die Zeltplanen flatterten in dem inzwischen stärker gewordenen Wind – faszinierend und dennoch trügerisch –, denn mit der hereinbrechenden Nacht wurde es jetzt zunehmend kälter.

Mittlerweile hatte es sogar heftig zu schneien angefangen, und es wurde ziemlich schnell dunkel.

Der Wind wehte den Schnee über die dunkle Eisfläche hinweg und hoch in unser Gesicht.

Mick war ein Stückchen hinter Neil und mir, und nachdem wir beide uns über den Vorsprung zu Lager 3 gerollt hatten, schauten wir hinunter und sahen ihn dort unten stehen. Noch einen beschwerlichen Schritt, dann wieder eine Pause.

Schließlich taumelte auch er über den Vorsprung.

Ein kühles Lächeln huschte im Halbdunkel über sein Gesicht.

Wir waren in Lager 3 angekommen.

Am Leben und vereint.

18

Die Kopfschmerzen, von denen ich gehofft hatte, dass ich sie in Lager 2 zurückgelassen hätte, waren nun wieder da – nur sehr viel stärker.

Ich schluckte ein Aspirin, achtete jedoch darauf, dass niemand es mitbekam. Zum ersten Mal wollte ich vermeiden, dass die anderen denken könnten, dass mir die Höhe Probleme machte. Nicht jetzt, in dieser entscheidenden Phase.

Unser Zelt hätte sich hervorragend als Einmannzelt geeignet für einen Kletterer, der mit minimaler Ausrüstung unterwegs ist, anstatt für drei Leute, die mit kompletter Bergsteigerausrüstung in der kältesten und windigsten Gegend der Welt unterwegs waren.

Auf so engem Raum zusammengepfercht zu sein, erfordert ein Höchstmaß an Toleranz, wenn man müde und durstig ist und zudem rasende Kopfschmerzen hat – das heißt, entweder hockt man zusammengekauert über einem Kocher und schmilzt Eis oder man sitzt dicht gedrängt an der kalten Eiswand neben dem Zelt.

Gerade in Augenblicken wie diesen war es sehr wichtig, dass man gute Freunde um sich hatte.

Gute Freunde, auf die man sich verlassen kann – also jene Art von Leuten, die dir Mut machen, wenn es knüppeldick kommt.

Denn wenn es überhaupt möglich ist, dass gute Freundschaften noch besser, noch belastbarer und noch inniger werden können, dann jetzt und hier.

Wir haben uns ganz ohne Worte verstanden und all die notwendigen täglichen Pflichten erledigt, die ein Aufenthalt in so extremer Höhe eben mit sich bringt.

Sobald man seine Stiefel samt Schneegamaschen ausgezogen hatte, verließ man das Zelt nicht mehr. Denn etliche Bergsteiger waren schon ums Leben gekommen, weil sie nur mit ihren Innenschuhen bekleidet einen Schritt vors Zelt gewagt hatten.

Ein kleiner, durch die Höhe bedingter Ausrutscher auf dem blanken Eis war das Letzte, was sie noch bei vollem Bewusstsein mitgekommen haben, bevor sie die 1500 Meter hohe vergletscherte Lhotse-Flanke hinuntergerauscht und in den Tod gestürzt sind.

Und wenn man mal pinkeln musste, hat man stattdessen im Zelt in seine Urinflasche gepinkelt und sie dann ganz fest an den Oberkörper gedrückt, weil sie so schön warm war.

Doch was die größeren Geschäfte anging, das war immer ein Albtraum, weil man zunächst alle im Zelt bitten musste, auf die Seite zu rutschen, damit man sich wieder komplett anziehen konnte, bevor man zuletzt seine Stiefel mitsamt den Steigeisen anzog, und nach einer geschlagenen halben Stunde endlich nach draußen gehen konnte.

Draußen musste man sich immer an einer Schlinge festhalten, die mit einer Eisschraube versichert war, danach hat man sich die Hosen runtergezogen, ging schön breitbeinig in die

Hocke, hat den Hintern möglichst weit über den vereisten Felsvorsprung hinaus geschoben und gezielt.

Ach ja, und natürlich hat man sich zuvor auch vergewissert, das nicht etwa andere Bergsteiger in die Schusslinie gerieten, die sich gerade auf dem Weg nach oben befanden.

Als die Nacht endlich vorüber war, kroch ich aus meinem Schlafsack, streckte meine Nase aus dem Zelt und saugte die frische, kühle Luft der Morgendämmerung mit jedem Atemzug tief in mich hinein. Die heftigen Schneefälle und der starke Wind von gestern hatten aufgehört, und es herrschte auf einmal wundervolle Stille.

Während ich darauf wartete, dass die anderen sich fertig machten, war ich von diesem Anblick so fasziniert, dass ich in ehrfürchtiger Bewunderung erstarrte. Ich hatte das Gefühl, als würde ich gerade auf eine Hälfte der Erdkugel hinunterschauen.

In diesen Minuten, in denen ich dasaß und darauf wartete, dass Mick und Neil sich startklar machten, wurde ich von einer tiefen Stille ergriffen, von der ich nicht einmal ahnte, dass sie überhaupt existiert.

Die Zeit schien stillzustehen, und ich wünschte mir, dass dieser Augenblick nie zu Ende ging.

Vor mir fiel die vergletscherte Felsflanke jäh in die Tiefe bis hinunter in das riesige Gletschertal des Western Cwm, und im Westen konnte man die große Gebirgskette des Himalajas mit ihrem beeindruckenden Gipfelpanorama sehen.

Das hier oben war wirklich eine völlig andere Welt.

Wir befanden uns nun gute 2000 Höhenmeter oberhalb vom Basislager. Das heißt, alle Berggipfel, die zu Beginn unseres Aufstiegs noch hoch über uns hinausragten, lagen jetzt entweder unter uns oder mit uns auf gleicher Höhe. Was für ein Bergpanorama und was für ein Privileg, dies mit eigenen Augen zu sehen und in sich aufzunehmen!

Doch heute würden wir unseren Klettervorsprung und die ganzen Strapazen des Aufstiegs wieder zunichtemachen, weil wir – aus Akklimatisationsgründen – wieder auf eine tiefere Höhenstufe absteigen mussten.

Als ich nach unten ins Gletschertal schaute, wurde mir die extreme Steilheit dieser Flanke erst richtig bewusst, die wir vor nur zwölf Stunden in eisigem Wind und Schnee durchklettert hatten. Während ich dasaß und wartete, überprüfte ich noch einmal meinen Klettergurt.

Kurz darauf waren alle startklar, und wir begannen mit dem Abstieg.

Das Seil glitt durch meine Abseilvorrichtung und fing an zu surren, je schneller ich wurde. Es war schon ein Wahnsinnsgefühl, sich so rasant an dieser Gletscherwand abzuseilen. Mein Abseilachter wurde ganz warm, weil das Seil so schnell durch die große Öse des Achters sauste.

Jetzt zeigte sich der Everest von seiner schönsten Seite.

Ich versuchte, möglichst nicht daran zu denken, wie viele Hundert Meter schweißtreibenden mühevollen Aufstiegs mir da gerade durch die Hände glitten. Und ich wollte erst recht nicht daran denken, dass ich diese Wand wieder hinaufklettern müsste, wenn wir auf Lager 4 und zum Gipfel vorstießen.

Denn allein der Gedanke daran war quälend genug.

Fürs Erste war ich einfach nur zufrieden, dass ich Lager 3 überlebt hatte; dass ich bewiesen hatte, dass mein Körper den Strapazen in der extremen Höhe jenseits von 7300 Metern gewachsen war und dass ich mich bei gutem Wetter nun auf dem Rückweg ins Basislager befand.

Als wir Lager 2 erreichten, fiel die ganze Anspannung von uns ab. Wir waren euphorisch.

Am Tag darauf sind wir dann weiter zum Basislager abgestiegen, wobei wir die Überquerung der Gletscherspalten mit einem ganz neuen Gefühl von Selbstvertrauen gemeistert haben.

Mit diesem Auf- und Wiederabstieg war nun die zweite Rotation im Rahmen unserer Akklimatisationsphase abgeschlossen.

Mittlerweile erhielten wir täglich sehr genaue Wettervorhersagen des britischen Wetterdienstes Bracknell Weather Centre. Dank dieser Vorhersagen wurden wir mit den weltweit absolut präzisesten Wetterdaten versorgt, die man überhaupt bekommen kann. Denn die britischen Meteorologen waren in der Lage, die Windstärken mit einer Genauigkeit von bis zu neun Kilometern pro Stunde pro 300 Höhenmeter zu berechnen.

Immerhin war es für uns dort oben auf dem Berg überlebenswichtig, dass wir uns auf diese Vorhersagen verlassen konnten.

Jeden Morgen hat sich das gesamte Team immer um den Laptop versammelt, um zu sehen, mit welchen Wetterbedingungen wir rechnen mussten – doch es sah nicht gut aus.

Denn es schien ganz so, als ob jene ersten Anzeichen für den Aufstieg der warmen Monsunwinde über das Himalaja-Gebirge – das heißt jener Zeitraum, in dem die starken Höhenwinde des Jetstreams über dem Everest-Gipfel schwächer werden – noch nicht zu erkennen waren.

Das Einzige, was wir tun konnten, war, abzuwarten.

Unsere Zelte im Basislager waren mittlerweile zu unserem Zuhause geworden. Jeder hatte Briefe und kleine Andenken von seiner Familie bei sich.

Ich hatte eine Muschel dabei, die ich am Strand der Isle of Wight gefunden hatte und in die Shara meinen Lieblingsbibelvers hineingeschrieben hatte – einen Vers, der mir während meiner Zeit beim Militär so viel Kraft gegeben hatte.

»Und siehe, ich bin bei euch alle Tage bis an der Welt Ende.« Matthäus 28, 20.

Jeden Abend im Basislager las ich diesen Vers immer und immer wieder, bevor ich mich schlafen legte.

Kein Grund sich zu schämen, wenn man hier oben etwas moralische Unterstützung brauchte.

19

Ich wachte schlagartig auf, weil mir kotzübel war. Ich kroch zum Eingang meines Zelts, und kaum hatte ich den Kopf nach draußen gestreckt, da flog mir auch schon in hohem Bogen das Essen aus dem Gesicht – quer über das Eis und Geröll.

Ich fühlte mich sterbenselend, und mein Kopf hämmerte.

Scheiße. Das war kein gutes Zeichen, und das wusste ich auch.

Es war tagsüber sehr heiß, und deshalb lag ich den ganzen Tag zusammengerollt in meinem Zelt im Basislager. Ich hatte keine Ahnung, was mit mir los war.

Andy, unser Teamarzt, erklärte mir, dass ich mich zu sehr verausgabt und außerdem eine schwere Bronchitis hätte, die sich hier oben schnell zu einer handfesten Lungenentzündung auswachsen könnte. Er verordnete mir eine Behandlung mit Antibiotika und sagte, dass ich mich unbedingt schonen müsste.

Ich brauchte einfach ein bisschen Zeit, um mich wieder zu erholen. Doch diese Zeit hatten wir nicht.

Als Henry einige Zeit später mit der aktuellen Wettervorhersage ins Küchenzelt kam, passierte das, wovor ich am meisten Angst hatte.

»Gute Nachrichten, der Monsunwind beginnt langsam aufzusteigen. Sieht ganz danach aus, als ob wir um den 19. herum die Chance bekommen, den Gipfel zu ersteigen. Gut, damit bleiben uns fünf Tage, um zu Lager 4 am Südsattel aufzusteigen und uns dort bereitzuhalten für den Gipfelanstieg. Wir müssen jetzt unbedingt alle nötigen Vorbereitungen treffen und uns auf den Weg machen – das heißt jetzt sofort.«

Dieser Augenblick, dem ich so sehr entgegengefiebert hatte, verwandelte sich auf einmal in einen Augenblick, den ich am meisten fürchtete.

Jetzt war er endlich gekommen, doch das Timing hätte nicht schlechter sein können – ich lag flach, war total platt und unfähig, mich zu bewegen.

Ich verfluchte mich selbst, denn ich hatte hohes Fieber und Schüttelfrost, und meine Gelenke schmerzten fürchterlich. Wie in aller Welt hätte ich in diesem Zustand denn klettern sollen – außerdem war das Basislager auf 5400 Metern nicht gerade ein Ort, an dem man schnell wieder gesund werden konnte.

Mick, Neil, Karla und Alan sollten am nächsten Tag vor Morgengrauen das Basislager verlassen und aufsteigen. Michael, Graham und Geoffrey würden eine zweite Seilschaft bilden und einen Tag später aufbrechen – sofern das Wetter mitspielte.

Was mich anging, ich musste mich den ganzen Tag lang immer wieder übergeben. Ich war völlig am Ende und kreidebleich. Mein Traum von der Everest-Besteigung dümpelte draußen vor meinem Zelt – in einem See aus Erbrochenem.

Ich hatte absolut alles gegeben für diese eine Chance, den

Gipfel zu erklimmen – und jetzt konnte ich nur noch hilflos dabei zusehen, wie diese Chance immer kleiner wurde.

Bitte, lieber Gott, hilf mir, dass es mir wieder besser geht – und zwar schnell.

Jene Nacht war für mich die wahrscheinlich längste und einsamste Nacht auf dieser Expedition.

Ich lag in einem trockenen Zelt, ich war in Sicherheit, ich hatte meine Freunde um mich, aber dennoch war ich total verzweifelt. Und ich fühlte mich allein.

Eine verpasste Chance.

In nur wenigen Stunden würden Neil, Mick, Karla und Alan das Basislager verlassen und nun, sechs Monate nach Ende der Herbstsaison, den ersten Besteigungsversuch der Frühjahrssaison über die Südroute wagen – und ich wäre nicht mit dabei.

Graham und Michael waren auch krank – sie husteten und prusteten, waren völlig erschöpft und entkräftet.

Henry hatte darauf bestanden, dass Geoffrey zurückbleiben sollte, um sich der zweiten Seilschaft anzuschließen. Denn Seilschaften von vier und vier waren sicherer als fünf und drei. Großmütig hatte er sich einverstanden erklärt.

Wir vier Leutchen wären schon eine ziemlich mittelmäßige Reserve-Gipfeltruppe – vorausgesetzt, dass es überhaupt eine Chance für eine zweite Gipfeltruppe gab.

Ich hatte da so meine Zweifel.

Um fünf Uhr in der Früh hörte ich ein erstes Rascheln aus Micks Zelt – doch an diesem Morgen liefen die Dinge anders als sonst. Es wurde nicht gescherzt und gelacht. Neil und Mick flüsterten vielmehr miteinander, während sie in der kalten Luft der Morgendämmerung ihren Klettergurt anlegten.

Sie wollten uns nicht aufwecken. Allerdings hatte ich die ganze Nacht kein Auge zugemacht.

Die beiden wollten sich zügig auf den Weg machen. Sie knieten kurz vor meinem Zelt, um sich zu verabschieden. Mick schüttelte mir die Hand und drückte sie dann ganz fest.

»Du warst eine so große Stütze für dieses Team, Bear. Halt einfach durch und komm wieder auf die Beine. Deine Chance kommt noch, Kumpel.«

Ich lächelte. Dabei beneidete ich die beiden so sehr – um ihr Timing, um ihre Chance und nicht zuletzt um ihre Gesundheit.

Um 5:35 Uhr verließen alle vier in Begleitung von Sherpa Pasang das Basislager. Ich konnte hören, wie die Steine unter ihren Stiefeln knirschten, als sie entschlossenen Schrittes über das Geröllfeld zum Einstieg in den Eisbruch marschierten.

Noch nie zuvor hatte es sich so still und so trostlos angefühlt, wenn ich in meinem Zelt lag.

Zwei Tage später – die Jungs waren gerade im Begriff, zu Lager 3 aufzusteigen – merkte ich schon beim Aufwachen, dass es mir deutlich besser ging. Weitaus besser als erwartet. Ich war zwar noch nicht hundertprozentig gesund, aber zumindest halbwegs wiederhergestellt.

Für mich war das immerhin gesund genug. Das Antibiotikum schlug an.

Doch die Wettervorhersage, die für jenen Morgen hereinkam, hatte sich schlagartig und dramatisch verschlechtert. Am Mount Everest ist das nichts Ungewöhnliches.

»Unwetterwarnung: Südlich vom Everest zieht ein tropischer Wirbelsturm auf; dieser Zyklon wird sehr wahrscheinlich zum Taifun werden und Orkanstärke erreichen, sobald er auf den Berg trifft.«

Der Taifun sollte schon in zwei Tagen den Everest erreichen – also blieb den Jungs dort oben nicht gerade viel Zeit.

Denn dann hätten sie nicht nur mit extrem hohen Windgeschwindigkeiten zu kämpfen, sondern der Taifun könnte auch innerhalb nur weniger Stunden bis zu eineinhalb Meter Neuschnee abladen. Jeder, der sich dann noch oben auf dem Berg befand, wäre – in Henrys Worten – »so gut wie verloren«.

An jenem Nachmittag bin ich zu Henry gegangen, weil ich ihm einen Vorschlag machen wollte.

Michael und Graham ging es noch immer ziemlich schlecht. Ich dagegen fühlte mich schon fast wieder fit.

»Könnten Geoffrey und ich denn nicht schon mal zu Lager 2 aufsteigen, damit wir uns dort oben zum Gipfelanstieg bereithalten können, falls der Taifun vielleicht doch abdreht?«

Es war zwar ein riskantes Unterfangen – sogar ein sehr riskantes –, aber wie hat schon der berühmte Profigolfer Jack Nicklaus gesagt: »Never up, never in« – das heißt, wenn man nicht einen kraftvollen, langen Putt spielt, hat man kaum eine Chance, den Ball überhaupt einzulochen.

Denn so viel war sicher: Wenn ich hier unten im Basislager noch länger herumsitzen und Däumchen drehen würde, hätte ich nie im Leben auch nur den Hauch einer Chance, den Gipfel zu besteigen.

Außerdem könnte ich von Lager 2 aus über Funk eine Vermittlerfunktion zwischen dem Basislager (wo Henry war) und der ersten Gipfeltruppe weiter oben am Berg übernehmen.

Das war letztlich der ausschlaggebende Faktor.

Henry wusste, dass Michael und Graham in absehbarer Zeit wohl nicht wieder auf die Füße kommen würden. Er hatte Verständnis für meinen Ehrgeiz, denn er erkannte, dass in mir dieselbe Leidenschaft brannte wie auch damals in ihm, als er noch ein junger Bursche war.

Sein persönlicher Leitsatz als Bergsteiger lautete: »99 Prozent Vorsicht; 1 Prozent Wagemut.«

Doch genau zu wissen, *wann* man dieses eine Prozent einsetzen muss, das ist die eigentliche Kunst beim Bergsteigen.

Ich unterdrückte meinen Husten und verließ sein Zelt mit einem Grinsen auf den Lippen.

Lager 2, ich komme.

20

Geoffrey und ich durchstiegen zügig den Eisbruch bis hinauf zur Abbruchkante der Steilstufe. Ich klinkte den Karabiner meines Expresssets in das letzte Fixseil ein, das uns jetzt noch von Lager 1 trennte. Es war 7:20 Uhr am Morgen.

Der weitere Aufstieg zu Lager 2 durch das Gletschertal des Western Cwm nahm die meiste Zeit in Anspruch, bis wir schließlich um 15:30 Uhr dort ankamen.

Ich fühlte mich total erschöpft, und mir war schwindlig.

Schließlich fällt das Klettern extrem schwer, wenn man nicht hundertprozentig fit ist, noch dazu in dieser großen Höhe; aber ich hatte nicht vor, irgendjemandem zu erzählen, wie mies ich mich fühlte. Es stand jetzt einfach viel zu viel auf dem Spiel.

Geoffrey und ich hockten da und genehmigten uns etwas zu trinken, unsere Rucksäcke standen vor unseren Füßen, und unsere Expeditionsdaunenanzüge hatten wir bis zur Hüfte geöffnet, damit der kühle Wind unsere verschwitzte Unterbekleidung trocknen konnte. Ang-Sering und mein Freund Thengba – die beiden Sherpas in Lager 2 – hatten uns mit heißer Zitrone versorgt.

Es war ein gutes Gefühl, dass wir es bis auf Lager 2 geschafft hatten.

Ich wusste, dass Mick, Neil und die anderen sich mittlerweile irgendwo zwischen Lager 3 und Lager 4 befinden mussten. Sie würden in ganz neues Terrain vorstoßen, und sie würden höher klettern als jemals zuvor auf dieser Expedition.

Wir hatten die Aufstiegsroute ganz genau studiert.

Zunächst müsste die extrem ausgesetzte und tückische Lhotse-Flanke durchstiegen werden, danach ginge es über große Passagen weiter steil bergauf bis zum sogenannten Gelben Band – einer schroffen Felsformation aus gelblichem Gestein – und danach weiter zu einem markant in die Höhe ragenden Felspfeiler, dem Genfer Sporn. Wenn der Genfer Sporn überklettert wäre, würde es über eine ausgesetzte Traverse weitergehen zum Südsattel des Everest – hier würde sich in windiger und eisiger Höhe dann unser Hochlager befinden, Lager 4.

Mit einem Blick durchs Fernglas machten die Sherpas die Bergsteiger an der Gipfelpyramide aus und zeigten mit dem Finger in ihre Richtung. Sie waren winzige Punkte auf einer großen weißen Leinwand hoch über uns.

Los, Mick – los, Kumpel. Ich lächelte in mich hinein.

Es war elf Uhr abends, und Mick und Neil sollten jetzt jeden Augenblick von Lager 4 aufbrechen. Sie würden das übliche Ritual durchlaufen: Sie würden sich für eine neue Etappe wappnen, ihre Ausrüstung checken, die Sauerstoffflaschen überprüfen und ihre Steigeisen festzurren.

Keine leichte Aufgabe für vier Leute in einem winzigen Zelt auf 7925 Metern Höhe – und dann noch im Dunkeln.

Am 11. Mai war Vollmond gewesen – eigentlich der ideale Zeitpunkt für eine Gipfelbesteigung. Doch mittlerweile – mehr als eine Woche später – hatten wir abnehmenden Mond.

Das bedeutete, dass sie die ganze Zeit während des Aufstiegs auf ihre Stirnlampen angewiesen wären – allerdings haben die Batterien bei so extremen Minusgraden keine lange Lebensdauer. Doch Ersatzbatterien mitzunehmen bedeutet zusätzliches Gewicht. Und ein Batteriewechsel bei minus 35 Grad Celsius mit dicken Daunenhandschuhen ist sehr viel schwerer, als man denkt.

Noch nie zuvor hatte ich mir so sehr gewünscht, an der Seite meines besten Kumpels Mick zu sein, wie gerade jetzt.

Die Höhenwinde der Jetstreams waren verstummt; die Nacht war windstill, und die Jungs verließen das Lager frühzeitig, noch vor den anderen beiden Teams, die dort oben waren. Das war eine gute Entscheidung.

Schon seit sie den Südsattel verlassen hatten, plagte Mick so ein ungutes Gefühl, dass sein Sauerstoffvorrat vielleicht nicht reichen würde. Es war eine Vermutung. Ja schon fast eine Vorahnung.

Fünf Stunden später bahnten sich die Gipfelstürmer ohne Seilsicherung sehr langsam und mühsam ihren Weg durch Eis und tiefen Schnee in Richtung des sogenannten Balkons – eine recht lässige Bezeichnung für einen ziemlich ausgesetzten Felsvorsprung in einer Höhe von knapp 8400 Metern.

Die Gipfeltruppe kam langsamer voran als erwartet, denn Micks Stirnlampe hatte den Geist aufgegeben. Doch in der Dunkelheit und dem tiefen Schnee war es extrem schwierig, die Batterien zu wechseln.

Nachdem die Wetterverhältnisse anfangs so vielversprechend ausgesehen hatten, zeichnete sich mittlerweile ein Wetterumschwung ab.

Mick und Neil kämpften sich dennoch weiter voran. Karla und Alan waren hinter ihnen; sie kamen zwar nur langsam, aber stetig voran.

Um 10:05 Uhr schließlich erreichten Neil und Pasang den Südgipfel. Neil konnte schon die letzte extrem schmale und ausgesetzte, stark überwechtete Traverse erkennen, über die man zum sogenannten Hillary Step gelangt – jener berühmten 70 Grad steilen Felsstufe, die das letzte große Hindernis auf dem Weg zum Gipfel darstellt. Oberhalb des Hillary Steps führt die Route dann auf den letzten 100 Höhenmetern über vergleichsweise flaches Terrain zum eigentlichen Gipfel des Mount Everest.

Aufgrund der tragischen Ereignisse in der Everest-Saison 1996 blieb Neil die Chance auf eine Gipfelbesteigung damals verwehrt, weil ein weiterer Aufstieg aus Lager 4 unmöglich war. Zwei Jahre danach war er jetzt wieder vor Ort – dieses Mal allerdings war der Gipfel für ihn zum Greifen nah.

Er fühlte sich gut und wartete ungeduldig darauf, dass Mick endlich zu ihm stieß. Denn sie mussten das letzte Stück des messerscharfen, überwechteten Eisgrats gemeinsam traversieren, um danach den Hillary Step zu überklettern.

Neil überfiel auf einmal so eine Ahnung, dass irgendetwas nicht stimmte.

Denn während er auf Mick und die anderen wartete und wertvolle Minuten verrannen, beschlich ihn so ein Gefühl, dass sein Gipfeltraum, der schon einmal geplatzt war, ihm wohl auch dieses Mal versagt bleiben würde.

Denn ganz offensichtlich war es unter den Bergsteigern vor dem Aufstieg zum Gipfel zu einem Missverständnis darüber gekommen, wer welche Seile einpackt. Das passiert schon mal in extremer Höhe. Ein simpler Fehler.

Doch Fehler haben Folgen.

Jetzt auf einmal, nur 100 Höhenmeter unterhalb des Gipfels, dämmerte es allen, dass sie kein Seil mehr zur Verfügung hatten. Schließlich blieb ihnen in dieser Situation nichts anderes übrig, als umzukehren. Weiterzugehen war erst recht keine Option.

Neil starrte durch seine Schutzbrille auf den Gipfel hinauf: So nah und doch so fern. Er fühlte nur noch eine unendliche Leere.

Dann drehte er um und schaute nicht ein einziges Mal mehr zurück.

Um 10:50 Uhr meldete sich auf einmal das Funkgerät. Es war die Stimme von Mick. Sie klang müde und sehr weit weg.

»Bear. Hier ist Mick. Kannst du mich hören?«

Dann knackte es im Funkgerät, und die Nachricht wurde immer wieder durch Rauschen unterbrochen. Das Einzige, was ich entziffern konnte, war, dass es um Sauerstoff ging.

Ich wusste, dass das keine gute Nachricht war.

»Mick, wiederhol das noch einmal. Was ist los mit deinem Sauerstoff? Ende.«

Dann war eine kurze Pause.

»Ich hab keinen mehr. Ich hab überhaupt keinen mehr.«

Seine Worte hallten durch die Stille des Zelts in Lager 2.

Ich hatte die Augen fest zusammengekniffen, und der einzige Gedanke, der mir durch den Kopf schoss, war, dass mein bester Freund sich etwa 2000 Höhenmeter über mir befand und schon bald sterben würde – und dass ich nicht in der Lage war, ihm zu helfen.

»Sprich weiter, Mick. Los, hör nicht auf, mit mir zu reden«, sagte ich mit fester Stimme. »Wer ist bei dir?«

Wenn Mick aufhören würde zu reden und keine Hilfe bekäme, so viel wusste ich, dann würde er dort oben niemals überleben. Zuerst hätte er keine Kraft mehr, sich auf den Füßen zu halten, und wenn er sich nicht mehr auf den Füßen halten könnte, wäre er nicht mehr in der Lage, sich zu bewegen und gegen die Kälte zu wehren.

Bewegungslos, unterkühlt und ohne Sauerstoff würde er schon

bald das Bewusstsein verlieren. Dann wäre er unausweichlich dem Tod geweiht.

»Alan ist da«, antwortete er und machte eine Pause. »Er hat auch keinen Sauerstoff mehr. Das ist ... das ist nicht gut, Bear.«

Ich wusste, dass wir Neil anfunken mussten, und zwar schnell. Denn die Überlebenschance der beiden hing davon ab, ob noch jemand in ihrer Nähe war.

Mick meldete sich noch einmal: »Bear, ich schätze, dass Alan nur noch zehn Minuten zu leben hat. Ich weiß nicht, was ich machen soll.«

Ich versuchte, den Funkkontakt zu halten, doch er antwortete nicht mehr.

21

Doch schließlich wurde Mick von zwei schwedischen Bergsteigern und einem Sherpa namens Babu Chiri gefunden. Durch Zufall – durch die Gnade Gottes – hatte Babu eine Reserveflasche Sauerstoff bei sich.

Neil und Pasang waren mittlerweile ebenfalls abgestiegen und trafen auf Mick und die anderen. Dann machte Neil in unmittelbarer Nähe eine bereits zur Hälfte im Schnee versunkene Notfallreserve an Sauerstoffflaschen ausfindig und gab Alan sofort eine Flasche. Anschließend befahl er Alan und Mick, wieder aufzustehen.

Mick kann sich kaum daran erinnern, was in den nachfolgenden Stunden passierte, denn aufgrund des Sauerstoffmangels war er schläfrig, träge und kaum ansprechbar, außerdem verlor er immer wieder das Bewusstsein. Sein Zustand war eine Mischung aus Benommenheit und geistiger Verwirrtheit, Erschöpfung und Unterkühlung.

Während der Aufstieg auf einer mit Schnee bedeckten Eisfläche aus blauem Blankeis schon extrem gefährlich ist, kann der Abstieg dagegen regelrecht lebensgefährlich sein. Mick quälte sich mit schwankenden, zittrigen Schritten nach unten, wobei ihm die kraftzehrende dünne Höhenluft fürchterlich zu schaffen machte.

Irgendwo unterhalb des Balkons spürte Mick dann, wie der Boden plötzlich unter seinen Füßen wellenartig wegrutschte. Der lockere Pulverschnee, der die blaue Eisfläche bedeckte, hatte blitzartig nachgegeben und rutschte unter ihm weg.

Dann sauste Mick auf dem Rücken mit Karacho die steile Flanke hinunter und beging den verhängnisvollen Fehler, seinen Sturz abfangen zu wollen, indem er versuchte, seine Steigeisen tief in den Schnee zu rammen. Doch durch die Geschwindigkeit wurde er mit großer Wucht nach vorn katapultiert, sodass er sich überschlug und noch viel schneller diesen vergletscherten, mit Schnee bedeckten Steilhang hinunterrauschte.

Er hatte sich schon damit abgefunden, dass er hier oben sein Leben lassen würde.

Immer wieder überschlug er sich, prallte auf und drehte sich, bis er plötzlich auf einem kleinen Vorsprung zum Stillstand kam. Dann hörte er Stimmen – sie waren leise und fremdartig.

Mick versuchte, laut um Hilfe zu rufen, doch er brachte keinen einzigen Ton heraus. Die Bergsteiger, die mittlerweile unten am Südsattel angekommen waren, gingen auf ihn zu, klinkten ihn ins Sicherungsseil ein und hielten ihn fest. Er zitterte hemmungslos am ganzen Körper.

Als Mick und Neil 24 Stunden später total erschöpft bei uns in Lager 2 eintrafen, standen sie noch immer unter Schock. Sie waren völlig andere Menschen. Mick saß einfach nur da und hatte den Kopf in seine Hände vergraben.

Das sagte alles.

An jenem Abend, als wir im Begriff waren, uns schlafen zu legen, stupste er mich an. Ich setzte mich auf und sah, wie ein Lächeln über sein Gesicht huschte.

»Bear, das nächste Mal bestimme ich aber, wo wir unseren Urlaub verbringen – in Ordnung?«

Ich musste lachen und gleichzeitig weinen. Ich konnte nicht anders, denn es hatte sich emotional so viel in mir aufgestaut.

Am nächsten Morgen sind Mick, Neil und Geoffrey aufgebrochen, um zum Basislager abzusteigen. Ihr Versuch, den Gipfel zu besteigen, war gescheitert. Mick wollte einfach nur noch runter von diesem trostlosen Berg – und sich in Sicherheit bringen.

Ich schaute ihnen nach, wie sie ins Gletschertal des Western Cwm marschierten, und hoffte, dass meine Entscheidung, ohne meine Kameraden nun ganz allein in Lager 2 auszuharren, die richtige war.

Je länger man sich in großer Höhe aufhält, desto mehr wird der Körper geschwächt, weil ab einer bestimmten Höhe eine vollständige Akklimatisation nicht mehr möglich ist. Der Übergang zwischen Akklimatisation und Deterioration – das heißt eines zunehmenden körperlichen und geistigen Leistungsverlusts bis hin zum Tod – ist daher fließend. Ich hatte mich dafür entschieden, das Risiko einer Deterioration in Kauf zu nehmen und weiter abzuwarten – nur für den Fall. Für den Fall, dass sich uns noch einmal eine Chance auf eine Gipfelbesteigung bieten würde.

Die einen nannten es mutig, die anderen nannten es dumm.

Der Taifun wurde schwächer und sollte uns erst in zwei Tagen erreichen. Doch er war noch immer im Anmarsch. Allerdings waren zwei Tage viel zu kurz, um zuerst zum Gipfel aufzusteigen und dann noch den Abstieg zu bewältigen. Sollte der Orkan also bis morgen noch weiter auf uns zukommen, so versprach ich Henry und Mick, dass ich zum Basislager zurückkehren würde.

In den nächsten beiden Tagen drehten sich meine Gedanken nur um den mittäglichen Funkspruch vom Basislager – wenn sie mir die Wettervorhersage durchgeben würden. Ich hoffte verzweifelt auf die Nachricht, dass der Taifun im Begriff wäre abzudrehen.

Am ersten Tag hieß es, das Sturmsystem verharre nahezu stationär. Am zweiten Tag war die Situation noch immer unverändert. Also beschloss ich, noch ein wenig länger zu warten.

Der Funkspruch am nächsten Tag würde den Ausschlag geben.

Dann, um 12:02 Uhr, meldete sich das Funkgerät mit einem Rauschen.

»Bear, auf Lager 2, hier ist Neil. Alles okay?«

Ich hörte seine Stimme laut und deutlich.

»Warte gespannt auf Nachrichten«, antwortete ich lächelnd. Neil wusste ganz genau, was ich meinte.

»Also gut, hör zu, ich habe eine Wettervorhersage und eine E-Mail von deiner Familie, die hierher weitergeleitet wurde. Was willst du zuerst hören, die gute Nachricht oder die schlechte?«

»Nun mach schon, zuerst die schlechte Nachricht, dann haben wir's hinter uns«, antwortete ich.

»Also, das Wetter ist noch immer bescheiden. Der Taifun zieht wieder weiter und bewegt sich auf uns zu. Wenn er diesen Kurs bis morgen beibehält, dann musst du absteigen, und zwar fix. Tut mir leid.«

»Und die gute Nachricht?«, fragte ich hoffnungsvoll.

»Deine Mutter hat dir eine Nachricht über die Jungs vom Wetterdienst zukommen lassen. Sie sagt, dass es der ganzen Meute zu Hause gut geht.«

Klick.

»Mensch, sprich weiter, das kann doch nicht etwa alles gewesen sein. Was schreibt sie noch?«

»Na ja, sie glauben, dass du noch unten im Basislager bist. Ist wahrscheinlich besser so. Ich melde mich morgen noch mal.«

»Danke, Kumpel. Ach, und bete, dass das Wetter besser wird. Das ist unsere letzte Aufstiegschance.«

»Verstanden, Bear. Fang bloß nicht an, Selbstgespräche zu führen. Ende.«

Nun musste ich mich noch einmal 24 Stunden in Geduld üben. Es war die Hölle. Denn ich konnte spüren, wie zusammen mit der schwindenden Hoffnung, doch noch eine Chance auf eine Gipfelbesteigung zu bekommen, auch mein Körper immer schwächer wurde.

Ich fing an, nicht nur an mir selbst zu zweifeln, sondern auch an meiner Entscheidung, überhaupt in dieser Höhe so lange auszuharren.

Noch lange vor Tagesanbruch kroch ich aus meinem Zelt. Es war 4:30 Uhr. Ich hockte zusammengekauert unter dem Vordach meines Zelts und wartete darauf, dass die Sonne aufging.

In meiner Fantasie stellte ich mir vor, wie ich den Gipfel besteigen würde – immer höher und immer weiter hinauf, auf diesem unbarmherzigen Berg, der einem bis zur völligen Erschöpfung alles abverlangt.

Würde ich denn überhaupt noch die Chance bekommen, in das Terrain der »Todeszone« jenseits von Lager 3 vorzustoßen?

Es war erst zehn Uhr, als das Funkgerät sich zu Wort meldete. Dieses Mal kamen sie mit ihrem Funkspruch viel früher durch als sonst.

»Bear, der liebe Gott meint es gut mit dir. Es ist so weit!«

Henrys Stimme klang aufgeregt. »Der Zyklon hat nach Osten abgedreht. Wir haben ein Zeitfenster. Ein kleines Zeitfenster. Es heißt, dass in zwei Tagen in Gipfelnähe wieder mit den Höhenstürmen der Jetstreams zu rechnen ist. Wie fühlst du dich denn so? Hast du überhaupt noch genügend Kraft übrig?«

»Juchu, wir steigen auf, prima; ich meine natürlich, es geht mir gut. Ich kann es noch gar nicht glauben.«

Mit einem Satz war ich aufgesprungen, stolperte über die Zeltspannleinen und stieß einen echten Freudenschrei aus.

Schließlich waren die letzten fünf Tage die längsten meines Lebens gewesen.

22

»Das Wort ›Krise‹ setzt sich im Chinesischen aus zwei Schriftzeichen zusammen. Das eine bedeutet ›Gefahr‹ und das andere ›Gelegenheit‹.« Dieses Zitat von John F. Kennedy hat mir schon immer gefallen.

Wenn ich mein Leben einmal Revue passieren lasse, dann stelle ich fest, dass ich nach jeder Krise, die ich durchlebt habe, immer stärker war als zuvor. Und nun lag alles, was mich faszinierte, vor mir: eine große Gefahr, aber gleichzeitig auch eine große Gelegenheit.

Ich war noch nie so aufgeregt.

Neil traf derweil die nötigen Vorbereitungen, um wieder aufzusteigen. Mick war nicht nur überglücklich, am Leben zu sein, sondern er war auch standhaft und vernünftig genug, unten im Basislager zu bleiben.

Doch für mich war der große Augenblick gekommen.

An jenem Abend waren in Lager 2 wieder jede Menge Freunde versammelt. Denn Neil und Geoffrey waren zusammen mit

Michael, Graham, Karla und Alan aufgestiegen. Doch an Karlas ausgemergeltem Gesicht konnte man ablesen, wie viel Kraft es sie gekostet hatte, den Khumbu-Eisbruch und das Western Cwm noch einmal zu durchsteigen, um zu Lager 2 zu gelangen.

Sie war total erschöpft, das war nicht zu übersehen.

Wer wäre das wohl nicht, wenn er drei Monate lang den Mount Everest hinauf- und wieder hinuntergeklettert ist und gerade erst wenige Tage zuvor nur 100 Höhenmeter unterhalb vom Gipfel, so kurz vorm Ziel, umkehren musste?

Morgen würde der härteste Kampf in unserem Leben beginnen.

Das Zelt, das ich die ganze Zeit über für mich allein hatte, war in jener Nacht auf einmal rappelvoll – Neil, Geoffrey und Graham quetschten sich neben mich –, und zudem stapelten sich ringsum noch Ausrüstung und Seile.

Ich versuchte, so viel abgekochtes Wasser wie nur möglich in mich hineinzuschütten. Denn ich wusste, dass ich meinen Flüssigkeitshaushalt bestmöglich auffüllen musste, um die vor mir liegende Aufgabe bewältigen zu können. Ich trank also, was das Zeug hielt. Und ich pinkelte, doch mein Urin war noch immer dunkelbraun gefärbt.

Doch auf dieser Höhenstufe war es so gut wie unmöglich, einem Flüssigkeitsmangel vorzubeugen.

Mittlerweile war es für uns alle zu einer selbstverständlichen Gewohnheit geworden, in eine leere Wasserflasche zu pinkeln – und das nicht nur im Dunklen, sondern auch dann, wenn zwischen der Flasche und dem Kopf des Zeltnachbarn nur eine Distanz von wenigen Zentimetern war. Jeder von uns hatte zwei Flaschen: eine fürs Pinkeln und eine für Wasser. Im Übrigen war es sehr hilfreich, wenn man ein verlässliches System entwickelt hatte, um die beiden Flaschen nicht zu verwechseln.

Um 22 Uhr musste ich dringend pinkeln – schon wieder. Ich schnappte meine Flasche, kniete mich hin und füllte sie. Dann schraubte ich den Deckel drauf – zumindest glaubte ich das –, kroch in meinen Schlafsack zurück und versuchte, wenigstens ein bisschen Schlaf zu finden.

Doch schon bald merkte ich, wie die Feuchtigkeit durch meine Kleidung drang.

Das darf doch jetzt wohl nicht wahr sein. Ich verfluchte mich selbst, während ich mühsam wieder aus meinem Schlafsack herauskroch und mich hinkniete.

Ich schaute an mir herunter und sah, dass der Deckel lose an der Pinkel-Flasche hing.

Dunkelbrauner, übel riechender Urin hatte meine ganze Kleidung und meinen Schlafsack durchtränkt. Ich hatte ganz offensichtlich den Verschluss nicht richtig draufgeschraubt. Ein bescheuerter Fehler. Vielleicht war es ja ein Omen für das, was vor mir lag.

Und mit diesem Gedanken schlief ich dann ein.

Um 5:45 Uhr hockten wir alle auf der Eisfläche vor dem Lager und legten unsere Steigeisen an.

Ohne ein Wort zu reden, stiegen wir die Lhotse-Flanke hinauf zu Lager 3. Ich hoffte nur, dass wir nicht so lange dafür brauchen würden wie das letzte Mal.

Um zehn Uhr hatten wir schon ein großes Stück der Flanke bewältigt. Wir arbeiteten uns systematisch über die blaue Blankeisfläche der Steilwand hinauf. Ich lehnte mich in meinem Klettergurt zurück und nahm einen Schluck aus der Wasserflasche, die um meinen Hals baumelte. Das Klettern ging ganz okay; ich war zwar nicht schnell, aber ich kam voran.

Außerdem fühlte ich mich stärker als das letzte Mal, als ich zu Lager 3 aufgestiegen war. Das war doch ein gutes Zeichen.

Nach fünfeinhalb Stunden hatten wir die Lhotse-Wand durchstiegen, und die Zelte von Lager 3 waren nur noch gute 30 Meter entfernt. Aber dennoch brauchte ich 20 Minuten, um diese kaum nennenswerte Distanz zu überwinden.

Immer mit der Ruhe und immer schön gleichmäßig nach oben klettern. Denk nicht an die Atemnot, die tauben Füße und Zehen und erst recht nicht an die Ausgesetztheit und wie tief es nach unten geht. Konzentriere dich immer auf den nächsten Schritt. Das ist das Einzige, was zählt.

Befolgt man die Gesetze der Physik und steigt kontinuierlich bergauf – ganz gleich, wie langsam man vorankommt –, wird man irgendwann auch den Gipfel erreichen. Doch speziell am Mount Everest ist der Aufstieg extrem beschwerlich und qualvoll.

Ich hatte mir zuvor überhaupt keine Vorstellung davon machen können, dass ein Berg so mächtig sein kann, dass er einen vor Erschöpfung regelrecht in die Knie zwingt – zum Aufgeben bringt.

Ich war noch nie ein Typ, der schnell aufgegeben hat – allerdings hätte ich alles dafür gegeben, dass dieser Schmerz und diese unendliche Erschöpfung aufhören. Ich versuchte daher, den Gedanken ans Aufgeben zu verdrängen.

Und so musste ich in den kommenden 48 Stunden ununterbrochen einen erbitterten und zermürbenden Kampf mit mir selbst ausfechten – den Kampf, ja nicht aufzugeben.

In Lager 3 angekommen, fielen wir erschöpft in unser Zelt, das mittlerweile zur Hälfte im Neuschnee der vergangenen Woche versunken war. Wir waren vier Bergsteiger, denen die Angst ins Gesicht geschrieben stand und die sich dieses eine Zelt teilen mussten, das auf einem gefährlich schmalen vereisten Felsvorsprung thronte. Uns quälte nicht nur die Kälte und der Durst, sondern wir hatten auch entsetzliche Kopfschmerzen und Krämpfe.

So manches Mal in meinem Leben war ich schon dankbar dafür, dass ich beim Militär gelernt hatte, mit Kameraden auf engstem Raum zusammenzuleben. Denn diese Fähigkeit kam mir in all den Jahren, in denen ich auf Expeditionen unterwegs war sowie auch bei anderen Gelegenheiten sehr zugute. Darüber hinaus war ich auch heilfroh, dass ich Neil an meiner Seite hatte.

Denn wenn wir mit guten und freundlichen Menschen zusammen sind, dann färbt diese Freundlichkeit und Güte auch auf uns ab. Das gefällt mir so am Leben.

Außerdem habe ich in der Armee eine weitere entscheidende Fähigkeit gelernt, nämlich wie und wann ich absolut das Letzte aus mir herausholen muss, um mein Ziel zu erreichen. Der richtige Zeitpunkt dafür ist dann gekommen, wenn es extrem schwierig wird – das heißt, wenn alle anderen um einen herum langsamer werden, jammern und aussteigen.

Im Grunde geht es eigentlich darum, zu begreifen, dass jener Augenblick, in dem um einen herum alles düster und aussichtslos erscheint, genau der Augenblick ist, in dem man sich bewähren und sein Bestes geben muss.

Immer sein Bestes zu geben, ist nicht nur ein einfacher Grundsatz, sondern gleichzeitig eine wesentliche Voraussetzung, um sein Leben gut zu meistern. Viele meiner Freunde leben nach demselben Grundsatz. Und auf dem Mount Everest ist diese Charaktereigenschaft absolut unverzichtbar.

Karla hatte Henry ihr Wort gegeben, dass sie nur dann weiter aufsteigen würde, wenn der Wind nachließe. Denn Henry wusste, dass Karla aufgrund ihres extremen Erschöpfungszustands den Aufstieg zum Gipfel nur bei optimalen Wetterbedingungen überleben würde.

Um 18:00 Uhr kam ein Funkspruch vom Basislager durch; es war Henry, seine Stimme knackte und rauschte.

»Jungs, der Wind wird stärker. Karla, es tut mir leid, aber du musst wieder zum Basislager absteigen. Ich kann das Risiko nicht eingehen, dass dir etwas passiert.«

Dann gab es eine lange Pause.

Karla antwortete verärgert: »Keine Chance. Ich steige weiter auf. Es ist mir egal, was du sagst, ich steige weiter auf.«

Dann platzte Henry der Kragen, und er schrie ins Funkgerät: »Karla, hör mir mal gut zu, wir hatten eine Abmachung. Eigentlich war ich sogar dagegen, dass du überhaupt wieder aufsteigst, doch du hast dich partout nicht davon abbringen lassen – aber hier ist jetzt für dich Endstation. Ich sage das, weil ich dein Leben retten will.«

Henry hatte recht.

Denn Karla hatte schon drei Stunden länger gebraucht als wir, bis sie endlich in Lager 3 ankam. Wenn sie weiter oben genauso langsam vorankäme, würde sie sehr wahrscheinlich auf dem Berg sterben.

23

In der Morgendämmerung begann Karla dann mit dem Abstieg.

Wir dagegen stiegen weiter hinauf – immer höher.

Nur wenige Minuten, nachdem wir aus Lager 3 aufgebrochen waren, kam es mir so vor, als würde ich unter meiner Sauerstoffmaske ersticken. Ich hatte nicht das Gefühl, dass ich überhaupt Luft bekam. Ich riss mir die Maske vom Gesicht und schnappte nach Luft.

Das ist echt verrückt, dachte ich.

Ich überprüfte das Druckventil und warf einen Blick auf die Anzeige des Flussraten-Messers, an dem ich ablesen konnte, ob beziehungsweise welche Menge an Sauerstoff durchströmte.

Das Messgerät zeigte an, dass genug Sauerstoff floss. Also setzte ich die Maske wieder auf und ging weiter.

Fünf Minuten später war das Atmen noch immer genauso beschwerlich, und ich hatte ziemliche Probleme. Ich hatte das Gefühl, unter dieser Maske zu ersticken. Ich blieb erneut stehen, zog sie mir vom Gesicht und rang keuchend nach Luft.

Geoffrey blieb hinter mir stehen und stützte sich vornübergebeugt auf seinen Eispickel. Er schaute noch nicht einmal hoch.

Und wieder setzte ich meine Maske auf; dieses Mal war ich fest entschlossen, ihr zu vertrauen. Denn an der Messanzeige konnte ich ja ablesen, dass Sauerstoff floss. Das heißt, ich konnte sehen, dass die Flussrate etwa zwei Liter pro Minute betrug – eine recht dürftige Ausbeute. Durch den geringen, aber stetigen und regulierten Sauerstofffluss war gewährleistet, dass der Flaschenvorrat etwa sechs Stunden ausreichte.

Allerdings war die Durchflussmenge von zwei Litern pro Minute nur ein Bruchteil dessen, was wir jede Minute in der dünnen Luft keuchend verbrauchten – schließlich mussten wir uns mit schwerer Ausrüstung eine steile Flanke hinaufarbeiten.

Doch diese geringe Menge an Sauerstoff reichte gerade einmal aus, um einer akuten Sauerstoffunterversorgung in dieser Höhe vorzubeugen, was wiederum das zusätzliche Gewicht für die Sauerstoffflaschen rechtfertigte. Zumindest annähernd.

Ich sagte mir aber, dass ein weher Rücken und schmerzende Schultern die weitaus bessere Alternative sind, als einen extremen Sauerstoffmangel zu riskieren, der zwangsläufig zum Höhentod führt.

Das Fixseil verlief oberhalb von mir, an der Steilwand direkt nach oben.

Rechts von mir befand sich eine steile Blankeispassage, die hinauf zum Gipfel des Lhotse führte. Links von mir fiel die vergletscherte Lhotse-Flanke mit einer extremen Steilheit – etwa gut 1200 Meter – nach unten zum Talkessel des Western Cwm ab.

Jeder noch so kleine Fehler an dieser Wand könnte mich jetzt das Leben kosten.

Ich versuchte daher, nicht ständig nach unten zu schauen, sondern mich stattdessen auf die Blankeispassagen direkt vor mir zu konzentrieren.

Langsam stieg ich weiter nach oben und querte das Eis in Richtung einer schroffen Gesteinsformation, die sich förmlich wie ein Band um die Gipfelpyramide des Everest legt – eine Steilstufe, die die Lhotse-Flanke quasi unterteilt.

Diese Steilstufe nennt man auch das Gelbe Band. Es besteht aus Kalkstein – das heißt, aus einem Sedimentgestein, das sich vor Urzeiten durch Ablagerungen am Boden des Tethysmeeres gebildet hatte, bevor es im Laufe von Jahrmillionen aufgrund der tektonischen Plattenverschiebungen regelrecht senkrecht in die Höhe gen Himmel geschoben wurde.

Hier stand ich also, am unteren Ende dieser gelblich gefärbten Gesteinsformation, die sich weiter oberhalb in Nebel hüllte.

Ich lehnte mich gegen den kalten Stein und begann zu hyperventilieren, um auf diese Weise mehr Sauerstoff in meine Lungen zu pumpen. Damit ich diese felsige Steilstufe überklettern konnte, musste ich mich zuerst ein wenig erholen und Kraft schöpfen.

Ich wusste, dass Lager 4 nur noch wenige Stunden entfernt wäre, sobald wir das Gelbe Band überquert hätten.

Als meine Steigeisen das erste Mal auf den Kalkstein trafen, machten sie ein schrilles, quietschendes Geräusch, das in den Ohren wehtat. Doch auf diesem steinigen Untergrund konnten die Zacken meiner Steigeisen keinen Halt finden, und so rutschte ich immer wieder ab. Also nutzte ich die horizontalen Frontalzacken der Steigeisen und schlug sie in jeden noch so kleinen Felsspalt, den ich finden konnte, und arbeitete mich so Stück für Stück nach oben.

Nachdem ich diese Steilstufe aus gelbem Kalkstein hinter mir gelassen hatte, verlief die weitere Route etwas weniger steil. Sie führte über eine verschneite Traverse hinauf zum Genfer Sporn – einer sehr steil aufragenden Felsnase, die überklettert werden muss – und anschließend hinunter zu Lager 4 am Südsattel.

Jede unserer Bewegungen war geradezu von einer hypnotisierenden Einfachheit geprägt. Mein Kopf war vollkommen frei, und ich konzentrierte mich nur auf eine Sache – auf jeden einzelnen Schritt. Ich mag dieses Gefühl absoluter Konzentration.

Als ich mich daranmachte, den Genfer Sporn hochzuklettern, konnte ich Geoffrey ein gutes Stück unterhalb von mir erkennen – und hinter ihm befanden sich Graham, Alan, Neil und Michael.

Ich kletterte kontinuierlich weiter hinauf, und nach einer Stunde hatte ich einen schmalen Felsvorsprung erreicht, wo ich eine kurze Verschnaufpause einlegte. Von hier oben konnte ich bereits den berühmt-berüchtigten Südsattel sehen.

Ich konnte es gar nicht abwarten, den Südsattel zu erreichen, denn ich hatte ja schon so viel über diese Teilstrecke gehört und gelesen. Auf dem Sattel zwischen Everest und Lhotse befindet sich auf knapp 8000 Metern das höchste Expeditionslager der Welt – mitten in der Todeszone des Mount Everest.

Jedes Mal, wenn der Begriff Todeszone fiel, bin ich zusammengezuckt. Bergsteiger sind zwar im Allgemeinen dafür bekannt, dass sie Gefahren gern herunterspielen, aber schließlich war dieser Begriff von Bergsteigern geprägt worden – und das beunruhigte mich.

Ich schob diesen Gedanken beiseite und kämpfte mich stattdessen die letzten Schritte weiter hinauf, und nachdem ich den Genfer Sporn überklettert hatte, wurde das Gelände etwas flacher. Ich drehte mich um und hätte schwören können, dass ich von hier oben glatt auf eine Hälfte der Erdkugel hinunterschauen konnte.

Eine dicke Wolkendecke stieg langsam von unten herauf und verhüllte zunehmend die tiefer gelegenen Gipfel des Bergpanoramas. Doch oberhalb dieser Wolkenschicht konnte ich den tiefblauen weiten Horizont sehen, der sich vor meinen Augen ausbreitete.

Adrenalin strömte in meine müden Glieder, und dann raffte ich mich noch einmal auf und ging weiter.

Mir war bewusst, dass ich gerade im Begriff war, eine völlig neue Welt zu betreten.

Der Südsattel ist ein relativ breites, felsiges und mit Geröll übersätes Gelände – etwa so groß wie vier Fußballfelder –, auf dem die Überreste früherer Expeditionen verstreut liegen.

Hier auf dem Südsattel haben 1996 die Männer und Frauen einer Gipfelexpedition verzweifelt um ihr Leben gekämpft, weil sie beim Abstieg in einen so fürchterlichen Schneesturm geraten sind, dass sie zunächst das Lager nicht finden konnten. Erst als der Sturm etwas nachließ, konnten sich einige Wenige von ihnen ins Lager retten. Die anderen, die nicht so viel Glück hatten, liegen noch immer hier oben – als tiefgefrorene Leichen, die aussehen wie Marmorskulpturen; viele von ihnen sind mittlerweile größtenteils unter einer dicken Schicht aus Schnee und Eis begraben.

Es war ein trauriger Ort: Ein Friedhof mit Gräbern, den die Familien der Verunglückten niemals besuchen konnten.

Dieser Ort hatte etwas Unheimliches: Es war der einsamste Ort der Welt, ein absolut unerreichbarer Ort für all jene, die nicht stark genug waren, ihn aus eigener Kraft zu erreichen. Hubschrauber haben schon Schwierigkeiten, das Basislager auf knapp 5400 Metern anzufliegen, da schaffen sie es erst recht nicht, den Südsattel auf fast 8000 Metern Höhe anzusteuern.

Selbst für alles Geld der Welt kann sich niemand auf den Gipfel des Mount Everest bringen lassen. Denn diesen Gipfel erreicht man nur mit unerschütterlichem Kampfgeist und aus eigener Kraft.

Das gefiel mir.

Mittlerweile wehten recht kräftige Windböen über den Rand des Sattels und wirbelten die Überreste der kaputten, total zerfetzten Zelte durcheinander.

Mich beschlich so ein Gefühl, als wollte der Berg mich davor warnen, weiterzugehen.

4

Du kannst Vertrauen und Angst ruhig beide in deinen Hafen segeln lassen, allerdings darfst du nur dem Vertrauen gestatten, dort vor Anker zu gehen.

1

Auf den letzten 1300 Höhenmetern bis zum Gipfel des Mount Everest befindet man sich in der Todeszone – in einer Höhe, in der der Mensch nicht lange überleben kann. Denn wenn man in diese gefährliche Höhe jenseits von Lager 3 vordringt, bedeuten die eisige Kälte und der extreme Sauerstoffmangel dort oben für den menschlichen Körper den sicheren Tod.

Und mit jeder Stunde, die man sich in dieser Zone aufhält, kommt man dem Tod ein Stückchen näher.

Zwei Zelte standen mitten auf dem Südsattel – das eine gehörte dem Expeditionsteam aus Singapur und das andere unserem bolivianischen Freund Bernardo. Beide Gipfeltruppen hatten einen Tag vor uns den Sattel erreicht.

Die Zelte waren verlassen.

Ich fragte mich, was diese Bergsteiger hoch oben am Berg wohl gerade durchmachten. In Singapur wartete man sicher gespannt auf die Nachricht, ob das Team den Gipfel erreicht hatte.

Ich hoffte, dass sie erfolgreich waren und den Gipfel erstiegen hatten.

Wir hatten uns mit Bernardo vorher abgesprochen, dass wir unsere Ausrüstung miteinander teilen und sein Zelt mitbenutzen dürfen, während er unterwegs zum Gipfel war. Also kroch ich, wenn auch ziemlich umständlich, in dieses leer stehende Zelt.

Da in dieser Höhe die Luft extrem dünn ist, bewegen sich die Bergsteiger aufgrund des Sauerstoffmangels hier oben fast so wie Astronauten. Langsam, umständlich und schwerfällig. Wie ferngesteuert habe ich meine Sauerstoffmaske samt -flasche abgelegt und bin dann in der Ecke zusammengesackt.

Ich hatte fürchterliche Kopfschmerzen. Ich musste einfach meine Augen schließen – nur für eine Sekunde.

Dann hörte ich auf einmal die Stimme von Bernardo und fuhr erschöpft in die Höhe, als er seinen Kopf ins Zelt streckte.

Als er mich erblickte, lächelte er mir zu. Er wirkte erschöpft und hatte nicht nur dicke Tränensäcke unter den Augen, sondern sah mit seinen tiefdunklen Augenringen fast schon aus wie ein Pandabär; das kam von der Schneebrille, die er über Wochen hinweg als Schutz vor dem grellen Höhenlicht getragen hatte.

Dennoch strahlte er über das ganze Gesicht.

Ich musste ihn gar nicht erst fragen, ob er den Gipfel bestiegen hatte. Sein Blick sagte alles.

»Es ist fantastisch, Bear. Wirklich fantastisch.«

Bernardo wiederholte die Worte noch einmal wie in Trance. Er hatte es geschafft. Wir quetschten uns zusammen ins Zelt, und ich half ihm dabei, einen Kocher in Gang zu bringen, um etwas Eis zu schmelzen, damit er etwas zu trinken bekam.

Immerhin dürfte es schon etliche Stunden her gewesen sein, dass er zuletzt einen Schluck Flüssigkeit zu sich genommen hatte.

Doch trotz seiner großen Erschöpfung schien er total lebendig zu sein. Für ihn waren jetzt alle Strapazen vergessen.

Die beiden Bergsteiger aus Singapur kamen ebenfalls ins Lager zurück. Auch sie waren erfolgreich gewesen. Ganz Singapur würde jetzt feiern.

Zwei Stunden später erreichten auch Neil und Alan den Südsattel. Sie hatten Geoffrey und Michael überholt. Als Neil seinen Kopf in Bernardos Zelt streckte, zupfte er mich ganz aufgeregt am Arm.

Wir waren hier oben alle vereint, und dieses Zusammengehörigkeitsgefühl gab mir Kraft.

Jetzt war es Zeit, Bernardo allein zu lassen und Neil beim Aufbau des Zelts zu helfen.

Mittlerweile kamen auch Geoffrey und Michael mit schweren

Schritten über den Sattel getaumelt. Sie erzählten uns, dass Graham – der ja schon einmal den Gipfel des Everest über die Nordroute bestiegen hatte – nur knapp 100 Meter oberhalb von Lager 3 umgekehrt war.

Denn aufgrund der Krankheit, die wir beide durchgemacht hatten, fühlte er sich noch immer extrem geschwächt. Deshalb wusste er, dass er sich mit einem weiteren Aufstieg in Lebensgefahr gebracht hätte.

Was wusste er wohl über die bevorstehende Gipfeletappe, was ich nicht wusste?

Ich verdrängte diesen Gedanken schnell.

Das Wetter verschlechterte sich – wir brauchten ganz schnell einen Unterschlupf.

Der Wind riss Neil eine Seite unseres Zelts aus den Händen, und die Zeltbahne schlug wild hin und her, sodass wir sie nur mit Mühe und vereinten Kräften wieder unter Kontrolle bekamen.

Normalerweise hätten wir dieses Zelt innerhalb weniger Minuten aufgebaut gehabt, aber bei diesem Wind brauchten wir tatsächlich fast eine geschlagene Stunde dafür. Doch dann endlich hatten wir es geschafft.

Wir quetschten uns zusammen ins Zelt und warteten. Warteten darauf, dass es Nacht wurde.

2

Allein der Gedanke daran, dass ich 17 Stunden lang diese verflucht schweren Sauerstoffflaschen mit mir herumschleppen müsste, erfüllte mich mit Angst und Schrecken.

Ich konnte bereits spüren, dass meine Kraft langsam, aber sicher immer weniger wurde.

Ich hatte keine Ahnung, wie ich es schaffen sollte, mir die

schweren Flaschen auf den Rücken zu laden – ganz zu schweigen davon, wie ich sie über eine so große Distanz so hoch hinauf auf den Berg tragen sollte, und das durch hüfthohen Schnee.

Doch anstatt diesen Gedanken nachzuhängen, versuchte ich lieber, mir all die schönen Dinge vor Augen zu führen.

Ich dachte an zu Hause, an meine Familie und an Shara. Doch sie alle waren meiner Erinnerung auf eigenartige Weise entrückt.

Denn ich konnte mir überhaupt nicht vorstellen, wie ihre Gesichter aussahen. Das lag eindeutig am Sauerstoffmangel. Denn er raubt einem nicht nur jegliche Erinnerung und jegliche Empfindung, sondern auch jegliche Kraft.

Ich versuchte, alle negativen Gedanken aus meinem Kopf zu verbannen.

An nichts anderes zu denken als an diesen Berg.

Bring es einfach zu Ende, Bear, aber bring es gut zu Ende.

Es ist so gut wie unmöglich, den Zustand körperlicher und seelischer Trägheit zu beschreiben, in dem man sich in dieser extremen Höhe befindet. Es gibt einfach nichts, was einen antreibt – und es ist einem irgendwie auch alles egal. Das Einzige, was man will, ist, sich zusammenrollen und seine Ruhe haben.

Das ist auch der Grund dafür, warum gerade in dieser Höhe eine so scheinbar eigenartige Faszination vom Tod ausgeht – als ob er die einzige Möglichkeit wäre, um von dieser eisigen Kälte und diesem Schmerz auf wohltuende Weise erlöst zu werden.

Aber genau darin besteht ja die große Gefahr auf diesem Berg.

Ich versuchte, mich aus meiner Liegeposition aufzusetzen. Der Reißverschluss unseres Vorzelts war leicht defekt und ließ sich daher nur zur Hälfte schließen, sodass ein Teil der Zeltplane im Wind flatterte.

Von dort, wo ich saß, konnte ich weit über den einsamen Südsattel blicken, bis zu jener Stelle, wo die steile Schneeflanke begann, die noch vor uns lag. Wenn der Wind über das Eis fegte und dabei kleine Haufen aus Pulverschnee aufwirbelte und sie vor sich hertrieb, wirkte der Berg kalt und bedrohlich.

Ich konnte die Stelle sehen, wo Mick abgestürzt war. Er hatte verdammt großes Glück gehabt.

Oder hatte er etwa einen Schutzengel? Meine Gedanken überschlugen sich.

Ich dachte an all jene Bergsteiger, die ihren Traum, einmal auf dem Gipfel zu stehen, mit ihrem Leben bezahlt hatten.

War es das wert?

Ich wusste keine Antwort auf diese Frage.

Das Einzige, was ich aber sicher wusste, war, dass fast alle Gipfelaspiranten oberhalb des Südsattels ums Leben gekommen waren.

Es ist sieben Uhr abends. Wir haben noch eine halbe Stunde, bis wir damit anfangen müssen, uns wieder mühsam in Montur zu werfen und die Ausrüstung umzuschnallen.

Diese Prozedur würde uns mindestens eine Stunde kosten.

Wenn wir damit fertig wären, würde kein noch so kleines Fleckchen von unserem Körper und unserem Gesicht mehr zu sehen sein. Wir würden uns in komplett vermummte Gestalten verwandeln, die dicht zusammengedrängt darauf warteten, ihrem Schicksal entgegenzugehen.

Ich öffnete die oberste Tasche meines Rucksacks und zog ein paar verkrumpelte Seiten heraus, die ich in eine Plastiktüte eingewickelt hatte. Ich hatte sie ausschließlich für diesen Augenblick mitgenommen.

Selbst junge Menschen ermüden und werden kraftlos, starke Männer stolpern und brechen zusammen. Aber alle, die ihre Hoffnung auf den Herrn setzen, bekommen neue Kraft. Sie sind wie Adler, denen mächtige Schwingen wachsen. Sie gehen und werden nicht müde, sie laufen und sind nicht erschöpft.
Jesaja 40, 30-31

Ich spürte, dass diese Zeilen das Einzige waren, was ich wirklich hier oben hatte. Denn hier gibt es sonst niemanden, der noch genügend Kraft zur Verfügung hat, um für meine Sicherheit zu garantieren. Hier ist man wirklich allein mit seinem Schöpfer. Keine Heuchelei, keine leeren Phrasen – kein Plan B.

In den nächsten 24 Stunden würde die Wahrscheinlichkeit, dieses Gipfelabenteuer nicht lebend zu überstehen, eins zu sechs betragen. Folglich konzentriert man sich nur auf das absolut Wesentliche. Und auf diese Weise bekommt der Sinn des Lebens eine völlig neue Dimension.

Es war an der Zeit, dass ich dem Tod ins Auge schaute. An der Zeit, dass ich mir eingestand, dass ich Angst hatte und mich an der Hand des Allmächtigen festhielt und weiterkletterte.

Denn während wir immer höher hinaufstiegen, dem Gipfel entgegen, würden diese Bibelverse die ganze Zeit über durch meinen Kopf kreisen, und zwar die ganze nächste Nacht und den nächsten Tag.

3

Wir hatten beschlossen, das Lager bereits um 21 Uhr zu verlassen – also sehr viel früher, als die Gipfelstürmer normalerweise aufbrechen.

Denn unsere Wettervorhersage hatte starke Höhenwinde angekündigt, die im Laufe des Tages noch weiter zunehmen sollten. Deshalb wollten wir noch in der Nacht so weit wie möglich aufsteigen, bevor diese Winde noch stürmischer wurden.

Geoffrey, Alan und Michael kamen wenig später ebenfalls aus ihrem Zelt gekrochen – sie sahen aus wie Astronauten, die sich für einen Weltraumspaziergang gerüstet hatten. Am Zelt der Sherpas war der Reißverschluss noch zugezogen. Neil weckte sie. Sie sagten, wir sollten schon mal vorausgehen; sie würden nachkommen.

Es hatte irgendwie schon etwas Mystisches, als wir fünf über den Südsattel gingen – wie Soldaten, die trotz großer Erschöpfung in den Kampf ziehen.

Als wir das Ende des Südsattels erreichten, führte die Schneeflanke extrem steil nach oben.

Wir begannen mit dem Aufstieg in die hohe, ausgesetzte Wand, der Lichtkegel unserer Stirnlampen huschte vor uns über den Schnee und leuchtete unmittelbar den Bereich vor unseren Füßen aus. Dieses Licht war jetzt unsere Welt: Es zeigte uns, wo wir unsere Steigeisen platzieren und wo wir unsere Eispickel einschlagen mussten.

Das Licht war das Einzige, was wir sehen konnten.

Wie zu erwarten war, zog sich mit der Zeit unsere Gipfeltruppe etwas auseinander. Alan, Neil und ich übernahmen die Führung – Geoffrey und Michael stiegen hinterher. Doch beide fielen schon sehr bald weit zurück.

Nach zwei Stunden thronten wir drei dann hoch oben auf einem schmalen Eisvorsprung. Wir schauten nach unten.

»Hast du Schiss?«, fragte mich Alan ganz leise. Dies waren die einzigen Worte, die seit unserem Aufbruch aus Lager 4 gefallen waren.

»Ja«, antwortete ich. »Allerdings habe ich bei Weitem nicht so viel Schiss, wie ich hätte, wenn ich jetzt sehen könnte, welchen Steigungswinkel diese Steilwand hat, auf der wir gerade hocken«, fuhr ich fort, ohne ironisch klingen zu wollen.

Doch es war wirklich so. Es war einfach viel zu dunkel, um die Gefahr zu erkennen. Das Einzige, was wir sehen konnten, war ein Meer aus Schnee und Eis, das im Schein unserer Stirnlampen hell leuchtete.

Gegen Mitternacht erreichten wir eine starke Schneeverwehung aus tiefem Pulverschnee. Damit hatten wir nicht gerechnet. Wir mussten unsere ganze Kraft aufbieten, um uns durch diesen tiefen Schnee zu quälen.

Nach jedem Schritt rutschten wir immer wieder zurück, sodass wir drei Schritte machen mussten, um überhaupt einen Schritt voranzukommen. Der Schnee wehte in meine Sauerstoffmaske und meine Handschuhe, und meine Schutzbrille fing langsam an zu beschlagen. Ich fluchte leise vor mich hin.

Wo zum Teufel ist denn dieser verdammte Balkon? Den müssten wir doch jetzt bald erreicht haben.

Das Einzige, was ich jedoch in der Dunkelheit erkennen konnte, war, dass oberhalb von mir noch mehr Eis und Fels aufragten. Langsam hatte ich keine Kraft mehr.

Gegen ein Uhr nachts überkletterten wir einen weiteren Vorsprung und sanken danach erschöpft im Schnee zusammen.

Wir hatten den Balkon erreicht. Ein großes Glücksgefühl durchströmte meinen Körper. Jetzt befanden wir uns auf 8400 Metern über dem Meeresspiegel.

Ich nahm meine Sauerstoffmaske ab, um Sauerstoff zu sparen, doch jeder Atemzug in dieser dünnen, eisigen Luft fühlte sich an, als würde meine Lunge brennen. Brennen wie das Höllenfeuer.

Wir mussten auf die Sherpas warten, die zusätzliche Sauerstoffflaschen heraufbrachten, damit wir unsere halbleeren Flaschen gegen volle tauschen konnten. Die vollen Flaschen sollten uns dann bis hinauf zum Gipfel und wieder zurück zum Balkon reichen. Auf diese Weise hätten wir etwa zehn Stunden Zeit, um die letzte Etappe des Gipfelanstiegs zu bewältigen.

Denn hier, in dieser extremen Höhe, kam es einzig und allein darauf an, dass man genügend Sauerstoff dabei hatte – Sauerstoff bedeutete Überleben.

Die Temperatur betrug minus 40 Grad Celsius.

Um zwei Uhr in der Nacht war noch immer nichts von den Sherpas zu sehen, und Neil und ich fingen langsam an, ganz schrecklich zu frieren. Denn bei einem so geringen Sauerstoffdurchfluss von nur zwei Litern pro Minute kann es leicht zu Erfrierungen kommen – das geht ganz leise und ganz schnell.

Plötzlich war der ganze Himmel hell erleuchtet.

Die Berge rundum wurden auf einmal in gleißend helles Licht getaucht, zuerst war es taghell, dann wurde es wieder dunkel. In den Talschluchten grollte der Donner.

Davon stand aber nichts in der Wettervorhersage, dachte ich noch.

Wenige Sekunden später zuckte erneut ein Blitz durch den Himmel. Es war ein Gewittersturm, der durch die Talschluchten heraufzog.

Doch wenn er bis zu uns vordringen würde, könnte das fatale Folgen haben. Denn er würde hier oben am Berg einen fürchterlichen Schneesturm entfesseln, den wir unmöglich überleben könnten.

Irgendwo unterhalb von uns kämpften auch Geoffrey und Michael ihren einsamen Kampf mit dem Berg.

Doch wir Menschen neigen in aller Regel dazu, in der Todeszone des Mount Everest unseren Kampf mit dem Berg zu verlieren.

4

Geoffrey hatte Probleme mit seinem Sauerstoffgerät.

Der Sauerstofffluss ließ sich nicht richtig regulieren und war sehr ungleichmäßig, wodurch er Atemnot bekam. Zunächst kämpfte er sich zwar noch weiter bergauf, aber schon bald musste er sich eingestehen, dass es einfach sinnlos war. Er kehrte um. Sein Versuch einer Gipfelbesteigung war zu Ende.

Auch Michael entschloss sich umzukehren. Er war völlig erschöpft. Der heraufziehende Gewittersturm hatte letztlich den Ausschlag für den Abstieg gegeben. Michael kletterte schon sein ganzes Leben lang, und er kannte daher nicht nur seine Grenzen, sondern auch die goldene Verhaltensregel bei veränderter Wetterlage im Gebirge: »Hat man Zweifel, ob das Wetter hält, muss man zweifellos absteigen.«

Beide begannen langsam mit dem Abstieg in Richtung Südsattel – unterdessen warteten wir am Balkon auf die Sherpas.

Um drei Uhr nachts – mittlerweile schlotterten wir nur so vor Kälte, denn wir hätten, ohne uns zu bewegen, nicht sehr viel länger überleben können – sahen wir weiter unten die Stirnlampen der Sherpas aufleuchten, die langsam zu uns heraufstiegen.

Dann versuchten wir mühsam, mit steif gefrorenen Fingern, unsere Sauerstoffflaschen auszutauschen. Unten im Basislager hatten wir diese Prozedur zwar bis zur Perfektion geübt, aber hier oben im Dunkeln bei zweistelligen Minusgraden gestaltete sich das Ganze sehr viel schwieriger.

Ich schaffte es einfach nicht, das Gewinde der Zylinderventile an der Sauerstoffflasche aufzuschrauben, um den Regulator draufzusetzen. Denn im Dunkeln in dieser Eiseskälte kleine, festgefrorene Gewindeventile zu lösen, ist ein echter Scheißjob.

Mir blieb also nichts anderes übrig, als meine Überfäustlinge auszuziehen, damit ich den Regulator besser greifen konnte.

Da mein ganzer Körper mittlerweile vor Kälte unkontrollierbar zitterte, schraubte ich den Regulator schief auf das Zylinderventil der Flasche. Es blockierte sofort.

Ich fluchte lautstark.

Neil und Alan waren inzwischen startklar. Neil kniete neben mir und wartete. Doch Alan stand auf und marschierte einfach los in Richtung Gipfelgrat.

Ich fummelte hektisch an dem Regulator herum.

Komm schon, du verdammtes Scheißding.

Ich merkte, wie die ganze Situation mir irgendwie aus den Händen glitt. Wir waren doch viel zu weit gekommen, um jetzt noch zu scheitern – viel zu weit.

»Mach schon, Bear, verflucht noch mal, sieh zu, dass du das jetzt hinkriegst«, stammelte Neil durch seine Maske.

Mir war klar, dass ich ihn aufhielt, aber das Ventil war blockiert, und ich konnte nichts dagegen tun, außer zu versuchen, den Regulator wieder abzuschrauben und gerade auf das Zylinderventil aufzusetzen.

Neil hatte derweil jegliches Gefühl in seinen Füßen verloren. Das war ein schlechtes Zeichen. Denn mit jeder Minute, die er länger wartete, stieg auch sein Risiko, schlimme Erfrierungen zu erleiden. Dann endlich schaffte ich es, das Gewinde aufzuschrauben. Ich setzte den Regulator sorgfältig auf das Zylinderventil, und dieses Mal rastete er ein, und ich konnte ihn festschrauben.

Wir machten uns auf den Weg.

Plötzlich blieb einer der drei Sherpas stehen. Stumm zeigte er gen Himmel und schüttelte den Kopf. Dann drehte er sich um und stieg wieder nach unten, ohne ein Wort zu sagen.

Hier oben trifft jeder seine eigenen Entscheidungen. Und jeder muss mit den Konsequenzen seiner Entscheidungen klarkommen.

Der Sturm befand sich noch in tieferen Regionen und kam zudem nur sehr langsam von Osten her näher – er war also noch weit weg.

Neil und ich schauten einander an, dann drehten wir um und gingen in Richtung Gipfelgrat.

Es war eine kolossale Erleichterung, wieder in Bewegung zu sein, und es dauerte nicht lange, da spürte ich einen solchen Energieschub, wie ich ihn schon lange nicht mehr erlebt hatte.

Ich schätze, dass ich tief in meinem Innersten gespürt habe, dass jetzt meine Chance gekommen war.

Immer wieder habe ich mich vor Neil gesetzt, um mich mit ihm bei der Spurarbeit durch den tiefen Schnee abzuwechseln. Das hielt mich warm. Neil lief mit gesenktem Kopf, und sein Körper schien erste Anzeichen von Erschöpfung zu zeigen – doch ich wusste, dass er nicht aufgeben würde.

Nachdem wir eine Stunde auf dem Gipfelgrat unterwegs waren, gerieten wir schon wieder in diese tiefen Schneeverwehungen aus Pulverschnee. Mit jedem beschwerlichen Schritt und mit jedem Atemzug wurde die Kraft in meinen Beinen, die ich zuvor noch gespürt hatte, immer weniger.

Ein gutes Stück über uns konnte ich Alan sehen, wie auch er sich mühsam durch den tiefen Pulverschnee quälte. Es schien so, als würde er überhaupt nicht vom Fleck kommen. Der stark überwechtete Grat stieg immer weiter in die Höhe – Schneeverwehungen aus Pulverschnee, so weit das Auge reichte.

Ich hatte noch nicht einmal richtig mitbekommen, welch

atemberaubendes Panorama sich uns hier oben bot – ein Rundblick über das ganze Himalaja-Gebirge, eingehüllt in das zarte Licht der frühen Morgendämmerung.

Denn ich war nur damit beschäftigt, meine ganze Konzentration auf die Arbeit meiner Arme und Beine zu richten. Dazu musste ich entschlossen meine ganze Kraft aufbieten, um Schritt für Schritt abwechselnd ein Bein aus dem tiefen Pulverschnee zu heben und es dann mit Schwung nach vorn zu schleudern, um den nächsten Schritt zu machen – das war das Einzige, worauf es ankam.

Mach einfach weiter. Kämpfe. Noch einen Schritt und dann noch einen.

Doch irgendwie schien es, als ob der Südgipfel einfach nicht näher kommen wollte.

Ich konnte spüren, wie nach und nach auch das letzte bisschen Kraft aus meinem Körper wich.

Diesen Schneegrat hinaufzusteigen, war ungefähr genauso anstrengend, als müsste man hüfttief durch zähen Rübensirup waten, während man gleichzeitig den Partner im Gamstragegriff geschultert hätte, der dann – um das Maß endgültig vollzumachen – noch versuchen würde, einem ein Paar tiefgefrorene Socken in den Mund zu stopfen. Schön, nicht?

Ich habe mich gezwungen durchzuhalten, aber ich wurde von Minute zu Minute schwächer. Mir war schon klar, dass ich irgendwann keine Kraft mehr hätte. Denn sie wurde zusehends immer weniger.

Mein Körper rang verzweifelt nach mehr Sauerstoff, doch alles, was er bekam, waren diese popligen zwei Liter pro Minute, die kaum merklich durch meine Nase krochen.

Das reichte einfach nicht – und dennoch schrumpfte mein Sauerstoffvorrat von Sekunde zu Sekunde.

5

Wieso eigentlich wird die Ziellinie prinzipiell immer erst in dem Augenblick erkennbar, wenn wir am allerliebsten aufgeben würden? Will das Universum etwa auf diese Weise sicherstellen, dass das Beste nur denjenigen zugutekommt, die sich auch am meisten dafür ins Zeug legen?

Eins habe ich allerdings von der Natur gelernt: Nach jeder noch so dunklen Nacht beginnt immer wieder ein neuer Tag.

Dann endlich, wenn auch noch weit über mir, waren mittlerweile im Licht der Morgendämmerung die Umrisse des Südgipfels zu erkennen.

Zum ersten Mal konnte ich spüren, dass das Ziel schon fast zum Greifen nah war.

Ich merkte auf einmal, wie eine unbändige Willenskraft in mir aufstieg und eine verbissene, unbeirrbare Zielstrebigkeit.

Mein guter alter Freund – jene unerschütterliche und hartnäckige Entschlossenheit, die ich bisher nur wenige Male in meinem Leben gespürt hatte, und zwar meist in den entscheidenden Augenblicken der SAS Selection – war mit jedem Schritt, den ich mich durch diesen tiefen Schnee kämpfte, gerade wieder zum Leben erwacht.

Ich würde diesem verdammten Schnee und diesem Berg entschlossen die Stirn bieten.

Mein guter alter Freund würde mir helfen, die Schmerzen, die Kälte und die Angst zu besiegen – und bis zum Ende durchzuhalten.

Ungefähr 100 Meter unterhalb des Südgipfels stießen wir auf die Fixseile, die von unserem Expeditionsteam beim ersten Versuch der Gipfelbesteigung dort angebracht worden waren. Sie vermittelten mir zumindest einen Hauch von Sicherheit und

Geborgenheit, während ich mich hinunterbeugte und den Karabiner meines Expresssets einklinkte.

Vom Südgipfel aus sind zwar noch immer ungefähr 150 Höhenmeter bis zum eigentlichen Everest-Gipfel zu bewältigen, aber wenn man es bis hierher geschafft hat, dann hat man ein wichtiges Etappenziel erklommen. Für mich war daher klar, dass ich – wenn ich den Südgipfel erreichen würde – zum ersten Mal eine reale Chance hätte, den Gipfel zu ersteigen und ganz oben auf dem Dach der Welt zu stehen.

Neil war relativ schnell wieder dicht hinter mir. Alan hatte bereits den obersten Rand des Südostgrats – den Südgipfel – erreicht, und während er sich ein paar Minuten ausruhte, um wieder etwas Kraft zu schöpfen, hockte er zusammengekauert und vornübergebeugt da, um sich vor dem Wind zu schützen.

Vor mir konnte ich das letzte Stück des berühmt-berüchtigten Gipfelgrats erkennen, eine schmale und extrem ausgesetzte überwechtete Traverse, die zum Hillary Step hinaufführt – eine fast senkrechte, mit Schnee und Eis bedeckte Felsstufe, die das letzte große Hindernis auf dem Weg zum Hauptgipfel darstellt.

Sir Edmund Hillary – der erste Bergsteiger, der den Gipfel des Mount Everest erklommen hat – sagte einmal, dass der Berg ihm eine unbändige Willenskraft verliehen hätte. Eigentlich hatte ich diesen Satz nie so richtig verstanden – bis jetzt. Denn diese ungeheure Faszination, die von diesem Berg ausging, zog mich unweigerlich in ihren Bann.

Tief in meinem Innersten spürte ich, dass ich es schaffen könnte.

Die letzte Etappe auf dem Gipfelgrat schlängelt sich steil bergauf über eine sehr gefährliche und extrem ausgesetzte, ungefähr 120 Meter lange Traverse. Dieser Grat ist der ausgesetzteste auf unserem Planeten, denn die Bergflanken stürzen zu beiden Seiten des Grats jäh in die Tiefe – auf der einen Seite im Osten liegt Tibet, auf der anderen im Westen Nepal.

Wir kämpften uns mühsam diesen messerscharfen, vereisten Gipfelgrat entlang, mit jedem Schritt kamen wir dem Hillary Step ein Stückchen näher.

Diese Steilstufe wäre jetzt das letzte große Hindernis, das wir auf unserem Weg zum Gipfel noch überwinden müssten.

Während ich mich Schritt für Schritt weiter hinaufkämpfte, peitschte der Wind so heftig über den Grat, dass er das Fixseil vor mir hin- und herfegte.

Damit ich beim Aufstieg auf diesem stark überwechteten Grat – die Schneeverwehungen hingen rechts sehr weit über den Grat hinaus –, mein Gleichgewicht besser halten konnte, stützte ich mich bei jedem Schritt auf meinen Eispickel.

Auf einmal sauste mein Eispickel kerzengerade durch die Schneeoberfläche, während ein Teil dieser Schneeverwehung nachgab und neben mir wegbrach.

Ich stolperte, konnte mich aber schnell wieder fangen und bewegte mich schleunigst von der Abbruchkante weg.

Wir kamen langsam, aber stetig voran auf diesem ausgesetzten Wechtengrat, dieser quasi frei in der Luft hängenden Brücke aus Eis- und Schneekristallen. An der Stelle, wo ein Teil dieser Schneeverwehung weggebrochen war, konnte ich hinunterschauen und tief unten in der Ferne das tibetische Hochplateau erkennen.

Wir stapften immer weiter, machten einen Schritt nach dem anderen.

Langsam, aber beständig.

Immer weiter dem Gipfel entgegen.

Immer höher hinauf.

6

Kurz unterhalb des Südgipfels konnte ich die Mulde erkennen, wo Rob Halls Leiche gefunden wurde. Er war hier oben vor gut zwei Jahren ums Leben gekommen.

Sein Leichnam war zwar zur Hälfte unter einer Schneeverwehung begraben, aber ansonsten unverändert. Erstarrt im ewigen Eis, war er gleichsam ein eindrückliches Mahnmal, dass jeder Gipfelstürmer den Abstieg nur überlebt, weil der Berg dies zulässt.

Doch wenn der Berg sich gegen einen wendet, bricht die Hölle los.

Denn je weiter man sich hinaufwagt in die Todeszone, desto unkalkulierbarer wird das Risiko.

Inzwischen hatten wir uns so weit in die Todeszone vorgewagt, wie es nur möglich war.

Das war mir allzu bewusst.

Robs letzte Worte an seine Frau Jan lauteten: »Bitte mach dir nicht allzu viele Sorgen.«

Dies waren die tapferen Worte eines Bergsteigers, der die Ausweglosigkeit seiner Situation erkannt hatte und wusste, dass er hier oben sterben würde.

Ich versuchte, diese Gedanken aus meinem mit Sauerstoff unterversorgten Gehirn zu verbannen. Doch es gelang mir nicht.

Jetzt geh einfach weiter, Bear. Bring die Sache zu Ende, danach steigst du wieder runter.

Am Ende des Gipfelgrats stützten wir uns auf unsere Eispickel und schauten nach oben.

Über uns erhob sich der legendäre Hillary Step – jene zwölf Meter hohe, vereiste Felsstufe, die eine der klettertechnisch schwierigsten Herausforderungen auf dem Weg zum Gipfel darstellt.

Ich stand mit gebeugtem Rücken, um mich vor dem Wind zu schützen, und versuchte eine Route auszumachen, wie ich diese Steilstufe am besten bewältigen könnte.

Diese vereiste Steilstufe wäre jetzt die letzte und gleichzeitig härteste Bewährungsprobe, die wir noch bestehen müssten. Wenn wir es schafften, dieses Hindernis zu überklettern, wäre der Weg zum Gipfel frei, und wir würden zu den Wenigen gehören, die diesen geweihten Boden betreten durften.

Damit wäre ich dann der 31. britische Bergsteiger, der den Gipfel des Mount Everest erfolgreich bestiegen hätte.

Die Liste der Gipfelstürmer ist nicht sehr lang.

Ich begann also vorsichtig mit dem Aufstieg. Denn wenn man hier abstürzt, geht es verdammt tief nach unten.

Frontalzacken der Steigeisen ins Eis bohren. Eispickel einschlagen. Testen, ob beides hält. Dann einen Schritt hinaufklettern.

Ich kam zwar nur langsam voran, aber immerhin kam ich voran. Und Schritt für Schritt arbeitete ich mich über das Eis bis ganz nach oben.

Immerhin hatte ich schon sehr oft Steilstufen wie diese – mit über 70 Grad Steigung – erklettert, allerdings noch nie zuvor in einer Höhe von 8750 Metern. Doch in dieser extremen Höhe, in dieser trockenen, sauerstoffarmen, dünnen Luft, bei einer Windgeschwindigkeit von knapp 65 Kilometern pro Stunde, bei der wir aufpassen mussten, dass der Wind uns nicht vom Felsen fegte, wurde das Klettern zu einem regelrechten Kraftakt. Schon wieder.

Ich blieb stehen, um mein Gleichgewicht für den nächsten Schritt zu finden.

Doch dann machte ich den altbekannten Fehler – ich schaute nach unten.

Auf der rechten und linken Seite der Steilstufe fielen die Felswände unter mir mehrere Tausend Meter in die Tiefe.

Bear, was bist du für ein Idiot.

Ab da versuchte ich, mich nur noch darauf zu konzentrieren, was unmittelbar vor und oberhalb von mir war.

Nach oben. Los, kletter weiter hinauf.

Also bin ich immer weiter hinaufgeklettert.

Das war die Klettertour meines Lebens, und nichts sollte mich jetzt noch aufhalten.

7

Atmen. Pause. Schritt. Pause. Atmen. Pause. Schritt. Pause.

Immer wieder und wieder derselbe Rhythmus.

Ich hieve mich über den letzten Felsvorsprung und schleppe mich dann mit letzter Kraft aus der Gefahrenzone, weg vom Rand.

Ich wische den tiefen Pulverschnee vor mir etwas zur Seite, lasse mich in den Schnee fallen und japse nach Luft.

Danach hocke ich mich hin und wische das Eis weg, das sich beim Atmen in der eiskalten Luft auf meiner Atemmaske gebildet hat.

Ich klinke mich aus dem Fixseil aus, noch während ich dahocke. Das Seil ist jetzt frei, sodass Neil sich an den Aufstieg machen kann.

Ich rappele mich auf die Füße und kämpfe mich langsam vorwärts.

In der Ferne kann ich jede Menge bunte Gebetsfahnen erkennen, die tief im Schnee stecken. Sie flattern im Wind. Ich weiß, dass diese Fahnen bedeuten, dass wir jetzt den Hauptgipfel so gut wie erklommen haben – und am Ziel unserer Träume sind.

Ich spüre, wie mein Körper auf einmal sämtliche Energiereserven mobilisiert und wie diese Kraft mich antreibt.

Das liegt am Adrenalin, das gerade durch meine Adern und Muskeln schießt.

Ich habe mich noch nie zuvor in meinem Leben so unglaublich stark und dennoch so unglaublich schwach gefühlt – und das gleichzeitig.

Immer wieder wechselt sich schubweise ein Hochgefühl, bedingt durch den Adrenalin-Kick, mit einem Gefühl völliger Erschöpfung ab, während mein Körper mühsam versucht, diesen extremen emotionalen Ausnahmezustand dieser letzten bewegenden Augenblicke zu verkraften.

Ich finde, es hat schon etwas seltsam Ironisches, dass ausgerechnet das allerletzte Stück des Weges auf dieser unglaublich kräftezehrenden Gipfeletappe über einen so sanft ansteigenden Hügel führt.

Eine weit gezogene Kurve, die sich am stark überwechteten Gipfelgrat entlang bis zum Gipfel zieht.

Gott sei Dank.

Ich habe das Gefühl, als würde der Gipfel mich zu sich heraufwinken. Zum ersten Mal würde der Berg mir gestatten, den Gipfel zu erklimmen und auf dem Dach der Welt zu stehen.

Ich will meine Schritte bis zum Gipfel zählen, doch irgendwie komme ich beim Zählen ganz durcheinander.

Und da ich versuche, den wenigen Sauerstoff, der in meine Maske strömt, möglichst tief einzuatmen, schnaufe und keuche ich mittlerweile wie ein Walross.

Ganz gleich, wie viele erbärmlich langsame und schleppende Schritte ich auch mache – irgendwie habe ich das Gefühl, dass ich dem Gipfel nicht einen Schritt näher komme.

Doch mein Gefühl täuscht. Ganz allmählich rückt der Gipfel ein Stückchen näher.

Dann merke ich, wie mir die Tränen in die Augen schießen. Ich bin so überwältigt, dass ich hemmungslos in meine Maske heule.

All die Gefühle, die ich so lange zurückgehalten habe, brechen mit einem Mal unaufhaltsam aus mir heraus.

Mühsam kämpfe ich mich weiter voran.

8

Tief in mir drin hatte sich stets so ein leiser Hauch des Zweifels gehalten – eine Stimme, die mir sagte, dass es absolut unmöglich wäre, diesen Traum zu verwirklichen.

Seit jenen Tagen, als ich mit gebrochener Wirbelsäule im Krankenhaus lag, hatte mir diese kleine zarte Stimme immer wieder zugeflüstert, dass dieses ganze Vorhaben blanker Wahnsinn wäre.

Allerdings gab es auch Zeiten, da hat sich diese Stimme des Zweifels auch ziemlich laut und deutlich zu Wort gemeldet.

Das lag wohl daran, dass zu viele Leute mir gesagt hatten, dass das total verrückt wäre.

Zu viele hatten mich ausgelacht und mir gesagt, dass das Ganze nichts anderes wäre als pure Fantasterei. Doch je öfter ich diese Kommentare hörte, desto entschlossener wurde ich, mein Vorhaben in die Tat umzusetzen.

Aber nichtsdestotrotz waren diese Worte auf fruchtbaren Boden gefallen.

Folglich stürzte ich mich eifrig in die Arbeit, denn die geschäftige Betriebsamkeit übertönt die Stimme des Zweifels – zumindest für eine Zeit lang.

Doch was passiert, wenn diese Betriebsamkeit plötzlich aufhört?

Meine Zweifel haben die lästige Angewohnheit, sich regelrecht in meinem Kopf einzunisten; sie sind selbst dann noch präsent, wenn ich der Meinung bin, dass ich sie längst besiegt habe.

Allerdings glaube ich, dass ich tief in meinem Innersten viel mehr an mir gezweifelt habe, als ich es nach außen hin – sogar vor mir selbst – zugeben wollte.

Bis zu diesem Augenblick.

Eigentlich habe ich mich seit meinem Krankenhausaufenthalt nur noch danach gesehnt, wieder ganz gesund zu werden. Das heißt, nicht nur körperlich wieder gesund zu werden, sondern mich auch seelisch wieder sicher und aufgehoben zu fühlen.

Verdammt, was sag ich. Im Grunde genommen habe ich mich schon seit damals, als ich acht war und ins Internat musste, die ganze Zeit über danach gesehnt, mich sowohl körperlich als auch seelisch behütet und aufgehoben zu fühlen.

Und genau jetzt und hier, auf 8850 Metern über dem Meeresspiegel, während ich mich auf den letzten paar Metern Schritt für Schritt vorankämpfte, spürte ich auf einmal, dass ich im Begriff war, körperlich und seelisch rundum gesund zu werden.

Eine spirituelle Gesundung, die zuerst durch diese immense körperliche Anstrengung ermöglicht wurde und schließlich mit ihr Hand in Hand ging.

Ich hatte mein Seelenheil gefunden.

Endlich, um 7:22 Uhr am Morgen des 26. Mai 1998 – während mir ununterbrochen die Tränen über meine eiskalten Wangen liefen – öffnete der Gipfel des Mount Everest seine Arme und hieß mich willkommen.

Ganz so, als würde der Berg mich nun für würdig erachten, diesen Ort zu betreten. Mein Puls raste, und auf einmal überkam mich ein unbändiger Freudentaumel, denn ich stand auf dem Dach der Welt.

Alan umarmte mich und murmelte aufgeregt etwas in seine Sauerstoffmaske. Neil kämpfte sich noch immer durch den Schnee zu uns herauf.

Und kurz bevor er den Gipfel erreichte, verstummte der Wind schlagartig.

Mittlerweile ging die Sonne langsam über dem geheimnisvollen Hochland von Tibet auf und tauchte die Berggipfel unterhalb von uns in ein purpurrotes Licht.

Auf dem Gipfelplateau angekommen, kniete Neil nieder und bekreuzigte sich. Danach knieten wir uns alle drei hin, nahmen unsere Sauerstoffmasken ab und umarmten uns wie Brüder.

Ich stand auf und ließ meinen Blick umherschweifen. Ich hätte schwören können, dass ich von hier oben um die halbe Erdkugel schauen konnte.

Es schien so, als ob der rechte und linke Rand des Horizonts sich nach unten biegen würden – das lag an der Erdkrümmung. Mithilfe der Technologie kann der Mensch zwar auf dem Mond landen, aber nicht auf dem Gipfel des Mount Everest.

Von diesem Ort ging wahrlich ein großer Zauber aus.

Plötzlich knackte das Funkgerät links von mir. Neil sprach ganz aufgeregt hinein.

»Basislager. Hier geht's nicht mehr weiter, wir haben keinen Boden mehr unter den Füßen.«

Die Stimme am anderen Ende des Funkgeräts überschlug sich vor lauter Freude. Dann übergab Neil mir das Funkgerät. Seit Wochen hatte ich mir schon zurechtgelegt, was ich sagen würde, wenn ich den Gipfel erklommen hätte, doch dann löste sich das alles irgendwie in Wohlgefallen auf.

Angestrengt sprach ich ins Funkgerät und plapperte drauflos, ohne zu überlegen.

»Ich will einfach nur nach Hause.«

Ich kann mich nicht mehr genau daran erinnern, was danach geschah. Wir machten ein paar Fotos, auf denen sowohl die SAS-Fahne als auch – wie versprochen – die DLE-Fahne zu sehen war, die nun beide auf dem Gipfel im Wind wehten. Dann füllte ich noch etwas Schnee in eine leere Juice-Plus-Flasche, die ich bei mir hatte.*

Das war das Einzige, was ich vom Gipfel mitgenommen habe.

Ich kann mich noch vage daran erinnern, dass ich auch ein Gespräch – es wurde vom Basislager über eine Satellitenverbindung aufs Funkgerät durchgestellt – mit meiner Familie geführt habe. Mit jenen Menschen, die gut 5000 Kilometer weit weg waren und die in mir die Begeisterung fürs Bergsteigen geweckt hatten.

Doch die kostbaren Augenblicke, hier oben auf dem Gipfel zu stehen, vergingen wie im Flug, denn – genauso wie es bei allen anderen unvergesslichen Augenblicken im Leben ist – gingen auch sie irgendwann zu Ende.

Wir mussten mit dem Abstieg beginnen, denn es war schon 7:48 Uhr.

Neil kontrollierte meine Sauerstoffreserve.

»Bear, dein Sauerstoff geht bald zur Neige. Du solltest dich besser gleich auf den Rückweg machen, Kumpel, und zwar schnell.«

Ich hatte schon gut vier Fünftel meines Sauerstoffs ver-

* Einige Jahre später haben Shara und ich unsere drei Jungs mit dem Schmelzwasser dieses Schnees vom Gipfel des Mount Everest taufen lassen. Es waren unvergessliche Augenblicke in unserem Leben.

braucht, also musste mir der Rest der Flasche reichen, um damit bis zum Balkon abzusteigen.

Ich schulterte meinen Rucksack und die Sauerstoffflasche, setzte meine Sauerstoffmaske auf und machte mich auf den Rückweg. Der Gipfel lag hinter mir. Ich wusste, dass ich ihn niemals wiedersehen würde.

Nur wenige Minuten, nachdem ich den Gipfel hinter mir gelassen hatte, machte sich ein Gefühl totaler Erschöpfung bemerkbar. Es lässt sich nur schwer beschreiben, wie viel Energie allein für den Abstieg notwendig ist.

Statistisch gesehen passieren die meisten aller Unfälle beim Abstieg vom Gipfel. Das liegt daran, dass für die Bergsteiger ab dem Zeitpunkt, an dem sie den Gipfel erreicht haben, alles andere überhaupt keine Rolle mehr spielt, und sie zudem von einem starken Verlangen getrieben werden, dass all ihre Qualen möglichst schnell ein Ende haben.

Doch wenn die Konzentration erst einmal nachlässt, kann man sehr leicht stolpern und abstürzen.

Bleib voll konzentriert, Bear. Reiß dich einfach noch ein wenig zusammen. Denn nur, wenn du weiterhin konzentriert bleibst, wirst du den Balkon und die dort deponierten Sauerstoffflaschen erreichen.

Doch dann war plötzlich meine Sauerstoffflasche leer.

Ich geriet ins Stolpern – sank auf die Knie, stand wieder auf und sank wieder auf die Knie. Die Welt um mich herum verschwamm wie im Nebel.

Ich schaffe es. Ich schaffe es. Ich schaffe es.

Diesen Satz habe ich mir immer wieder vorgesagt. Immer wieder und wieder. Es war eine alte Angewohnheit aus jenen Tagen während der SAS Selection, wenn ich todmüde war. Ich murmelte diese Worte vor mich hin, ohne es überhaupt zu bemerken.

Sie kamen einfach ganz tief aus meinem Innersten.

Dann endlich hatte ich es geschafft, doch ich war viel zu erschöpft, um überhaupt so etwas wie Erleichterung zu spüren. Ich ließ mich direkt neben der Stelle zu Boden fallen, wo wir beim Aufstieg am Balkon die Sauerstoffflaschen deponiert hatten.

Es tat so gut, frischen Sauerstoff zu atmen. Dabei atmete ich gierig in tiefen Zügen. Auf einmal merkte ich, dass mir nicht nur langsam wieder wärmer wurde, sondern dass ich auch wieder klar denken konnte.

Jetzt war ich mir sicher, dass wir es schaffen konnten. Denn wenn wir weiterhin so gut vorankämen, würden wir schon bald wieder am Südsattel sein.

Während wir vorsichtig über die extrem steile Flanke aus Schnee und Eis zum Südsattel abstiegen, konnten wir in der Ferne schon die Zelte von Lager 4 erahnen, die immer deutlicher zu erkennen waren, je näher wir kamen.

9

Es war schon ein eigenartiges Gefühl, als ich auf einmal weder Eis noch Schnee unter meinen Füßen spürte und die Zacken meiner Steigeisen mit einem schrillen Quietschen und Ächzen über das Felsgeröll am Südsattel glitten.

Ich stützte mich bei jedem Schritt auf meinen Eispickel, um so auf diesen letzten Metern das Gleichgewicht besser halten zu können.

Seit 18 Stunden hatten wir weder etwas getrunken noch etwas gegessen. Mein Körper und auch mein Geist fühlten sich irgendwie seltsam fremd an – sie sehnten sich beide nach einer erlösenden Pause.

Unter dem Vordach unseres winzigen, einwandigen Expeditionszelts streckte ich die Arme aus, um Neil noch einmal zu umarmen. Danach bin ich – unvermittelt – zusammengesackt.

»Na los, Bear, vorwärts, Kumpel. Du musst schon richtig ins Zelt reinkriechen. Bear, hörst du mich?« Michaels Stimme sorgte dafür, dass ich wieder zu Bewusstsein kam. Er hatte hier am Südsattel ausgeharrt und – bangend und hoffend – auf uns gewartet.

Ich kroch umständlich rückwärts ins Zelt. Mein Kopf dröhnte. Ich musste unbedingt etwas trinken. Immerhin hatte ich seit über 24 Stunden nicht gepinkelt.

Neil und Alan waren eine ganze Weile damit beschäftigt, ihre Ausrüstung und den Klettergurt abzulegen. Keiner von uns brachte mehr die Energie auf, auch nur ein Wort zu reden. Michael hatte den Kocher angeworfen und gab mir etwas Warmes zu trinken. Ich war unendlich erleichtert, ihn und Geoffrey wohlbehalten wiederzusehen.

Als der Nachmittag vorüberging und es langsam Abend wurde, fingen wir an zu reden.

Ich hatte nicht ganz verstanden, warum Michael und Geoffrey kurz vor dem Balkon umgekehrt waren. Dann haben sie mir ihre Geschichte erzählt – von dem heraufziehenden Gewittersturm und von ihrer zunehmenden Erschöpfung, die ihnen den Aufstieg in dem tiefen Pulverschnee und der dünnen Luft immer schwerer machte. Die Entscheidung, den Rückzug anzutreten, hatten sie auf der Grundlage ihrer fundierten Bergerfahrung getroffen.

Eine gute Entscheidung. Denn sie waren am Leben und wohlauf.

Wir dagegen waren kontinuierlich weiter aufgestiegen. Dabei hatten wir unsere Entscheidung auf das berühmte eine Prozent Wagemut gestützt. Doch wir hatten großes Glück, weil der befürchtete Gewittersturm unter uns vorbeigezogen war.

Unser Wagemut hatte sich ausgezahlt – dieses Mal zumindest.

Aber das ist nicht immer der Fall.

Denn beim Bergsteigen kommt es in erster Linie darauf an, stets ganz genau zu wissen, wann man etwas wagen kann und wann es sicherer ist, den Rückzug anzutreten. Das war mir durchaus bewusst.

Als wir uns später darauf vorbereiteten, unsere letzte Nacht in der Todeszone zu verbringen, sprach Michael mich noch einmal an. Er sagte etwas zu mir, was ich bis heute nicht vergessen habe. Denn aus ihm sprach die weise Stimme eines Bergsteigers, der auf 20 Jahre Berg- und Klettererfahrung in den unberührten kanadischen Rocky Mountains zurückblicken konnte.

»Bear, ist dir eigentlich bewusst, welches Risiko ihr Jungs dort oben eingegangen seid? Das hatte meiner Meinung nach mehr etwas mit Waghalsigkeit zu tun als mit gesundem Urteilsvermögen.« Er lächelte und schaute mir fest in die Augen.

»Mein Rat: Ab jetzt solltest du die Risikobereitschaft in deinem Leben einen Tick zügeln – dann wirst du es weit bringen. Dieses Mal hast du überlebt – jetzt solltest du zusehen, dass du dieses große Glück auch entsprechend nutzt.«

Ich habe diese Worte niemals vergessen.

Am nächsten Tag, als wir über die vergletscherte Lhotse-Flanke absteigen mussten, hatte ich das Gefühl, als würde der Abstieg genauso lange dauern wie der Aufstieg.

Dann endlich, nach sechs langen, unglaublich kräftezehrenden Stunden hatten wir das Western Cwm erreicht, und Neil und ich quälten uns erschöpft die letzten paar Meter über das Gletschereis zu Lager 2.

In jener Nacht habe ich tief und fest volle zwölf Stunden durchgeschlafen – so lange, bis Neil kurz vor Morgengrauen anfing, unruhig herumzuhantieren.

»Mensch, Bear, lass uns doch aufbrechen, okay? Das ist die letzte Etappe. Ich kann einfach nicht schlafen, wenn wir schon so nah am Basislager sind«, sagte Neil ganz aufgeregt, wobei die Worte, die aus seinem Mund kamen, in der kühlen Luft quasi einen Miniatur-Kondensstreifen hinter sich her zogen.

Meine Augenlider waren schwer wie Blei. Es fühlte sich so an, als wären sie zugeschweißt und ich müsste sie regelrecht aufstemmen.

Unsere Vorfreude auf das frische Omelett, das man uns vom Basislager aus über Funk versprochen hatte, war so groß, dass wir uns erst gar nicht die Mühe machten, etwas zu essen, bevor wir aufbrachen. Wir haben einfach nur zugesehen, dass wir uns zügig abmarschbereit machten.

Allerdings dauerte es eine ganze Weile, bis ich halbwegs in Gang gekommen war, und so mussten die anderen auf mich warten, bis ich zuerst mühsam meinen Rucksack geholt hatte, danach wieder ins Zelt gekrochen war und zuletzt meine Steigeisen angelegt hatte. Jegliche Energiereserven und jedes noch so kleine Quäntchen Kraft waren schon seit Langem aufgebraucht.

Mein Rucksack fühlte sich an, als würde er eine Tonne wiegen, denn ich hatte mein ganzes Zeug darin verstaut, das ich wieder mit bergab nehmen musste. Dann setzten wir uns in Bewegung und nahmen mit schleppenden Schritten Kurs auf den Gletscher.

Eine Stunde, nachdem wir von Lager 2 aufgebrochen waren, wurden wir abrupt am Weitergehen gehindert.

Von den Bergwänden ringsum ertönte ein fürchterliches Grollen, und dann erschütterte ein dumpfes, berstendes Krachen die ganze Umgebung. Wir kauerten uns zusammen, schauten nach oben und beobachteten, was da passierte.

Keine 500 Meter vor uns, und zwar exakt auf der Route, die wir nehmen mussten, kam die ganze Seite der Nuptse-Flanke heruntergerauscht.

Mit einem riesigen Donnerhall fegte eine weiße Pulverwolke etliche tausend Meter von der Nuptse-Wand herunter. Sie wurde immer größer und rollte mit atemberaubender Geschwindigkeit über den Gletscher. Wir standen schweigend da, als sich diese gigantische Lawine unmittelbar vor uns ins Gletschertal des Western Cwm ergoss.

Wären wir nur ein paar Minuten früher aufgebrochen, dann hätte uns diese Lawine verschlungen und unter sich begraben. Ende. Aus. Vorbei.

Manchmal ist es eben von Vorteil, wenn man etwas langsamer ist.

Wir warteten so lange, bis der Berg wieder vollständig zur Ruhe gekommen war, bevor wir unseren Weg vorsichtig über die Schneemassen der niedergegangenen Lawine fortsetzten.

Seltsamerweise hatte ich ausgerechnet in jenem Augenblick die allergrößte Angst, mein Leben zu verlieren. Es war, als ob dieser winzige glückliche Zufall – dass wir der Lawine gerade noch einmal entkommen waren – mich wachgerüttelt und mir ins Bewusstsein gerufen hätte, welchen Risiken wir uns eigentlich hier oben aussetzten.

Je näher das Basislager rückte, desto mehr wurde mir, glaube ich, bewusst, dass wir nahezu Unmögliches geleistet hatten. Wir hatten dem Tod ein Schnippchen geschlagen – bis jetzt. Doch noch waren wir dem Berg und seinen Gefahren ausgeliefert, denn schließlich hatten wir noch den letzten Abstieg durch den Khumbu-Eisbruch zu bewältigen.

Während wir auf der Route durch das Western Cwm eine tiefe

Gletscherspalte nach der anderen überquerten, hatten wir auf einmal das Gefühl, dass wir den Berg allmählich hinter uns ließen. Mittlerweile war ich seit über zehn Tagen nicht mehr tiefer als Lager 2 abgestiegen, und mir war in diesem Augenblick durchaus bewusst, dass ich etwas Außergewöhnliches hinter mir ließ.

Wir stiegen schweigend ab, jeder war ganz in seine Gedanken versunken.

Zwei Stunden später hatten wir die Abbruchkante des Gletschers erreicht. Die übereinander getürmten bizarren Eisformationen des Eisbruchs, die sich kaskadenförmig von der Abbruchkante über die Steilstufe hinunterstürzen, schienen uns ein letztes Mal zu sich heranzuwinken. Wir hatten keine andere Wahl, als dieser Geste Folge zu leisten.

Frisch gefallener, tiefer Pulverschnee bedeckte nun den ganzen Eisbruch – ein atemberaubender Anblick. Denn während wir zum Gipfel aufgestiegen waren, hatte es fast ununterbrochen geschneit. Außerdem war die Route, die durch dieses Eislabyrinth führt, mittlerweile überhaupt nicht mehr wiederzuerkennen. Das liegt daran, dass der Gletscher ständig in Bewegung ist.

Die neue Route schlängelte sich über riesige Eisblöcke hinweg und führte unter zahlreichen überhängenden Eistürmen hindurch, die uns regelrecht zermalmen konnten, sollten sie exakt in dem Augenblick zusammenbrechen, wenn wir unter ihnen hindurchstiegen.

Ich merkte, wie mit jedem Sérac, den wir erfolgreich unterquerten, auch die extreme Anspannung nach und nach von mir abfiel.

Denn mit jedem Schritt kam ich einen Schritt näher nach Hause.

Wir konnten ein Stück unterhalb von uns schon das Basislager erkennen, und mein Atem ging vor lauter Aufregung immer schneller. Ich hatte das Gefühl, als wäre ein ganzes Leben vergangen, seit ich das letzte Mal hier gewesen war.

Die Zelte glänzten in der Sonne, während wir uns zügig unseren Weg durch die wild durcheinandergewürfelten Eisformationen am unteren Ende des Khumbu-Eisbruchs bahnten.

Um 12:05 Uhr klinkten wir uns dann aus dem letzten Fixseil aus – ein allerletztes Mal. Ich schaute noch einmal zurück auf das von oben in die Tiefe stürzende, geborstene Gletschereis des Eisbruchs und schüttelte nur ungläubig den Kopf.

Ganz im Stillen, tief in meinem Herzen dankte ich dem Berg dafür, dass er uns erlaubt hatte, diese Passage wohlbehalten zu durchklettern. Mit einem Mal fielen alle Sorgen und Ängste von mir ab, die ganze Anspannung löste sich auf in Tränen der Erleichterung. Ich konnte gar nicht aufhören zu heulen – schon wieder einmal.

Ich konnte nur noch an meinen Vater denken. Wie schön wäre es gewesen, wenn er jetzt hätte hier sein können. Hier neben mir.

Aber eigentlich war er ja da.

So, wie er die ganze Zeit über bei mir war.

10

Ich spürte die wärmenden Sonnenstrahlen auf meinem Gesicht. Nun wusste ich, dass wir endlich in Sicherheit waren.

Die Riesenflasche Champagner, die bereits seit drei Monaten – nahezu erhaben wie eine Buddha-Statue – im Basislager thronte, wurde jetzt mit feierlichem Zeremoniell geöffnet. Zu viert brauchten wir fast zehn Minuten, um sie mit unseren Eispickeln freizuhauen und sie schließlich zu entkorken.

Jetzt konnte die Party losgehen.

Ich hätte dieses wunderbare Blubberwasser am liebsten gleich literweise in mich hineingeschüttet, aber mein Körper war dem einfach nicht gewachsen. Nur mit Mühe konnte ich ein paar winzige Schlückchen hinunterbringen, ohne niesen zu müssen, doch selbst nach diesen winzigen Schlückchen fühlte ich mich ziemlich schnell ausgesprochen wacklig auf den Beinen.

Ich schloss meine Augen und kippte prompt nach hinten gegen die Steinwand des Gemeinschaftszelts – ein breites Grinsen zog sich über mein Gesicht, denn ich hatte mächtig einen in der Krone.

Später in meinem Zelt habe ich mir dann die frischen Socken und die Thermounterwäsche angezogen, die ich mir extra für diesen Augenblick aufgespart hatte.

Die erste frische Wäsche seit drei Monaten. Himmlisch.

Ich verpackte die Unterhose luftdicht in einen Ziplock-Plastikbeutel und schärfte mir noch ein, dass ich zu Hause beim erneuten Öffnen dieses Beutels unbedingt mit größter Vorsicht zu Werke gehen müsste.

Neils Füße fühlten sich aufgrund der Erfrierungen noch immer taub an. Der lange Aufenthalt in extremer Höhe und das stundenlange Warten im tiefen Schnee am Balkon hatten ihren Tribut gefordert. Im Basislager bandagierten wir Neils Füße, hielten sie warm und vermieden es ganz bewusst, darüber zu reden, dass er seine Zehen wohl aller Wahrscheinlichkeit nach verlieren würde.

Schließlich war es nicht nötig, ihm auch noch zu sagen, dass er sie höchstwahrscheinlich niemals wieder richtig spüren könnte.

Unabhängig davon wussten wir, dass die Chancen für seine Zehen am besten standen, wenn sie so schnell wie möglich medizinisch richtig versorgt würden.

Aber mit seinen rundum dick bandagierten Füßen, die aussahen wie zwei große weiße Luftballons, war er zweifellos nicht in der Lage, auch nur einen Schritt zu laufen. Wir waren daher auf eine Luftrettung angewiesen. Kein leichtes Unterfangen in der dünnen Höhenluft des Everest-Basislagers.

Das Versicherungsunternehmen teilte uns mit, dass man am nächsten Tag bei Morgengrauen versuchen wolle, ihn von dort oben zu bergen. Vorausgesetzt, das Wetter spielte mit. Denn da sich unser Basislager in einer Höhe von knapp 5400 Metern befand, lag es schon ziemlich an der Obergrenze der maximalen Flughöhe, auf der ein Hubschrauber noch operieren kann.

Doch sie hielten Wort, denn in der anbrechenden Morgendämmerung hörten wir, wie vom Tal unterhalb des Basislagers aus der Ferne das Rotorgeräusch eines Hubschraubers zu uns heraufdrang. Verglichen mit den steil aufragenden monumentalen Felswänden zu beiden Seiten des Tals, war er allerdings nur ein kleines Pünktchen am Horizont.

In nur 60 winzigen Minuten würde dieses Ding Neil im Nu zurück in die Zivilisation befördern, dachte ich noch. *Hmm.*

Na, wenn das keine verlockende Vorstellung war, dann weiß ich auch nicht.

Irgendwie musste ich es schaffen, zu ihm in den Hubschrauber zu steigen.

Im Handumdrehen packte ich doch glatt in einer halben Minute meinen ganzen Plunder der letzten drei Monate zusammen. Dann klebte ich mir mit Tapeband ein weißes Kreuz auf den Ärmel und sauste hinüber zu der Stelle, wo Neil saß und wartete.

Das war meine Chance.

Was zum Teufel hast du denn vor?

Neil schüttelte nur den Kopf und lächelte, als er mich angerannt kommen sah.

»Du lieber Gott, Bear, du hast's jetzt aber verdammt eilig, oder?«, brüllte er gegen den Lärm der Rotorblätter an.

»Du wirst mit Sicherheit einen ausgebildeten Sanitäter auf dem Flug brauchen«, antwortete ich mit einem Grinsen. »Und ich bin eindeutig der Richtige dafür.« (In dieser Aussage war zumindest ein Körnchen Wahrheit enthalten: Immerhin *war* ich als Sanitäter ausgebildet, und ich *war* sein Kumpel – und natürlich brauchte er auch Hilfe. Aber im Grunde genommen versuchte ich schon ein wenig, seine Lage für mich auszunutzen.)

Der Pilot brüllte nach hinten, dass zwei Leute viel zu schwer wären.

»Ich muss die ganze Zeit über an seiner Seite bleiben«, schrie ich durch den Lärm zurück. »Seine Füße könnten jederzeit abfallen.«, fügte ich noch leise hinzu.

Der Pilot musterte mich und sah das weiße Kreuz auf meinem Ärmel.

Dann erklärte er sich bereit, Neil irgendwo weiter unten Richtung Tal abzusetzen und danach zurückzukommen, um mich zu holen.

»Perfekt. Flieg schon mal los. Ich warte hier so lange«, sagte ich, indem ich Neils Hand fest drückte.

Mensch, lass mich diese Nummer bloß über die Bühne kriegen, bevor noch irgendjemand stutzig wird, murmelte ich leise vor mich hin.

Und schon hob der Hubschrauber ab und verschwand außer Sichtweite.

Mick und Henry konnten sich das Lachen nicht verkneifen.

»Wenn dir dieser Coup gelingt, Bear, dann fresse ich einen Besen. Es macht dir ganz offensichtlich 'nen Heidenspaß, so richtig über die Stränge zu schlagen, was?«, sagte Mick mit einem Grinsen.

»Na klar doch, netter Versuch, aber den Piloten wirst du sicher nicht mehr wiedersehen, jede Wette«, meinte Henry noch.

Doch da lag Henry falsch, denn dieser Pilot hatte Nerven wie Drahtseile.

Der Hubschrauber kam leer zurück, ich sprang an Bord, und dann hob der Vogel ganz allmählich ab, denn in der dünnen, sauerstoffarmen Luft mussten die Rotorblätter auf höchster Drehzahl laufen, um einigermaßen Auftrieb zu bekommen.

Während wir noch im Schwebflug gegen die Schwerkraft ankämpften, piepste die optische und blinkte die akustische Stall-Warnung zwar ununterbrochen, aber dann neigte sich die Nase nach unten, und der Hubschrauber bekam endlich Auftrieb und konnte Fahrt aufnehmen, sodass wir kurz darauf das Basislager hinter uns ließen und über die Felsen und den Gletscher hinunter in Richtung Tal flogen.

Ich hatte das Basislager also verlassen – und Mick war vermutlich damit beschäftigt, den Besen zu fressen.

Als wir in den Sinkflug gingen, erkannte ich unter uns eine einsame Gestalt, die auf einem Felsen inmitten eines Felsenmeers aus riesigen Gesteinsblöcken thronte. Es war Neil, und seine beiden weißen »Luftballons« an den Füßen leuchteten uns zwischen den Felsen so deutlich den Weg wie das Leuchtfeuer eines Leuchtturms.

Das war einfach genial. Ich lächelte zufrieden.

Wir nahmen Neil an Bord, und im Nu waren wir wieder in der Luft; dann schwebten wir gemeinsam frei wie ein Adler durch die weiten Täler, die die Gebirgsketten des Himalajas durchziehen.

Neil und ich saßen nun ganz entspannt im Hubschrauber, wir pressten die Nase gegen die Scheibe und konnten zuschauen, wie wir uns immer weiter von jenem Ort entfernten, der in den vergangenen drei Monaten der Mittelpunkt unseres Lebens gewesen war.

Der große Berg hüllte sich immer mehr in Nebel, seine Konturen wurden immer verschwommener, bis er irgendwann gar nicht mehr zu sehen war. Ich lehnte meinen Kopf an Neils Schulter und schloss die Augen.

Der Mount Everest war in der Ferne verschwunden.

11

Sobald Neil und ich wieder in Kathmandu waren, haben wir irgendwie komplett abgeschaltet – und es fühlte sich wunderbar an. Das hatten wir uns mehr als verdient, denn mitunter tut es einfach nur gut, sich mal so richtig gehen zu lassen. Total gut.

Ich kann mich noch daran erinnern, wie ich am nächsten Morgen – ich sah ziemlich ramponiert aus – lustlos über den baufälligen Balkon in unserer kleinen Unterkunft in einem Seitensträßchen von Kathmandu geschlurft bin.

Später bin ich einigen Mitgliedern des russischen Everest-Expeditionsteams begegnet, das über die Nordroute aufgestiegen war. Sie saßen im Flur auf dem Boden und sprachen mit gedämpfter Stimme. Als ich an ihnen vorbeiging, schauten sie kurz auf, doch ihre Augen wirkten müde und leer. Jedem von ihnen stand eine große psychische Erschöpfung ins Gesicht geschrieben.

Dann bemerkte ich, dass sie geweint hatten – große, starke russische Männer mit Bart saßen da und weinten.

Sergei und Francys Arsentiev hatten erst vor Kurzem geheiratet. Sie unternahmen gern Bergtouren. Den Mount Everest zu besteigen, davon hatten sie beide immer geträumt. Doch dieser Traum war nun zum Albtraum geworden.

Francys befand sich bereits auf dem Rückweg vom Gipfel und war während des Abstiegs plötzlich zusammengebrochen. Niemand wusste, was die Ursache dafür war: Möglicherweise war es ein Hirnödem oder die Kälte oder vielleicht auch nur die extreme Erschöpfung, die mit der Besteigung dieses gnadenlosen Berges einhergeht. Sie hatte einfach keine Kraft mehr aufbringen können, um weiterzugehen. Genau dort, wo sie zusammengebrochen war, ist sie gestorben.

Ihr Mann Sergei war mit schwankenden Schritten noch weiter abgestiegen, um Hilfe für sie zu holen. Doch in seiner Verzweiflung stürzte er, benommen und taumelnd vor Erschöpfung, in den Tod.

Die Russen fragten mich, ob wir seine Leiche oder zumindest ... irgendetwas von ihm gesehen hätten.

Ihre Stimmen klangen matt. Sie wussten, dass es höchst unwahrscheinlich war, aber sie mussten dennoch fragen. Ihr Blick war starr und leer. Ich merkte, wie auf einmal ein sehr beklemmendes Gefühl in mir hochstieg, wenn ich mir vorstellte, dass Sergei und seine Frau beide tot dort oben auf dem Berg lagen – und wir waren irgendwie seltsamerweise noch am Leben.

Wie schrecklich schmal doch dieser Grat zwischen Überleben und tödlicher Katastrophe sein kann.

An jenem Nachmittag lag ich auf meinem Bett und versuchte krampfhaft zu ergründen, warum wir mit dem Leben davongekommen waren, während die anderen es nicht geschafft hatten. Sergei und Francys Arsentiev waren allerdings nicht die Einzigen, die in den letzten Wochen am Berg zu Tode gekommen waren.

Roger Buick, ein Bergsteiger aus Neuseeland, war aufgrund eines Herzanfalls zusammengebrochen und gestorben. Mark Jennings, ein Brite, hatte zwar den Gipfel erreicht, doch auch er war beim Abstieg ums Leben gekommen.

Sie alle waren erfahrene, kräftige und durchtrainierte Bergsteiger.

Was für ein Verlust, was für ein tragischer Verlust.

Ganz egal, wie sehr ich auch darüber nachdachte, ich konnte keine vernünftige Antwort auf das Warum finden. Aber die Russen waren in ihrer grenzenlosen Verzweiflung auch nicht an einer Antwort auf diese Frage interessiert. Sie fühlten nur diese tiefe, unendliche Traurigkeit über den Verlust ihrer Freunde.

Die Abenteuerlust liegt schließlich in der Natur des Menschen – und jedes echte Abenteuer birgt Risiken. Natürlich weiß jeder, dass es lebensgefährlich sein kann, den Mount Everest zu besteigen, doch erst, wenn man dieser Gefahr in der Realität begegnet und sie mit eigenen Augen miterlebt, bekommt das Wort »Abenteuer« eine völlig neue Dimension.

Und diese Dimension wurde mir auf einmal sehr real vor Augen geführt: Denn hier hatten reale Menschen ihr Leben verloren, und es waren reale Familienangehörige, die um sie trauerten. Was für ein tragisches Unglück – es beschäftigt mich noch heute, denn ich kann es noch immer nicht fassen.

Dennoch ist es nach wie vor meine tiefe aufrichtige Überzeugung, dass all die mutigen Männer und Frauen, die während jener Monate auf dem Mount Everest ihr Leben gelassen haben, die wahren Helden sind. Denn sie haben letztlich das allergrößte Opfer gebracht, um ihre Träume zu verwirklichen.

Und dieses Wissen kann ihren Familien zumindest ein kleines bisschen Trost spenden.

Wenn man sich an eine Zeit zurückerinnert, die das eigene Leben tief greifend verändert und nachhaltig geprägt hat, so fördert man immer erstaunliche Erkenntnisse zutage. Denn wenn ich an die Zeit meiner Everest-Besteigung zurückdenke, kann ich sagen, dass ich zwei entscheidende Erfahrungen gemacht habe: Zum einen habe ich in Extremsituationen starke Freundschaften geschlossen, die jeder Belastungsprobe standgehalten haben, und zum anderen hat mir mein Glaube die Kraft gegeben, schwierige und extrem gefährliche Situationen unbeschadet zu überstehen.

Nur durch die enge Verbundenheit mit den Menschen an meiner Seite habe ich diese Expedition überlebt und den Gipfel dieses Berges erklommen. Daran besteht kein Zweifel. Ohne Mick und Neil hätte ich es nie geschafft.

Und auch, als ich in dieser tiefen, dunklen Gletscherspalte baumelte, habe ich gelernt, dass es manchmal Situationen gibt, in denen wir in der Tat dringend aufeinander angewiesen sind. Aber das ist okay so. Schließlich sind wir nicht dafür gemacht, als Einzelkämpfer unser Leben zu fristen. Wir sind vielmehr dafür gemacht, uns zusammenzutun und unsere Ziele mit vereinten Kräften zu erreichen.

Im Leben wird uns sehr oft eingetrichtert, dass wir alles ganz allein aus eigener Kraft schaffen müssten. Aber genau genommen wäre das ziemlich langweilig.

Für mich persönlich erschließt sich erst dann der tiefere Sinn von allem, was ich auf diesem Berg erlebt habe – all die Höhen, die Tiefen, die Todesfälle und die Angst –, wenn ich mir bewusst vor Augen führe, wie stark doch der Zusammenhalt in unserem Team war.

Denn solche Erlebnisse muss man mit anderen teilen.

Im Nachhinein betrachtet sind es gerade die kleinen gemeinsamen Augenblicke, die ich am meisten schätze. Zum Beispiel, wie Neil und ich den Südgipfel erreichten und wir uns gegenseitig an den Händen festhielten, damit wir nicht umfielen.

Allein durch die Wahrhaftigkeit unserer Freundschaft waren wir in der Lage, uns jedes Mal von Neuem wieder aufzurappeln und weiterzugehen, wenn uns die Müdigkeit, die Kälte oder die Angst fast übermannten.

Man muss nicht immerzu stark sein. Das war eine wichtige Lektion, die ich gelernt habe.

Wenn wir einander unsere persönlichen Schwächen und Ängste offenbaren, schweißt uns das zusammen, und es entstehen enge Freundschaften, und enge Freundschaften wiederum bedeuten: Gemeinsam ist man stark.

Das ist im Prinzip der Hauptgrund, warum ich auch heute noch auf Berge klettere und mich auf Expeditionen begebe.

Denn enge Freundschaften, die in kritischen Situationen entstanden sind, kann so leicht nichts erschüttern.

Das ist etwas, was ich oben auf dem Mount Everest gelernt habe.

12

Es hat eine ganze Weile gedauert, bis ich mich wieder einigermaßen von den körperlichen Strapazen der Everest-Besteigung erholt hatte.

Im Vergleich zu der extrem dünnen und trockenen Luft auf dem Mount Everest, wirkte die feuchte Luft auf Meeresspiegelniveau mit ihrem hohen Sauerstoffgehalt dagegen regelrecht berauschend – manchmal empfand ich sie sogar als zu »gehaltvoll«.

Denn ein paarmal wurde ich ohnmächtig und hatte auch ziemlich übles Nasenbluten – so, als würde ich jetzt unter einer Sauerstoffüberversorgung leiden.

Aber vor allem habe ich geschlafen wie ein Murmeltier.

Es war das erste Mal seit Jahren, dass mich weder Angst noch Zweifel noch irgendwelche düsteren Vorahnungen plagten. Das war ein wunderbares Gefühl.

Die Everest-Besteigung hatte mir alles abverlangt – meine ganze Entschlossenheit, Leidenschaft, Energie und Willenskraft –, ich war völlig erschöpft. Genauso wie damals nach der SAS Selection.

Es ist schon irgendwie eigenartig, dass man für alle guten Dinge im Leben meistens sehr hart kämpfen muss.

Vielleicht ist das ja der Grund dafür, warum sie etwas Besonderes sind.

Ich hatte kein sonderlich schlechtes Gewissen, dass ich mir nach all den Strapazen eine kleine Auszeit gegönnt habe, um den englischen Sommer zu genießen und mich mit meinen Freunden auszutauschen. Es war einfach ein tolles Gefühl, wieder zu Hause und in Sicherheit zu sein.

Außerdem habe ich mein allererstes Zeitungsinterview gegeben, das dann unter folgender Schlagzeile erschien: »Was treibt abgerissenen 23-Jährigen dazu, für einen Blick auf Tibet sein Leben zu riskieren?« Wie nett.

Vor meiner Abreise nach Nepal hätte ich sicher eine weitaus gewieftere Antwort auf Lager gehabt als jetzt, nach meiner Rückkehr. Denn meine wahren Gründe, diesen Berg zu besteigen, schienen irgendwie viel hintergründiger zu sein. Vielleicht auch nebensächlicher. Ich weiß es nicht.

Ganz sicher war ich mir jedoch darin: Es war schön, wieder zu Hause zu sein.

Darüber hinaus beendete derselbe Journalist dann das Interview, indem er mich dazu beglückwünschte, dass ich den Mount Everest »bezwungen« hätte. Doch diese Worte hörten sich in meinen Ohren unwillkürlich falsch an. Denn man kann einen Berg niemals bezwingen. Wir haben den Gipfel – wenn auch mit knapper Not – nur erklommen, weil der Mount Everest uns dies gestattet hat, und ebenso hat er uns – lebendig und wohlbehalten – auch wieder ziehen lassen.

Nicht alle Gipfelstürmer hatten so viel Glück.

Noch nie wurde der Everest bezwungen, und er wird auch nie bezwungen werden. Das ist ja gerade das Besondere an diesem Berg.

Eine von vielen anderen Fragen, die mir oft nach meiner Rückkehr gestellt wurden, war: »Haben Sie dort oben auf dem Berg Gott gefunden?« Die eigentliche Antwort auf diese Frage lautet, dass man nicht erst auf einen hohen Berg steigen muss, um zum Glauben zu finden.

Das kann man viel leichter haben – Gott sei Dank.

Wenn man mich aber danach gefragt hätte, ob Gott mir dabei geholfen hat, den Berg zu erklimmen, dann wäre meine Antwort eindeutig »Ja« gewesen.

Und zwar auf dem gesamten Weg, bei jedem einzelnen stockenden Schritt.

Allerdings wäre meine Everest-Geschichte nicht vollständig, wenn ich zum Schluss nicht auch noch den Sherpas Dank und Anerkennung dafür zollen würde, dass sie jeden Tag Seite an Seite mit uns ihr Leben riskiert haben.

Pasang und Ang-Sering sind die allerbesten Freunde und besteigen den Berg noch immer gemeinsam unter dem Kommando ihres Sirdars, dem Chef-Sherpa Kami. Nima ist der Experte für den Khumbu-Eisbruch und erledigt nach wie vor tapfer seine Aufgabe in diesem bizarren Labyrinth aus geborstenen Eisblöcken und tiefen Gletscherspalten: Er kontrolliert und repariert nicht nur ständig die Fixseile entlang der Aufstiegsroute durch den Eisbruch, sondern versichert auch eine neue Route mit Fixseilen, sobald die alte nicht mehr begehbar ist.

Babu Chiri – er hatte Mick so heldenhaft gerettet, als diesem unterhalb vom Südgipfel der Sauerstoff ausgegangen war – ist nur wenige Jahre später auf tragische Weise ums Leben gekommen, als er im Western Cwm in eine tiefe Gletscherspalte stürzte. Er hatte als Sherpa etliche Jahre Gipfelerfahrung und gehörte wahrhaft zu den ganz Großen unter den Everest-Bergsteigern.* Sein Tod war ein großer Verlust für die ganze Bergsteiger-Community.

Doch wenn man das Schicksal nur lange genug herausfordert, wird man schließlich irgendwann auch verlieren. So sieht nun mal die brutale Realität beim Höhenbergsteigen aus.

Man kann sich eben nicht für alle Zeiten auf dem Dach der Welt halten.

Geoffrey ging wieder zur Armee und Neil zurück in sein Unternehmen. Das Taubheitsgefühl in seinen Zehen ist zwar geblieben, aber immerhin mussten sie nicht amputiert werden. Allerdings – so heißt es – fordert der Everest immer von jedem ein gewisses Opfer, doch nach Neils eigener Einschätzung hat er noch einmal großes Glück gehabt.

Was Mick betrifft, so hat er sein Everest-Erlebnis sehr treffend beschrieben: »In den drei Monaten, die ich weg war, habe ich mich nicht nur glücklicher gefühlt als je zuvor, sondern ich habe auch mehr Angst ausgestanden, als ich je wieder ausstehen möchte.«

Na, hör mal. Nicht umsonst gilt das Höhenbergsteigen als Extremsport.

---

* Babu Chiri hat den Gipfel des Everest zehnmal erfolgreich ohne Sauerstoff bestiegen; am 21. Mai 1999 harrte er sogar 21 Stunden lang ohne künstlichen Sauerstoff auf dem Gipfel aus. Am 21. April 2001 kam er bei seinem elften Aufstiegsversuch ums Leben. [Anm. d. Übers.]

Mein Freund Thengba, mit dem ich so viele Tage ganz allein in Lager 2 verbracht habe, hat von Henry endlich ein Hörgerät bekommen. Jetzt kann er das erste Mal in seinem Leben richtig hören.

Obwohl wir in verschiedenen Welten lebten, haben wir dennoch eine enge Verbundenheit mit diesen wunderbaren Sherpas gespürt – eine Freundschaft, die durch einen außergewöhnlichen Berg entstanden ist.

Als der Bergsteiger und Schriftsteller Julius Kugy einmal gefragt wurde, über welche Eigenschaften ein Bergsteiger verfügen sollte, antwortete er, ein echter Bergsteiger müsse »wahrhaft sein, vornehm und bescheiden«.

Die Sherpas verkörpern all diese Eigenschaften. Mit ihrer Hilfe konnte ich den Gipfel ersteigen, und ich verdanke ihnen sehr viel mehr, als ich in Worten auszudrücken vermag.

Der große Everest-Schriftsteller Walt Unsworth beschreibt in seinem Buch *Everest: The Mountaineering History* sehr eindrucksvoll die Charaktereigenschaften jener Männer und Frauen, die absolut ihr Letztes geben, um diesen Berg zu besteigen.

Ich denke, mit seiner Beschreibung trifft er haargenau ins Schwarze.

Für manche Menschen jedoch geht gerade von etwas Unerreichbarem eine magische Anziehungskraft aus.

Und für gewöhnlich sind diese Menschen noch nicht einmal Experten: Denn allein ihr Ehrgeiz und ihre Gipfelfantasien genügen schon, um jegliche Zweifel beiseite zu schieben, die weitaus umsichtiger vorgehende Menschen durchaus ernst nehmen würden.

Entschlossenheit und Selbstvertrauen sind ihre allerstärksten Waffen.

Bestenfalls werden solche Menschen als exzentrisch bezeichnet; schlimmstenfalls als wahnsinnig […]
Dennoch gibt es drei Dinge, die sie alle gemeinsam haben: großes Selbstvertrauen, eiserne Willenskraft und unerschütterliches Durchhaltevermögen.

Wenn ich nun Bilanz ziehen müsste, welche Erkenntnisse mir die Reise vom Krankenhausbett hinauf auf den höchsten Gipfel der Welt für mein Leben gebracht hat, würde ich sagen, es war eine Reise, die mich durch sämtliche Höhen und Tiefen geführt hat.

Eine Reise, auf der zunächst mein Selbstvertrauen und meine Kraft immer mehr schwanden und an deren Ende ich wieder neues Selbstvertrauen und neue Kraft gewonnen hatte. Eine Reise, auf der meine Zuversicht und mein Glaube zunächst immer schwächer wurden und an deren Ende meine Zuversicht und mein Glaube stärker geworden waren denn je.

Wenn ich zum Schluss noch meinen Kindern eine Botschaft mit auf ihren Lebensweg geben müsste, dann wäre es diese: »Dem Tapferen hilft das Glück.«

Meistens jedenfalls.

13

Shara holte mich in London vom Flughafen ab und hatte ihren altvertrauten blauen Wollmantel an, in dem ich sie so gerne sah. Sie hüpfte vor lauter Aufregung auf und ab wie ein kleines Mädchen.

Das Gefühl, den Everest bestiegen zu haben, war nichts, verglichen mit der Freude, sie zu sehen.

Ich war dünn geworden, meine Haare lang, und ich trug ein

paar äußerst fragwürdige nepalesische Hosen mit Blumenmuster. Kurz, ich gab ein fürchterliches Bild ab, aber ich war unglaublich glücklich.

Henry hatte mich im Basislager eindringlich davor gewarnt, bloß nicht Hals über Kopf irgendwelche »Dummheiten« zu machen, sobald ich Shara wiedersehe. Er hatte mir erklärt, dass es ein typischer Bergsteiger-Fehler wäre, seiner Liebsten unmittelbar nach der Heimkehr einen Heiratsantrag zu machen. Denn die Höhenluft, so sagte er, scheint ganz offensichtlich das gesunde Urteilsvermögen der Menschen zu trüben.

Zum Schluss habe ich immerhin ein ganzes Jahr gewartet, bis ich ihr einen Antrag gemacht habe. Am Ende dieser zwölf Monate war ich mir dann aber absolut sicher, dass Shara genau das Mädchen war, das ich heiraten wollte.

In dieser Zeit hatten wir sagenhaft viel Spaß zusammen. Shara arbeitete damals in einem Verlagsbüro, und ich habe sie fast jeden Tag dazu überredet, früher Schluss zu machen (allerdings war nicht wirklich sehr viel Überredungskunst nötig), und dann haben wir beide jede Menge lustige Abenteuer unternommen.

Ich kann mich noch gut daran erinnern, wie wir einmal auf Rollerskates durch einen Park mitten in London gefahren sind und wie ich viel zu schnell einen Abhang hinuntergesaust und kopfüber in voller Montur im See gelandet bin. Sie fand das lustig.

Ein anderes Mal waren wir mit unseren Rollerskates auf einer viel befahrenen abschüssigen Londoner Straße unterwegs, als sich doch glatt eine Rolle selbstständig machte. (Verfluchte Scheißdinger!) Und eh ich mich versah, sauste ich mit einem schrillen Quietschen und einem Affenzahn auf nur einem Bein die Straße hinunter. Das fand sie allerdings beängstigend.

Wir tranken Tee, machten nachmittags gemütlich ein Nickerchen und kurvten mit »Dolly« – einem alten schwarzen Londoner Taxi, das ich für einen Apfel und ein Ei erstanden hatte – durch die Gegend.

Shara war das einzige Mädchen, das bereitwillig stundenlang mit mir auf der Autobahn ausharrte – wenn wir mal wieder liegengeblieben waren –, bis der Pannendienst eintraf, der Dolly dann in die nächste Werkstatt abschleppte, wo man sie wieder flottmachte. Wieder mal.

Wir waren so verliebt (und sind es noch immer!).

Ich habe auf der Rückbank ein Holzbrett befestigt und eine Matratze draufgelegt, damit ich im Taxi übernachten konnte, und Charlie Mackesy hat die Innenwände mit lustigen Cartoons verziert. (Ironischerweise sind diese Cartoons mittlerweile das Wertvollste an der guten alten Dolly, die mit nahezu majestätischer Anmut draußen vor unserem Haus steht.)

Heute tollen unsere Jungs gern in dem alten Taxi herum. Shara meint zwar, ich sollte zusehen, dass ich es loswerde, weil es ja nur noch vor sich hin rostet. Aber ich hänge eben an diesem Auto, weil Dolly mich immer an die wunderbare Zeit erinnert, als wir damals ganz frisch verliebt waren. Wie könnte ich es da wohl übers Herz bringen, sie auf den Schrottplatz zu fahren?

Eigentlich habe ich mir für dieses Frühjahr vorgenommen, dass wir Dolly in bunten Regenbogenfarben anmalen, den Rücksitz mit ordentlichen Sicherheitsgurten ausstatten und dann alle zusammen im Taxi einen Familienausflug machen. Einfach genial. Wir dürfen nur nie damit aufhören, derart verrückte Dinge zu unternehmen. Denn durch solche verrückten Abenteuer haben wir schließlich zueinandergefunden, und sie werden dafür sorgen, dass wir auch in Zukunft sehr viel Spaß miteinander haben.

Spontaneität ist etwas, was wir jeden Tag leben müssen, anderenfalls verlieren wir sie.

Shara verdreht die Augen und schaut mich dabei liebevoll an.

Im Sommer 1999 fuhren wir zusammen nach Spanien, um meine Cousine Penny zu besuchen, die in Andalusien ein Gestüt betreibt. Der Süden Spaniens kann mit einer Vielfalt atemberaubender, wild romantischer Landschaften aufwarten.

Shara ist jeden Morgen schon früh ausgeritten – entweder in den Bergen durch die duftenden Pinienwälder oder entlang der einsamen, kilometerlangen Sandstrände am Atlantik. Bei mir hieß es jedoch, ich sei zu groß für die zierlichen andalusischen Pferde. *Ach nee.*

Doch das konnte mich nicht davon abhalten, die Landschaft zu erkunden.

Also lief ich neben Shara her und versuchte, mit dem Tempo ihres Pferdes Schritt zu halten. (Na, wenn das kein gutes Training war.)

An jenem Montagmorgen schließlich, als wir abreisen sollten, ging ich mit Shara noch hinunter zum Strand und überredete sie dazu, sich mit mir zusammen nackt in die Fluten zu stürzen. Sie erklärte sich einverstanden. (Auch wenn sie gehörig die Augen verdrehte.)

Dann sind wir ein ganzes Stück hinausgeschwommen, und als wir auf dem Rückweg den Strand fast erreicht hatten, zog ich Shara ganz eng an mich und hielt sie in meinen Armen: Jetzt war ich bereit, um ihre Hand anzuhalten.

Ich atmete noch einmal tief durch, brachte mich in Position und wollte gerade den Mund aufmachen, als eine riesige Welle des Atlantiks uns beide erfasste. Sie wirbelte uns zuerst wild durcheinander und rollte uns dann quer über auf den Strand, als wären wir Stoffpuppen.

Lachend machte ich mich also bereit für den zweiten Anlauf. Shara hatte noch immer keine Ahnung, was ihr gleich blühen würde.

Endlich brachte ich die Frage über meine Lippen. Sie schaute mich nur ungläubig an.

Dann verlangte sie von mir, dass ich mich (nackt) vor sie in den Sand knien und sie noch einmal fragen sollte.

Zuerst lachte sie – dann brach sie in Tränen aus und sagte Ja.

(Paradoxerweise brach auch Sharas Vater in Tränen aus, als ich ihn nach unserer Rückkehr um seinen Segen bat. Doch dieses Mal war ich bekleidet, und zwar mit Jackett, Krawatte und … Boardshorts.)

Allerdings war ich mir nicht ganz sicher, ob es Freudentränen waren oder eher Tränen der Verzweiflung.

Doch das Einzige, was wirklich zählte, war, dass Shara und ich heiraten würden.

Noch am selben Tag fuhren wir nach Sevilla, um zu feiern. Ich fragte einen Passanten, wie das schickste Hotel der Stadt heißt. Die Antwort lautete »Alfonso XIII«. In diesem Hotel, das nach König Alfons XIII. benannt wurde, residierten schon königliche Würdenträger, Staatsoberhäupter und andere berühmte Persönlichkeiten.

Wir machten das Hotel ausfindig und marschierten hinein. Es war atemberaubend. Shara war es schon ein wenig unangenehm, weil ich kurze Hosen und einen alten Pullover mit Löchern anhatte, aber ich pickte mir dennoch eine freundlich wirkende Empfangsdame heraus und erzählte ihr unsere Geschichte.

»Könnten Sie uns vielleicht helfen? Ich habe nicht viel Geld.«

Sie musterte uns zuerst von Kopf bis Fuß und zögerte einen kurzen Augenblick – dann lächelte sie.

»Das dürft ihr aber auf keinen Fall meinem Chef erzählen«, flüsterte sie.

Dann durften wir für sage und schreibe 100 Dollar in einem Zimmer übernachten, das sonst 1000 Dollar pro Nacht kostet, und wir haben gefeiert – wie der König von Spanien.

Am nächsten Morgen gingen wir dann auf Ringsuche.

Ich fragte den Concierge in meinem besten Universitätsspanisch, ob er uns ein gutes (soll heißen, ein günstiges) Juweliergeschäft nennen könnte.

Er schaute mich etwas irritiert an.

Daraufhin versuchte ich etwas langsamer zu sprechen. Schließlich merkte ich, dass ich ihn in Wirklichkeit gefragt hatte, ob er uns ein gutes »Schnurrbart«-Geschäft empfehlen könnte.

Ich entschuldigte mich dafür, dass mein Spanisch etwas eingerostet war. Shara lächelte und verdrehte schon wieder mal die Augen.

Als wir dann endlich einen kleinen Juwelierladen in Sevilla aufgestöbert hatten, musste ich zudem auf die Schnelle noch einige Rechenaufgaben unter der Theke lösen – das heißt, ich musste bei jedem Ring, den Shara anprobierte, im Nu den Preis von spanischen Peseten in Pfund Sterling umrechnen, um sicherzugehen, dass ich mir den Ring auch tatsächlich leisten konnte.

Zum Schluss fiel unsere Wahl auf einen schlichten, aber hübschen Ring, der für mich – gerade noch – erschwinglich war.

Wahre Liebe offenbart sich ja nicht in teurem Schmuck. Außerdem hat Shara schon immer die große Gabe besessen, Schlichtes so zu tragen, dass es an ihr äußerst erlesen wirkt.

Was für ein Glück.

14

Ich war noch nicht lange von meinem Everest-Abenteuer zurück, als ich von meinem Segelclub auf der Isle of Wight gebeten wurde, einen Vortrag über die Expedition zu halten.

Der war allerdings nur der Auftakt zu einer ganzen Reihe von Vorträgen, die ich schließlich noch halten sollte und die sich nach meiner Rückkehr aus Nepal ziemlich schnell als meine Haupteinnahmequelle erweisen sollten.

Allerdings waren meine ersten Referate nach allgemeinem Bekunden ziemlich miserabel.

Mein erster Vortrag verlief zwar ganz *passabel*, aber das lag auch daran, dass eine große Anzahl von Familienmitgliedern im Publikum saß. Mein Vater heulte, meine Mutter heulte, und Lara heulte. Alle waren stolz und rundum glücklich.

Den nächsten Vortrag musste ich vor einer Gruppe von Soldaten im Rahmen einer SAS-Schulung halten. Ich nahm dazu Hugo, einen meiner alten Kumpels, als moralische Unterstützung mit.

Hugo Mackenzie-Smith kann sich selbst heute seine Witzeleien noch immer nicht verkneifen, wie sterbenslangweilig mein Vortrag war, weil glatt alle Soldaten im Raum eingeschlafen waren, bis ich am Ende meiner Ausführungen angelangt war. (An dieser Stelle sollte ich unbedingt noch hinzufügen, dass sie die Nacht zuvor an einer Übung teilgenommen hatten, aber – um ehrlich zu sein – ich habe mich mit diesem Vortrag wirklich nicht mit Ruhm bekleckert.)

Am Schluss mussten wir sie dann alle aufwecken – einen nach dem anderen.

Wenn ich also ernsthaft vorhatte, mir quasi meinen Lebensunterhalt als Vortragsredner zu verdienen, dann musste ich noch eine Menge über Rhetorik und Kommunikation lernen.

Meine wohl mit Abstand schlechteste Rede habe ich für ein Pharmaunternehmen in Südafrika gehalten. Man bezahlte mir 1000 Dollar Honorar und mein Flugticket. Damals war das für mich ein Vermögen, und ich konnte mein Glück gar nicht fassen.

Immerhin hätte dieser Betrag Shara und mir für Monate zum Leben gereicht.

Und ehe ich mich versah, befand ich mich in einem Hotel in den Drakensbergen und wartete darauf, dass 600 Pharmareferenten endlich im Kongresszentrum eintrafen.

Sie waren mit Bussen angereist, und da die Fahrt in die Berge sehr lang war, hatte man sie in den letzten fünf Stunden ununterbrochen mit Bier versorgt. Als sie dann vor dem Hotel aus den Bussen stiegen, stolperten viele – lachend und grölend im Vollrausch – über ihr Gepäck.

Was für ein Albtraum.

Man hatte mich als After-Dinner-Speaker eingeplant – mein Vortrag sollte nicht länger als eine Stunde dauern. Selbst ich wusste, dass eine Stunde »unterhaltsame Berieselung« nach dem Abendessen reiner Selbstmord war. Aber man bestand darauf. Immerhin wollte man einen Gegenwert für die 1000 Dollar Rednerhonorar.

Nachdem sich das Abendessen schier endlos in die Länge zog und der Alkohol in Strömen floss, waren die Pharmavertreter am Ende dieser Tafelrunde allesamt sturzbetrunken. Ich saß derweil hinter der Bühne, hatte mein Gesicht in den Händen vergraben und dachte nur: *Ach, du heilige Scheiße.*

Und just in dem Augenblick, als ich die Rednerbühne betrat, gingen schlagartig alle Lichter im Saal aus, weil es einen Stromausfall gab.

Das darf doch jetzt wohl nicht wahr sein.

Eilig organisierte der Kongressveranstalter Kerzen, damit wir wenigstens ein wenig Licht im Saal hatten (was andererseits natürlich bedeutete, dass ich keine Dias zeigen konnte), und dann kam mein Auftritt. Mittlerweile war es weit nach Mitternacht.

Ach übrigens, hatte ich eigentlich erwähnt, dass alle Pharmavertreter als Muttersprache Afrikaans sprachen und dass Englisch bestenfalls ihre Zweitsprache war?

Und tatsächlich wurden schon Zwischenrufe laut, noch bevor ich überhaupt einen Ton gesagt hatte.

»Auf so nen After-Dinner-Vortrag können wir gut verzichten!«, brüllte ein Mann, der so sturzbetrunken war, dass er fast aus seinem Stuhl kippte.

Und weißte was, du Großkotz, ich auch, dachte ich.

Ich gehe mal davon aus, dass diese Stunde für ihn genauso unangenehm war wie für mich.

Doch ich habe diese Sache bis zu Ende durchgezogen. Außerdem habe ich mir große Mühe gegeben zu lernen, wie man eine Geschichte gut präsentiert. Schließlich war dies nicht nur meine einzige Möglichkeit, Geld zu verdienen, sondern auch meine einzige Chance, neue Sponsoren für mögliche andere Expeditionen zu gewinnen, die ich mit deren Unterstützung hoffentlich unternehmen könnte.

Den besten Rat in Sachen Vortragskunst habe ich allerdings von dem mittlerweile verstorbenen legendären britischen Schauspieler Sir John Mills bekommen, während wir anlässlich eines Vortrags, den wir gemeinsam halten sollten, zusammen hinter der Bühne saßen und auf unseren Auftritt warteten. Der wichtigste Grundsatz für das Reden vor Publikum, so erklärte er mir, sei seiner Meinung nach folgender: »Sei aufrichtig, fasse dich kurz und verzichte auf hochtrabendes Geschwafel.«

Diese Worte haben mich beflügelt. Denn sie haben dazu beigetragen, dass ich meine Vortragsweise fortan änderte: Fasse dich kurz. Sei immer mit dem Herzen dabei.

Im Allgemeinen gehen wir davon aus, dass wir witzig, geistreich oder scharfsinnig sein müssten, wenn wir am Rednerpult stehen. Aber das stimmt nicht. Man muss einfach nur ehrlich sein. Denn wenn man sehr persönliche Gedanken preisgibt und die ganze Geschichte erzählt, wie man sie erlebt hat – mit allen Gefühlen, Zweifeln, Problemen, Ängsten, einfach alles –, dann wird auch das Publikum entsprechend reagieren.

Ich wurde in der Folge von einigen der größten Konzerne in aller Welt als Vortragsredner engagiert – dennoch habe ich immer versucht, diesem Grundsatz treu zu bleiben. Sprich über persönliche Erfahrungen, dann sind dir die Aufmerksamkeit und Sympathie der Zuhörer sicher.

Als ich dann mit der Zeit für immer größere und noch größere Events von Unternehmen gebucht wurde, ging ich fälschlicherweise davon aus, dass es wohl angebracht wäre, wenn ich nun etwas eleganter gekleidet daherkomme und mich, was meine Ausdrucksweise angeht, mehr am »Unternehmensjargon« orientiere. Doch da irrte ich mich ganz gewaltig, lernte aber schnell aus meinen Fehlern. Denn sobald man ein falsches Spiel spielt, spüren die Leute das und reagieren gelangweilt.

Solange man sich aber selbst treu bleibt, offen und ehrlich zu den Leuten spricht und seine Botschaft prägnant hält, ist es eigentlich ziemlich wurscht, was man anhat.

Allerdings erfordert es durchaus eine gehörige Portion Mut, vor 5000 Zuhörern seine intimsten Gedanken zu offenbaren und einzugestehen, dass man doch tatsächlich mit Selbstzweifeln zu kämpfen hat. Insbesondere dann, wenn man als Motivationstrainer engagiert wurde.

Doch solange man offen und ehrlich ist, vermittelt man seinen Zuhörern auch etwas Ehrliches, was sie aus dem Vortrag mitnehmen.

»Wenn der das geschafft hat, dann schaffe ich das auch.« –

von diesem Gedankenschluss geht stets eine große Kraft und Motivation aus. Für Kinder und Geschäftsleute ebenso wie für ambitionierte Abenteurer.

Eigentlich bin ich ziemlich durchschnittlich. Mein Wort drauf. Fragen Sie Shara … fragen Sie Hugo.

Ich bin ein ganz gewöhnlicher Typ, allerdings einer mit einem eisernen Willen.

Als die Unternehmen dazu übergingen, mir immer höhere Honorare zu zahlen, plagten mich hin und wieder durchaus gewisse Zweifel, ob ich denn auch tatsächlich so viel Geld wert wäre. Das Ganze kam mir schon irgendwie unheimlich vor. Denn zwangsläufig stellte sich mir die Frage, ob mein Vortrag heute denn wirklich hundertmal besser wäre als jener Vortrag, den ich damals in Südafrika in den Drakensbergen gehalten hatte?

Nein.

Wenn man jedoch andererseits mit seiner persönlichen Erfolgsgeschichte dazu beitragen kann, dass Mitarbeiter sich motivierter fühlen und sich sehr viel mehr zutrauen, dann rentiert sich diese Investition natürlich für das Unternehmen, und zwar auf so vielfältige Weise, dass es schier unmöglich ist, diese Rendite in Zahlen auszudrücken.

Denn wenn ich die Mitarbeiter nicht hätte motivieren können, wäre ich wohl kaum so oft – und zwar bis heute – als Motivationstrainer gebucht worden.

Im Prinzip funktioniert meine Geschichte von der Everest-Besteigung ja immer als Metapher, weil man beim Bergsteigen genauso wie im richtigen Leben oder in der Unternehmenswelt wichtige Entscheidungen treffen und kritische Situationen meistern muss. Alle im Team müssen gemeinsam an einem Strang ziehen, sehr hart arbeiten und immer 150 Prozent geben. Alle müssen aufeinander aufpassen, ehrgeizig sein und den richtigen Zeitpunkt abpassen, um ein kalkulierbares Risiko einzugehen.

Wenn man sein ganzes Herzblut gibt, um das Ziel zu erreichen, wird man am Ende auch belohnt.

Wie jetzt, reden wir von der Gipfelbesteigung oder von der Umsetzung von Unternehmenszielen?

Eigentlich spielt es keine Rolle, denn es läuft auf dasselbe hinaus.

15

In dem Jahr, bevor Shara und ich geheiratet haben, konnte ich die Eigentümer einer kleinen Insel bei Poole Harbour dazu überreden, dass ich während der Wintermonate auf ihr Haus aufpasste und sie mich dafür im Gegenzug kostenlos dort wohnen ließen.

Das war ein supergenialer Deal.

Ich konnte Holz hacken, ein Auge auf das Anwesen haben, ein paar Reparaturen ausführen und wie ein König auf einer wunderschönen acht Hektar großen Insel vor der Südküste Englands leben.

Einige Monate zuvor, als ich gerade außerhalb von London am Ufer der Themse entlangspazierte, hatte ich ein kleines einfaches Fischerboot mit einem alten 15 PS starken Heckmotor entdeckt. Es war überall mit schwarzem Schimmel überzogen und hatte eindeutig seine besten Tage schon lange hinter sich; doch dann sah ich den Namen, der sorgfältig an der Seite auf den Bug aufgemalt war.

Das Boot hieß *Shara*. Was hatte das wohl zu bedeuten?

Ich kaufte es auf der Stelle für 800 Pfund Sterling, was so ziemlich meine letzte Barschaft war.

Shara wurde schnell mein ganzer Stolz. Außerdem war ich ohnehin der Einzige, der den widerspenstigen Motor zum Laufen brachte! Ich nutzte dieses Boot allerdings hauptsächlich, um von Poole Harbour aus zu der kleinen Insel hinüberzufahren und wieder zurück.

Doch während dieser Wintermonate musste ich mit *Shara* ein paar ausgesprochen riskante Überfahrten bewältigen. Denn da ich nach einer gemütlichen Kneipentour meist erst spätabends zur Insel zurückfuhr, konnte die knapp sechs Kilometer lange Überfahrt bei schlechtem Wetter ziemlich haarig werden. Dann sind jedes Mal die eiskalten Wellen über den Bug geschlagen, wodurch gefährlich viel Wasser ins Boot strömte, und außerdem hatte der Motor immer so seine Mucken, denn er ging unterwegs ständig aus.

Ich hatte keine Navigationsleuchten, kein Ölzeug, keine Schwimmweste und keinen Funk. Und das bedeutete, ich hatte keinen Notfallplan – was schlecht war.

Das war total unverantwortlich. Aber es hat total viel Spaß gemacht.

Drüben auf der Insel habe ich mit meinen besten Kumpels meinen Junggesellenabschied gefeiert – mit Ed, Mick, Neil, Charlie, Nige (einer von Sharas Freunden von der Uni, der für mich ein großartiger Kumpel geworden ist), Trucker, Watty, Stan und Hugo –, und es war eine echt wilde Party.

Charlie kletterte irgendwann einmal nackt auf einen Pfosten mitten im Hafen; wir wurden zweimal wegen Motorschadens abgeschleppt, weil wir versucht hatten, die viel zu schwach motorisierte *Shara* zum Wasserskifahren einzuspannen; und wir hatten ein riesiges Freudenfeuer angezündet, damit wir im Schein des Feuers Touch Rugby spielen konnten.

Fantastisch.

In dieser Phase meines Lebens pflegte ich zudem einen ziemlich ungesunden Lebensstil. Denn ich aß nicht nur zu viel, sondern ich rauchte auch und trank (was ohnehin bescheuert ist) und trainierte überhaupt nicht mehr.

Wie zu erwarten war, hatte ich natürlich ordentlich an Gewicht zugelegt und sah ziemlich bescheiden aus.

Doch ich wollte einfach mal den ganzen Fitness- und Trainingsstress, dieses sture Fixieren auf ein bestimmtes Ziel und den ganzen Kram hinter mir lassen.

Ich sehnte mich nach dem Leben. Nach einem Leben ohne Militär, ohne Berge und ohne Stress.

Denn während meine Freunde die Universität besucht haben und ihre Freizeit genießen konnten, habe ich mir die Seele aus dem Leib geschuftet – zuerst bei der SAS Selection und danach bei der Everest-Besteigung.

Ich brauchte jetzt einfach mal eine Pause.

Irgendwann habe ich mein erstes Fernsehinterview gegeben, und als ich mich dann hinterher gesehen habe, bin ich zu Tode erschrocken. Ich sah blass und aufgedunsen aus. Da wurde mir klar, dass ich Gefahr lief, nie wieder irgendetwas Sinnvolles in meinem Leben zu machen, wenn ich mich jetzt nicht am Riemen riss und meinen Lebenswandel wieder zügelte.

Denn sinnlos herumgammeln war in meiner Lebensplanung nicht vorgesehen.

Ich wollte keineswegs in der Vergangenheit leben, indem ich nur über den Mount Everest erzählte und wie ein abgehalfterter Abenteurer wirkte, der sonst nichts weiter vorzuweisen hat.

Wenn ich also beruflich weiterkommen wollte, mir auf der Grundlage dessen, was ich in den letzten Jahren alles riskiert und mir erarbeitet hatte, eine solide Existenz aufbauen wollte, dann musste ich jetzt unbedingt damit anfangen, auch das zu praktizieren, was ich den anderen immer gepredigt habe.

Es war an der Zeit, endlich wieder in Form zu kommen.

Auch wenn ich diese schwierige Phase durchmachte, so wusste ich jedoch eins ganz sicher, nämlich dass Shara mich wohl kaum wegen meines Aussehens oder meines Geldes heiraten würde.

Schließlich war ich nicht nur abgebrannt, ich war auch ganz schön auseinandergegangen.

Aber Shara, die Gute, hat mich trotzdem nicht weniger geliebt.

16

Wir haben mitten im Winter geheiratet – am 15. Januar 2000. Es war zwar ein kalter, stürmischer Wintertag, aber dennoch blitzten die Sonnenstrahlen hell durch die Wolken hindurch.

Da Sharas Vater Brian bedauerlicherweise an multipler Sklerose erkrankt war, hatte er die Braut im Rollstuhl zum Altar geführt, bevor er sie mir übergab.

Brian weinte. Shara weinte. Alle weinten.

Beim Verlassen der Kirche sangen unsere Freunde für uns A-Capella-Versionen von »Hey, Hey, We're the Monkees« und »I'm a Believer«.

Ich war so glücklich wie noch nie zuvor in meinem Leben.

So fühlt man sich eben, wenn man die richtigen Entscheidungen trifft.

Danach tanzten wir zur Musik von peruanischen Straßenmusikern, die Trucker ausfindig gemacht hatte, nahmen an langen Tischen Platz und aßen Würstchen mit Kartoffelbrei. Unser Hochzeitstag war vor allem mit Liebe erfüllt.

Wir waren beide so ziemlich die Ersten und Jüngsten aus unserem Freundeskreis, die geheiratet hatten, was uns einmal mehr das Gefühl gab, dass unsere Hochzeit etwas Besonderes war. (Zum damaligen Zeitpunkt war eine Hochzeit für uns alle eine völlig neue Erfahrung.) Und unsere Trauzeugen Charlie und Trucker sorgten mit ihrer Rede dafür, dass noch mehr Tränen flossen.

Einige Monate vor unserer Hochzeit hatten Shara und ich uns ein Eigenheim gekauft. Na ja, genauer gesagt, war es vielmehr ein Lastkahn, der am Ufer der Themse in Central London vor Anker lag.

Neil hatte diesen Kahn für uns ausfindig gemacht, und wir haben ihn sofort inspiziert. Er gefiel mir auf Anhieb.

Bis zu diesem Zeitpunkt standen wir allerdings noch kurz davor, ein Kaufangebot für eine winzig kleine, sehr beengte Atelierwohnung in London abzugeben – und tief in meinem Innersten machte mir dieses Vorhaben große Sorgen.

Zunächst einmal konnte ich mir diese Wohnung nicht wirklich leisten. Mein Vater hatte mir zwar angeboten, mir bei der Aufnahme eines Hypothekendarlehens zu helfen, sofern ich die monatliche Tilgungsrate zahlen könnte, doch ich war mir darüber im Klaren, dass es eine enorme Belastung war, dieses Geld jeden Monat aufzubringen.

Der Lastkahn dagegen kostete weniger als die Hälfte dieser Wohnung – und war auf alle Fälle viel cooler.

Als wir ihn besichtigten, machte sein Innenleben einen ziemlich bescheidenen, kalten und feuchten Eindruck; außerdem waren Shara und ihre Familie anfangs durchaus ein wenig skeptisch.

Doch dann habe ich kräftig die Werbetrommel gerührt.

»Mensch, Leute, das wird echt klasse. Wir können ihn gemeinsam herrichten – das ist doch mal eine Herausforderung. Dann können wir uns hier drin so ein richtig schnuckeliges und gemütliches Zuhause schaffen.«

Shara legte den Kopf auf die Seite, verdrehte wie immer die Augen und schaute mich an.

»Die Sache mit der ›Herausforderung‹ macht mir noch ein wenig Kopfzerbrechen. Können wir uns stattdessen nicht lieber auf den schnuckeligen und gemütlichen Teil konzentrieren, Schatz?«, antwortete sie, indem sie noch immer besorgt dreinschaute.

(Nachdem wir jedoch eine Zeit lang in unserem schwimmenden Zuhause gewohnt hatten, war sie auf einmal wie ausgewechselt, und heute würden keine zehn Pferde sie dazu kriegen, den Kahn wieder zu verkaufen. Aber gerade das liebe ich so an ihr. Shara braucht zwar immer eine ganze Weile, bis sie von einer Sache überzeugt ist, aber wenn sie sich dann für diese Sache entscheidet, steht ihre Entscheidung unumstößlich fest. Genauso war es auch, als sie sich für mich entschieden hat.)

Dank der Hilfe unseres guten Freundes Rob Cranham* konnten wir den Kahn in zwei Monaten umbauen und herrichten. Rob war einfach fantastisch, denn er hat quasi an Bord gewohnt und mit seinem unermüdlichen Arbeitseinsatz dazu beigetragen, dass dieses Boot zu einem gemütlichen Zuhause wurde. Rob hat den Kahn genauso umgebaut, wie wir es uns vorgestellt hatten. Dazu gehörte eine alte Badewanne, die an Deck installiert wurde, und ein Bett in der Kapitänskajüte, das im Bauch des Schiffs, also quasi im »Kerker« untergebracht wurde!

Wir haben das alte Sofa und die Kommode von Sharas Oma durch den Lukendeckel hinunter in den Laderaum verfrachtet und wie die Verrückten das ganze Boot gestrichen und lackiert. Bis zum Tag unserer Hochzeit war dann alles fertig.

Unser Ehebett war nett hergerichtet, Sharas Nachthemd liebevoll auf dem Kopfkissen drapiert, und alles war perfekt vorbereitet, damit wir gleich nach der Rückkehr von unserer Hoch-

---

* Rob litt unter Narkolepsie und ist leider 2010 aufgrund eines Herzanfalls verstorben. Nun ist er im Himmel, sicher und behütet. Er hat sein Leben wahrhaftig wie ein Held gemeistert, und er war uns stets ein treuer Freund.

zeitsreise unsere erste gemeinsame Nacht im Ehebett verbringen konnten.

Ich konnte es gar nicht abwarten.

Am Tag nach unserer Trauung flogen wir in die Flitterwochen. Ich hatte leichtsinnigerweise mit der Reisebuchung bis zwei Tage vor der Hochzeit gewartet, in der Hoffnung, dass ich irgendwo noch ein supertolles Last-Minute-Schnäppchen ergattern könnte.

Doch diese Taktik ist immer gefährlich.

Ich ließ Shara daher in dem Glauben, es wäre eine Überraschung.

Doch die »Super-Schnäppchen« waren – erwartungsgemäß – in jener Woche recht dünn gesät. Das Beste, war ich auftreiben konnte, war ein Ein-Sterne-Pauschalurlaub in einer Hotelanlage in Cancún in Mexiko.

Es war die reine Wonne, endlich zusammen zu sein, allerdings änderte das wenig an der Tatsache, dass das Hotel absolut ätzend war. Man hatte uns ein Zimmer gegeben, das direkt neben dem hoteleigenen Abwasserkanal lag – dadurch bot sich uns jeden Abend, wenn wir draußen saßen, ein Super-Dufterlebnis, während wir den fantastischen Ausblick auf... den Geräteschuppen gegenüber genießen konnten.

Da das gebuchte Ein-Sterne-Arrangement kein Mittagessen enthielt, gingen wir also dazu über, uns vom Frühstücksbüffet ein paar Essensvorräte zu bunkern. Ich habe mir ein paar Brötchen in den Ärmel meines Pullovers geschoben, Shara hat ein Joghurt und eine Banane in ihre Handtasche geschmuggelt. Danach zog es uns wieder zurück in unsere Hängematte, wo wir uns die Zeit mit lesen und küssen vertrieben haben, während immer wieder ein Hauch von Abwassergeruch zu uns herüberwehte.

Es war ein klirrend kalter Januartag, als wir von unserer Reise zurückkehrten. Shara war ziemlich müde, aber wir freuten uns beide sehr auf unser gemütliches, kuscheliges, warmes Zuhause auf dem Lastkahn, der sogar über Zentralheizung verfügte.

Es sollte unsere erste Nacht in unserem neuen Heim sein.

Ich hatte Sharas Schwester Annabel noch unmittelbar vor unserer Rückreise darum gebeten, dass sie die Heizung einschaltet und unseren Kühlschrank bestückt. Das hatte sie auch alles vorbildlich erledigt.

Was sie jedoch nicht wissen konnte, war, dass der Heizkessel den Geist aufgegeben hatte, kurz nachdem sie das Schiff verlassen hatte.

Bis Shara und ich am Kai der Themse ankamen, war es schon dunkel. Die feuchtwarme Luft unseres Atems kondensierte in der eisigen Kälte zu kleinen Wolken. Ich schnappte mir meine Frau und trug sie auf meinen Armen die Stufen hinauf zu unserem Boot.

Wir öffneten die Tür und schauten einander total verdutzt an.

Es fühlte sich buchstäblich so an, als hätten wir uns gerade in eine Tiefkühlkammer begeben. Alte Boote mit Stahlrumpf sind im Winter entsetzlich kalt. Denn wenn sie nicht beheizt werden und im kalten Wasser liegen, ist es in ihnen so bitterkalt wie in der Ostsee. Wir tasteten uns langsam voran – noch immer dick eingemummelt – bis hinunter in den Schiffsrumpf und zum Kesselraum.

Shara schaute zuerst mich an und dann den kalten Heizkessel, der keinen Mucks mehr von sich gab.

Zweifellos überlegte sie in diesem Moment, ob sie sich denn wirklich allen Ernstes für die bessere Eigenheimalternative entschieden hatte.

Da standen wir nun.

Wir hatten kein Geld und froren fürchterlich, aber immerhin waren wir glücklich vereint.

In jener Nacht, wir hatten uns fest in unsere Bettdecken eingerollt, habe ich Shara ein ganz einfaches Versprechen gegeben: Ich würde sie immer lieben und für sie sorgen, und das bis ans Ende unserer Tage – und in der Zwischenzeit würden wir verdammt viele gemeinsame Abenteuer bestehen.

Allerdings hat keiner von uns beiden annähernd geahnt, dass dies gerade erst der Anfang war.

5

START IN EIN NEUES LEBEN

Wenn dir eine Chance winkt,
dann ergreife sie.
Denn wir bekommen im Leben
so selten eine zweite Chance.
(Obwohl auch das mitunter
auf wundersame Weise
schon einmal vorkommt.)
Und denke immer daran,
dass dein Leben das ist,
was du daraus machst –
– denn gerade dadurch
eröffnen sich dir unglaublich
aufregende Möglichkeiten.

– Meine Oma, Patsie Fisher

1

Auch wenn Shara und ich zu Beginn unserer Ehe ziemliche Geldsorgen hatten, egal. Wir waren einfach sehr verliebt.

An Letzterem hat sich seither nichts geändert.

Shara hatte noch nie große Ansprüche und war daher auch nicht die Triebfeder für meine Arbeit, wofür ich ihr in vielerlei Hinsicht sehr dankbar bin. Es gibt nur wenige Dinge, die so ermüdend und kraftraubend sind wie eine ehrgeizige Ehefrau, die auf Biegen und Brechen will, dass ihr Mann eine steile Karriere hinlegt.

Stattdessen bin ich immer meinem eigenen Ehrgeiz gefolgt und war im Stillen einfach nur dankbar dafür, dass ich in Shara eine so enge, treue, lustige und allerbeste Freundin mit so großem Familiensinn gefunden habe.

Im ersten Jahr unserer Ehe haben wir beide unsere Väter verloren. Shara und ich wurden dadurch auf eine sehr harte Probe gestellt, immerhin waren wir ja beide noch sehr jung, und unser gemeinsames Leben hatte gerade erst begonnen.

Brian hatte über 15 lange Jahre extrem tapfer gegen seine multiple Sklerose gekämpft – doch zum Schluss ging er still und leise hinüber auf die andere Seite des Regenbogens.

Er war einer der einzigartigsten, motiviertesten und tapfersten Menschen, denen ich je begegnet bin.

Aus Südafrika war er damals nach Großbritannien gekommen, und das Einzige, was er von dort mitgebracht hatte, war ein kleiner brauner Koffer und eine unglaubliche Entschlossenheit, sich hier ein erfolgreiches Leben aufzubauen. Das hat er erreicht, denn er hat sich nicht nur ein absolut wunderbares Leben geschaffen, sondern auch eine absolut wunderbare Familie gegründet.

Doch was das Wichtigste war: Er und seine Frau Vinnie haben mir Shara geschenkt.

Durch seine MS-Erkrankung – multiple Sklerose ist die wohl grausamste aller Krankheiten – hat Brian Höllenqualen gelitten, denn sie hat ihm systematisch nach und nach seine ganze Kraft geraubt.

Zuerst zwang sie ihn in den Rollstuhl, dann raubte sie ihm die Fähigkeit zu sprechen, und zuletzt nahm sie ihm auch noch seine Selbstständigkeit, sodass er ohne Hilfe nicht mehr in der Lage war, ganz alltägliche Dinge zu erledigen, wie zum Beispiel sich anzuziehen und zu essen. Aber dennoch war sein Kampfgeist nach wie vor ungebrochen, denn er kämpfte – trotz seiner massiven körperlichen Einschränkung – die ganze Zeit unermüdlich dagegen an, vollständig ans Bett gefesselt zu sein.

Diesen Mut kann man nur bewundern.

Ich wünschte einfach, ich hätte ihn kennenlernen dürfen, als er noch gesund und fit war. Wir hätten einen Wahnsinnsspaß miteinander gehabt, da bin ich mir sicher.

Sein Tod brach Shara das Herz. Und ich konnte nichts weiter für sie tun, als sie Nacht für Nacht in meinen Armen zu halten, wenn sie um ihren Vater weinte.

Doch nur zehn Wochen später – es fühlte sich an wie ein makabrer Witz – starb auch mein Vater ganz plötzlich und völlig unerwartet.

Er sollte einen Herzschrittmacher eingesetzt bekommen und hatte mich gefragt, ob ich bei der Operation anwesend sein könnte. Also benutzte ich meinen alten Rettungssanitäter-Ausweis vom SAS, um mich in den OP-Vorraum zu mogeln.

Irgendwie hatte ich ein seltsam ungutes Gefühl, als mein Vater meine Hand drückte, bevor ihn die Narkose in tiefen Schlummer versetzte.

Wenige Tage nach der OP verstarb er dann ganz plötzlich – einfach so. Er saß zu Hause im Bett. In dieser Minute war er noch am Leben, eine Minute später war er tot.

Mein Vater.

Keiner von uns hat je erfahren, was eigentlich schiefgelaufen war. Doch das war in diesem Augenblick auch irgendwie ziemlich unwichtig. Er war tot.

Es fühlte sich an, als wäre Shara und mir der Boden unter den Füßen weggerissen worden.

Aber wir haben einander Halt gegeben und uns gegenseitig Kraft und Trost gespendet.

Ich bin mir sicher, dass sowohl Brian als auch mein Vater gewollt hätten, dass wir unser Leben wie gewohnt weiterleben.

Inzwischen allerdings wurden wir mit dem großen Glück gesegnet, dass wir selbst drei wunderbare Kinder haben. Gemeinsame Kinder.

Schon eigenartig, nicht?

Wie die alte Generation geht, während junges, neues Leben entsteht.

2

Es dürfte – vermutlich – wenig überraschen, dass unsere drei Kinder allesamt Jungs sind.

Jesse ist mittlerweile sieben, Marmaduke vier und Klein-Huckleberry gerade mal zwei Jahre alt. Sie sind wahrhaftig ein Geschenk des Himmels, und nichts – und damit meine ich wirklich absolut nichts – ist schöner, als wenn wir alle eng aneinander gekuschelt zusammen im Bett liegen oder wenn wir beim gemeinsamen Picknick im grünen Gras hocken auf einer kleinen Insel vor Wales, die wir inzwischen gekauft haben.

Es gibt wirklich nichts, wonach ich mich mehr sehne.

Alle drei Jungs legen eine beängstigende Vorliebe für Abenteuer an den Tag: Sie klettern unermüdlich auf Bäume, bauen Verstecke und versuchen Würmer und Käfer zu fangen. Außerdem geht vom Schlamm eine geradezu magnetische Anziehungskraft auf die drei aus, und sie machen mich zum stolzesten Vater auf diesem Planeten.

Sie erinnern mich tagtäglich daran, dass alles wirklich Kostbare im Leben für kein Geld der Welt zu kaufen ist.

Und daran, wie sehr Sharas und auch mein Vater die drei vergöttert hätten!

Allerdings hat zu Beginn unserer Ehe, als wir noch keine Kinder hatten, eine Vielzahl von Ereignissen dazu beigetragen, unser beider Leben komplett und nachhaltig zu verändern.

Sehr viel von dem, was in jener Zeit passierte, war einfach dem Umstand geschuldet, dass mir unvermittelt viele kleine glückliche Zufälle zu Hilfe kamen: So habe ich zum Beispiel eine stundenlange Autofahrt auf mich genommen, um anlässlich einer Wohltätigkeitsveranstaltung einen kleinen Vortrag über meine Everest-Besteigung zu halten. Später habe ich dann herausgefunden, dass ausgerechnet der Sohnemann vom Chef des Fernsehsenders *Channel 4* im Publikum saß.

Dieser hat dann zu seinem Vater gesagt, ich müsste unbedingt eine Fernsehshow für den Sender machen.

Ach ja, was Kinder nicht alles sagen!

Oder etwa die Geschichte, wie der *Discovery Channel* auf mich aufmerksam wurde: Die Discovery-Leute hatten mich in einer großen international angelegten TV-Werbekampagne für das Deodorant »Sure for Men« gesehen, nachdem ich zuvor aus einer Vielzahl von Bergsteigern für diesen Spot ausgewählt worden war. (Paradoxerweise kam diese Anfrage vom *Discovery Channel* nur wenige Tage, nachdem mein Vater verstorben war –

dadurch hatte ich irgendwie immer das Gefühl, als hätte er mir noch ein letztes Mal zugezwinkert, als ob dies quasi sein kleines Abschiedsgeschenk an mich war. Wow! Dabei hat er mir doch zu seinen Lebzeiten unendlich viele schöne kleine Geschenke gemacht.)

Ich habe mich schon oft gefragt, ob ich ohne diese kurzen Werbefilmchen überhaupt jemals die Chance bekommen hätte, größere Fernsehsendungen zu machen.

Ich habe da so meine Zweifel.

Aber alles Große hat irgendwann einmal ganz klein angefangen.

Während dieser Anfangszeit war ich daher immer sehr darauf bedacht, nicht zu gierig zu werden oder auf das »schnelle Geld« zu setzen – auch wenn am Anfang die Versuchung durchaus groß war.

Denn unter finanziellen Gesichtspunkten betrachtet kostete es mich schon einige Überwindung, die sehr gut bezahlten Auftritte in so angesagten Reality-Shows, wie zum Beispiel *Ich bin ein Star – Holt mich hier raus!* oder *Survivor* abzulehnen. Aber da ich stets ein langfristiges Ziel vor Augen hatte, versuchte ich auch, mich konsequent auf dieses Ziel zu konzentrieren.

Und mich nicht durch irgendwelchem Blödsinn davon ablenken zu lassen.

Stattdessen wollte ich mich lieber auf meine Stärken konzentrieren.

Außerdem bin ich wohl instinktiv nicht nur vor dem ganzen Fernsehrummel, sondern auch vor dem ganzen Promi-Ruhm zurückgeschreckt. Das lag wohl zum Teil daran – da bin ich mir recht sicher –, dass ich nicht das erforderliche Selbstbewusstsein hatte, um davon auszugehen, dass ich diesen Ruhm oder dieses Geld tatsächlich verdient hätte. (Doch die Zeit und die Erfahrung haben mich inzwischen gelehrt, dass diejenigen, die es verdient haben, nur äußerst selten in den Genuss von Ruhm und Geld kommen. Deshalb sollten wir uns übrigens nie zu sehr von diesem trügerischen Schein blenden lassen. Man sollte die Menschen besser danach beurteilen, wer sie sind, wie sie leben und was sie geben – das ist jedenfalls ein deutlich verlässlicherer Maßstab.)

Aus diesem Grund habe ich TV-Angebote auch sehr energisch abgelehnt – sogar die Angebote von Rob MacIver, dem früheren Produzenten von *Abenteuer Survival – Ausgesetzt in der Wildnis: Bear Grylls* habe ich paradoxerweise dreimal ausgeschlagen, bevor ich mich schließlich einverstanden erklärte, einen Pilotfilm zu drehen.

Was war ich doch bloß für ein Trottel.

Bear, hast du denn nicht auf den Rat deiner Großmutter gehört, als sie gesagt hat: »Wenn dir eine Chance winkt, dann ergreife sie. Denn wir bekommen im Leben so selten eine zweite Chance. (Obwohl auch das mitunter auf wundersame Weise schon einmal vorkommt.)«?

Schon, aber ich wollte mich einfach nicht ins Fernsehen drängen lassen; ich wollte mich stattdessen viel lieber weiterhin darauf konzentrieren, was ich gut kann, und meinen Fähigkeiten vertrauen.

Denn wie pflegte mein Vater stets zu sagen: »Wenn man nur alles daran setzt, seine Arbeit gut zu machen, dann verdient man auch meistens gutes Geld. Doch wenn man nur dem Geld hinterherjagt, wird es einem in aller Regel durch die Finger gleiten.«

Diese Lebensweisheit gefiel mir.

Doch als ich begriff, dass ich beides gleichzeitig machen konnte – Dokumentarfilme drehen und meiner wahren Leidenschaft nachgehen –, war das eine weitreichende Erkenntnis.

Vielleicht *wäre* es ja durchaus möglich, dass ich Fernsehsendungen machen könnte, ohne dass ich gleich zu einer allzeit lächelnden Medienpersönlichkeit mutieren müsste.

Diese Frage beschäftigte mich.

Oma, was meinst du?

»Worauf wartest du – wenn dir eine Chance winkt, ergreife sie.«

NACHWORT

Ich werde dieses Buch nun zum Abschluss bringen, denn ich habe hier alle ausschlaggebenden Erlebnisse geschildert, die meinen Charakter so nachhaltig geprägt haben – angefangen bei meiner Kindheit und meiner Zeit beim SAS über meine Liebe zu Shara bis hin zur Besteigung des Mount Everest.

In diesem Zusammenhang muss ich auch die glücklichen Umstände erwähnen, durch die ich seit meiner Everest-Besteigung immer wieder die Chance bekam, an zahlreichen Abenteuern und Expeditionen teilzunehmen.

Zum Beispiel habe ich eine Expedition geleitet, auf der wir entlang einer Route durch den Nordatlantik das Nordpolarmeer in einem kleinen offenen Festrumpf-Schlauchboot, einem sogenannten RIB, durchquert haben – wir waren eines der ersten Teams, die dieses Abenteuer gewagt haben. Sinn und Zweck dieser Aktion war es, die von Prinz Charles ins Leben gerufene Stiftung »The Prince's Trust« zu unterstützen, die die Finanzmittel bereitstellt, um sozial benachteiligten jungen Menschen die Möglichkeit zu geben, ihre Träume zu verwirklichen.

Diese Mission wurde uns fast zum Verhängnis, als wir etwa 800 Kilometer vor der Küste in einen arktischen Sturm der Stärke 9 gerieten – mit extrem hohen Wellen, peitschendem Wind und Hagel. Unsere gesamte Bordelektronik und auch die Ortungssysteme fielen aus, sodass die Marine Shara benachrichtigen musste, dass sie uns nicht länger auf ihrem Radarschirm hatten und dass wir möglicherweise im Auge dieses tobenden Sturms verschwunden waren.

Gerade noch rechtzeitig – der Seenotrettungsdienst stand quasi schon in den Startlöchern – sind wir dann vor der Küste Islands aufgetaucht: Die Angst stand uns ins Gesicht geschrieben, wir waren leicht unterkühlt, aber am Leben. Das war gerade noch einmal gut gegangen. Außerdem sind wir mit Volldampf geheizt, schließlich hatten wir die Hosen buchstäblich gestrichen voll. Denn da wir auf dieser Expedition insgesamt eine Strecke von etwa 5000 Kilometern zurücklegen mussten, haben wir – total durchgefroren, durchnässt und voller Angst – alles daran gesetzt, diese lange Reise möglichst schnell zu Ende zu bringen.

Dann wurde diese verrückte Idee für eine TV-Dokumentation geboren, für die ich mich nach Nordafrika begeben musste, um unter realistischen Bedingungen die berühmt-berüchtigte Grundausbildung in der französischen Fremdenlegion nachzustellen. In der westlichen Sahara eine extrem sandige und kräftezehrende Angelegenheit, denn in den Sommermonaten ist es hier höllisch heiß.

Nachdem wir die absolut härtesten und brutalsten militärischen Trainingsmethoden über uns ergehen lassen mussten, die man sich nur vorstellen kann, waren am Ende von ursprünglich zwölf Rekruten nur noch vier übrig. Wir mussten von morgens bis abends nonstop marschieren, robben und kämpfen; wir mussten bergeweise Steine umschichten, wurden lebendig im Wüstensand eingegraben und mussten 24 Stunden am Tag, sieben Tage die Woche laufen und nochmals laufen. Wir bekamen einen Eintopf aus gekochter Kamelhaut und altes Brot zu essen – und das Tag für Tag, Woche für Woche. Wir schleppten unsere müden Knochen durch die Wüste, bis wir unter dem Gewicht unseres Rucksacks, der bis oben hin mit Sand gefüllt war, irgendwann zusammengebrochen sind.

Ich hatte das große Glück, mit fantastischen Teams Expeditionen zu unglaublichen Orten auf dieser Welt zu unternehmen: So durfte ich auf den Spuren von Buschpilot und Goldsucher Jimmy Angel als Erster mit einem motorisierten Gleitschirm das Hochplateau mitten im Regenwald von Venezuela – jene »Vergessene Welt« des Sir Arthur Conan Doyle – überfliegen, von wo aus sich die Angel Falls, die höchsten Wasserfälle der Welt, in die Tiefe stürzen. Oder ich durfte die Antarktis, diese weiße Wüste aus Schnee und Eis, erkunden und erstmals auf Eisberge klettern. (Bei dieser Expedition habe ich mir bei einem Sturz zwar die Schulter gebrochen, aber man kann ja schließlich nicht jede Herausforderung meistern!)

Danach haben wir wieder eine Himalaja-Expedition gestartet, bei dem mein Kumpel Gilo und ich mit einem motorisierten Gleitschirm über den Mount Everest geflogen sind. Auch mit diesem Abenteuer haben wir Spenden gesammelt, dieses Mal für die »Global Angels Foundation« – eine außergewöhnliche Kinderhilfsorganisation, die sich für die bedürftigsten Kinder in aller Welt stark macht. Doch dieser Flug war eine weitere Mission, die fast tödlich geendet hätte.

Denn sämtliche Flug- und Wetterexperten prognostizierten uns, dass dieses Vorhaben ziemlich sicher in einer Katastrophe enden würde – angefangen bei steif gefrorenen Fallschirmen bis hin zu unkontrollierbaren Winden mit Orkanstärke; angefangen bei unmöglichen Startbedingungen bis hin zu extremen Bruchlandungen. Dabei hatten sie sich zuvor noch nicht einmal mit der Frage beschäftigt, ob es denn möglich ist, einen kleinen motorisierten Gleitschirm zu entwickeln, dessen Motor stark genug wäre, um überhaupt in diese Höhe vorzudringen.

Selbst für den Fall, dass man so einen Motor bauen könnte, wäre er mit Sicherheit viel zu schwer, als dass wir uns dieses Fluggerät auf den Rücken schnallen könnten. Aber wir haben es dennoch geschafft: Gilo hat den absolut leistungsstärksten aufgeladenen Einspritzmotor für einen Ein-Mann-gesteuerten Gleitschirm aller Zeiten entwickelt und gebaut – und mit Gottes Hilfe haben wir es dann irgendwie geschafft, mit diesem Monstrum auf unserem Rücken in die Lüfte zu steigen.

Dank optimaler Wetterbedingungen und einer gehörigen Portion Tollkühnheit (inklusive etwas Muffensausen) haben wir die Skeptiker eines Besseren belehrt – selbst am Ende, als wir mühelos am Fuß des Everest-Massivs treffsicher auf beiden Füßen gelandet sind. Das war präzise Maßarbeit. Mission erfolgreich durchgeführt.

Wenig später leitete ich die erste Expedition, die in einem RIB-Schlauchboot die Route der legendären arktischen Nordwestpassage abfuhr – es war eine Mission, auf der ich zweifellos nicht nur mit einigen der lebensfeindlichsten Landschaften Bekanntschaft gemacht habe, sondern ab der Beaufortsee auch mit einigen echten Monsterwellen. Falls man jedoch in dieser extrem rauen und schwer zugänglichen Gegend in unangenehme Situationen gerät, stehen die Chancen, gerettet zu werden, ziemlich schlecht.

Durch Zufall haben wir sogar auf einer der vielen Tausend winzigen unerforschten und ringsum von Eisschollen umgebenen Inseln, einige wahrscheinlich von Europäern notdürftig angelegte Grabstätten gefunden, einen menschlichen Schädel sowie jede Menge Knochen. Die Knochenfunde stammen vermutlich von den Mitgliedern einer Mitte des 19. Jahrhunderts verschollenen Expedition von Kapitän John Franklin, die, gefangen im Eis, durch Erfrieren und Verhungern den schlimmsten und qualvollsten Tod gestorben sind, den man sich nur vorstellen kann – und das alles auf der Suche nach der Nordwestpassage.

Doch auf diese abenteuerlichen Expeditionen folgten noch viele weitere.

Hierzu zählt zum Beispiel eine nicht unerhebliche Anzahl von extrem lebensgefährlichen Abenteuern, die ich mit viel Glück überlebt habe. Wenn ich jedoch heute an so manche dieser Aktionen zurückdenke, kriege ich echt eine Gänsehaut. Allerdings bin ich auch der Meinung, dass wir in unserem Leben niemals wirklich auslernen, denn Erfahrung ist und bleibt eben stets der beste Lehrmeister.

Daneben habe ich auch eine Reihe total verrückter Dinge gemacht: Zum Beispiel habe ich zusammen mit einem Team auf Jetskiern die gesamte Küste von Großbritannien abgefahren, um mit dieser Aktion Spendengelder für die britische Seenotrettungsorganisation Royal National Lifeboat Institution (RNLI) zu sammeln. Dafür haben wir uns dann Tag für Tag, Stunde für Stunde, unermüdlich wie eine kleine Ameisenarmee durch das stürmische Meer entlang der schottischen Küste gekämpft und sind durch die hohen Wellen der rauen Irischen See geprescht. (Durch diese Aktion ist an meinem Unterarm ein seltsam hervortretendes Muskelgebilde entstanden, das wie eine große Beule aussieht und seither meinen Arm ziert!)

Ein anderes Mal habe ich die höchste Freiluft-Dinner-Party aller Zeiten veranstaltet, bei der ich in schwindelerregender Höhe unter einem Heißluftballon hing – eine Aktion, deren Erlös dem internationalen Jugend- und Erlebnisprogramm »The Duke of Edinburgh's Award« zugutekam.

Auch diese Mission wurde ein klein wenig haarig, als ich mich in 7600 Metern Höhe bei minus 40 Grad Celsius vom Korb des Ballons zu diesem winzigen Metalltisch abseilen musste, der an einer Plattform etwa 15 Meter unter dem Ballonkorb befestigt war.

Da dies ein Weltrekord werden sollte, hatte ich mich dafür extra in die Gala-Uniform der Marine geworfen – ganz so, wie es vom Guinness-Buch der Rekorde verlangt wurde. Außerdem musste ich ein Menü mit drei Gängen – es gab unter anderem Entenbrust à l'orange mit Kartöffelchen – verspeisen und der Queen zuprosten, wobei ich die ganze Zeit über zusätzlichen Sauerstoff aus kleinen Sauerstoffflaschen atmen musste. Als wir jedoch im Morgengrauen mit dem Ballon in die Stratosphäre aufgestiegen sind, war es noch ziemlich dunkel, und wir hätten dabei um ein Haar den Tisch umgekippt. Dort oben ist natürlich alles gefroren, aber zum Schluss haben wir die Mission dann doch noch erfolgreich zu Ende gebracht. Denn nachdem ich meinen Teller brav leer gegessen hatte, bin ich mit dem Fallschirm abgesprungen und im freien Fall Richtung Erde gesaust.

Oder jene Aktion, als ich mit Charlie Mackesy nackt in einer Badewanne die Themse hinuntergerudert bin, um Spendengelder für einen Freund zu sammeln, der eine neue Beinprothese brauchte. Die Liste derartiger Hilfsaktionen hat noch lange kein Ende, und ich bin stolz darauf, dass sie immer weiter wächst. Doch all diese Geschichten werde ich bei anderer Gelegenheit ausführlicher erläutern.

Immerhin bewegen sie sich in einer außergewöhnlichen Bandbreite – von tollkühn bis lächerlich und von gefährlich bis peinlich. Denn in diesem Buch wollte ich einfach nur beschreiben, was mich zu dem gemacht hat, was ich heute bin: Ich wollte die früheren und weitaus größeren Expeditionen beschreiben, die mich so stark geprägt haben, und auch jene kleinen Augenblicke in meiner Kindheit, die mich in die richtige Richtung gelenkt haben.

In den vergangenen Jahren habe ich allerdings so meine Schwierigkeiten gehabt, mit der Anerkennung und dem ganzen Presserummel klarzukommen. Es war immer ein prekärer Balanceakt, mir einerseits der Risiken meiner Arbeit bewusst zu sein und andererseits meiner wunderbaren jungen Familie gerecht zu werden.

Bis jetzt habe ich die richtige Balance noch nicht gefunden.

Ich habe sehr viele Fehlentscheidungen getroffen, die zu Unfällen und Verletzungen geführt haben. Viel zu viele, als dass ich sie alle aufzählen könnte.

Doch trotz allem bin ich mir sehr wohl der Tatsache bewusst, dass jemand stets schützend seine Hand über mich gehalten hat.

Nur damit wir uns richtig verstehen: Das Glück hat eine immens große Rolle gespielt bei allem, was passiert ist, und es vergeht kein Tag, an dem ich mir dieses große Glück nicht bewusst vor Augen führe.

Denn wenn man sich erst einmal vor Augen führt, wie viel Glück und wie viele Schutzengel man hatte, setzt quasi als Nebeneffekt ein Lernprozess ein, bei dem man – entgegen den gängigen Wertvorstellungen unserer modernen Wohlstandsgesellschaft – ganz bewusst versucht, bescheiden zu bleiben, großzügig zu geben und all jenen unter die Arme zu greifen, die dringend ein bisschen Unterstützung brauchen, um ihr Leben zu meistern.

Diese simplen Leitsätze haben unsere Lebensweise stark geprägt, und deshalb sind Shara und ich stets bestrebt, sie als Richtschnur für unser Handeln zu betrachten.

Allerdings muss ich mir auch eingestehen, dass wir das oft nicht so ganz schaffen.

Unser Leben ist nach wie vor ein großes Abenteuer und in vielerlei Hinsicht sogar ein weitaus größeres als je zuvor.

Denn ich bin noch immer öfter von zu Hause weg, als mir lieb ist. (Wenn auch deutlich weniger, als die Leute wohl meistens annehmen.) Außerdem habe ich gelernt, dass ich in der Zeit, in der ich zu Hause bin, auch wirklich zu Hause bin – das heißt, dass ich in dieser Zeit nicht unterwegs bin, um mich mit irgendwelchen Presseleuten zu treffen oder an irgendwelchen Veranstaltungen teilzunehmen. Denn beides ist schrecklich öde!

Entsprechend musste ich natürlich lernen, in meinem Leben ganz klare Prioritäten zu setzen, die da wären: auf Sicherheit zu achten, schnell nach Hause zu kommen und nicht den Spaß an der Sache zu verlieren – alles andere ist Pipifax.

Ich gehe nach wie vor deutlich mehr Risiken in meinem Leben ein, als es ratsam ist – außerdem sollte man sich nicht allzu oft auf seinen Schutzengel verlassen. Denn wenn man schon so oft Glück hatte und mit heiler Haut davongekommen ist, sollte man einfach nur dankbar sein und das Unglück nicht unnötig herausfordern.

Aber es ist nun mal eine Tatsache, dass ich tagtäglich Gefahren ausgesetzt bin, wenn ich mich auf Expeditionen begebe oder meine Survival-Filme drehe.

Da brauche ich mir doch nur die letzten paar Monate anzuschauen: Ich wurde zwischen gewaltigen Stromschnellen brutal herumgewirbelt, im Regenwald von einer angriffslustigen Schlange gebissen, in den Bergen um Haaresbreite von einem herabstürzenden Felsbrocken erschlagen; ich bin in den australischen Sümpfen nur mit knapper Not einem hungrigen Krokodil entkommen, und ich musste in gut 1500 Metern Höhe über der Arktis meinen Hauptfallschirm abschneiden und mit dem Reserveschirm landen.

Wann sind diese verrückten, halsbrecherischen Abenteuer eigentlich zu meinem Lebensinhalt geworden?

Es kommt mir irgendwie so vor, als ob dieser ganze Irrsinn eher unbeabsichtigt Teil meines Lebens geworden ist. Aber verstehen Sie mich bloß nicht falsch – ich liebe dieses Leben.

Doch jetzt besteht die große Herausforderung darin, an diesem Leben festzuhalten.

Jeder Tag ist für mich das wunderbarste Geschenk Gottes, ein großes Geschenk, das ich niemals als selbstverständlich betrachtet habe.

Ach ja, und wie sieht es mit all den Narben, den gebrochenen Knochen, den schmerzenden Gelenken und dem wehen Rücken aus?

Für mich sind sie nichts anderes als kleine Gedächtnisstützen, die mich stets daran erinnern, wie kostbar dieses Leben doch ist – und dass ich möglicherweise, nur möglicherweise, doch sehr viel zerbrechlicher bin, als ich mir letztlich eingestehen will.

Naturgewalten

Stefan Krücken/Achim Multhaupt
Orkanfahrt
26 Kapitäne erzählen ihre besten Geschichten

»Ein Prachtband! Ein Buch für alle, die sich fürs Meer interessieren! Deftige, lehrreiche, spannende Geschichten.« WDR

Martin Strel/Matthew Mohlke
Der Amazonas-Schwimmer
5200 Kilometer durch den gefährlichsten Fluss der Welt

Martin Strel durchschwimmt als erster Mensch den gesamten Amazonas und bringt seinen Körper an die Grenzen dessen, was ein Mensch ertragen kann.

Carla Perrotti
Die Wüstenfrau
An den Grenzen des Lebens

Carla Perrotti durchwandert allein die Kalahari und die größte Salzwüste der Erde in Bolivien und findet unter den überwältigenden Eindrücken der Natur zu sich selbst.

MALIK NATIONAL GEOGRAPHIC

10/1005/03/3s